通信市场营销学

胡春 王颂 吕亮 王明鹏 编著

北京邮电大学出版社
www.buptpress.com

内 容 提 要

本书从通信市场营销导论、通信市场研究、通信营销战略、通信营销策略、通信营销组织与控制5个方面系统论述了通信市场营销学的内容；导论界定了通信市场营销相关概念及研究内容；市场研究针对通信市场环境、通信市场信息系统和市场调研、通信客户满意，以及通信消费者市场购买行为和通信集团客户市场购买行为进行了详细论述；营销战略论述通信目标市场战略和通信市场竞争战略；营销策略论述了通信产品策略、通信品牌策略、通信价格策略、通信分销渠道策略、通信促销策略和通信服务营销策略；营销组织与控制研究通信企业营销活动的具体落实。本书理论与实践相结合，突出通信市场的营销特点，在各部分理论分析之后给出了通信企业营销的案例。

本书是本科生教材，也适合研究生辅助阅读和通信企业人员培训参考。

图书在版编目(CIP)数据

通信市场营销学/胡春等编著. --北京：北京邮电大学出版社，2012.11(2016.6重印)
ISBN 978-7-5635-3246-9

Ⅰ. ①通… Ⅱ. ①胡… Ⅲ. ①电信—邮电企业—市场营销学 Ⅳ. ①F606

中国版本图书馆 CIP 数据核字(2012)第 241236 号

书　　　　名：	通信市场营销学
著作责任者：	胡　春　王　颂　吕　亮　王明鹏　编著
责 任 编 辑：	刘春棠
出 版 发 行：	北京邮电大学出版社
社　　　　址：	北京市海淀区西土城路 10 号(邮编：100876)
发　行　部：	电话：010-62282185　传真：010-62283578
E-mail：	publish@bupt.edu.cn
经　　　　销：	各地新华书店
印　　　　刷：	北京九州迅驰传媒文化有限公司
开　　　　本：	787 mm×960 mm　1/16
印　　　　张：	21
字　　　　数：	496 千字
印　　　　数：	3 001—3 500 册
版　　　　次：	2012 年 11 月第 1 版　2016 年 6 月第 2 次印刷

ISBN 978-7-5635-3246-9　　　　　　　　　　　　　　　　　　定　价：39.00 元

· 如有印装质量问题，请与北京邮电大学出版社发行部联系 ·

前　言

中国通信市场拥有全球首位的用户规模。根据中华人民共和国工业和信息化部发布的资料，截至 2012 年 6 月，全国电话用户总数达到 133 528.8 万户，其中移动电话用户达 105 198.0 万户，基础电信企业互联网宽带接入用户达 16 403.3 万户。中国互联网络信息中心(CNNIC)发布的《中国移动互联网发展状况调查报告》显示，截至 2011 年 12 月底，中国手机网民规模达 3.56 亿，移动互联网市场快速成长。2012 年上半年，全行业累计完成电信业务总量 6 376.0 亿元，同比增长 12.9%。国家邮政局发布的信息显示，2012 年上半年，邮政企业和全国规模以上快递服务企业业务收入累计完成 973.4 亿元，同比增长 24.4%。可见，中国通信市场发展体量大、速度快，通信服务营销工作任重道远。

而随着通信服务市场中买方市场的形成，通信企业面临的市场竞争越来越激烈。通信企业在应对行业内激烈市场竞争的同时，环境变化带来的挑战也十分严峻。如在新技术新市场环境下，电信运营商的业务发展就面临诸多挑战：(1)移动通信网络技术演进和应用发展带来的挑战。目前，我国移动 3G 技术应用不断普及，中国移动的 4G(TD-LTE)技术规模实验正在扩大，移动互联网应用呈爆炸性增长。对于各运营商来说，如何选择技术演进路径、把握产业发展的关键环节，如何进行新技术应用的新业务推广、用户培育、市场拓展等都是急需解决的核心问题。(2)IT、互联网技术的发展，相关产业服务模式创新带来的挑战。Web 2.0、云计算、云服务、Haas(终端即服务)、Iaas(基础设施即服务)、Paas(平台即服务)、Saas(软件即服务)等都使电信行业原有的发展空间受到冲击。(3)"三网融合"的推进、泛媒体发展带来的挑战。2010 年 1 月，国务院决定加快推进电信网、广播电视网和互联网的三网融合，明确规定，2010—2012 年重点开展广电和电信业务双向进入试点，探索形成保障三网融合规范有序开展的政策体系和体制机制；2013—2015 年，总结推广试点经验，全面实现三网融合发展，普及应用融合业务，基本形成适度竞争的网络产业格局。三网融合的实质是跨越传统三大产业边界，形成跨产业、跨媒体、全新的信息传播方式。三网融合背景下，电信运营商如何保持产业领袖地位，引领融合业务成长是急需解决的战略性问题。

通信企业在挑战中抓机遇，力求实现跨越式增长。由此，通信市场发展日新月异，通信市场营销实践精彩纷呈，而通信市场营销研究也是营销学科研究中最活跃的领域之一，研究成果不断推陈出新。

本书是在新的通信市场环境下，对通信市场营销学进行系统研究的成果。

本书主要内容分为 5 个部分。第 1 部分是通信市场营销导论，即第 1 章，论述市场营销、服务营销、通信市场营销等相关概念，界定本书的研究对象和研究内容。第 2 部分是通信市场研究，即第 2~6 章，研究通信市场环境和客户行为，包括通信企业营销的宏观环境和微观环境、通信企业监测环境、研究市场的系统和方法、通信客户满意问题，以及通信消费者市场购买行为和通信集团客户市场购买行为。第 3 部分是通信营销战略，即第 7~8 章，论述通信目标市场战略和通信市场竞争战略。第 4 部分是通信营销策略，即第 9~14 章，包括通信产品策略、通信品牌策略、通信价格策略、通信分销渠道策略、通信促销策略、通信服务营销策略。第 5 部分是通信营销组织与控制，即第 15 章，论述通信企业营销活动的总体规划、组织架构、营销执行和营销控制问题，是通信企业营销活动的具体落实。

本书具有如下特点。

(1) 理论与实践相结合，突出通信市场的营销特点。本书所展示的通信市场营销学的理论体系系统完整，涵盖了通信市场研究、通信营销战略、通信营销策略和通信营销执行与控制等方面。本书结合我国通信市场现实的营销状况，撰写 16 个案例，进行案例分析和点评，案例内容活泼，与时俱进，标杆意义和启发意义强。

(2) 聚合凝练通信市场营销研究领域的最新成果，并将作者的课题研究成果融入其中，力求实现科研成果进课堂，科研和教学相互促进。

(3) 与同类教材相比，本书用更多的笔墨对服务营销展开研究，因此具备创新性。本书研究了通信市场服务营销特征，以及通信服务营销策略，研究通信企业如何通过通信服务人员策略、通信服务有形展示策略和通信服务过程策略，来实现无形服务的有形化、规范化，获得客户信任和购买。

(4) 注重前沿理论和实践创新，结合各章内容，编写"特别关注"板块，提出本研究领域的最新理论探讨或通信实践的创新活动，全书包括 22 个"特别关注"。"特别关注"为读者提供了更为广阔的学习内容，能够拓展读者的视野和思维方向。

本书是集体工作的成果。由胡春教授制订写作大纲和写作规划，确定案例内容。具体章节写作分工情况是：胡春负责第 1、6、12、15 章的撰写，王颂负责第 2、7、11 章的撰写，吕亮负责第 8、9、10、13 章的撰写，王明鹏负责第 3、5、14 章的撰写，王明鹏、胡春负责第 4 章的撰写，胡春、王颂负责全书统稿。北京邮电大学经济管理学院企业管理专业研究生魏国宏、高玉琨、张坤林、张艳红、陈凤参与了本书部分章节的资料收集和文字整理工作，在此表示感谢！

本书是北京邮电大学 2011 年教材立项项目成果，得到北京邮电大学教材项目资助，特此致谢！

在本书付梓之际，感谢北京邮电大学教务处、经济管理学院的支持，感谢杨瑞桢教授、唐守廉教授对本书的指导！本书编写过程中，借鉴了大量国内外专家的研究成果，我们在资料来源、脚注和参考文献中列出，在此一并致以诚挚的谢意！

编著者

2012 年 8 月 25 日

目　　录

第1章　通信市场营销学导论 … 1

1.1　市场 … 1
1.1.1　市场的概念 … 1
1.1.2　市场的构成要素 … 2
1.1.3　市场的分类 … 3

1.2　市场营销与市场营销学 … 4
1.2.1　市场营销的含义 … 4
1.2.2　市场营销学 … 6
1.2.3　市场营销观念及其演进 … 7

1.3　通信市场的概念、特点与分类 … 9
1.3.1　通信市场的概念 … 9
1.3.2　通信市场的特点 … 10
1.3.3　通信市场的分类 … 12
1.3.4　我国通信市场的改革与发展 … 13

1.4　通信市场服务营销 … 15
1.4.1　通信市场营销的含义 … 15
1.4.2　服务营销 … 15
1.4.3　通信市场服务营销 … 20

1.5　通信市场营销学的研究内容 … 23

思考题 … 26

第2章　通信市场营销环境 … 27

2.1　市场营销环境概述 … 27
2.1.1　市场营销环境的定义 … 27
2.1.2　市场营销环境的分类 … 28
2.1.3　研究市场营销环境的意义 … 28

2.2　通信市场宏观环境 … 29
2.2.1　人口环境 … 30
2.2.2　经济环境 … 30

2.2.3 科技环境 32
　　2.2.4 政策和法律环境 33
　　2.2.5 社会文化环境 33
　　2.2.6 自然环境 34
2.3 通信市场微观环境 35
　　2.3.1 供应商 35
　　2.3.2 企业 36
　　2.3.3 竞争者 36
　　2.3.4 营销中介 36
　　2.3.5 公众 37
　　2.3.6 客户 37
2.4 通信企业营销环境评价 38
　　2.4.1 市场营销环境的特征 38
　　2.4.2 营销环境的评价方法 39
　　2.4.3 企业对待环境的对策 40
2.5 通信企业 SWOT 分析 42
思考题 46

第 3 章 通信市场营销信息系统与市场调研 47

3.1 通信市场营销信息系统 47
　　3.1.1 市场营销信息 47
　　3.1.2 市场营销信息系统概述 48
　　3.1.3 市场营销信息系统的子系统 50
　　3.1.4 通信市场营销信息系统的建立 52
3.2 通信市场营销调研 54
　　3.2.1 通信市场营销调研的含义与内容 54
　　3.2.2 市场营销调研的流程 57
　　3.2.3 通信市场营销调研的方法 58
3.3 通信市场信息研究 62
　　3.3.1 通信市场信息的分类 62
　　3.3.2 通信市场信息的特征 64
　　3.3.3 通信市场信息的获取 65
思考题 68

第 4 章 通信客户价值与顾客满意 69

4.1 通信客户价值 69

4.1.1　客户价值 …………………………………………………………………… 69
　　4.1.2　客户价值管理 ……………………………………………………………… 71
　　4.1.3　通信客户价值的含义与特点 ……………………………………………… 72
　　4.1.4　通信客户价值的计算 ……………………………………………………… 73
4.2　顾客满意与顾客忠诚 ……………………………………………………………… 76
　　4.2.1　顾客满意 ……………………………………………………………………… 76
　　4.2.2　顾客忠诚 ……………………………………………………………………… 78
　　4.2.3　顾客满意与顾客忠诚的关系 ………………………………………………… 79
4.3　顾客满意陷阱 ……………………………………………………………………… 81
　　4.3.1　顾客满意陷阱的概念 ……………………………………………………… 81
　　4.3.2　顾客满意陷阱的成因 ……………………………………………………… 81
　　4.3.3　双因素模型 …………………………………………………………………… 82
　　4.3.4　卡诺模型 ……………………………………………………………………… 83
4.4　通信客户关系管理 ………………………………………………………………… 84
　　4.4.1　客户关系管理 ………………………………………………………………… 84
　　4.4.2　通信客户关系管理系统 …………………………………………………… 86
思考题 ……………………………………………………………………………………… 90

第5章　通信消费者市场购买行为 ……………………………………………………… 91

5.1　消费者市场购买行为概要 ………………………………………………………… 91
　　5.1.1　消费者市场的定义与特征 ………………………………………………… 91
　　5.1.2　消费者购买行为模式 ……………………………………………………… 92
　　5.1.3　影响消费者购买决策的因素 ……………………………………………… 95
　　5.1.4　消费者购买行为阶段 ……………………………………………………… 98
5.2　通信消费者市场消费特征 ………………………………………………………… 100
　　5.2.1　通信消费者市场宏观特征 ………………………………………………… 100
　　5.2.2　通信消费者市场微观特征 ………………………………………………… 101
5.3　通信消费者市场购买心理与购买决策 …………………………………………… 103
　　5.3.1　一般消费者购买心理 ……………………………………………………… 103
　　5.3.2　通信消费者市场购买心理 ………………………………………………… 104
　　5.3.3　通信消费者市场购买决策 ………………………………………………… 106
思考题 ……………………………………………………………………………………… 112

第6章　通信集团客户市场购买行为 …………………………………………………… 113

6.1　通信集团客户的界定与分类 ……………………………………………………… 113
　　6.1.1　通信集团客户的界定 ……………………………………………………… 113

6.1.2 通信集团客户的分类 ································· 116
6.2 通信集团客户市场的特点 ································· 118
  6.2.1 通信集团客户市场与公众客户市场相比较的特点 ································· 118
  6.2.2 通信集团客户需求特征 ································· 121
6.3 通信集团客户的购买行为 ································· 125
  6.3.1 通信集团客户的购买类型 ································· 125
  6.3.2 通信集团客户购买过程的参与者 ································· 127
  6.3.3 影响通信集团客户购买行为的主要因素 ································· 128
  6.3.4 通信集团客户购买行为阶段 ································· 130
思考题 ································· 134

第 7 章 通信目标市场战略 ································· 135

7.1 通信市场细分 ································· 135
  7.1.1 市场细分的概念和理论依据 ································· 135
  7.1.2 市场细分的作用 ································· 137
  7.1.3 市场细分的原则和标准 ································· 138
  7.1.4 市场细分的方法与步骤 ································· 140
7.2 通信目标市场选择 ································· 143
  7.2.1 评估细分市场 ································· 143
  7.2.2 目标市场 ································· 144
  7.2.3 选择目标市场的模式 ································· 144
  7.2.4 目标市场策略 ································· 146
  7.2.5 选择目标市场策略考虑的因素 ································· 148
7.3 通信市场定位 ································· 149
  7.3.1 市场定位及其意义 ································· 150
  7.3.2 市场定位的方法 ································· 150
  7.3.3 市场定位的步骤 ································· 151
  7.3.4 市场定位的类型 ································· 152
思考题 ································· 160

第 8 章 通信市场竞争战略 ································· 161

8.1 竞争力分析 ································· 161
  8.1.1 影响市场吸引力的 5 种力量 ································· 161
  8.1.2 竞争者分析 ································· 162
8.2 市场竞争战略 ································· 165
  8.2.1 一般竞争战略 ································· 165

8.2.2　不同地位竞争者的竞争战略 …………………………………………… 167
　8.3　通信行业市场竞争战略 ………………………………………………………… 170
　　8.3.1　通信行业市场竞争结构 …………………………………………………… 170
　　8.3.2　通信行业市场竞争策略 …………………………………………………… 172
　思考题 ………………………………………………………………………………… 175

第9章　通信产品策略 …………………………………………………………………… 176

　9.1　产品整体概念 …………………………………………………………………… 176
　　9.1.1　产品的整体概念 …………………………………………………………… 176
　　9.1.2　产品整体概念的意义 ……………………………………………………… 177
　　9.1.3　电信服务的概念 …………………………………………………………… 178
　9.2　通信产品生命周期 ……………………………………………………………… 178
　　9.2.1　产品生命周期的概念及划分 ……………………………………………… 178
　　9.2.2　产品生命周期各阶段的特点 ……………………………………………… 179
　　9.2.3　通信产品生命周期的特点 ………………………………………………… 180
　　9.2.4　通信产品生命周期各阶段的营销策略 …………………………………… 181
　9.3　通信产品组合 …………………………………………………………………… 184
　　9.3.1　产品组合的定义及要素 …………………………………………………… 184
　　9.3.2　通信产品组合策略 ………………………………………………………… 185
　9.4　通信新产品开发 ………………………………………………………………… 186
　　9.4.1　新产品的概念 ……………………………………………………………… 186
　　9.4.2　开发通信新产品的意义 …………………………………………………… 187
　　9.4.3　通信新产品的开发流程 …………………………………………………… 187
　思考题 ………………………………………………………………………………… 192

第10章　通信品牌策略 …………………………………………………………………… 193

　10.1　品牌的定义和作用 …………………………………………………………… 193
　　10.1.1　品牌的定义 ……………………………………………………………… 193
　　10.1.2　品牌的特征 ……………………………………………………………… 194
　　10.1.3　电信企业品牌的内涵 …………………………………………………… 195
　10.2　品牌资产 ……………………………………………………………………… 196
　　10.2.1　品牌资产的构成 ………………………………………………………… 196
　　10.2.2　通信品牌资产 …………………………………………………………… 201
　10.3　品牌策略 ……………………………………………………………………… 202
　　10.3.1　品牌化决策 ……………………………………………………………… 202
　　10.3.2　品牌使用者决策 ………………………………………………………… 202

    10.3.3 品牌战略决策 203
    10.3.4 品牌更新决策 207
  10.4 通信品牌建设策略 208
    10.4.1 通信品牌建设步骤 208
    10.4.2 通信品牌建设对策 209
  思考题 213

第11章 通信价格策略 214
  11.1 影响价格的因素 214
    11.1.1 内部因素 214
    11.1.2 外部因素 215
  11.2 定价目标 219
    11.2.1 以利润为目标 219
    11.2.2 以销售为目标 220
    11.2.3 以规模为目标 221
    11.2.4 以竞争为目标 221
    11.2.5 以社会效益为目标 221
  11.3 定价方法 221
    11.3.1 成本导向定价法 222
    11.3.2 需求导向定价法 223
    11.3.3 竞争导向定价法 224
  11.4 通信定价策略 225
    11.4.1 基本定价策略 225
    11.4.2 竞争性调价策略 229
    11.4.3 电信资费类型及常用资费策略 232
  思考题 237

第12章 通信分销渠道策略 238
  12.1 分销渠道策略概要 238
    12.1.1 分销渠道的功能与结构 239
    12.1.2 分销渠道成员 241
    12.1.3 分销渠道设计 241
    12.1.4 分销渠道管理 242
  12.2 通信分销渠道的选择 245
    12.2.1 影响通信分销渠道选择的因素 245
    12.2.2 通信渠道选择的原则 246

12.2.3　通信分销渠道选择策略 ································· 248
12.3　通信分销渠道体系 ··· 249
　　12.3.1　通信分销渠道的类型 ····································· 250
　　12.3.2　通信集团客户服务营销渠道 ······························· 251
12.4　通信分销渠道的管理重点 ······································· 254
　　12.4.1　实体渠道的分级管理 ····································· 254
　　12.4.2　直销渠道的服务提升 ····································· 255
　　12.4.3　电子渠道的服务优化 ····································· 256
思考题 ·· 259

第 13 章　通信促销策略 ·· 260

13.1　促销与通信促销组合 ··· 260
　　13.1.1　促销的概念及作用 ······································· 260
　　13.1.2　促销信息的传递 ··· 262
　　13.1.3　通信促销组合 ··· 262
13.2　人员促销 ··· 265
　　13.2.1　人员促销的概念 ··· 265
　　13.2.2　人员促销的功能 ··· 266
　　13.2.3　人员促销的基本原则 ····································· 266
　　13.2.4　通信企业人员促销过程 ··································· 267
13.3　广告 ··· 269
　　13.3.1　广告的概念及作用 ······································· 269
　　13.3.2　通信广告决策 ··· 271
13.4　通信公共关系决策 ··· 275
　　13.4.1　公共关系的概念及特点 ··································· 275
　　13.4.2　公共关系的基本功能 ····································· 276
　　13.4.3　通信企业建立公共关系的方式 ····························· 277
13.5　通信营业推广决策 ··· 278
　　13.5.1　营业推广的概念及特点 ··································· 278
　　13.5.2　通信企业营业推广的方式 ································· 278
　　13.5.3　通信企业营业推广的决策过程 ····························· 279
思考题 ·· 281

第 14 章　通信服务营销策略 ·· 282

14.1　通信服务营销策略概述 ··· 282
　　14.1.1　通信服务营销的特征 ····································· 282

    14.1.2 通信服务营销策略 7P 组合 ……………………………………… 283
  14.2 通信服务人员策略 ………………………………………………………… 283
    14.2.1 优化组织结构 …………………………………………………… 284
    14.2.2 提升营销人员能力 ……………………………………………… 284
    14.2.3 突出员工利润价值 ……………………………………………… 285
    14.2.4 制订员工营销管理方案 ………………………………………… 287
  14.3 通信服务有形展示策略 …………………………………………………… 288
    14.3.1 有形展示的重要性 ……………………………………………… 288
    14.3.2 有形展示的要素 ………………………………………………… 289
    14.3.3 通信服务的有形展示策略 ……………………………………… 289
    14.3.4 员工的有形展示 ………………………………………………… 291
  14.4 通信服务过程策略 ………………………………………………………… 292
    14.4.1 服务过程概要 …………………………………………………… 292
    14.4.2 通信服务提供过程 ……………………………………………… 293
    14.4.3 通信企业服务过程策略体系 …………………………………… 294
  思考题 …………………………………………………………………………… 300

第 15 章 通信市场营销计划、实施与控制 …………………………………… 301

  15.1 通信市场营销计划 ………………………………………………………… 301
    15.1.1 公司和部门战略计划 …………………………………………… 302
    15.1.2 业务单位和产品营销计划 ……………………………………… 305
  15.2 通信市场营销组织与执行 ………………………………………………… 306
    15.2.1 通信市场营销组织及其职能的演变 …………………………… 306
    15.2.2 通信营销组织模式 ……………………………………………… 309
    15.2.3 通信营销执行 …………………………………………………… 311
  15.3 通信市场营销控制 ………………………………………………………… 311
    15.3.1 年度计划控制 …………………………………………………… 311
    15.3.2 赢利能力控制 …………………………………………………… 315
    15.3.3 效率控制 ………………………………………………………… 315
    15.3.4 战略控制 ………………………………………………………… 316
  思考题 …………………………………………………………………………… 319

参考文献 …………………………………………………………………………… 320

第 1 章 通信市场营销学导论

本章导读

1.1 市场
1.2 市场营销与市场营销学
1.3 通信市场的概念、特点与分类
1.4 通信市场服务营销
1.5 通信市场营销学的研究内容
案例分析：移动互联网时代电信运营商的营销变革

市场营销学是一门建立在经济科学、行为科学、现代管理科学基础之上的综合性应用科学,研究以满足市场需求为中心的企业营销活动过程及其规律性,具有全程性、综合性、实践性的特点。通信市场营销学的研究对象是通信企业的市场营销活动,通信企业的营销活动既遵循一般企业营销活动的基本规律,又有其自身特点。本书将在简要概括市场营销学基本理论的基础上,重点研究通信市场营销的特殊方面,以完整呈现通信市场营销学全貌。

本章介绍市场与市场营销的基本概念、市场营销观念的发展、通信市场营销的特点以及全书的研究内容。

1.1 市　　场

1.1.1 市场的概念

市场是以商品交换为内容的经济联系形式,是社会分工和商品交换的产物。市场的概念随社会经济发展而有不同的阐释,主要有 3 方面内容。

1. 市场是商品交换的场所

市场是买主和卖主进行商品交换的地点或空间区域,如农贸市场、超级市场、在线交易市场等。

通常,市场是交通发达、人口稠密之地,是城市和集镇的主要组成部分。市场交易是城市的基本功能之一,城市缘起于防务功能"城"和交易功能"市"。当买卖双方进行面对面交易时,市场是一个有限的场所;而当买卖双方采用互联网、电话、电视等电子手段进行交易时,市场的

2. 市场是需求的集合

市场是买方的集合,是一种商品或服务所有现实和潜在需求的总和。哪里有需求哪里就有市场。市场规模就是指能够销售多少商品,即销售量或销售额。

与该市场含义相对应的概念是行业,行业是某产品卖方的总汇。市场与行业的关系如图 1-1 所示。

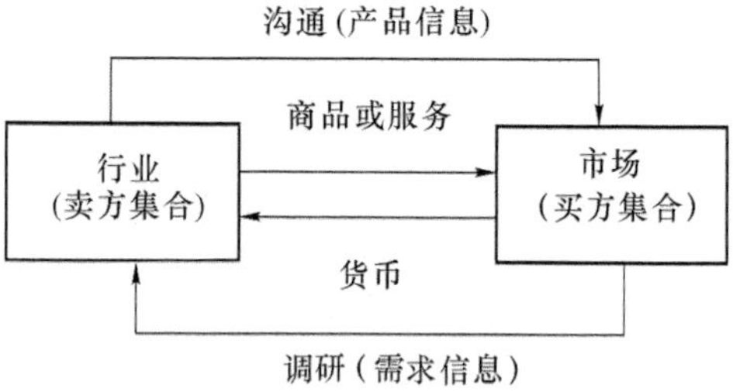

图 1-1 市场与行业

3. 市场是商品供求关系的总和

市场是指一定时空条件下商品供求关系的总和。任何一个商品生产者、经营者的买卖活动必然会与其他商品生产者、经营者的买卖活动发生联系。市场是商品生产者、中间商、消费者交换关系的总和。任何企业都在整体市场上开展经营活动,企业的运转就是与市场保持着输入输出的交换关系,市场是企业赖以生存与发展的空间和环境。通常所说的"市场机制"、"市场调节"就是这个意义上的市场。

从供求关系及市场竞争力角度研究市场,市场竞争态势存在买方市场和卖方市场两种情况。在买方市场中,商品供给量大于需求量,整个市场对买方有利,在交易过程中消费者处于主动地位,由买方支配着销售关系;在卖方市场中,商品的供给量小,需求量大,商品价格因供给短缺而趋于上升,卖方处于主导地位。判断市场供求力的相对强度和变化趋势对于企业的营销战略十分重要。

1.1.2 市场的构成要素

现实市场的形成需要有若干条件,包括:购买者一方存在需求或欲望,并拥有可支配的交换资源;供给方可以提供能够满足购买者需求的产品或服务;有促成交换双方达成交易的各种条件,如可接受的价格、时间、空间、信息和服务方式等。

从企业角度看,有现实需求的有效市场必须同时具备 3 个要素:消费主体、购买力、购买欲望,其关系可用公式简单表示为

市场 = 消费主体 × 购买力 × 购买欲望

1. 消费主体

消费主体是组成市场的基本细胞。一个国家和地区消费者消费主体的总量决定着潜在市场的大小。

2. 购买力

购买力是组成现实市场的物质基础。购买力是指人们支付货币购买商品或服务的能力,购买力的高低由购买者的收入决定。一般地说,人们收入多,购买力高,市场和市场需求也大。

3. 购买欲望

购买欲望是购买力得以实现的必不可少的条件。购买欲望是指消费者购买商品的动机、愿

望和要求。企业提供的商品和服务需符合消费主体的要求,能够引起消费者的购买欲望。

市场的这 3 个要素是相互制约、缺一不可的,只有三者结合起来才能构成现实的市场,才能决定市场的规模和容量。

企业的营销能力可以通过影响消费者的购买欲望而影响市场。

1.1.3 市场的分类

市场是不同类型的市场形成的复杂的市场体系,如图 1-2 所示。生产者从资源市场购买资源,转变为商品和服务后卖给中间商,中间商再出售给消费者;消费者提供劳动获取货币,换取所需的产品或服务;政府是另一种市场,它为公众需要提供服务,对各市场征税,同时也从资源市场、生产者市场和中间商市场采购商品。

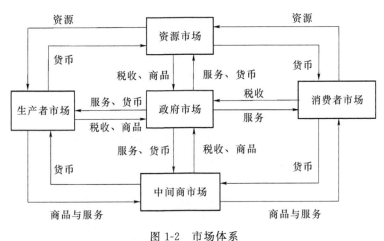

图 1-2 市场体系

按照不同的标准,可以将市场进行不同的分类。

1. 按产品属性分类

按产品属性不同,市场可分为资源市场和商品市场。

(1) 资源市场

资源市场也称投入品市场、资本品市场或要素市场,是由原材料、劳动力、资金、信息和技术等市场组成的。资源市场交易的内容是从事生产活动的必要投入。

(2) 商品市场

商品市场是产出品市场,泛指一切为交易而进行生产或提供的一切有形产品和无形服务交换而形成的市场。

2. 按购买目的分类

按购买目的不同,市场可分为消费者市场和组织市场。

(1) 消费者市场

消费者市场是个人或家庭为了生活消费而购买产品和服务的市场。

(2)组织市场

组织市场包括生产者市场、中间商市场、政府市场和非营利机构市场。组织市场是组织机构为了再加工、再销售、履行职能而购买产品和服务形成的市场。其中,生产者市场是指购买产品和服务用于制造其他产品或服务,通过销售所制造的产品和服务获利的单位和个人形成的市场,是厂家购买。中间商市场是购买产品和服务用于转售而获利的单位和个人形成的市场,是商家购买。政府市场是为执行政府职能而购买产品和服务的各级政府和下属部门所形成的市场,是政府购买。非营利机构市场是为了维持正常运作和履行职能而购买产品和服务的各类非营利机构形成的市场,是团体和事业单位购买。非营利机构泛指不以营利为目的、不从事营利性活动的组织,如行业协会、公益基金会等。

3. 按竞争状况分类

经济学研究市场结构时,根据市场竞争状况将市场进行如下分类。

(1)完全竞争市场

完全竞争市场具有如下特点:市场上有非常多的独立的生产者,他们各自买卖的商品只占市场总量的微小部分;他们以相同的方式向市场提供同类的、标准化的产品;新卖主可自由进入市场;买卖双方对市场信息完全了解。完全竞争市场如某些农产品、矿产品市场等。

(2)垄断性竞争市场

垄断性竞争市场是指一个行业中有许多企业生产和销售同一种类产品,每一个企业的产量或销售量只占总需求量的一小部分,而每个卖家提供的产品各具特点,如服装、日用品、餐饮市场等。

(3)寡头垄断市场

寡头垄断市场指少数几家大企业控制绝大部分产量和销售量,剩下的一小部分由众多的小企业生产经营。这种市场产生的原因是资源的有限性、技术的先进性、资本规模集聚以及规模经济效益所形成的排它性等,如汽车市场、通信市场等。

(4)完全垄断市场

完全垄断市场指一个行业中某产品的生产和销售完全由一个卖主或买主独家经营和控制,没有或基本没有别的替代者。属于这种类型的市场的企业常常是公用事业企业,如电力公司、自来水公司等。另外,以下情况也属于完全垄断市场:一家公司独自拥有制造某种产品的全部或绝大部分原料;通过专利取得垄断地位而形成的市场;通过确立极高声誉而占据垄断地位形成的市场等。

1.2 市场营销与市场营销学

1.2.1 市场营销的含义

市场营销是与市场相关的一切活动和理念。它包括两个层面:首先,市场营销是一种理念、态度、观念和管理方式,强调把客户满意放在首位;其次,市场营销是一系列活动,是上述理念的实施。

美国市场营销协会(AMA)给出的市场营销定义是:市场营销是一项有组织的活动,包括创造、传播和交付顾客价值和管理顾客关系的一系列过程,从而使利益相关者和企业都从中受益[①]。

市场营销学家菲利普·科特勒认为,市场营销(Marketing)最简洁的定义是"满足别人并获得利益"。可以从社会和管理两个不同的角度来界定市场营销。完整的定义为:个人和集体通过创造、提供、出售、同别人自由交换产品和服务的方式以获得自己所需产品或服务的社会过程。

可见,市场营销定义强调的核心概念是顾客需求、产品和服务、顾客价值、交换、关系和网络。市场营销过程就是企业为顾客选择价值、提供价值和传递价值的过程。市场营销可以从微观、宏观不同角度来理解。

(1) 需要、欲望和需求

需要(Needs)是没有得到基本满足的感受状态,是人类最基本的要求。

欲望(Wants)是获得满足需要的具体商品的愿望。欲望由需要派生而来,受社会文化和人们个性的影响。例如,饿了要进餐是需要;有人想吃面包,有人想吃米饭,面包或米饭是欲望。

需求(Demands)是有支付能力购买并且愿意购买具体商品的欲望。

营销者不创造需要,需要优先于营销者而存在,营销者和其他社会因素共同影响人们的欲望,营销者试图说明某具体产品能够满足顾客需要,营销者重点关注顾客需求。

(2) 产品和服务

企业提供给市场用来满足顾客需求的任何提供物(Offering),包括产品、服务、信息和体验的某种组合。

(3) 顾客价值

顾客价值指顾客从拥有和使用某产品中获得的满足。顾客价值取决于顾客所感知到的有形利益、无形利益与成本,可以看成是质量、服务和价格的组合。顾客价值随质量和服务的提高而提升,随价格的下降而增加。顾客价值因个人感受不同而有差别。

市场营销工作的核心是识别和选择价值、创造和提供价值、沟通和传递价值。

(4) 交换和交易

交换指从他人那里取得想要的物品,同时以某种物品作为回报的行为。交换发生需要具备以下条件:至少有双方;每一方都有被对方认为有价值的东西;每一方都能沟通信息和传送物品;每一方都能自由接受或拒绝对方;每一方都认为和对方交换是适当的或称心的。

交换双方达成协议就是发生了交易。交易是双方价值的交换。

(5) 关系和网络

建立在短期交易基础上的营销是交易营销。营销者除需要创造短期的交易外,还需要与顾客、分销商、零售商及供应商等建立长久关系,实现关系营销。关系营销是营销者与顾客、分销商、零售商、供应商、辅助商以及政府机构等建立、保持并加强长期的合作关系,通过互利交换及共同履行诺言,使各方实现各自目的的营销方式。

市场营销网络是企业及其与之建立起牢固的、相互信赖的商业关系的其他企业所构成的网络。

---

① "About Us", American Marketing Association(online), Available at http://www.marketingpower.com/index. 2004。

1.2.2 市场营销学

英文 marketing 一词的含义为市场营销、市场营销学。但两者有区别,市场营销是企业围绕价值创造和传递的经营活动,而市场营销学是研究市场营销活动及其规律性的学科。市场营销学的构建从微观(企业)开始,逐步形成了微观和宏观两个分支。市场营销学的主流研究领域是微观市场营销学,本书也属于微观市场营销学领域。

1. 微观市场营销学

微观市场营销学是从个体(组织和个人)交换层面研究营销问题,研究组织和个人如何围绕产品或价值的交换,为实现其目标而进行决策和管理的过程。微观市场营销学的内容如图 1-3 所示,主要的内容模块是营销调研、营销战略、营销策略和营销组织与控制 4 大部分。营销调研是企业营销活动的起点,只有了解顾客需求,了解企业所处的营销环境,了解企业自身资源和优势,才能进行下一步的营销活动;营销战略是营销活动的总的指导原则,回答为谁服务、提供什么样的服务、服务有什么优势和特色、如何与同行竞争的问题;营销策略是营销战术,回答怎样提供服务的问题,通过产品策略、定价策略、分销策略、促销策略的 4 个策略组合,即 4P 组合为客户提供服务;营销组织与控制是回答企业通过什么样的组织机构来执行营销活动并对营销活动进行管控的问题,是狭义上的营销管理。

由于微观市场营销学是市场营销学的主流研究领域,因此,通常说的市场营销学就是微观市场营销学。

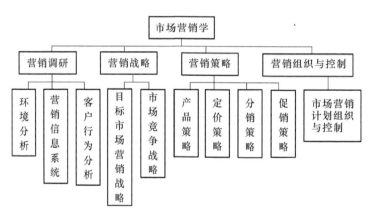

图 1-3 微观市场营销学的主要内容

2. 宏观市场营销学

宏观市场营销学从社会总体交换层面研究营销问题,以社会整体利益为目标,研究营销活动对道德、法律的遵守,研究营销系统的社会功能与效用,营销系统如何引导产品和服务从生产进入消费,以满足社会需要,研究社会营销系统结构的演变等问题。宏观市场营销学将营销视为一种社会经济过程,由社会控制和影响营销过程,求得社会生产和社会需要之间的平衡,保证社会整体经济健康发展和消费者利益。宏观市场营销的主要活动如图 1-4 所示。

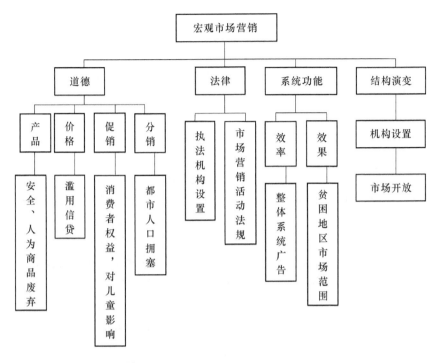

图 1-4　宏观市场营销的主要活动

3. 微观营销与宏观营销的结合

企业社会责任营销的兴起使企业微观营销中越来越关注道德、法律、慈善、生态环境等问题，并做出相应营销活动，从而一定程度上实现微观营销和宏观营销内容的结合。

1.2.3　市场营销观念及其演进

市场营销观念是指企业经营者在组织和谋划企业的营销管理实践活动时所依据的指导思想和行为准则。营销管理是企业为在目标市场上达到目标而作出的自觉努力，市场营销观念就是指导这些努力的哲学，是企业经营者在处理企业、顾客和社会三者关系上所持的态度和指导思想。

市场营销观念是不断发展的，近百年来，企业的市场营销观念大体经历了 5 个阶段。

1. 生产观念

生产观念（Production Concept）认为，企业生产什么就卖什么，顾客会接受任何他能买得起的产品。企业的根本任务是增加产量、提高效率、降低成本。

生产观念在以下两种情况下适用。其一，当供给小于需求时，企业应该采用各种方式增加生产；其二，当生产成本太高，企业需要提高生产率降低成本时。

2. 产品观念

产品观念（Product Concept）认为，顾客喜欢高质量、多功能、有特色的产品。企业的根本任务是提高产品质量和增加产品特色。该观念认为"酒香不怕巷子深"，只要有好的产品就不怕顾客不上门。这一观念也使一些企业患有"营销近视症"，往往看不到产品背后消费者需求的不断变化。

3. 推销观念

推销观念(Selling Concept)认为,企业推销什么产品,顾客就买什么。该观念认为,消费者是被动的,如果对消费者置之不理,他们不会购买本企业产品,因而必须进行大量的推销和促销来刺激消费者购买。

推销的观念已使企业目光从企业内部转向市场,但仍然是着眼于本企业产品的销售。

推销的观念对于推销非渴求品很有效。

4. 市场营销观念

市场营销观念(Marketing Concept)是以顾客为中心的观念,市场营销观念第一次摆正了企业和顾客的位置,是营销观念的一次重大革命。该观念认为,实现组织目标的关键在于正确地确定目标市场的需要和欲望,并比竞争者更有效地满足顾客的需要和欲望。该观念下,企业以满足消费者的需求和欲望为己任,"顾客至上",提出"生产你能够出售的东西,而不是出售你能生产的东西"。

前3种观念以企业为中心,被称为销售的观念。莱维特比较了销售的观念和营销观念的差别,如图1-5所示。销售观念是从内向外进行的,它强调公司的产品,要求营销人员努力推销和促销以获利,是追求短期利益的行为。而营销观念是从外向内进行的,它着眼于顾客的需要,通过满足顾客需要获得利润,认为营销者要在公司赢利和创造更大顾客价值之间寻求平衡。

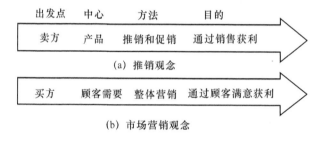

图1-5 推销观念和营销观念的比较

5. 社会营销的观念

社会市场观念(Social Marketing)认为,企业的任务是确定目标市场的需求、欲望和利益,比竞争者更有效地提供满足顾客需求的商品,提供商品的方式应能对消费者和社会福利双重有益。社会营销观念是以社会长远利益为中心的观念,其核心是以使顾客满意及实现顾客和社会公众长期福利作为企业的根本目的和责任。社会市场观念要求企业营销决策要兼顾顾客需要、企业利益和社会利益3方面。

近年来,由于环境污染、资源短缺、人口膨胀、世界范围的经济问题以及被忽视的社会服务等问题凸显,人们怀疑纯营销观念是否适当。1971年,杰拉尔德·蔡尔曼和菲利普·科特勒最先提出了"社会市场营销"概念,此后,营销学界陆续提出了一系列新观念,如人类观念(Human Concept)、理智消费观念(Intelligent Consumption Concept)、生态准则观念(Ecological Imperative Concept)、绿色营销观念等,其共同点都是对社会长远利益的关注,这类观念统称为社会营销观念。

2009年,菲利普·科特勒在其《营销管理》(13版)中提出了全面营销的观念,认为全面营销的框架包括4个关键要素:关系营销、整合营销、内部营销和绩效营销。全面营销的观念强调企业要采用更整体性、更关联性的方法来开展营销活动。

1.3 通信市场的概念、特点与分类

1.3.1 通信市场的概念

1. 通信的概念

通信是用任何方法通过任何媒体将信息从一地传送到另一地的过程。为了保证信息传输的实现,通信必须具备3个基本要素:信源、通信信道和信宿。信源是信息产生和出现的发源地,既可以是人,也可以是计算机等设备;通信信道是信息传输过程中承载信息的传输媒体;信宿是接收信息的目的地,可以是人,也可以是设备。因此,传输方式和信息形式不同,就形成了不同类型的通信。从传输方式来看,通信分为邮政通信和电通信。

通信的目的是传递消息,消息具有不同的形式,如语言、文字、数据、图像、符号等。随着社会的发展,消息的种类越来越多,人们对传递消息的要求和手段也越来越高。通信中消息的传送是通过信号来进行的,如红绿灯信号、狼烟、电压、电流信号等。信号是消息的载荷者。

邮政通信是以实物传递的方式传递消息。历史上,我国古代的官办邮驿制度的邮驿规模和传递效率在世界上都位居前列。我国官办邮驿制度经历了春秋战国、秦、汉、两晋南北朝、隋、唐、宋、元、明、清各个朝代的发展,一直到清朝中叶才逐渐衰落,到1912年废驿归邮,被近代邮政所取代。

电通信是利用"电信号"来承载消息的通信。在各种各样的通信方式中,电通信具有迅速、准确、可靠等特点,而且几乎不受时间、地点、空间、距离的限制,因而得到了飞速发展和广泛应用。给电信(电通信)下个定义就是:利用电子等技术手段,借助电信号(含光信号)实现从一地向另一地消息的有效传递。

2. 通信市场的概念

(1)通信市场的定义

通信市场是特定的专业市场,是指以通信产品和服务为交易对象的市场,包括通信设备与终端市场和通信服务市场,本书重点研究通信服务市场。

通信行业是社会发展的基础和先行行业,通信服务具有广泛的社会性。随着通信信息技术的发展,通信网、互联网和电视网三网融合的推进,电信业、互联网业和广播电视业产业融合进一步深化,通信市场的范围也不断扩大。

(2)通信市场的构成

通信市场由主体和客体构成,通信市场的主体是通信服务和产品的供应者、通信服务和产品的消费者以及通信市场的管理者,通信市场的客体是通信服务和产品。通信市场的客体被消费者消费,构成有效的通信市场。因此,有效通信市场规模由3个因素决定,即通信消费者数量、通信消费者的购买力和通信消费者的购买欲望。

通信服务和产品的消费者指正在消费和可能消费各类通信产品和服务的消费者,包括各类组织、团体以及家庭和个人。随着通信信息技术的发展和人们消费水平的提升,通信市场的消费需求从基本通信需求向发展需求、娱乐需求扩展,需求越来越多样化、个性化。现有客户和大量潜在客户形成了巨大的市场空间,如何有效地开拓市场,满足客户不断发展和升级的需求,成为通信企业发展的首要任务。

通信服务和产品的供应者指通过提供通信产品和服务满足社会需求的各类企业和中间商。随着通信行业的发展,产业价值链不断延伸,通信行业活跃着通信骨干运营商、增值业务提供商、虚拟电信运营商、接入服务商、通信中间商、通信业务代理商等新型供应者,通信服务和产品的供应者呈现出多元化的趋势。目前,我国通信与信息服务市场已经形成了中国移动、中国电信、中国联通三大骨干运营商与大量中小企业相互竞争、共同发展的局面。

通信市场的管理者指一个国家或一定地域范围内行使政府授予的权力,负责规范、引导和管制通信产品和服务的供应商的市场行为,维护和保障通信产品和服务的消费者利益不受损害的机构。我国的工业和信息化部是通信行业的中央政府管理机构。

1.3.2 通信市场的特点

通信市场属于服务市场,它既有市场的一般属性,又具有自身特点。通信市场的特点可从产业和市场两个角度来分析。

1. 通信产业角度的特点

(1) 规模经济性和网络外部性

规模经济性即规模越大效益越好。电信市场的规模经济性特点源于三方面的原因:一是运营商事前必须建立庞大的通信网络,覆盖大量的消费者加入,才能满足顾客相互通信的需求,才会有顾客使用;二是运营商的基础用户群体越大,用户之间的通信越多,对潜在消费者的吸引力也越强;三是电信企业的固定成本大于可变成本,企业在电信基础通信设施上的投资比例较大。电信网络外部性指电信网络价值随用户增加而增大。

(2) 范围经济性

范围经济性即追加新业务的联合成本低于单独提供该业务的成本。电信产业的范围经济性是由电信业务的"先建设、后服务"特点来决定的。电信业务的运行必须建立在完善的网络基础设施的基础上,而网络基础设施建成之后,并不只为现有的电信业务服务,它可以为电信企业开发的新业务提供网络基础支持。这样,电信新业务的追加便有一部分成本由原来的网络基础设施来承担,而不必单独投资,新业务推向市场的联合成本便低于同种业务单独开发时的成本。

(3) 全程全网性

电信市场服务范围的深度、广度和协作性是一般行业无法比拟的。电信企业具有全程全网、联合作业、互连互通的特点。电信企业须树立全网观念和互通观念,只有把全网经营好了,才能保证企业取得良好的市场营销效果。

(4) 多元性(复杂性)

电信市场从业务种类、竞争性质、服务对象来看,体现了市场的多元性,表现在以下两方面。

① 垄断性和竞争性并存

电信业务中的基础电信业务包括固定通信业务、蜂窝移动通信业务、数据通信业务、卫星通信业务等，以寡头垄断经营为主，经营主体是国有控股企业，目前正逐步向民营资本开发；各类增值电信业务则以竞争性经营为主，面向民营企业、外资企业全面放开。

② 市场多元性

电信市场的各类业务涉足多种类型的市场，具有多种市场的特点。电信业务具有服务市场的属性；电信网络元素销售具有产业市场的属性；电信信息服务具有技术市场的属性。而总体说，各项业务营销都具有消费品市场的属性。另外，电信市场服务对象也体现了多元性。市场的多元化体现了电信市场的复杂性。

(5) 相关性

通信服务作为直接服务于全社会的服务行业，其市场需求与国家(或地区)的经济发展水平、产业结构、经济的商品化、外向化的程度等因素紧密相关。

2. 通信市场角度的特点

(1) 广泛性与区域性

通信企业为全社会提供服务，顾客广泛，市场广阔。在现代社会中，几乎人人都使用通信产品，不论城乡，不论年龄，不论个人或组织，通信服务的顾客具有全民性。

另外，通信服务市场又具有区域性的特点，由于通信服务的不可分离性，通信企业的顾客一般是所在地的个人或组织，外地顾客来到本地，享受本地分公司属地化的服务。

(2) 不平衡性

首先是需求的地域不平衡性，在发达地区，需求旺盛，不发达地区，需求不足。其次是供给的区域不平衡性，发达地区可能存在资源不足、短时网络信道拥塞的问题，不发达地区供应过剩，存在通信资源闲置问题。通信服务无法通过运输来调节不同地区的余缺，解决区域供应不平衡的问题。最后，通信需求的增长随社会经济发展近似于线性规律上升，而通信供应能力的提升会因为通信能力扩大受建设周期的制约以及通信服务预测的差异性等影响，近似于阶梯状上升，这样可能存在着某个短期内供应和需求不平衡的问题。

(3) 随机性

通信产品的生产过程、交换过程和消费过程是同时进行的。顾客什么时候需要通信服务，通信企业就什么时候提供通信服务。顾客使用通信服务是没有也不可能有精确时间规律的，因此，通信市场的需求具有随机性的特点。

(4) 潜在性

由于通信服务提供的非实物性和技术密集性，通信服务一定程度上具有生产引导消费的特点。在新的通信服务业务推出之初，绝大多数顾客对该业务不熟悉、不了解，对该业务的需求是不明显、不具体的，甚至是意识不到的，这就是需求的潜在性。通信服务需求的潜在性说明，激发需求是电信营销工作的重要任务之一。

特别关注

双边市场理论

双边市场（Two-Sided Markets）也称双边网络（Two-Sided Networks），是有两个互相提供网络收益的独立用户群体的经济网络。即两组参与者需要通过中间层或平台进行交易，而且一组参与者加入平台的收益取决于加入该平台另一组参与者的数量（Armstrong，2004）。双边市场涉及两种类型截然不同的用户，每一类用户通过共有平台与另一类用户相互作用而获得价值（Wright，2004）。

双边市场具有如下特点：(1) 存在两组参与者之间的网络外部性，即具有"交叉网络外部性"效应。网络外部性是指某个产品或服务的价值随着消费该产品或服务的消费者数量的增加而增加。双边市场的交叉网络外部性指某个产品或服务的价值不仅取决于消费该平台产品的同类型消费者的数量，还取决于消费该平台产品的另一类型消费者的数量，双边市场的网络外部性具有"交叉"性质。(2) 同时向两类消费群体销售具有相互依赖性和互补性的产品。所谓"相互依赖性和互补性"的产品是指平台向两类消费群体提供相同或不同的平台产品，这些产品在促成两类消费者达成交易方面是相互依赖、相互补充的，缺一不可。只有这两种类型的消费群体同时出现在平台中，并同时对该平台提供的产品或服务有需求时，该市场提供的平台产品或服务才能真正体现其价值。(3) 采用多产品定价方式。中间层或平台必须为它提供的两种产品或服务同时进行定价。

双边市场中的交易基于某个平台或企业进行，平台企业通过一定的价格策略向产品或服务的买卖双方提供服务，促成交易；而且买卖双方中任何一方的数量越多，就越吸引另一方的数量增加，如电子商务平台、超市、人才市场等。双边市场中一组参与者（最终用户）加入平台的收益取决于加入该平台另一组参与者（最终用户）的数量。

很多重要的产业都是基于双边市场的平台运行的。通信行业的市场一定程度上也是双边市场。例如，移动互联网业务就是典型的双边市场：一边是内容提供商（SP），一边是最终用户。优质的内容是吸引消费者使用移动互联网业务的前提。因此，运营商必须与一些有实力、口碑好的 SP 进行合作。由双边市场理论可知，用户和 SP 是相互依赖的。如果与运营商合作的 SP 能提供丰富的内容，就会吸引更多的用户加入到这个平台中来，运营商和 SP 自然也会获得更多的利润。如果越来越多的用户选择了某个移动互联网业务平台，也会有更多的 SP 加入进来参与竞争，给用户提供更加丰富的内容。

1.3.3 通信市场的分类

可以根据不同的标准对通信市场进行分类，在此，我们从电信业务（供给）和客户身份属性（需求）两个维度对通信市场进行分类。

1. 从电信业务角度划分

根据《中华人民共和国电信条例》所附的《电信业务分类目录》（2003 年），我国电信业务分为基础电信业务和增值电信业务。基础电信业务是指提供公共网络基础设施、公共数据传送和基本话音通信服务的业务；增值电信业务指利用公共网络基础设施提供的电信与信息服务业务。这两类业务又分别分为第一类业务和第二类业务。

（1）第一类基础电信业务包括固定通信业务、蜂窝移动通信业务、第一类卫星通信业务、第一类数据通信业务。

（2）第二类基础电信业务包括集群通信业务、无线寻呼业务、第二类卫星通信业务、第二类数据通信业务、网络接入业务、国内通信设施服务业务、网络托管业务。

（3）第一类增值电信业务包括在线数据处理与交易处理业务、国内多方通信服务业务、国内因特网虚拟专用网业务、因特网数据中心业务。

（4）第二类增值电信业务包括存储转发类业务、呼叫中心业务、因特网接入服务业务、信息服务业务。

2．从客户角度划分

按照客户的身份属性，可以将客户分为集团客户和公众客户，因此，通信市场可分为集团客户市场和公众客户市场。

（1）集团客户市场

集团客户市场是由集团客户形成的消费群体。集团客户是指企业、政府机关、事业单位等组织单位客户。不同的运营商对集团客户有不同的界定。例如，中国移动集团公司对集团客户的定义是：以组织名义与中国移动签署协议，订购并使用移动通信产品和服务，并在中国移动建立其集团客户关系的法人单位及所附属的产业活动单位。

集团客户市场的通信消费需求具有需求种类多、数量大、使用频繁、需求缺乏弹性、对通信新业务潜在需求大等特点。19世纪意大利经济学家和社会学家维尔弗雷多·帕雷图发现了帕雷图定律（即著名的2/8定律），核心思想是80%的结果来自于20%的原因，如企业的销售额（或别的重要指标）80%来自于20%的重要客户。二八原则在通信市场的体现是，20%的客户贡献了80%的业务收入，而这20%的客户基本就是集团客户。因此，集团客户市场是电信运营商市场竞争最激烈的领域。

（2）公众客户市场

公众客户市场是以个人和家庭为单位的消费群体，可以进一步细分为家庭客户市场和个人客户市场。家庭客户市场是以家庭为单位的消费群体，如固定电话、宽带服务、数字家庭等就是针对家庭用户而推出的电信业务。个人客户市场是直接针对个人推出业务的市场。

公众客户市场需求具有多样性、层次性、发展性、消费引导性、产品替代性强等特点。

1.3.4 我国通信市场的改革与发展

通信市场是具有特殊运行规律的市场，通信产业的规模经济性、范围经济性、全程全网性等特点决定了通信产业的自然垄断性以及通信市场竞争的有限性。从全球范围看，早先各国的电信市场基本都是垄断性的市场，但随着通信技术进步，形成通信行业垄断性的原有技术经济基础部分地发生变化，从20世纪80年代开始，各国纷纷开启了通信市场的自由化改革，破除垄断、引入竞争、放松管制、开放市场是改革的基本内容。我国电信市场的改革从1994年中国联合通信有限公司成立正式拉开帷幕。

1. 我国通信市场的改革历程

贯穿我国电信市场的改革主线有两条：一是电信管理体制的改革，改革目标是实现政企分开；二是电信市场开放、市场结构重塑的改革，改革的目标是由垄断性市场向竞争性市场转化。

从电信管理体制改革的线索看，改革前，通信行业由邮电部直接垄断经营，1998年3月，我国国务院部委改组，撤销原邮电部，成立信息产业部，通信行业实行政企分开、邮政和电信分营。2004年年初，几大运营商完全由国有资产管理委员会统管，信息产业部不再承担国有资产保值增值任务，成为单一的监管者。到此，通信行业的政企分开的改革目标基本实现。

从电信市场开放、电信市场结构重塑的线索看，从1993年向社会开放部分电信增值业务开始，中国电信市场经过不断的拆分、重组，到2008年最后一轮重组结束，中国电信运营市场形成了中国移动、中国电信、中国联通三大骨干运营商全业务竞争的局面。中国电信市场的分拆历程如图1-6所示。

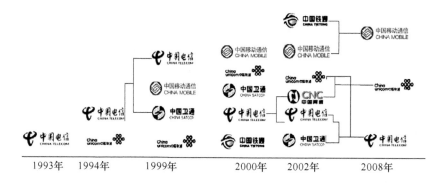

图1-6 我国电信市场企业分拆重组历程

1993年8月3日，国务院颁布国发[1993]55号文件，向社会开放经营无线寻呼、800 MHz集群电话、450 MHz无线移动通信、国内VSAT通信、电话信息服务等9项电信业务，标志着中国通信业务市场开始孕育并逐渐形成。

1994年7月19日，联通公司正式成立，获准经营基础通信业务，改变了中国电信是中国唯一基础电信运营商的历史，中国电信市场出现了较长时期的双寡头竞争局面。但新成立的联通公司实力弱小，基本不能撼动中国电信的垄断地位。

1998年4月，原信息产业部下发《邮电分营工作指导意见》，邮政和电信分营。1999年2月，信息产业部决定对中国电信拆分重组，将中国电信的寻呼、卫星和移动业务剥离出去。原中国电信拆分成新的中国电信、中国移动和中国卫星通信公司，寻呼业务并入联通公司，形成了4家运营商相互竞争的局面。

从2000年开始，为强化竞争，政府给网通公司、吉通公司和铁通公司颁发了电信运营许可证。此时国内电信市场共有中国电信、中国移动、中国联通、网通、吉通、铁通和中国卫星通信7家电信运营商，初步形成电信市场分层竞争格局。但由于分层市场上垄断力量依然较强，新运营商进入时间短,电信业的有效竞争局面仍未形成。

2002 年 5 月 16 日,中国电信南北拆分方案确定,新中国电信集团和中国网通集团挂牌,经过拆分和重组,形成了中国电信、中国网通、中国移动、中国联通、中国铁通、中国卫星通信 6 家骨干运营商并存的格局。

2008 年 5 月 24 日,工业和信息化部、国家发展和改革委员会、财政部三部委发布《关于深化电信体制改革的通告》,提出了中国电信收购中国联通 CDMA 网,中国联通与中国网通合并,中国卫通的基础电信业务并入中国电信,中国铁通并入中国移动的"六合三"重组方案。中国电信市场形成了目前的中国移动、中国电信和中国联通三家骨干运营商全业务竞争的格局。

2. 我国通信市场的发展现状

从 2001 年到 2011 年,我国电信业务收入从 3 719 亿元增至 9 880 亿元,年均增长超过 11%。

国家统计局于 2012 年 2 月 22 日发布的 2011 年统计公报显示,2011 年年末,我国固定电话用户 28 512 万户。其中,城市电话用户 19 110 万户,农村电话用户 9 402 万户。移动电话用户数为 98 625 万户,其中 3G 移动电话用户 12 842 万户。

2011 年年末,全国固定及移动电话用户总数达到 127 137 万户,比上年末增加 11 802 万户。电话普及率达到 94.9 部/百人。互联网上网人数 5.13 亿,互联网普及率达到 38.3%。

我国固定、移动电话用户总数双双跃居世界第一。

1.4 通信市场服务营销

1.4.1 通信市场营销的含义

通信市场营销是通信企业根据市场需求创造和提供使顾客满意的通信产品与服务,使顾客获得通信效用的同时,实现通信企业经营目标的一切经营活动。

通信行业是典型的服务行业,通信市场营销实际就是通信服务营销。通信企业的生产过程与用户的消费过程统一,与业务收入的形成过程统一,因此,通信企业的服务工作贯穿于通信企业的整个生产过程,贯穿于通信企业的整个收入形成过程。

1.4.2 服务营销

1. 服务的含义与特征

服务是以无形的方式,在顾客与服务人员、有形资源产品或服务系统之间发生的,可以解决顾客问题的一种或一系列行为[①]。有形产品和无形服务的区别如表 1-1 所示。

---

① 服务营销学开拓性学者格鲁诺斯在其《服务市场营销管理》一书中提出的定义。

表 1-1 产品和服务的比较

有形产品	无形服务
实体	非实体
形式相似	形式相异
生产、分销不与消费同时发生	生产、分销与消费同时发生
一种物品	一种行为或过程
核心价值在工厂里被生产出来	核心价值在买卖双方接触中产生
顾客一般不参与生产过程	顾客参与生产过程
可以储存	不可以储存
有所有权转让	无所有权转让

服务的基本特征可以概括为如下 5 个方面。

(1) 无形性。无形性是服务的最基本特征。服务是行为过程,是非实体的、抽象的。首先,服务的很多元素看不见,摸不着,无形无质;其次,顾客在获得服务前不能感觉到服务,不能肯定他能够得到什么样的服务,多数服务很难描述,购买决策依赖他人意见和态度,以及自己的购买经验;最后,服务评价主观,顾客一般用经验、感受、信任、安全等语言描述,评价方法抽象。

(2) 差异性。服务不能像有形产品那样实现标准化,每次服务带给顾客的效用、顾客感知的服务质量存在差异。原因有 3 个方面:一是服务人员的原因,如心理状态、服务技能、努力程度等不同,即使同一服务人员提供的服务在质量上也有差异;二是顾客的原因,顾客的知识水平、爱好、心理状态等直接影响服务质量和效果;三是服务人员和顾客间相互作用的原因,每次沟通和互动情况不同,服务质量和服务感知也存在差异。

(3) 生产与消费同步性。服务的生产过程与消费过程同时进行,服务人员提供服务的时刻也是顾客消费服务的时刻。因此,服务在出售和消费前无法进行质量控制,服务评价与服务过程中服务人员与顾客的沟通和互动密切相关。

(4) 不可储存性。服务不可储存,不能先生产后消费,服务提供者不能通过储存来解决产品供求不平衡的问题。因此,服务产品提供中,时间因素相对重要。

(5) 无所有权转移。在服务的生产和消费过程中,不涉及所有权转移问题。因为服务无形,不可储存,交易完成便消失,也就无所有权转移问题。

2. 服务的分类

根据不同的标准,可以将服务进行不同的分类。

(1) 按服务的本质分类

按服务的本质不同,服务可分为两类。①服务产品:以服务本身来满足目标顾客需求的活动,如电信业、教育产业、医疗卫生、旅游业等。②服务功能:是产品的延伸性服务,如出售智能手机时附带下载软件、培训等服务。服务功能一般又可分为售前服务、售中服务、售后服务。本书通信服务营销研究的重点是服务产品。

(2) 按服务程度分类

按服务程度不同,服务可分为纯粹有形商品、伴随服务的有形商品、有形商品与服务的混合、伴随小物品的服务、纯粹服务。

(3) 按顾客在服务中参与程度的高低分类

按顾客在服务中参与程度的高低不同,服务可分为3类。①高接触性服务:顾客参与全部或大部分服务过程,如电影院、学校、公共交通服务等。②中接触性服务:顾客在一段时间里参与服务过程,如银行、律师事务所服务等。③低接触性服务:顾客与服务的提供者不直接接触,仅通过仪器设备传递服务,如通信行业、信息中心服务等。顾客参与程度越高,对服务的需求差异越大。

(4) 按服务形态分类

按服务形态不同,服务可分为以人为基础和以设备为基础的服务、需要顾客在场和不需要顾客在场的服务、满足个人需要或者企业需要的服务。

(5) 按传递服务的方法分类

按传递服务的方法不同,服务可分为3类。①顾客到服务组织处,如剧院、理发店、公共汽车、餐馆等。②服务组织到顾客处,如草地保养、出租车、邮递等。③服务组织与顾客远距离交易,如电信公司、信用卡公司、广播公司、电视台等。

(6) 按服务组织与顾客的关系分类

按服务组织与顾客的关系不同,服务可为分为两类。①持续的服务,如本地电话、保险、有线电视用户、银行等。②分散的交易,如国际长途电话、月票旅行、保修期内的修理等。

3. 服务业及其分类

服务业指以提供服务产品为主的部门和企业。服务业有广义和狭义之分,狭义的服务业指生活服务业,如商业、饮食、修理、家庭服务等;广义的服务业指整个第三产业,是为生产和生活提供服务的所有行业。广义服务业分类如下。

(1) 国家统计局的服务业分类

1985年5月,中华人民共和国国务院办公厅在转发国家统计局的报告中,将产业划分为第一、二、三产业:第一产业包括农、林、牧、渔业,第二产业包括采矿业、制造业、电力、燃气及水的生产和供应业、建筑业,而第三产业则划分为4个层次,参见表1-2。

表1-2 1985年我国服务业的分类简表

第一层次 流通部门	交通运输业、邮电通信业、商业饮食业、物资代销与仓储业
第二层次 为生产、生活服务的部门	金融业、保险业、地质普查业、房地产业、公用事业、居民服务业、旅游业、咨询信息服务业、各类技术服务业
第三层次 为提高科学文化素质服务的部门	教育、文化、广播、电视、科研、卫生、体育、社会福利
第四层次 为社会公共需要服务的部门	国家机关、政党机关、社会团体、军队、警察

(2) WTO《服务贸易总协定》中的服务业分类

世界贸易组织在乌拉圭回合谈判中最终签署了《服务贸易总协定》,将服务业划分为12个大类、53个中类和151个小类,具体参见表1-3。

表 1-3 WTO 的服务类别

类　别	具体服务项目
1. 商业性服务	包括专业服务、计算机和相关服务、研究与开发服务、不动产服务、无操作人员的租赁服务、其他的商业性服务
2. 通信服务	包括邮政服务、电信服务、视听服务、其他
3. 建筑与有关的工程服务	包括建筑物的一般建筑工作、民用工程的一般建筑工作、安装与装配工作、建筑物的完工与装修工作、其他
4. 销售服务	包括经纪人服务、批发贸易服务、零售服务、特约权、其他
5. 教育服务	包括初等教育服务、中等教育服务、高等教育服务、成人教育服务、其他教育服务
6. 环境服务	包括污水处理服务、垃圾处理服务、卫生及其类似的服务、其他
7. 金融服务	包括所有保险和与保险有关的服务、银行和其他金融服务(不包括保险)、其他
8. 与健康有关的服务和社会服务	包括医院服务、其他方面人的健康服务、社会服务、其他
9. 旅游及与旅游有关的服务	包括饭店和餐馆(包括食堂)、旅行社和旅游经纪者的服务、导游服务、其他
10. 娱乐、文化和体育服务(除了视听服务)	包括文娱服务(包括剧院、现场乐队和杂技场的服务)、新闻社服务、图书馆、档案馆、博物馆和其他文化服务、体育和其他娱乐服务、其他
11. 交通运输服务	包括海上运输服务、内陆水上运输服务、空中运输服务、航天运输服务、铁路运输服务、公路运输服务、管道运输服务、所有运输方式的辅助服务
12. 其他服务	

4. 服务营销

从服务的本质看,服务分为服务产品和顾客服务两类,因此,服务营销也分为两大领域:服务产品营销和顾客服务营销。

服务产品营销是企业为促进服务的交换而进行的一系列活动;顾客服务营销是研究企业如何通过服务促进有形产品的交换。

无论哪种服务营销,服务营销的核心都是通过获得顾客满意和忠诚来促进互利的交换,以实现营销绩效的改进和企业的长期成长。

5. 服务营销的特点

服务营销的特点由服务的特点派生而来,服务的各特点的营销含义如下。

(1) 无形性的营销含义

①服务不能依法申请专利,新的服务概念可以轻易被竞争对手模仿;②服务不容易向顾客展示或轻易地沟通交流,因此,顾客难以评估其质量;③服务定价复杂,"一个单位的服务"成本难以确定。

(2) 差异性的营销含义

①服务的提供与顾客满意取决于员工的行动;②服务质量取决于许多不可控的因素;③无法确知提供的服务是否与计划或宣传相符合。

(3) 生产和消费同步的营销含义

①很难大规模生产,有可能提供定制化服务;②服务质量和顾客满意度很大程度上依赖于

"真实瞬间"发生的情况,包括员工的行为、员工与顾客的互动,因此服务营销人员策略很重要;③顾客影响服务交易结果,顾客之间也相互影响。

(4) 不可储存性的营销含义

①服务的供应和需求难以同步,很难管理需求的波动,因此,为充分利用生产能力而进行需求预测并制订有创造性的计划成为重要决策问题;②服务不能退货或转售,因此,要尽量防止差错出现,并需要制定有力的服务补救战略。

6. 服务营销组合

营销组合是营销中的基本概念,指组织可以控制的、能够使顾客满意或促进与顾客沟通的若干因素的集合。传统的 4P 组合是美国营销学学者麦卡锡教授在 20 世纪 60 年代提出的,包括产品(Product)、价格(Price)、渠道(Place)和促销(Promotion)。该理论认为,一次成功和完整的市场营销活动意味着以适当的产品、合适的价格、顺畅的渠道和有效的传播促销推广手段,将适当的产品和服务投放到特定市场的行为。一个 4P 组合的所有变量都是相关的和相互依赖的。营销组合的理念说明,在一个既定的时间和既定的细分市场中,存在着一个四种要素的最佳组合。

在服务业营销中,由于服务的特殊性,营销组合扩展为 7P 组合,增加了人员(People)、有形展示(Physical Evidence)和过程(Process)三个要素。

人员指参与服务提供并因此影响购买者感觉的全体人员,即企业员工、顾客以及处于服务环境中的其他顾客。服务的生产和消费同时发生,使企业员工直接与顾客接触,因此,员工、顾客以及其他顾客都会影响顾客对服务的感知和服务质量。

有形展示指服务提供的环境、企业与顾客相互接触的场所以及任何便于服务履行和沟通的有形要素。服务的无形性使顾客常常寻找有形线索来理解服务。

过程指服务提供的实际程序、机制和作业流,即服务的提供和运作系统。规范的服务过程是服务质量的保证,同时,顾客体验到实际的提供步骤,或服务的运作流程,是顾客判断服务质量的依据。

服务营销的 7P 组合的具体内容如表 1-4 所示。

表 1-4 服务营销组合

产品	价格	渠道	促销	人员	有形展示	过程
实体商品特性	灵活性	渠道类型	促销组合	员工	设施设置	活动流程
质量水平	价格水平	商品陈列	销售人员	招聘	设备	标准化
附属产品	期限	中间商	挑选	培训	招牌	定制化
包装	区别对待	店面位置	培训	激励	员工服装	步骤数目
保证	折扣	运输	激励	奖励	其他有形物	简单
产品线	折让	仓储	广告	团队	报告	复杂
品牌		管理渠道	媒介类型	顾客	名片	顾客参与
			广告类型	教育	声明	
			促销活动	培训	保证书	
			公共关系			
			互联网/全球网战略			

1.4.3 通信市场服务营销

1. 通信服务的特点

通信企业提供的通信产品或业务就是通信服务,因此,通信产品或通信业务也称为通信服务。通信服务既具有一般服务共有的特征,也有其特殊的方面。

(1) 通信服务具有无形性

通过企业提供通信服务时,需要借助或使用一定的实物,但这些实物不是通信服务的核心,通信服务的核心是为客户提供信息传递服务,本质上是无形的,顾客难以作出客观的感知、判断和选择。

(2) 人是通信服务的一部分

通信服务的两端,即受动者(顾客)和施动者(通信服务递送系统),均包含着人,通信服务过程是顾客与通信服务提供者间广泛接触的过程。通信服务者的素质、能力、训练水平和顾客的修养、情绪、期望、行为都与通信服务绩效好坏、通信服务质量高低相关。

(3) 通信服务生产、消费同时发生,顾客参与通信运行过程

通信服务的过程作用于顾客,满足顾客传递信息的需求,顾客对通信服务的理解、期望和支持直接影响通信服务质量。

(4) 通信服务无法储存

通信服务所需要的生产设备、耗用实物和劳动力是以实物形式存在的,但这只是通信服务的生产能力而非生产本身。通信服务的无形性和生产消费不可分割性决定了通信服务无法储存。

(5) 通信服务质量难以控制

人是通信服务的一部分,通信服务的施动者和受动者的观念、行为及互动都会对通信服务质量产生影响。人的加入使通信服务质量难以度量,通信服务中的缺点和不足也难以发现和改进。

(6) 通信服务强调时间因素的重要性

在通信服务中,顾客需求需要得到准确、及时的回应。通信服务中,对需求回应的及时性远大于实体产品。通信服务如果不够快速、及时,延长顾客等候通信服务的时间,会引起顾客强烈不满,甚至对通信质量产生怀疑。

(7) 通信服务的"二次性"

通信服务的使用离不开提供服务的具体设备,为获得通信服务的便利,顾客不仅需要通信企业提供公用的通信设备,还需要拥有自有的通信设备,因此,通信服务具有二次服务的特点。第一次服务是对通信设备等硬件的安装和维修,顾客在服务中购得的是通信设备的独占性使用权以及通信服务长期使用的可靠性;第二次服务是通信服务,顾客在这个服务中购得的是通信服务的核心利益,即传递信息的服务。

一次服务和二次服务密切相关,一方面,一次服务的开发和完善会带来二次服务的需求繁荣,有了通信设备,才能开发出更多的应用;另一方面,二次服务需求的大小很大程度上决定着一次服务需求的大小,如果顾客没有对使用通信服务传递信息的实际需求,就不会购买通信设备,因此,开发更多高附加值的通信服务新产品能够更好地开发一次市场。

2. 通信市场服务营销的内涵

通信市场服务营销既包括服务产品的营销，也包括顾客服务的营销。在通信服务产品的营销中，在进行战略层面的 STP 营销的基础上，营销策略层面注重 7P 原则的灵活运用。在通信顾客服务营销中，关注如何通过服务提升客户价值，促进顾客购买，提高客户的满意度和忠诚度。

3. 通信市场服务营销的重点

通信市场服务营销的核心主题有客户价值识别与管理、通信客户服务质量的管理（标准、流程、有形展示）、客户满意度和忠诚度。

（1）通信客户价值的识别与管理

通信企业的客户价值可以从 3 个层面来认识。

① 从客户角度看，通信企业的客户价值指通信企业所提供业务和服务的价值。客户是价值感受的主体，企业是价值感受的客体。该客户价值衡量了企业提供给客户的消费者剩余的大小，客户通过对不同通信企业所提供的消费者剩余比较，作出购买决策。

② 从企业角度看，通信企业的客户价值指客户给通信企业带来的价值。企业是价值感受的主体，客户是价值感受的客体。该客户价值衡量了客户对企业的相对重要性，识别最大价值客户，或为客户提供个性化服务获得最大客户价值，有利于企业实现赢利最大化目标。

③ 从客户—企业的角度看，客户价值是企业与客户之间交换的价值。客户和企业互为价值感受的主体和客体。该客户价值衡量了企业与客户通过关系建设、伙伴、联盟来实现双赢的程度以及相互依赖的程度。

通过客户价值的识别和管理提升客户价值是通信市场服务营销的重要课题。

（2）通信客户服务质量管理

通信服务的无形性特点使服务质量难以控制，因此，服务质量管理就成为通信企业服务提供的核心内容。服务质量管理具体涉及通信产品和服务的设计、服务标准的制定、服务流程的设计、服务有形展示等方面。

（3）客户满意度和忠诚度

通信服务价值最终体现在客户感知上，提升客户的满意度和忠诚度是通信企业服务营销的基本立足点。通信企业营销工作的根本任务是通过通信市场的研究，确定通信市场营销的战略和策略，通过组织与管理控制，为顾客提供满意的通信服务。

特别关注

客户体验管理，峰-终定律，客户接触点管理

（1）客户体验管理

根据 Bernd H. Schmitt 在《客户体验管理》一书中的定义，客户体验管理（Customer Experience Management, CEM）是"战略性地管理客户对产品或公司全面体验的过程"。

客户体验管理以提高客户整体体验为出发点，注重与客户的每一次接触，通过协调整合售

前、售中和售后等各个阶段，各种客户接触点，或接触渠道，有目的、无缝隙地为客户传递目标信息，创造匹配品牌承诺的正面感觉，以实现良性互动，进而创造差异化的客户体验，实现客户的忠诚，强化感知价值，从而增加企业收入与资产价值。

（2）峰-终定律

2002年诺贝尔经济学奖获奖者、心理学家丹尼尔·卡纳曼（Daniel Kahneman）研究发现，人们对体验的记忆由两个因素决定：高峰（无论是正向的还是负向的）时与结束时的感觉，这就是峰-终定律（Peak End Rule）。峰-终定律基于我们潜意识总结体验的特点：我们对一项事物体验之后，所能记住的就只是在峰与终时的体验，而在过程中好与不好体验的比重、好与不好体验的时间长短对记忆差不多没有影响。而这里的"峰"与"终"其实就是所谓的"关键时刻MOT"，MOT（Moment of Truth）是服务界极具震撼力与影响力的管理概念与行为模式。

卡纳曼对经济学的贡献在于将心理学的前沿研究成果引入经济学研究中，特别侧重于研究人在不确定情况下进行判断和决策的过程。经济学假设人是理性的，峰-终定律说人是感性的，为经济学打开了另一扇假设之窗。峰-终定律也为企业管理者打开了一扇新窗户，那就是：重点管理他们的"峰-终体验"。

（3）客户接触点管理①

"触点"（Touchpoint）是客户在与组织发生联系过程中的一切沟通与互动点，包括人与人的互动点、人与物理环境的互动点等，接触点承载着企业传递价值给客户和客户认知价值的任务。客户长年累月基于他们在接触点上的体验而形成对产品、品牌乃至企业的认知。这种可能是积极也可能是消极的主观、情感化的评价将直接影响品牌、企业在客户心中的印象，从而决定客户最终能否成为企业的忠诚用户。

客户接触点管理（Customer Touchpoint Management，CTM）能够帮助企业提升客户体验，改善客户关系，最终延长客户生命周期，提高客户忠诚度，提升销售量和重复购买率，实现以较低的成本获取较高的长期受益。

通常客户接触点管理包括循环的4个阶段：Search、Site、Shopping 和 Satisfaction，如图1-7所示。

图1-7 客户接触点4S管理模型图

---

① 参见刊登在《客户世界》2011年第6期上傅华实、叶天宽、王春的文章《通过客户接触点管理提升客户满意度》。

Search 部分触点是指客户在寻找产品或服务时所碰到的触点，包括各种线上线下传播渠道、硬广告软文等；Site 部分触点即产品的物理消费地点给客户留下的印象；Shopping 部分触点是产品服务者和客户之间的互动；Satisfaction 部分触点主要体现在相关售后服务给客户的体验。

Hank Brigman 认为，一般在客户触点的循环周期中，企业会与客户产生至少 100 个触点。如果能认真地找到这至少 100 个触点并分析出目前的满意度情况，从而在这 100 个接触点让客户满意，就将给客户带来完美的体验，使满意度达到 100%，就上升到让消费者高兴的境界，培养他们的忠诚度，长久地留住他们。

1.5　通信市场营销学的研究内容

通信市场营销学是运用市场营销学和服务营销学的基本理论和研究方法，对通信企业的市场营销活动进行研究，形成关于通信企业市场营销活动的基本理论体系和框架，学习研究通信市场营销学，有利于总体把握通信企业市场营销活动的内容和特征，更好地理解通信企业市场营销实践，并进一步指导实践活动。通信市场营销学的基本内容如图 1-8 所示。

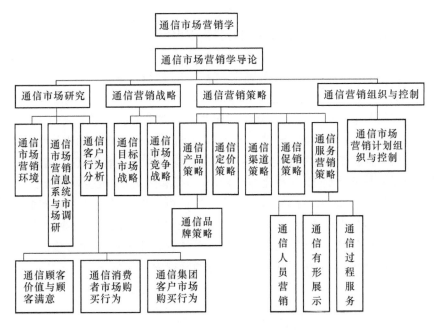

图 1-8　通信市场营销学的基本内容

本书按照图 1-8 所示的框架，将通信市场营销学的内容分为 5 个部分展开论述，具体结构安排如下。

第 1 部分是导言，即第 1 章通信市场营销导论，介绍市场、市场营销、市场营销观念、服务营销、通信市场营销等相关概念，界定本书的研究对象，介绍全书的内容。

第 2 部分是通信市场研究，即第 2~6 章，分两个方面的内容：第 2 章和第 3 章是环境研究,第4~6章是客户研究。第2章通信市场营销环境分析通信企业营销活动的宏观环境和微观环境,重点研究近年哪些环境变化和正在变化推动通信行业的发展和通信企业营销活动的变革。第3章通信市场营销信息系统与市场调研分析通信企业监测环境,了解和研究市场的系统和方法,重点研究通信企业市场营销信息系统的特点。第4章通信顾客价值与顾客满意分析通信客户价值识别和提升,以及通信企业客户满意度和客户忠诚度建设问题。第5章通信消费者市场购买行为分析通信市场上个人和家庭客户的购买特点和购买行为。第6章通信集团客户市场购买行为分析通信市场上集团客户的购买特点和购买行为,重点研究通信企业如何针对集团客户提供针对性服务和与集团客户结成战略联盟关系。

第3部分是通信营销战略,即第7章和第8章。第7章通信目标市场战略通过通信市场细分、目标市场选择和市场定位研究,解决通信企业不同业务为谁服务、提供什么样的服务、服务有什么特色和优势问题。第8章通信市场竞争战略研究在激烈竞争的市场环境下,通信企业如何分析竞争态势,采取什么样的竞争战略,以保持竞争优势。

第4部分是通信营销策略,即第9~14章,论述通信企业具体的7P服务营销策略。第9章通信产品策略分析通信产品特征、产品组合、产品生命周期、新产品开发等相关内容,重点研究通信企业产品和业务设计、新业务的推出情况。第10章通信品牌策略分析通信企业品牌战略和品牌策略、品牌塑造和品牌维护相关问题。该章内容是前一章"产品策略"内容的延伸,之所以对品牌进行专门研究,是因为品牌竞争越来越成为通信企业差异化营销的重要手段。第11章通信价格策略分析通信企业资费的确定方法和形成过程,重点研究通信企业如何通过定价来获取竞争优势。第12章通信分销渠道策略分析通信企业如何建立分销渠道,如何进行分销渠道的管控,如何与渠道成员形成良好的合作关系以完成渠道递送服务的任务。第13章通信促销策略分析通信企业如何进行营销沟通和市场推广,以形成良好的市场形象,促进销售增长。第14章通信服务营销策略分析通信企业如何进行通信人员形象营销、有形展示和过程服务策略,以实现无形服务有形化、规范化,获得客户信任和购买,实现企业基业长青。

第5部分是通信营销组织与控制,即第15章通信市场营销计划组织与控制,论述通信企业营销活动的总体规划、组织架构、营销执行和营销控制问题,是通信企业营销活动的具体落实。前面4个部分研究的通信营销理论最终都是要体现在企业的实际营销活动中,也就是要体现在本章所要研究的企业实际的营销工作执行和管控中。

案例分析

移动互联网时代电信运营商的营销变革①

2011年年末,电话普及率达到94.9部/百人,国内电信市场新增客户的增速放缓,市场已近饱和。另外,随着智能终端每年以近200%的速度增长以及3G网络在全国所有县镇的普

---

① 本案例根据赵晓云的文章《数据业务营销——打造移动互联网时代电信运营商增长新引擎》改编而成。原文来自通信世界网 2011年12月21日 17:38 http://www.cww.net.cn。

及，移动互联网时代来临。互联网及IT厂商提供的信息交流方式日益普及，各种网络沟通软件都带有语音、信息、数据传输功能，未来电信运营商当前主要业务话务收入受到严峻挑战。数据业务将成为电信运营商未来业务增长的主要来源。从2011年上半年收入来看，数据业务已经占到运营商收入的30%以上，但产生的直接网络成本及服务投诉也在直线上升，这同时凸显了当前运营商运营模式及后台支撑构架不能适应移动互联网时代客户对海量应用的扁平化需求，数据业务运营的粗放化运营、营销、渠道推广模式已经不能适应运营商的未来发展。运营商应从现有的运营、支撑、营销、渠道、服务等方面全方位地调整以适应未来发展的需要。

第一，在运营方面，应该改变以前的组织运营模式及KPI考核模式。在组织运营模式方面，以前以产品为基础的纵向管理模式需向以需求为导向的横块纵条的管理模式转化，各省分公司应将对客户有相同、相近需求的产品整合到一块，统一管理，提高运营效率，同时更好地对客户需求作出反应及调整；在KPI考核方面，避免指标过细对人员主动性及业务发展造成限制，使一线人员不能迅速对市场需求作出调整，可根据客户需求划分考核指标并将考核指标下达到以各营业部为基础的细胞，相似、相近产品推广指标考核相同，同时各营业部可以根据本地需求特性选择相应的考核产品/业务指标包，在快速对市场需求作出反应的同时充分调动一线员工的积极性，以应对激烈的市场竞争。

第二，在支撑方面，需要整合原来各省市分散、独立的系统向集中化、平台一体化运作转变。现有的各省市分散、独立系统运营支撑一方面增加运营、沟通成本，降低了运营效率，另一方面不能适应当前移动互联网时代行业发展需要，未来产业向后台处理集中化、存储分布化、传输宽带化、应用智能化、操作简单化方向发展，这就要求运营商的对前台业务支撑扁平化、对产品业务管理一体化。

第三，在营销方面，应由原来粗放式的大众化推广向以客户需求为导向的精细化一站式营销解决方案转化。营销的粗放化一方面浪费了营销资源，增加了营销成本，另一方面降低了客户感知，导致客户不满，在客户需求日益饱和、竞争日益激烈的市场上，必须向精准化方向转变，精准营销要求企业必须对客户需求及竞争有深刻的认识，根据需求及行为差异将客户划分成不同的细分群，针对每个细分群设定数据业务包，提供一站式的需求解决方案。

第四，需要转变各类型渠道的定位及功能。对于实体渠道，自办厅需发挥核心作用，定位由原来的"服务+销售"向"宣传+服务+体验+销售"转变，大力强化终端销售及业务体验功能，通过业务体验引导客户使用，培养客户对业务的需求，转变消费及使用习惯；对于电子渠道，实现全业务、全服务承载，侧重与实体渠道、直销渠道协同及各电子渠道间协同，培养客户使用习惯，提升客户便捷感知，有效降低运营成本，大力发展网上营业厅，提升掌上营业厅使用率/黏性，普及短信营业厅，优化自助语音服务，分流人工语音服务；对于直销渠道，充分发挥客户经理主动性特点，大力招募发展社会体验、监督、推广人员，如小区体验人员、服务监督员、学校推广员等。

第五，在服务方面，需加强服务营销一体化管理，树立大服务观念，提升中高端客户服务感知，加大服务监测力度，加强对第三方数据业务商的管理，保证客户消费透明、定制便捷、使用满意，为数据业务健康可持续发展保驾护航。

分析点评

移动互联网是电信业与互联网业、语音业务与数据业务融合的结果。在融合中,电信运营商出现了业务重心和收入由语音向数据转移的趋势。如果电信运营商继续做管道,靠数据流的增长获得业务增长,会在整个移动互联网的收入中,由于数据增值业务收入比重过低,而存在被边缘化的危险。只有掌握数据核心业务这个制高点,才能在未来数据流动中,截获高附加值的收入。因此,在移动互联网时代,电信运营商需要转型,从语音业务为主转向数据业务为主,从低收入的数据流量收入为主转向高收入的数据增值收入为主。而实现这个转型,首先是技术战略上的转型,移动互联网是电信网与计算机网的融合,从技术本质上看,就是CT与IT的融合,就是ICT(信息通信技术)。运营商仅有语音核心技术是不够的,还必须掌握数据核心技术。这不是指电信业通常理解的CT意义上的数据技术(流量和管道技术),而是互联网界理解的IT意义上的数据技术(把流量转化为数据增值收入的技术)。电信运营商在这方面面临的转型是从只懂CT转向精通IT。其次,是营销战略和战术的全方位转型。即运营商需要从营销战略和现有的运营、支撑、营销、渠道、服务等方面全方位的调整以适应未来发展的需要。

思 考 题

1. 什么是市场营销?市场营销的核心概念有哪些?
2. 论述市场营销观念的发展和演变。
3. 什么是通信市场?其特点有哪些?
4. 什么是服务?服务有哪些特征?服务的这些特征有什么营销含义?
5. 服务营销7P组合的具体内容是什么?
6. 通信市场营销学的基本内容有哪些?

第 2 章 通信市场营销环境

本章导读

2.1 市场营销环境概述
2.2 通信市场宏观环境
2.3 通信市场微观环境
2.4 通信企业营销环境评价
2.5 通信企业 SWOT 分析
案例分析：三网融合中的电信业

任何企业作为社会经济组织或社会细胞，都是生存在一定的市场环境之中的，企业的营销活动不可能脱离市场环境而单独进行，环境影响和制约着企业的营销活动。而这些来自外界的市场环境条件又是不断变化的，既可能给企业提供新的市场机会，也可能给企业的发展带来某种威胁。因此，市场营销环境对企业的生存和发展具有重要意义。企业必须重视对营销环境的分析和研究，并根据环境的变化制定有效的市场营销策略，扬长避短，趋利避害，适应变化，抓住机会，防范威胁，从而实现自己的市场目标。

本章主要对市场营销环境，通信市场宏观、微观环境，通信企业营销环境评价方法和内容进行具体介绍。

2.1 市场营销环境概述

2.1.1 市场营销环境的定义

市场营销环境是一个不断完善和发展的概念。在 20 世纪初，西方的企业仅将销售市场作为营销环境；到了 30 年代以后，把政府、工会、竞争者等对企业有利害关系者看做环境因素；进入 60 年代，西方企业家又把自然生态、科学技术、社会文化等作为重要的环境因素；70 年代以来，随着资本主义国家政府对经济干预力度的加强，西方企业家开始重视对政治、法律环境的研究；80 年代后期至 90 年代，企业家们普遍认识到环境对企业生存和发展的重要性，因而将对环境的分析、研究作为企业营销活动最基本的课题。由此可见，企业对市场营销环境的研究范围是在不断扩大的。

美国著名营销学大师菲利普·科特勒认为,市场营销环境是指营销企业的市场和营销活动的不可控制的参与者和影响力。具体而言,是指影响企业的市场营销管理能力,使其能否卓有成效地发展和维持与其目标顾客交易及关系的外在参与者和影响力。

所谓市场营销环境,是指与企业营销活动有潜在关系的所有外部力量和相关因素的集合,它是影响企业生存和发展的各种外部条件。

2.1.2 市场营销环境的分类

市场营销环境的内容既广泛又复杂,可从不同的角度对其进行分类。

1. 按对企业的影响程度,分为直接环境与间接环境

直接环境是指直接作用于企业市场营销的环境,主要包括对企业营销活动构成直接影响的因素,如供应商、渠道企业、消费者、竞争者等。

间接环境是间接作用于企业市场营销的环境,如国家的法律政策、经济技术环境、自然生态环境、社会文化环境等。间接环境一般以直接环境为媒介去影响与制约企业的市场营销活动。

2. 按环境所处空间区域,分为内部环境和外部环境

内部环境是存在于企业内部、影响企业市场营销环境的因素,具体包括企业的组织结构、企业文化、资源等。这些内部环境因素能经常地、直接地影响着企业的市场营销活动。

外部环境是存在于企业以外、影响企业市场营销环境的因素,由企业外部的各种宏观及微观因素构成。

3. 按影响范围大小,分为宏观环境和微观环境

宏观环境是指所有影响企业环境的巨大社会力量,主要包括人口、经济、科技、政策和法律、社会文化、自然等要素,间接地影响着企业的营销活动。

微观环境是指与企业紧密联系,直接影响其营销能力的各种参与者,具体包括供应商、营销中介、竞争者、客户、公众等要素,它们给企业的营销活动带来直接的影响。

此种划分方法由菲利普·科特勒提出,在本章中,我们也采用此种方法对通信市场的营销环境进行详细阐述。

2.1.3 研究市场营销环境的意义

企业所面临的市场营销环境是在不断变化着的,从某种意义上说,研究市场营销环境就是研究企业如何"物竞天择,适者生存"的问题。研究市场营销环境的意义体现在以下几个方面。

1. 市场营销环境是企业市场营销活动的立足点和根本前提

开展营销活动不仅仅是为了更好地满足人们不断增长的物质和文化生活的需要,更是使企业获得最好的经济效益、社会效益,以维持生存与发展的需要。而开展营销活动的立足点和根本前提就是要进行市场营销环境分析。只有深入细致地对企业市场营销环境进行调查和分析,才能准确而及时地把握消费者需求,认清企业在所处环境中的优势和劣势,从而扬长避短。许多企业的实践都充分证明,成功的企业都十分重视市场营销环境的分析。

2. 市场营销环境是企业经营决策的基础,是管理层制定科学决策的保证

企业经营决策的前提是市场调查,市场调查的主要内容是要对企业的市场营销环境进行调查、整理分类、研究和分析，并提出初步结论和建议，以供管理层作为制定决策的依据。市场营销环境分析的正确与否直接关系决策的正确性与可操作性，并决定了将来企业经营活动的成败。

3. 研究市场营销环境有助于企业发现和利用市场机会并规避环境威胁

时刻变化的市场环境给企业带来两种不同性质的影响。一方面可能给某些企业提供新的市场机会，另一方面也可能会带来某种威胁。市场机会是指市场上存在的尚未满足或尚未完全满足的需求；而环境威胁是指环境中不利于企业开展营销活动的因素、对企业形成的挑战或对企业的市场地位构成的威胁。

对市场的营销环境进行研究的意义正是在于分析营销环境的变化趋势，找出企业所面临的市场机会和环境威胁，为企业营销策略的制定提供依据。

特别关注

通信市场环境的变化

通信行业作为关系国计民生的重要行业，在国家政策的支持下获得了巨大的发展，同时又受到国家的严格管制。在经历了数十年的飞速发展后，尤其是伴随着3G技术的发展与推动，当前的通信市场环境较过去发生了许多变化。

第一，通信市场上出现供大于求的局面。例如，固定通信市场用户早已达到顶峰并开始逐年流失；手机终端的价格一降再降，运营商甚至为争取用户或发展业务而免费向用户赠送手机。市场的需求发生了很大的变化，寻找新的业务增长点、打造新的产业链和价值链成为通信运营商密切关注的焦点。

第二，技术与业务之间的影响关系发生变化，技术进步推动着业务的应用。以前是针对需求开发业务，然后进行技术开发，现在是根据新技术找市场、找应用、进行业务开发。3G技术及3G业务的开放就是最好的例证。有了先进的技术后需要进一步培育高端业务市场。

第三，通信市场向着全面竞争的方向发展。2008年的重组建立了全业务经营下"三足鼎立"的竞争格局，中国电信、中国移动、中国联通成为同时经营固定和移动通信业务的全业务运营商；2010年，国家出台了一些政策法规，加快推进三网融合，各方将在同一业务领域展开更激烈的竞争。

第四，企业经营的重点转向以用户服务为中心，投资也转向服务性投资。过去快速增长的用户总量促使通信运营商持续投资网络的基本建设，造成投资过度。随着经营理念和业务模式的改变，通信运营商将把目光更多地转向用户服务，努力提高用户对企业的忠诚度，因此，投资也向网络优化服务转移。

这些变化为通信企业带来了新的市场机会和威胁，能否对环境变化进行及时准确的把脉并制定相适应的营销策略将成为企业成功与否的关键。

2.2 通信市场宏观环境

企业和所有其他的参与者都在一个广阔的宏观环境中活动，宏观环境是指与所有企业的市场营销活动有联系的环境因素，包括人口、经济、科技、政策和法律、社会文化、自然6大因素

(如图 2-1 所示)。这些因素涉及领域广泛,从宏观方面对企业的市场营销活动产生影响。

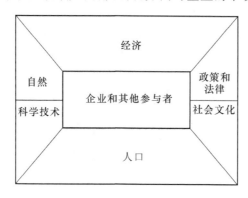

图 2-1 企业宏观环境中的主要因素

2.2.1 人口环境

人口是构成市场的第一因素,市场是由那些有购买欲望同时又具有购买力的人构成的。无论是企业还是行业,无论是基础运营商还是终端设备商或服务提供商,它们都有一个共同的关注对象,即消费者,消费者的总体情况基本决定了目标市场的大小。人口对营销的影响主要体现在以下 3 个方面。

(1) 人口总量与增长速度。

(2) 人口的地理分布及地区间的流动。

(3) 人口结构:主要包括人口的年龄结构、性别结构、家庭结构和社会结构等。

2010 年第六次人口普查结果显示,我国现有人口总量为 13.4 亿。庞大的人口数量为通信市场提供了一个巨大的市场空间,用户规模扩张的驱动是我国通信市场过去数十年来高速发展的主要原因之一。但随着人口增长速度的降低及行业前期的快速发展,以往用户规模急剧扩张的局面将一去不复返,通信企业在营销时需要更多地关注人口结构的变化趋势,充分挖掘各细分市场的潜力,以提高用户平均收入(ARPU 值)为企业营销的目标。

一般而言,年龄分布在 15~64 岁的人口是通信市场用户主体,第六次人口普查结果显示,这部分人口的比例占 74.5%。对于这部分人群,按性别上的差异、受教育的程度、地理分布及年龄结构等各种因素又可以将他们分成许多具有不同需求和偏好的用户群体。通常情况下,男性比女性的通信需求要旺盛,受教育越多、人口越密集、流动性越大的人群对通信服务的需求越大,这些人群也是通信企业竞争的主要群体。

迎合消费者需求与偏好的营销策略才会得到消费者的青睐,所以说,人口的统计学特征需要得到营销者的高度重视,能否做好初期对人口统计学特征的调研工作将影响到营销战略的制定,从而影响营销目标的实现。

2.2.2 经济环境

经济环境是企业营销活动所面临的外部社会条件,其运行状况及发展趋势会直接或间接地对企业营销活动产生影响。通信市场的经济环境是由那些影响通信产品消费者的购买力和消费方式的各种因素构成的,包括经济发展状况、消费者收入与支出状况等。经济环境对通信企业市场营销活动的影响主要体现在以下3个方面。

(1) 企业的市场营销活动要受到一个国家或地区的整体经济发展水平的制约。

经济发展水平的高低会影响国家或地区财政支出中对通信基础设施投资支持的力度,通信企业对于基础通信设施的投资属于专属性沉淀投资,必须进行大量投资才能建立起覆盖广阔地域的通信网络,而由消费者的购买力决定的市场容量的大小又直接决定了通信企业是否投资于设备升级和服务升级。

此外,经济发展阶段不同,居民的收入也就不同,客户对产品的需求会有明显的差异,从而对企业的营销活动产生影响。地区经济发展的不平衡对企业的投资方向、目标市场以及营销战略的制定等都会带来巨大的影响。

在经济发展水平较高的地区,居民对移动通信服务的需求较旺盛,需求的差异化特征更为明显,对服务质量的要求也更高,因此,通信企业要提供多样化的业务及高质量的服务才能打动消费者。而在经济发展水平较低的地区,居民对通信服务需求较弱,需求主要集中在基础的通信业务上且对价格反应敏感,在这些地区,价格实惠的通信服务更容易获得消费者的青睐。例如,在我国的中东部地区和沿海地区,各种增值业务的推广明显要易于欠发达的西部地区。

(2) 消费者的收入水平与支出模式会对企业营销产生一定的影响。

① 消费者收入水平。

消费者的收入是消费者购买能力的源泉,消费者收入水平的高低制约了消费者支出的多少和支出模式的不同,从而影响了市场规模的大小以及产品、服务市场的需求状况。

在分析消费者收入时,还要区分货币收入与实际收入,它们的区别在于后者通过了物价因素的修正,而前者没有。货币收入的上涨并不意味着社会实际购买力的提高,有时由于通货膨胀、失业、税收等因素的影响,虽然货币收入增加,但实际收入却可能下降。

② 消费者的支出模式。

关于消费者收入变化与消费结构变化之间的关系,西方经济学家通常用恩格尔系数来反映。恩格尔系数是指食品支出总额占个人消费支出总额的比重,这一系数表明,在一定的条件下,当家庭收入增加时,收入中用来购买食物的支出比例则会下降,而用于教育、医疗、娱乐、通信等方面的开支则会迅速增加。如表2-1所示,2003—2010年,我国城镇居民的消费水平不断提高,其中用于食品的支出由2 416.92元/人增长到4 804.70元/人,扣除食品价格上涨的因素,人均食品支出实际增长率为24.6%;而人均年通信支出由424.01元增长到728.90元,扣除通信价格下降的因素,人均通信支出增长率为124.4%,远高于食品支出的增长率。

表 2-1 我国城镇居民食品与通信支出对比①

年份	城镇居民人均年消费性支出（单位:元）	人均年食品支出（单位:元）	居民食品价格指数（2003年=100）	人均年通信支出（单位:元）	居民通信价格指数（2003年=100）
2003	6 510.94	2 416.92	100	424.01	100
2004	7 182.10	2 709.6	109.1	454.6	96.2
2005	7 942.88	2 914.39	112.5	497.09	92.5
2006	8 696.55	3 111.92	115.3	540.20	88.9
2007	9 997.47	3 628.03	128.8	598.28	85.8
2008	11 242.85	4 259.81	147.5	612.71	82.0
2009	12 264.55	4 478.54	148.9	641.70	78.9
2010	13 471.50	4 804.70	159.5	728.90	76.6

（3）消费者储蓄和信贷情况的变化会对企业的营销活动产生一定影响。

消费者的储蓄和信贷直接影响着消费者不同时期的货币持有，也影响着消费者的实际购买力。当收入一定时，储蓄越多，现实消费量就越小，但潜在消费量越大；反之，储蓄越少，现实消费量就越大，潜在消费量越小。

消费者信贷就是消费者凭信用先取得商品使用权，然后按期归还贷款，以购买商品。这实际上就是消费者提前支取未来的收入，提前消费，对当前阶段的购买是一种刺激和扩大。

2.2.3 科技环境

科学技术是第一生产力，科技的发展对经济的发展有巨大的影响，不仅会影响企业内部的生产和经营，同时还与其他环境因素互相依赖、互相作用，给企业营销活动带来有利与不利的影响。通信类行业是技术密集型行业，技术进步是推进通信行业发展的主要驱动力，因而会受到技术发展水平的制约。科技环境对通信行业的影响主要表现为以下几个方面。

（1）电信产品的科技成分更高，对用户的知识层次要求升高。

（2）技术贸易的比重增大。

（3）电信产品的技术成本降低，人力服务成本相对增加。

（4）交易方式、流通方式将向更加现代化发展。

（5）对企业的领导结构及人员素质提出更高的要求。

从总体上来看，我国通信技术的发展已经呈现出IP化、光纤化、无线化和智能化的发展趋势。IP化是指网络将向IP业务优化的宽带分组网演进。网络将被IP统治，从核心网一直到用户设备，在网络服务层面形成一个IP世界。核心技术包括基于IPv6的高性能高速网络节点设备和多种IP终端。光纤化是指从网络核心一直到用户端的全光网将梦想成真，在传送层面形成一个光纤世界。核心技术包括单波长高速传输系统、超长距离传输系统、超大容量密集波分复用系统、光交换机、光城域网和光接入技术等。无线化是指无线宽带技术，不管是固定

---

① 数据来源：中国统计年鉴（2004—2011年）。

接入还是移动接入,将逐渐占领中心舞台,在接入层面形成一个无线世界。核心技术包括 3G 与后 3G 系统、无线局域网和无线城域网技术。智能化指网络智能将从网络核心移向边缘,用户界面也越来越趋近拟人化,在网络边缘形成一个智能层或服务层。在向社会各界提供丰富多彩的服务和应用的同时,使人机之间的互动变得更加友好、自然,更趋个性化。其核心技术包括智能化的网络服务器和用户终端。

对于用户来说,每次通信技术的升级都可以带来更为廉价的产品以及更多、更好的服务;而对通信设备生产商和通信运营商而言,新技术的产生在提供广阔市场机会的同时,也会带来新的挑战。当行业处于技术更新换代的关口时,那些能顺应消费者的消费趋向、采用新技术的企业会获得迅速发展,而那些坚持采用旧技术的企业则可能会步入衰落的境地。因此,通信企业要时刻关注通信技术环境的发展变化,分析其对企业自身营销活动所产生的具体影响,估计新技术所带来的后果,从中发现市场机会,以利于及时调整自己的营销方案,并以技术进步为契机不断开发出新的产品或服务,使企业能顺应技术前进的步伐,并在竞争中立于不败之地。

2.2.4 政策和法律环境

这里的政策和法律环境主要指与通信市场营销有关的各种法律法规、方针政策,以及有关的管理机构和社会团体的活动。在政策和法律因素中与通信营销管理关系最为密切的趋势主要有以下几个。

(1) 与通信企业有关的立法增多。
(2) 政府机构执法更严。
(3) 公众利益团体力量增强。

首先,政府针对通信行业出台的各种政策与法律条款主要是为了加强对通信产业的监管,监管的重点对象是市场上的主体运营公司,加强监管的目的主要是为了反垄断,促进有效合理的竞争,维护各企业利益的同时促进行业的良性发展。虽然与电信市场相对应的《电信法》迟迟未能出台,但是我国仍颁布了各种相关的政策与法律条款来规制通信行业的发展,如《中华人民共和国电信条例》、《电信用户申诉处理暂行办法》、《电信服务质量监督管理暂行办法》、《电信服务标准》等。同时,其他有关维持正常竞争秩序的法律法规,如《反不正当竞争法》、《反垄断法》、《消费者权益保护法》和《价格法》等,都对通信企业的运营活动有实质性的规范作用。

其次,政府出台各种政策与法律条款是为了维护消费者的合理利益不受侵害。中国消费者协会于 1984 年 12 月经国务院批准成立,在我国许多城市都已成立了消费者协会分会,旨在对商品和服务进行社会监督,保护消费者的合法权益。这些公众利益团体具有很大的影响力,是社会舆论的代表。在近年的"3·15"评比中,电信资费与服务一直是消费者关注与争论的焦点,这也是促进电信运营企业改善服务、降低资费的一个重要推力。因此,电信企业坚持在国家政策与法律下合理发展不仅维护了企业自身的利益,也能避免陷入与消费者不必要的冲突当中,对于维护企业的良性发展具有重要意义。

2.2.5 社会文化环境

社会文化是指一个社会的民族特征、价值观念、生活方式、风俗习惯、伦理道德、教育水平、语言文字、社会结构等的总和。它主要由两部分组成：一是全体社会成员所共有的基本核心文化；二是随时间变化和外界因素影响而容易改变的社会次文化或亚文化。

人类在社会中生活，必然会形成某种特定的文化。不同国家、不同地区的人们，不同的社会与文化，代表着不同的生活模式，对同一产品可能持有不同的态度，直接或间接地影响产品的设计、包装、信息的传递方法、产品被接受的程度、分销和推广措施等。社会文化对通信企业市场营销的影响是多层次、全方位、渗透性的，对所有营销的参与者有着重大的影响，这些影响多半是通过间接的、潜移默化的方式来进行。对通信企业产生影响的社会文化因素主要有价值观念、教育水平、消费时潮、语言文字等。

(1) 价值观念是指人们对社会生活中各种事物的态度和看法。拥有不同文化背景的人的价值观念差异很大，通信企业在制造产品或提供服务时应对具有不同价值观念的客户采取不同的营销策略。

(2) 教育水平是指消费者受教育的程度不同，影响着其对商品的鉴别力和消费心理。一般来讲，受教育程度较高的消费者，对通信产品及服务质量的鉴别力也较高，购买时较理性；受教育程度较低的消费者，对通信产品及服务的鉴别力稍差，感性认识对购买的影响较大。

(3) 消费时潮是指由于社会文化多方面的影响，消费者产生共同的审美观念、生活方式和情趣爱好，从而导致社会需求的一致性。随着价格的降低，通信产品和服务已经从时尚消费品逐渐成为日常消费品，甚至是生活必需品，因而消费时潮的变化对通信产品或服务的质量和标准提出了更高的诉求。

(4) 语言文字是指由于不同地域的语言文字各异，对通信类产品或服务的接受能力也有差异。众所周知，通信技术起源于西方，一直以英语作为基础的语言载体，而近年来，我国不断重视语言尤其是英语方面的教育，也大大增加了我国消费者对通信产品或服务的接受能力。

2.2.6 自然环境

自然环境涉及营销者需要用做投入要素或者受营销活动影响的自然资源，包括该地区的自然资源、地形地貌和气候条件，这些因素都会不同程度地影响企业的营销活动，有时这种影响对企业的生存和发展起决定作用。企业要避免由自然地理环境带来的威胁，最大限度地利用环境变化可能带来的市场营销机会。

企业应该关注以下4种自然因素方面的趋势。

(1) 某些自然资源短缺的影响。

(2) 能源成本的变化。

(3) 环境的污染与保护。

(4) 政府对自然资源管理的干预。

对于通信企业而言，自然环境对其营销活动产生的影响较小，主要体现在：①地形地貌、气候对网络感知度的影响，可能影响产品和服务的质量，因此在架构地区性基站时必须要考虑自然因素的影响；②资源的变化会对通信设备的价格产生影响，因而对企业的投资及营收有一定影响，但是影响不是很大。

反观通信企业对自然环境及当地生态环境的影响才是需要重点关注的。随着人们安全意识的加强,越来越重视通信过程中电磁辐射所带来的危害,通信企业在维持良好通信服务的同时不得不考虑电磁辐射对当地居民生活及人身健康的影响。因此,电信运营商在架构基站的时候要避免重复建设,尽量减少资源的浪费和电磁辐射所带来的危害。另外,人们环保意识的增强也要求通信企业更多地采用环保材料,这也是通信企业理应履行的社会责任。

2.3 通信市场微观环境

微观环境又称特定环境、工作环境。它是指与本企业市场营销活动有密切关系的环境因素,如供应商、营销中介、竞争者、客户、公众等因素(如图 2-2 所示)。微观环境体现了宏观环境因素在某一领域里的综合作用,对于企业当前和今后的经营活动产生直接的影响。

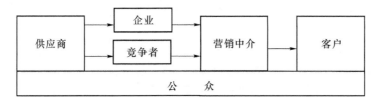

图 2-2 企业微观环境中的主要影响力量

微观环境虽然与宏观环境一样,都是企业外部环境因素,都存在着一定的不可控性,但它比宏观环境对企业市场营销的影响更为直接,且对于微观环境中的一些因素,企业经过努力可以不同程度地加以控制。

2.3.1 供应商

供应商是指向企业及其竞争者提供生产产品和服务所需资源的企业或个人。供应商所提供的资源主要包括原材料、设备、能源、劳务、资金等。供应商组成了公司整个价值传递系统的重要一环,为公司提供生产商品和服务所必需的资源。供应商所提供资源的价格、质量和供应量将直接影响企业产品的价格、销量和利润。

供应商对企业营销活动的影响主要表现在以下 3 个方面。
(1) 供货的稳定性与及时性。
(2) 供货的价格变动。
(3) 供货的质量水平。

移动通信行业的供应商可以分为两大类:通信设备制造商和内容、服务提供商(CP、SP)。随着 3G 时代的到来,移动网速获得大幅度提升,2008 年重组之后,电信运营商已进入全业务竞争时代,智能手机终端制造商与 CP/SP 成为了各大运营商争夺的对象。此外,由于通信网总是不断扩容、不断升级,电信运营商对于设备的采购是长期的,供应商的选择对企业的发展有深远的影响。

电信企业与供应商之间既有合作又有竞争,在选择供应商的时候要注意以下 3 点。
(1) 与主供应商建立长期合作的战略关系。主供应商的选择要充分考虑其资信情况,经对比后选择品质优良、价格合理的原料,交货及时、信用良好的供应商,并在今后的合作中维持长期稳定的战略伙伴关系,保证原料供应。

（2）不断拓展更多的供应渠道。电信企业要避免过分依靠某个单一的供应商,以免在遇到突发事件时受制于人;另外,供应商的多样化可以提升自身的谈判能力,有利于采购到更物美价廉的原材料。

（3）建立自己的供应渠道。电信企业可以通过战略调整改变自身在价值链中的地位,在资金、人力、管理等条件允许的情况下,可以采取兼并、收购或者后向一体化的整合策略,为本企业的生产经营提供资源,保证货源的供给。

2.3.2 企业

企业是由财务部门、研究开发部门、采购部门、生产作业部门和营销部门等各种职能部门及高层管理人员组成的,这些相互关联的群体构成了一个完整的企业,在设计营销计划时,营销管理人员需要把公司中的其他群体也考虑进来。高层管理人员设定组织使命、目标、主要策略和政策,营销部门需要在高层管理者所制定的战略和计划的范围内作出决定。同时,营销部门必须与其他部门紧密合作,所有的职能部门协调一致才能为客户提供卓越的服务,实现客户价值和顾客满意。

对于电信运营商而言,企业的内部结构非常庞杂,不仅部门繁多,而且从企业集团总部到地方营业厅,纵向层级结构较长,沟通的过程必然会变得缓慢。庞杂的结构增加了协调与沟通的难度,而企业内部分工协作的程度又会直接影响到营销战略、目标、计划、决策以及营销方案的实施。因此,整合企业内部资源、构建一个良好的企业内部环境对于顺利开展营销活动具有重要的意义。

2.3.3 竞争者

营销观念认为要取得成功,企业必须比它的竞争者提供更高的顾客价值和满意。企业在目标市场进行营销活动时,不可避免地会遇到竞争对手的挑战。竞争对手的营销策略及营销活动的变化会直接影响企业的营销,如竞争对手的价格、广告宣传、促销手段的变化、新产品的开发、售前售后服务的加强等都将直接对企业造成威胁,企业必须密切关注竞争者的任何细微变化,并作出相应的对策。

通信市场属典型的寡头垄断市场。一个企业要想比其他企业做得更好,必须识别和战胜竞争对手,才能在顾客心中强有力地确定其所提供产品的地位,以获取战略优势。由于通信产品具有较强的同质性,差异性较弱,因而通信企业的竞争多属于品牌竞争。

品牌竞争是指满足同一需求的同种形式产品不同品牌之间的竞争。在通信品牌竞争中,有3个方面对企业竞争产生影响:卖方密度、行业进入难度和产品差异。卖方密度和行业进入难度由国家所发放的通信运营牌照所决定,它在一定时期内相对稳定,企业对此无能为力;产品差异化则是通信寡头赢得更大市场份额所需特别注重的方面,企业应加强产品差异化宣传,以获得更大市场。

2.3.4 营销中介

一般而言,企业的产品要通过营销中介才能到达目标客户。所谓营销中介,是协助企业推广、销售和分配产品给最终消费者的企业和个人。和供应商一样,营销中介是公司整体价值传递系统的一个重要组成部分,具体包括中间商、实体分配公司和金融机构等。

电信服务是一种行为或过程,具有无形性、不可分性和不可储存性,所以从绝对意义上讲,电信运营商只能直接向市场推广自己的服务产品。不过,只采用构建直销渠道网络推广自己的服务产品不仅需要巨大的固定资本投入,还牵扯公司的管理精力,增大了经营风险,同时也不利于市场的拓展。电信运营商构建营销渠道主要有两个途径:一是广泛利用自己投资建设的直销网点以及呼叫中心、因特网等直接营销渠道;二是广泛利用间接渠道,建立销售中介体系,利用中间商来提高服务流通效率,强化服务的市场渗透力。

随着通信市场竞争的加剧,电信运营商应该采取直接渠道和间接渠道相结合的复合渠道策略,为顾客获得服务提供多重渠道,使顾客能按照自己的喜好灵活选择,从而提升顾客的满意度。

2.3.5 公众

公众是指任何对组织达成目标的能力具有实际或潜在的利益关系或影响力的群体和个人。企业在经营活动中必须正确面对和处理与各方面公众的关系,为企业的生存、发展创造"人和"的条件和境地。

电信企业面临的公众主要有以下 7 类。

(1) 融资公众:指影响企业融资能力的金融机构,如银行、保险公司。
(2) 媒体公众:主要指报纸、杂志、广播、电视、网络等大众媒体。
(3) 政府公众:指负责管理通信业务的有关政府机构。
(4) 群众团体:包括消费者权益组织、环保组织及其他群众团体。
(5) 地方公众:指电信企业所在地附近的居民和社区组织。
(6) 一般公众:指上述各公众以外的社会公众。
(7) 内部公众:指通信企业内部的员工。

对于通信企业而言,政府公众的影响力最大,政府为了维护消费者的权益,会对通信企业的行为进行监督,其颁布的政策及法规具有强制性。随着公众维权意识的提高,媒体公众及消费者自发形成的群众团体也都密切关注着通信企业的市场行为,这些公众利用自身的影响力形成社会舆论,对通信企业的营销活动施加一定的影响。因此,通信企业需要密切与各类公众的联系,时刻关注来自各方面公众的批评和意见,及时对企业自身的纰漏进行修复,努力在公众心目中树立一个良好的形象,这对于顺利开展营销活动大有裨益。

2.3.6 客户

客户是指企业为之服务(提供产品)的目标市场,是企业的服务对象,也是企业市场营销活动的出发点和归宿。因此,客户是企业最重要的微观影响因素之一。对于采取全业务运营模式的电信运营商来说,通信市场客户群可分为 3 个层面。

1. 个人客户市场

个人客户市场是由个人消费者形成的通信市场。规模庞大的个人客户市场有望为电信增值业务提供一个用户量可观的长尾市场。

2. 家庭客户市场

家庭是社会的基本单元,家庭信息化是推动社会信息化的核心内容,是运营商拓展市场的重点突破口。在电信运营商开展全业务运营,而个人客户市场又趋于饱和的情况下,家庭客户群成为电信运营商争夺的下一个蓝海市场。

3. 集团客户市场

集团客户是指以组织名义与一个公司签署协议,订购并使用该公司通信产品和服务,并在该公司建立起集团客户关系管理的法人单位及所附属的产业活动单位。集团客户市场是全业务运营商竞争的焦点。

以上3大客户群体特点迥异,电信运营商要认真研究其不同的消费偏好、购买动机、需求特点等,使企业的营销活动能迎合客户的需要,符合客户的愿望。虽然企业不能控制客户的购买行为,但可以通过有效的营销活动拉近与客户的关系,给客户留下良好的印象,从而促进产品的销售。

2.4 通信企业营销环境评价

通信企业在开展营销活动时,必须充分了解所处的市场营销环境,把握环境给企业带来的影响。任何企业都面临着营销环境所带来的机会和威胁,它们直接影响着企业的营销活动和结果。因此,通信企业要区别市场机会和环境威胁的种类和特征,并在此基础上评价机会和威胁,采取有效的对策,以求得生存和发展。

2.4.1 市场营销环境的特征

1. 客观性

通信企业总是在特定的社会经济和其他外界环境条件下生存和发展,环境中的某些因素不以营销者意志为转移,如我国政府部门针对通信市场制定的相关法律政策,经济技术、社会文化环境的变化等,通信企业必须承认其客观性并采取措施去适应这些环境因素。

2. 差异性

不同的国家和地区之间,宏观环境存在着广泛的差异,不同企业的微观环境也千差万别,环境的差异性也表现为同一环境因素的变化对不同通信企业的影响上,这就使得通信企业要适应环境的变化,采取有针对性的营销策略。例如,中国移动与中国联通面临的人口环境因素是一样的,但二者在移动客户的保有量上差别巨大,因而每年一定量的增量用户对中国移动与中国联通的影响是不同的。对中国移动而言,通过提高服务质量提高用户忠诚度、减少离网率是其维持用户数量的重点;而对中国联通而言,争取更多的新增用户对其用户增长的贡献更大。

3. 动态性

营销环境是企业营销活动的基础和条件,但这并不意味着营销环境是一成不变的、静止的,它同时也是一个动态系统。如国民经济水平的不断提高、通信技术的持续发展、消费者心理及偏好的改变等,都处在一个不断变化的过程中。因此,企业的营销活动必须时刻关注营销环境的变化,及时调整自己的营销策略,抓住机会、避免威胁,从而保证企业的持续发展。

4. 不可控性

影响企业市场营销环境的因素来自方方面面,有的因素表现出企业的不可控性。尤其是企业外部宏观环境因素,如国家针对通信市场制定的政策和法律、自然生态环境以及一些社会文化习俗等，企业不可能随意去改变这些环境因素，只能被动地去适应。

5. 可影响性

企业通过对内部环境要素的调整与控制，对外部环境施加一定的影响，最终会促使某些环境要素向预期的方向转化。现代营销学认为，企业经营成败的关键就在于企业能否适应不断变化着的市场营销环境。强调企业对所处环境的适应，并不意味着企业对于环境是无能为力或束手无策的，企业应从积极主动的角度出发，能动地去影响环境。例如，电信企业可以通过运用自己的经营资源去影响或者改变消费者的偏好，引导新的消费趋向，以此为企业创造一个更有利的营销环境。

2.4.2 营销环境的评价方法

企业面临着营销环境带来的机会和威胁，需要进一步区别市场机会和环境威胁的种类和特征，并不是所有的环境威胁都有同样的严重性，也不是所有的市场机会都有同样的吸引力。因此，企业要正确地对营销环境作出一个客观的分析评价。

对市场营销环境的分析评价要建立在通过市场营销信息系统搜集各种市场信息的基础之上。市场营销信息系统是由人、设备和程序组成的，它为营销决策者收集、分析、评估和分配所需要的、适时的和准确的信息。在了解充足的信息后，再采取一定的方法对营销环境进行分析与评价。

传统的企业市场营销环境分析与评价是一种基于市场营销环境因素的定性分析与评价的方法。该方法把构成企业市场营销环境的诸因素分成有利的机会和不利的威胁两大类，环境因素中给企业带来不利影响的威胁用"威胁—损失矩阵"进行分析（如图 2-3(a)所示），环境因素中可能给企业带来发展的机会用"机会—收益矩阵"进行分析（如图 2-3(b)所示），然后用"机会—威胁矩阵"（如图 2-3(c)所示）确定企业类型并以此为依据实施相应的对策。

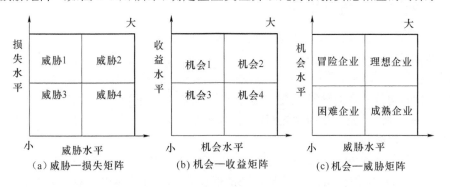

图 2-3 营销环境评价

用上述方法来分析和评价会出现 4 种不同的结果：①理想企业，即企业处于理想的经营状况，高机会低威胁；②冒险企业，即企业处于高机会高威胁状态；③成熟企业，即企业处于成熟状态，低机会低威胁；④困难企业，即企业处于低机会高威胁状态。

定性分析评价法可以帮助企业快速地判断自身所属的类型，并对营销战略的制定提供依据。但在营销环境评价的实践中，定量化的方法可操作性更强，也更准确、科学，得到了营销者越来越多的应用，如四步法、模糊综合评价法、主成分分析法以及基于"场力观"的营销环境分析法等。

> **特别关注**

市场营销环境定量化分析方法

市场营销环境定量化分析与评价就是利用量化分析的方法,分析和评价市场营销环境中无法界定的威胁、机会水平等问题,并使各种因素定量化,把市场营销环境分析变成一种可操作、能应用、宜推广的分析手段。营销环境定性分析方法只是对环境中的机会和威胁作定性的分析及阐述,而对营销环境作出准确量化的评价是企业制定营销策略的重要依据,因此,在对通信市场营销环境的分析过程中,定量化分析方法越来越受到重视。

以常用的定量化分析方法为例:第一步,根据企业自身的特点归纳筛选出对企业的营销活动有影响的关键环境因素;第二步,绘制因素评价表并组织人员或专家对这些因素所能带来的机会和威胁进行评价,为每一因素打分的同时根据影响力大小赋予权重,然后计算企业面临的机会与威胁得分;第三步,绘制"机会——威胁矩阵",根据计算得出的机会与威胁得分可以准确确定企业的位置;第四步,由企业所处的位置制定相应的营销对策。

相比于传统的对营销环境进行简单定性分析的方法而言,定量化分析能为营销者的决策提供科学的依据,但需要耗费的时间及精力也较大。企业所处的营销环境无时无刻不在变化,营销者在环境评价的方法上一定要结合实际情况,定性与定量法相结合。此外,通过环境分析评价得出的结果并非是评价的最终目的,分析评价结果,找出影响评价目标的主要因素,采取相应的对策才是进行市场营销环境评价的真正意义所在。

2.4.3 企业对待环境的对策

企业应对环境变化带来的机会与威胁的一般对策如下。

1. 利用机会

(1) 抢先

市场机会的均等性和时效性决定了企业在利用机会的过程中必须抢先一步,争取主动。一是先,二是快。所谓"先",是指预先洞察,并分析其变化趋势,以便先发制人;所谓"快",则强调速度、效率,争取时间。

移动支付业务是国内发展最快的移动增值业务之一,各运营商也纷纷抢占移动电子商务市场。2010年3月,中国移动认购浦发20%的股权并签署有关移动金融与移动电子商务合作的备忘录,中国移动率先与金融机构合作为其今后顺利发展移动电子商务业务提供了保障。

(2) 创新

要求企业在利用市场机会的同时要大胆创新。近年来,家庭客户市场成为运营商竞争的焦点,但最初的营销策略都是以价格竞争为焦点,通过价格战抢占客户资源,结果却并未带来利润的大幅增长。但如果在语音和数据业务上进行整合,在业务组合上进行创新,同样会吸引家庭客户,以此提升利润增长点,可谓是有创新才会有更大的发展。

(3) 应变

市场机会的动态发展性使得企业在利用机会时要主动地思考各种可能的变化以及应变对

策。例如,在中国 3G 市场发展的初期,消费者的消费习惯短时间难以改变,3G 用户总量增长缓慢。针对此问题,运营商并未一味地在业务上不断推陈出新,而是采用与手机终端制造商合作,通过定制机的方式打开用户市场。定制机的出现不仅为运营商争取到了一批宝贵的客户资源,而且让消费者享受到廉价换机的实惠。

2. 化解威胁

(1) 避开、转移威胁

利用企业的营销信息系统定期对市场进行分析,一旦发现企业即将要面对的威胁,交由企业高层管理人员处理,及时采取相应的措施规避威胁所能带来的各种不利影响。避开、转移威胁是最直接有效化解威胁的方法,可以实现零损失。

(2) 转化、利用威胁

任何事物都有双面性,威胁的到来证明企业自身存在一定的问题或不够完善。假如只有企业自身受到威胁而竞争对手没有,那么企业应该从自身找原因,威胁的处理过程也正是企业自身不断完善、解决问题的过程;如果企业与竞争对手同时受到影响,那么对企业来说则既是一个威胁又是一个机会,若企业能快速采取对策转化威胁,因势利导,同样可以从行业中脱颖而出,占据领先的地位。

前几年,各种基于互联网的即时通信软件对电信运营商的短信及语音业务构成了一定的威胁,但这同时也带给运营商一个启示:他们可以利用移动互联网开发应用于手机的即时通信软件,与互联网公司争夺即时通信市场,原来被抢占的短信及通话收入转而成为更多的流量费。由此可见,威胁在一定的条件下可以转化成市场机会,化害为利。

(3) 反抗、减轻威胁

当由于某些原因无法避免某一威胁时,电信企业要组织利用自身的资源进行反抗,力求将威胁减少到最小。例如,国家的三网融合政策将整个电信市场向广电开放,广电的加入对电信运营商是一个不小的威胁,在三网融合的试点地区,电信运营商已经纷纷加强了与 CP/SP 的合作,通过开发高质量业务与广电抗争,努力将威胁减轻到最低。

(4) 事先防备威胁

通过各种威胁来临之前的征兆对威胁作出预测,事先采取对策防范威胁。到 2011 年年底,中国入世已 10 年,但国外的运营商并未对中国的通信市场造成太大的影响,原因就是中国的电信运营商充分利用了我国入世时签订的电信协定所提供的缓冲期,事先做好准备应对可能面临的威胁。

以上是企业利用机会以及规避威胁的普遍方法,而企业具体策略的制定则要根据企业所处的市场位置而定,即利用"机会—威胁矩阵"(如图 2-3(c)所示)确定企业所属的类型,然后采取不同的策略。

- 理想企业:抓住机会,充分发挥企业优势,密切注意威胁因素的变动情况。
- 成熟企业:成熟并不代表企业经营环境处于绝对良好状态,企业应当居安思危,努力发掘对企业有利的市场营销环境因素,提高企业营销机会。
- 冒险企业:在调查研究的基础上,采取限制、减轻或者转移威胁因素或威胁水平,使企业向理想企业转化。
- 困难企业:因势利导,发挥主观能动性,反抗和扭转对企业的不利环境因素,或者实行撤退和转移,调整目标市场,经营对企业有利、威胁程度低的产品。

2.5 通信企业 SWOT 分析

SWOT 分析方法是一种企业内部分析方法，即根据企业自身的既定内在条件进行分析，找出企业的优势、劣势及核心竞争力之所在。其中 S 代表 strength（优势），W 代表 weakness（劣势），O 代表 opportunity（机会），T 代表 threats（威胁），其中优劣势分析主要是着眼于企业自身的实力及其与竞争对手的比较，而机会和威胁分析将注意力放在外部环境的变化及对企业的可能影响上。SWOT 分析可以帮助企业对自身所处的环境有一个清醒的认识，明确企业的优劣势及面临的机会和威胁，从而促使企业把营销资源和行动聚集在自己的强项和机会最多的地方。

融合已成为中国电信行业发展的大趋势，而全业务运营也是中国电信运营商适应形势发展、抓住机会所应采取的措施。随着 2008 年电信运营商的重组和 3G 牌照的发放，中国移动、中国联通和中国电信都走上了全业务运营的道路。所谓全业务运营，是指运营商利用自身的网络设备和其他信息服务商开展合作，在有线和无线领域为社会大众提供语音、数据和多媒体的信息服务，具体包括固定本地话音、固定长途话音、数据、移动话音、移动数据、互联网以及其他增值服务。

全业务运营模式对运营商来讲既是机遇又是挑战，下面我们对全业务运营背景下的中国移动运用 SWOT 分析模型进行简单的分析，中国移动 SWOT 分析模型如图 2-4 所示。

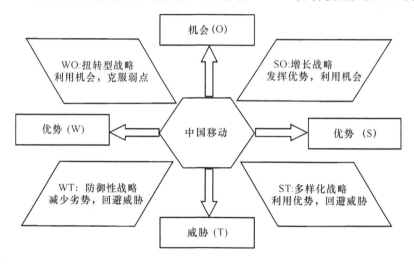

图 2-4 中国移动 SWOT 分析模型

第一步，对当前中国移动的内外部营销环境进行扫描，对比其他运营商，罗列出中国移动的优势和劣势、可能的机会和威胁。

移动的优势（S）：移动网络质量、网络覆盖率优势显著；品牌优势明显，拥有全球通、动感地带、神州行等获得广泛认同的品牌；拥有最大的用户规模，市场价值高，高价值客户多，例如集团客户已达 315 万（截至 2011 年 10 月）；具有坚实的财务基础，2010 年中国移动营收 4 852 亿元，净利 1 196.4 亿元，遥遥领先于中国联通和中国电信。

移动的劣势（W）：固网用户规模较小，没有强有力的固网品牌；亏损的中国铁通并入移动后,对原有赢利水平构成一定的影响;网络建设耗资巨大,2009年中国移动投入1 339亿元,随着3G基站建设的加速,投资的规模会进一步的扩大;产品线范围过窄,移动语音业务带来的收入占比很高,3G业务中缺少明显能吸引顾客的业务。

移动的机会(O):拥有具有中国独立知识产权的TD技术,可以获得国家更多有利的非对称管制;移动的用户总数超过6.1亿,巨大的在位优势将形成长期的竞争力;中国铁通的并入为移动带来新的客户市场,更利于移动开展全业务运营。

移动的威胁(T):TD-CDMA技术需要依靠自己发展,相对于其他技术不够成熟;电信市场上的产品同质化严重,竞争激烈;互联网即时通信产品等替代品带来的影响;三家运营商都采取全业务运营的方式,消费者将会在更多相似的产品中进行选择,其议价能力对中国移动也会造成不小的影响。

第二步,优势、劣势与机会、威胁相组合,形成SO、ST、WO、WT策略。

优势—机会(SO)战略是发挥企业内部优势与利用外部机会的战略。当企业具有特定方面的优势,而外部环境又为发挥这种优势提供有利条件时,可以采取该战略。

劣势—机会(WO)战略是利用外部机会来弥补内部弱点,使企业避开劣势而获取优势的战略。

优势—威胁(ST)战略是指企业利用自身优势,回避或减轻外部威胁所造成的影响。

劣势—威胁(WT)战略是一种旨在减少内部弱点,回避外部环境威胁的防御性技术。

第三步,对SO、WO、ST、WT策略进行甄别和选择,确定企业目前应该采取的具体战略与策略。

对于重组后全业务运营的中国移动而言,机会大于威胁,中国移动主要应该采用SO增长战略,发挥自身的优势,抓住重组与3G牌照发放带来的市场机会。具体可通过不断强化营销服务的能力,加强与供应商、CP/SP等的战略协作,推出新的集成业务,构建明星品牌等措施,促进新移动更好地与巨变后的电信市场环境相融合,以获得更高的效益。

案例分析

三网融合中的电信业

广电网、电信网、互联网从诞生开始,其运营的主体就有所不同,电信网的基础设施运营与业务管理均由电信运营商负责,互联网的基础设施由电信运营商建设,业务则开放给社会,由企业或个人开发业务提供给互联网用户,广电网的基础设施、内容制作、业务管理均由广电部门进行管理。

三网融合的概念从1998年正式提出至今已有14年。三网融合事关广电、电信两大行业的核心利益以及更高层面的舆论管控问题,同时电信运营商为防止竞争者入侵,各自通过许可证等方式建立起各种壁垒,使得三网融合的推进尤为艰难。2010年7月1日,国务院办公厅公布了第一批三网融合试点地区(城市)名单,包括北京、上海、大连市等12座城市,这标志着我国三网融合工作正式启动。

三网融合是政策推动的产物,对现行业务影响最大的就是2010年1月13日国务院常务会议通过的《关于推进三网融合的总体方案》,这个文件是目前开展三网融合业务的"宪法"。国务院常务会议由温家宝总理主持,会议决定加快推进电信网、广播电视网和互联网三网融合,实现三网互相连通、资源共享,为用户提供话音、数据和广播电视等多种服务,促进信息和文化产业发展。此次常务会议推出的三网融合新政直接改变了广电和电信的准入领域，即符合条件的广电企业可经营增值电信业务、比照增值电信业务管理的基础电信业务、基于有限电视网络提供的互联网接入业务、互联网数据传达增值业务、国内 IP 电话业务；符合条件的国有电信企业在有关部门的监管下，可从事除时政类节目之外的广播电视节目生产制作、互联网视听节目信号传输、转播时政类新闻视频节目服务，以及除广播电视台和电视台形态以外的公共互联网音视频节目服务和 IPTV 传输服务、手机电视分发服务。短短几行字，玄机四伏。有权制作和传输不等于有权自建内容播控平台，因为内容播控必须获得广电部门颁发的四大牌照，即 IPTV 牌照、互联网视听牌照、2G 手机视听牌照以及 3G 手机视听牌照。因此，电信企业只是拥有 IPTV 和手机电视的传输和分发权，但 IPTV 和手机电视的集成播控业务仍由广电部门负责、宣传部门指导。

1. 电信网与广电网的融合

目前，我国电信网和有线电视网的网络规模均居世界第一，互联网规模居世界第二。但是我国网络资源利用率比较低，网络潜能未被充分发掘和利用。随着通信技术的发展，目前电信网、有线电视网、互联网的网络技术趋同，均有同时承载音频、视频、数据等综合业务的潜能，但需要进行不同程度的网络改造。广电和电信视频类业务既有竞争，又有合作，可以在竞争中求发展，在发展中求合作。首先，数字电视和 IPTV 业务各有侧重，可互为补充；其次，广电的优势在于内容资源和广播式用户接入网络，而电信的优势在于全程全网和市场运营机制，因此数字电视和 IPTV 在发展的过程中，可能出现多种市场合作方式，两种业务可以共享部分资源，可以实现协调发展。另外，从长远看，广电以数字电视为契机，积极推动网络双向改造，从而使广电网络具有支撑各类电信业务的能力，这实际上在传统的电信固网领域引入了竞争，通过竞争可以为用户提供更好的服务，有力推动社会信息化进程。

(1) 电信方面。随着 2010 年三网融合总体方案和试点方案相继出台，特别是 12 个试点城市提交了各自的三网融合试点细则后，中国联通开始重新布局自己的 IPTV 业务。中国联通 10 个试点城市 IPTV 平台的确定标志着中国联通三网融合之旅正式起航。2010 年 11 月 9 日中国电信在上海发布三屏互动"翼视通"业务，演绎三网融合带给用户的全新体验，实现电信网、广电网、互联网"三网融合"，手机、计算机、电视"三屏互动"。

(2) 广电方面。歌华有线在北京推广"高清交互数字电视应用工程"，北京歌华有线将在近 3 年中，共完成 260 万户高清交互电视机顶盒推广工作，并部分收回广泛使用的"标清机顶盒"。上海率先建成下一代广播电视网（NGB）示范网，骨干网传输速率达 100 000 Mbit/s，用户端接入带宽超过 30 Mbit/s。该示范网可以容纳 50 万用户，由上海广电与电信部门的有关企业合作完成，目前实现的互动点播业务主要包括电视回看和点播，这意味着广大用户从以前单纯地"看"电视，变为"用"电视、"玩"电视。

2. 电信网与互联网的融合

互联网特别是移动互联网正在推动电信业进入一个新的发展阶段。随着互联网和电信网融合程度的不断深入，电信圈里出现了越来越多的新面孔，如 Google、苹果、微软等。另外，电信运营商由于面临传统语音业务市场饱和的压力，急需寻找新的利润增长点。电信业一场变局正在悄然展开，以前一直是技术驱动着电信业的发展，而这次全然不同，此次变革的驱动力是互联网和电信网的融合,因为并没有出现决定性的新技术。

(1) 即时通信工具方面。2G 时代运营商杀手级应用短信业务的优势在 3G 时代已经不再那么明显,而且 3G 时代业务种类丰富多样,用户选择范围更加广泛,这也要求国内运营商紧跟用户的脚步不断地创新体验。由此,三大运营商相继展出了许多新业务、新应用,中国联通的沃友、中国移动的飞信以及中国电信的翼聊都是顺应潮流之作,也是运营商耕耘移动互联网的一个缩影。

(2) 多媒体业务方面。中国联通提出了发展宽带加多媒体业务的策略。运营商在发展过程中存在缺乏内容资源、视频运营能力与经验有限、内容分布网络不完善等一些问题,中国联通目前以多种多样的形式来发展三网融合,大力推广深度融合业务,积极发展家庭宽带多媒体业务,试点 3G 融合业务,创建对手无法复制的多业务捆绑优势,提升服务的档次。

(3) 网络服务平台方面。目前中国移动的移动互联网业务主要以 MM 平台和 139 社区两大平台为依托,为用户提供跨平台的综合服务。为此,中国移动还专门成立了移动互联网应用基地,负责移动互联网网络、业务乃至商业模式的开发。而中国电信也启动了自己的二次转型,期望通过八大业务基地集约化的运营,面向移动互联网探索新业务、新商业模式和新机制。中国联通更是借 iPhone 终端与 WCDMA 网络强强联手之机,推出跨运营商、跨多类型手机客户端以及计算机客户端的即时通信软件,还将把 116、114 打造成具有融合功能的移动互联网应用。

3. 三网融合背景下电信业的 SWOT 分析

三网融合对中国电信运营企业的意义可以从以下几个方面进行考虑。首先,三网融合给电信运营企业带来了差异化的介入手段,有利于发展家庭用户,并利用小屏带动大屏发展;其次,在提升用户体验方面,三网融合有利于电信运营企业巩固用户,利用大屏增强小屏应用;再次,三网融合可以促使电信运营企业开创全业务,整合行业应用;最后,三网融合有利于电信运营企业融合业务创新,降低用户的离网率,也有利于打造综合信息方面的专家。为此,仅以三网融合为背景,对电信业的机会与挑战进行分析,如表 2-2 所示。

表 2-2 三网融合背景下电信业的 SWOT 分析

S	W
2G 网络品质高,用户规模较大	固定宽带接入资源匮乏,城域网管线资源有限
全业务网络技术领先,有后发优势	缺乏视频业务运营经验
以中国移动为代表的 CMMB 技术	互联网信息资源不足,出口宽带不足
电信运营企业的营销系统强大,资金比较雄厚	家庭用户业务开展能力不足
三家电信运营商的品牌优势	
O	T
与广电合作切入家庭宽带市场	广电和互联网企业的渗透
与广电内容商形成优势互补	政府施加的合作限制及不对称管制等
IPTV、手机电视、网络视频等业务的规模化发展	对宽带基础设施的要求提高
基础网络的升级为产业链带来增长点	网络与信息安全的挑战

借助对中国电信运营企业的优劣势分析,可以进行电信运营企业发展策略的探讨,首先中国电信企业必须要以三网融合为契机,通过原网改造、自建宽带或与广电合作等建网方式,积极拓展家庭宽带市场,从而进一步推动电信运营企业全业务战略的实现。这一点可以从两方面展开:在技术方面,三家电信运营企业之间各有差异,但总体目标是要积极拓展宽带,大力推进光纤宽带的接入,突破自己的宽带瓶颈来抢占客户资源;在业务服务方面,要继续拓展多媒体化业务应用,并积极开展互联网业务,提供 ICT 解决方案。总之,电信运营商要以 IP 为导向,立足本身来大力发展企业客户,适度发展家庭客户,做综合服务信息专家。其次电信运营商需要通过控制家庭网络,最终来控制用户体验。因为三网融合后,TV 是一个必不可少的业务,电信运营企业可以将 IPTV 和手机电视作为三网融合家庭业务的切入点,并拓展内容获取渠道,为用户提供差异化服务以抢占更多的用户。同时使用业务捆绑来拓展家庭用户(如宽带、固话、移动、IPTV、手机电视等),以突出移动业务优势。另外,电信运营企业可以鼓励第三方对新业务的开发,促进产业链的规模发展,做一个业务整合者。最后在网络建设方面,电信运营商在接入网方面应该积极通过基站光纤延伸、固定宽带、广电合作 PON+EOC 等方式,弥补电信运营商本身固定宽带接入的不足,保证业务带宽。系列化终端方面,电信运营企业可以通过多种终端,如家庭网关、家庭信息机等领先技术切入家庭网络。

分析点评

三网融合主要受到国家宏观政策的影响,这属于企业外部的宏观环境,具有不可控性。在融合过程中,电信企业必然会受到各种对称或非对称的政府管制,电信企业必须清楚认识到三网融合是历史的潮流,早迎接挑战比晚迎接挑战要好,利用试点地区探索出最佳的融合模式。

三网融合为电信企业发展 IPTV、手机电视、网络视频等业务带来崭新契机,为电信企业开启了新的市场空间,但同时也带来了一个强有力的竞争对手:广电。三网融合是一把"双刃剑",它为电信企业带来新的市场机会的同时,环境威胁也随之而至。电信企业需要对三网融合后的市场营销环境作细致的分析,认清自己的优势和劣势,抓住环境变化所带来的市场机会,及时规避各种威胁。

思 考 题

1. 市场营销环境的定义是什么?
2. 通信企业宏观环境及微观环境分别包括哪些因素?
3. 市场营销环境有哪些特点?通信企业可以采取何种方法进行市场营销环境评价?
4. 结合企业实际,对目前本地移动通信企业进行 SWOT 分析。

第 3 章 通信市场营销信息系统与市场调研

> **本章导读**
>
> 3.1 通信市场营销信息系统
> 3.2 通信市场营销调研
> 3.3 通信市场信息研究
> **案例分析**：数字通信业务校园市场的调研分析

本章是通信市场营销学的硬件基础。营销决策需要掌握充分的信息，而通信企业要及时获得完整准确的市场营销信息，市场营销信息系统建设和及时的市场调研是成功的关键。

本章论述通信企业市场营销信息系统、通信市场调研以及通信市场信息3部分内容，展示市场营销信息系统与市场调研共性和通信企业特性。

3.1 通信市场营销信息系统

随着通信消费者的购买行为复杂化，通信行业市场竞争逐步由价格竞争转向非价格竞争，现代通信企业对营销信息的需求越来越强烈。而现代技术的发展为通信企业大规模搜集信息提供了有效手段，市场营销信息系统由此而建立和不断完善。

3.1.1 市场营销信息

1. 市场营销信息的定义

市场营销信息（Marketing Information）是指一定时间和条件下，与企业的市场营销有关的各种事物的存在方式、运动状态及其对接收者效用的综合反映。它一般通过语言、文字、数据、符号等表现出来。

市场营销信息是企业营销活动和企业经营决策的基础，而且经营决策水平越高，对信息的依赖性越强。

2. 市场营销信息的分类

市场营销信息可以按照不同的维度划分为不同的类型。

（1）根据信息来源划分，可分为外部信息和内部信息。

（2）根据决策级别划分，可分为战略信息、管理信息和作业信息。

(3) 根据表示方式划分,可分为文字信息和数据信息。
(4) 根据处理程度划分,可分为原始信息和加工信息。
(5) 根据稳定性划分,可分为固定信息和流动信息。

3. 市场营销信息的作用

市场营销信息在市场营销活动中起十分重要的作用,它不但引导着营销决策的方向,还对决策过程进行了多方的协调。

(1) 市场营销信息是企业经营决策的前提和基础。企业营销过程中,无论是对企业的营销目标、发展方向等战略问题的决策,还是对企业的产品、定价、销售渠道、促销措施等战术问题的决策,都必须在准确地获得市场营销信息的基础上,才可能得到正确的结果。

(2) 市场营销信息是制定企业营销计划的依据。企业在市场营销中,必须根据市场需求的变化,在营销决策的基础上,制订具体的营销计划,以确定实现营销目标的具体措施和途径。不了解市场信息,就无法制订出符合实际需要的计划。

(3) 市场营销信息是实现营销控制的必要条件。营销控制是指按既定的营销目标,对企业的营销活动进行监督、检查,以保证营销目标实现的管理活动。由于市场环境的不断变化,企业在营销活动中必须随时关注市场的变化,进行信息反馈,根据新情况修订营销计划,对企业的营销活动进行有效控制,使企业的营销活动能按预期目标进行。

(4) 市场营销信息是进行内、外协调的依据。企业营销活动中,要不断地收集市场营销信息,根据市场和自身状况的变化,来协调内部条件、外部条件和企业营销目标之间的关系,使企业营销系统与外部环境之间、与内部各要素之间始终保持协调一致。

3.1.2 市场营销信息系统概述

1. 市场营销信息系统的定义

市场营销信息系统(Marketing Information System,MIS)是指由人员、机器设备和计算机程序所构成的一个相互作用的连续复合体。企业借助市场营销信息系统,及时、准确地收集、挑选、分析、评估和分配适当、及时和准确的信息,为市场营销管理人员制订或改进市场营销计划、执行和控制市场营销活动提供依据。

2. 市场营销信息系统的构成

不同企业信息系统的具体构成有所不同,但基本框架大体相同,一般由内部报告系统、营销情报系统、营销调研系统、营销决策支持系统4个子系统构成,如图3-1所示。

在市场营销信息系统中,首先,由营销经理或决策者确定所需信息的范围;其次,根据需要建立企业市场营销信息系统内的各子系统,由有关子系统收集环境提供的信息,再对所得信息进行处理;再次,由营销信息系统在适当时间,按所需形式,将整理好的信息送至有关决策者;最后,营销经理作出的决策再流回市场,作用于环境。

3. 市场营销信息系统的职能

市场营销信息系统作为一种信息的收集、管理、提供者,承担着数据资料的收集、处理、分析和评价、储存和检索以及传递信息等重要职能。

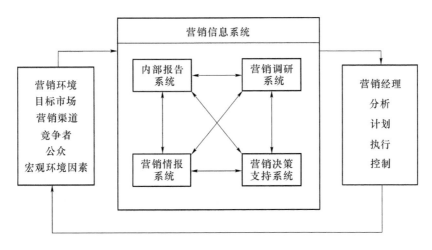

图 3-1 市场营销信息系统的构成

(1) 数据资料的收集

资料收集有两种情况,一是作为常规性工作,经常收集相关的数据资料,以便需要时调用;二是在特殊需要时,进行专门的资料收集。

(2) 数据资料的处理

收集、输入到数据资料库的是未加工的原始数据资料,资料的处理就是对资料进行整理、编辑、建档等工作。

(3) 数据资料的分析和评价

数据资料要成为某种决策或特定目的的有价值的信息,还必须用科学方法并结合经验对其进行统计分析和评价。

(4) 储存和检索

储存和检索至少应包括两个层次,其一是原始数据资料的储存和检索;其二是经加工,即统计分析和评价后的作为某种决策信息的储存和检索,并要作成报告等一定的表现形式,以便提供给市场营销管理者。

(5) 传递信息

作为日常性工作,将有关市场营销信息及时提供给市场营销管理者和经营者,或者根据其需要随时向市场营销管理者和经营者提供某种特定的信息。

4. 市场营销信息系统的特点

(1) 协作处理

营销活动的实现和营销方案的获得是通过一系列相关功能单元实现的,其过程本质上是多个功能单元和操作人员的协作求解过程,例如对顾客定单的响应需要销售人员、合同管理人员、生产与运输计划生成系统等共同完成。而且,决策任务常常由多项子任务组成,而每项子任务需要不同的领域知识和经验,由不同的专家或决策者承担。

在营销过程中发挥不同作用的系统包括数据库系统、专家系统、决策支持系统等,如何将这些异构的功能单元集成起来,很大程度上影响着营销信息系统的功能和效率,也是营销信息系统建设的一个首要问题。

(2) 分布式系统

系统是由地域或逻辑分散的不同机构、设备、人员组成的,因而造成信息、数据与知识的分布以及处理功能的分布。营销信息来源于不同的部门、用户,分布于系统中的不同节点,需要通过计算机网络进行数据、信息的交换。

(3) 智能化

由于营销信息系统所处理的数据量不断增加,其存储的信息种类、查询方式和信息处理手段等方面均面临着新挑战,智能化是信息系统的必要特征。从存储的信息种类来看,除了存储结构化的事实性数据,还要存储非结构化的启发性知识。从信息的查询方式来看,需要扩展严格条件匹配的单一查询方式,提供不确定性的和自然语言形式的查询方式。从信息的处理手段来看,不仅要对信息进行常规处理,而且有时需要对信息进行智能处理,如利用知识提供智能决策支持和咨询服务。

(4) 实时系统

一个企业的营销系统是由地域分散的销售部门、市场研究部门和决策机构组成的,并且由于竞争的加剧,企业必须能够及时地分辨市场环境和机遇,对客户的产品和服务需求能够及时满足,因而企业的营销信息系统必须是一个分布式的实时系统。

(5) 持续性

市场营销活动建立在对市场的了解和分析基础上,对市场的了解需要持续地收集、整理大量的营销信息。市场营销信息时效性强,处于不断的更新变化之中,这就要求企业营销部门必须不断地、及时收集各种信息,不断掌握新情况,研究新问题,取得市场营销主动权。通过企业营销信息系统,帮助管理者建立与企业内外部的信息连接。

对这些问题的解决需要通过在营销信息系统中集成知识处理技术,为系统提供知识定义和操作功能以及基于知识的推理能力。进一步智能化是信息系统面向更广泛的实际应用领域和满足更高层次需求的必然趋势,为了满足不同处理需要,系统必须具备多种知识管理和处理技术,进一步增加了系统的复杂性,有效解决相互间协作、集成问题变得更加突出。因此,需要不断研究,采用最新技术来开发营销信息系统,提升其功能。

3.1.3 市场营销信息系统的子系统

由图 3-1 可知,内部报告系统、营销情报系统、营销调研系统、营销决策支持系统是营销信息系统的核心组成部分。

1. 内部报告系统

内部报告系统(Internal Record System)是关于企业内部情况收集的系统,是决策者们利用的最基本的系统。其特点是:①信息来自企业内部的财务会计、生产、销售等部门;②通常是定期提供信息,用于日常营销活动的计划、管理和控制。

内部报告系统提供的数据包括订单、销量、存货水平、费用、应收应付款、生产进度、现金流量等。其中的核心是"订单→发货→账单"的循环,即销售人员将顾客的订单送至企业;负责管理订单的机构将有关订单的信息送至企业内的生产运作部门;有存货的立即备货,无存货的则要立即组织生产;最后,企业将货物及账单送至顾客手中。

2. 营销情报系统

营销情报系统(Marketing Intelligence System)的主要功能是向营销部门及时提供有关外部环境发展变化的情报。

管理有方的企业采取多种方法来提高所收集情报的质量和数量。

(1) 训练和鼓励销售人员收集情报。

(2) 鼓励中间商及其他合作者向自己通报重要信息。

(3) 聘请专家收集营销情报,或向专业调查公司购买有关竞争对手、市场动向的情报。

(4) 参加各种贸易展览会获得情报。

(5) 内部建立信息中心,收集和传送营销情报。例如,安排专人查阅主要的出版物、网站,编写简报等。

"情报循环"论认为,可以由情报循环的5个阶段来建立市场营销情报系统。

(1) 情报的定向。确定企业营销所需的外部环境情报及其优先次序,确定这些情报的指标和收集系统的建立。

(2) 情报的搜集。观察各种环境,以搜集适当的情报。情报的来源通常十分广泛,如政府机构、竞争者、顾客、大众传播媒介、研究机构等。

(3) 情报的整理和分析。对于收集到的情报,要分析其是否适用、是否可靠、是否有效。也就是说,收集到的信息需要经过适当的处理才能转变成有用的情报。

(4) 将经过处理的情报在最短的时间内传播到适当的人手中。为此,要确定接收人、接收时间和接收方式。工作中,应特别注意经各种途径传播的情报有无失真的情况。

(5) 情报的使用。为有效地使用情报,须建立索引系统,帮助营销人员方便地获得存储的情报。同时,还应定期清除已过期或失效的情报。

3. 营销调研系统

营销调研系统(Marketing Research System)的任务是:针对企业面临的明确、具体的问题,对有关信息进行系统地收集、整理、分析和评价,并对研究结果提出正式报告,为决策部门解决这一特定问题提供决策参考。

营销调研系统针对性强,企业在营销决策过程中经常需要对某个特定问题或机会进行重点研究。例如,企业打算对产品大幅度降价,需要调研人员对降价的可行性、利和弊、风险性以及预防性措施进行专题研究,并把调研结果呈决策人参考。

企业可以临时组成调研小组来完成调研任务,也可以委托外部的专业调研公司来完成调研工作,大公司一般会设立专门的营销调研部门。

4. 营销决策支持与分析系统

营销决策支持系统(Marketing Decision Support System,MDSS)是辅助决策者通过数据、模型和知识,以人机交互方式进行半结构化或非结构化决策的计算机应用系统。它是管理信息系统向更高一级发展而产生的先进信息管理系统。它为决策者提供分析问题、建立模型、模拟决策过程和方案的环境,调用各种信息资源和分析工具,帮助决策者提高决策水平和质量。这一系统又被称为专家系统。

市场营销分析系统是指一组用来分析市场资料和解决复杂的市场问题的技术和技巧。这个系统由统计分析模型和市场营销模型两个部分组成,前者是借助各种统计方法对所输入的市场信息进行分析的统计库;后者是专门协助企业决策者选择最佳的市场营销策略的模型库。

3.1.4 通信市场营销信息系统的建立

1. 通信市场营销信息系统的设计原则

(1) 注重整体规划,充分考虑与综合客服系统、智能网、网管系统、计费系统等其他系统间实现互连互通,充分实现信息共享。

(2) 注重客户信息,以客户为入口,将账户、用户、业务、服务、资源等关联起来,便于以客户为核心的管理工作的开展。系统可以根据不同的规则,提供不同角度的客户视图,满足企业各个部门、不同时期对所关注的客户信息的需求;客户的管理贯穿于客户的整个生命周期,从对潜在客户的挖掘跟踪开始,通过销售活动使之成为在网客户、高值客户,到对客户流失的争取分析,系统提供客户成长变化的全过程管理。

(3) 注重产品信息。通信市场营销信息系统应支持通信新业务的开发,快速响应市场需求,支持灵活市场营销策略,快速推出差异化、个性化的产品和服务。

(4) 注重平台建设。不断更新硬件设备,改造网络,采用先进并相适宜的计算机与网络技术,实现信息的快速传递。

(5) 支持用户分级管理。提供灵活的客户分群功能,可以按照不同的条件进行客户分群,对不同的客户群进行需求分析,提供有针对性的产品或采取不同的营销政策。

(6) 支持管理决策。为决策支持系统提供充分的企业内部营销相关数据以及外部信息的传递渠道,决策支持系统综合数据,进行分析与整理,通过各种方式为企业各层次决策者展示相关信息,为管理决策提供支持功能。

2. 通信市场营销信息系统的实施过程

(1) 系统平台的选择

系统平台是营销信息系统应用软件运行的载体。系统软硬件平台搭建的稳定性是应用软件安全稳定高效运行的基础和前提。在进行系统平台选型搭建时应依据如下原则:开放性和标准性;系统安全、可靠性;可扩展性;优良的性能。

(2) 系统总体架构的设计

该系统一般采用3层结构,即整个系统平台分为客户端(营业受理终端、操作终端等)、应用服务器(中间件服务器)和后台数据库服务器。其设置数据库服务器、应用服务器、接口服务器(与计费、网管以及资源管理系统等都需要建立接口),将数据库服务器、应用服务器、营业受理机、接口机、操作终端连接成局域/广域网络。前端处理机也可通过各种方式(如拨号、专线等)接入系统,进行业务交易。

(3) 系统环境的搭建

根据系统规模建立相应的应用服务器节点,采用先进方法建立数据库服务器,可根据业务处理模式和数据的层次把存储系统分为几个级别，从而保证存储系统具有较好的性能与扩展性。存储系统必须具有良好的备份管理功能，可以通过备份服务器和备份管理软件实现网络备份和分级备份等灵活的备份策略。数据库平台必须能够提供完善的功能和很好的处理性能，充分利用硬件平台资源，有力地支撑应用软件的业务处理。

(4) 应用软件的建设

一般应用的实施过程包括硬件配置、软件开发、数据准备、人员培训、试运行、正式运行等阶段，特别要注意需求调研系统本地化开发、数据准备、系统交付、测试、试运行这5个阶段的工作，在每一个阶段，都必须建立详细文档，做好文档备份工作。

3. 电信数据仓库建设

(1) 数据仓库

20世纪90年代初期，W. H. Inmon在其著作《建立数据仓库》中提出了"数据仓库"的概念："数据仓库是支持管理决策过程的、面向主题的、集成的、随时间而变的、持久的数据集合。"简言之，数据仓库就是为了保证数据查询和分析的效率，按照主题将所有的数据分门别类进行存储，需要的时候，按主题提取数据并作进一步的分析处理。

数据仓库技术在金融业、制造业、商贸业以及电信业等都有着广泛的应用实践。各大数据库厂商纷纷推出相应产品支持数据仓库，如NCR、SAS、Oracle、IBM等。

(2) 建立数据仓库对通信企业的作用

在电信企业中，数据仓库有多种应用，典型的应用一般集中在经营分析和营销决策支撑两方面。一方面，数据仓库从营业、计费账务、渠道、客服中心等生产、管理系统获取市场经营的所有有关信息，经过整合、清洗等环节，按主题存储，形成企业内部有关市场经营的统一数据平台，通过查询、报表、多维分析等方式提供给数据分析用户和营销决策人员；另一方面，数据仓库根据客户交互系统的需求，经过分析或挖掘，将客户异常消费、流失客户预警、营销活动目标客户等信息反馈到各客户接触系统，供营销经理、营业员、客服人员对相应客户提供针对性的营销、服务。

(3) 电信数据仓库的建立

要构建电信企业的数据仓库，必须首先明确定位，做好需求设计。数据仓库的需求设计应立足于企业的数据分析需求，围绕市场经营管理、营销决策和执行的数据分析支撑工作来展开。需求设计主要完成3方面工作：一是分析主题的设计；二是分析维度和维度值的确定；三是分析指标的确定。

对于电信企业来说，各类分析对象的分析主题可以设计如下。

① 业务或产品分析主题：包括各类业务或产品发展状况分析、发展变化趋势分析、影响因素分析以及发展预测等分析内容。

② 客户分析主题：包括客户价值分析、客户流失分析、客户忠诚度分析、客户信用度分析等内容。

③ 竞争分析：基于网间的话务信息来设计，包括竞争对手用户发展情况、本企业用户使用竞争对手产品情况和竞争对手用户使用本企业产品情况等内容。

④ 营销活动分析：根据电信企业营销活动的3大目的(获取客户、提高ARPU、客户保持)以及营销活动的3个环节(营销策划、营销执行和营销评估)来设计相应分析内容，一般包括营

销机会判断、预期效果评估、营销效果评估、营销方案调整等内容。

电信数据仓库的维度可以分为时间维度、空间维度、业务维度、客户维度、用户终端维度、营销活动维度、运营商维度6大类。

数据分析指标可分为基本指标和衍生指标两大类。

(4) 通信企业对数据仓库的应用

① 常规经营分析。按一定周期(旬、半月或月)在格式相对固定的分析模板(根据市场经营工作的需要,通常半年或一年更新一次模板)基础上作的经营分析。常规分析的模式类似于每月固定格式的统计报表,但其超越统计报表,常规分析工作的目的是通过固定模式的分析跟踪市场经营发展动态,发现变化趋势,判断其是否合理,从而发现问题并寻求引起问题的因素,最终提出解决问题的措施。电信企业的常规经营分析包括各类业务(本地、长话、数据、增值业务等)的分析、各类客户(大客户、商业客户、公众客户和流动客户)的分析以及竞争的分析。

② 专题分析。根据市场经营过程中出现的热点问题、常规分析发现的异常情况而确定需要进一步深入进行的分析。电信企业比较常见的专题分析是各种营销活动效果分析。每次营销活动目的不同,内容不同,定位的目标客户以及参加活动的客户也不同,所以每次分析的内容及模式都不同。专题分析没有固定的模板,因此每执行一次专题分析需要向数据仓库提交数据需求,包括多维度的数据需求,或者客户使用各种业务或产品的历史消费记录需求;而数据仓库则通过临时创建的多维报表以及符合条件的客户的历史消费记录来支撑专题分析工作的进行。

③ 营销监测。数据仓库对电信企业的营销监测支撑工作包括话务异常(变动)监测、零话务监测、话务流失监测、黑公话监测、住宅商用监测以及各类营销活动用户跟踪监测等。通过在数据库中设置一定条件,比如将符合长话过网话务超过50%,网内、外去话话务均为零,报告期较基期话务下降50%以上条件的电信用户号码清单提交相应的营销渠道进行流失挽留、激发话务等针对性营销,从而实现对营销监测工作的数据支撑。

④ 数据挖掘。数据仓库何时加载数据挖掘功能有赖于两方面的条件,一是数据完整性和数据质量的日趋完善;二是一定专业水平和积累的分析队伍的建立。一般是数据仓库建立两年后,以上两个条件基本成熟,数据挖掘工作的开展才更有效。为更有效地在数据仓库的基础上开展数据挖掘工作,首先要总结数据挖掘项目所需的客户(或用户)层面的有关客户(用户)背景、购买行为等信息,从数据仓库中定期抽取,形成数据集市;然后分主题地建立包括流失预警、客户细分、交叉销售、营销预演等模型,各类模型模板化后封装至数据仓库,建立数据挖掘模型模板库。模型模板库和数据集市的建立使数据仓库之上的数据挖掘应用工作开展更效率,从而帮助电信企业真正实现精确营销质的飞跃。

3.2 通信市场营销调研

3.2.1 通信市场营销调研的含义与内容

1. 市场营销调研的定义

市场营销调研是针对企业特定的营销问题,采用科学的研究方法,系统、客观地收集、整理、分析、解释和沟通有关市场营销各方面的信息,为营销管理者制定、评估和改进营销决策提供依据。

通信市场营销调研工作的重点是通过通信业务用户调研,掌握用户现状和使用通信业务的相关信息,为通信企业的营销策略提供决策支撑。

2. 市场营销调研的分类

市场营销调研既涉及市场营销的各个方面,又运用经济学和统计学的方法,因而,可以根据其特性、所使用的方法以及适用的范围作不同的分类,如图 3-2 所示。

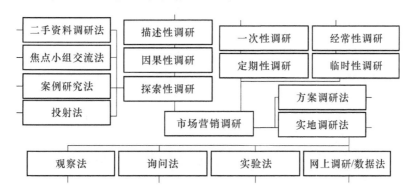

图 3-2 市场营销调研的分类

根据调研的目的和功能,可以把市场营销调研分成描述性调研、因果性调研以及探索性调研 3 种基本类型。

描述性调研是已经明确所要研究的问题与重点后,拟订调研计划,对所需资料进行收集、记录和分析。描述性调研资料数据的采集和记录着重于客观事实的静态描述。大多数的市场营销调研都属于描述性调研。描述性调研要表明问题的特征,试图寻求诸如谁、什么、何时、何地和怎样等问题的答案。与探索性调研相比,描述性调研的目的更加明确,研究的问题更加具体。

因果性调研是为查明项目不同要素之间的关系,以及查明导致产生一定现象的原因所进行的调研。

探索性调研一般是在调研专题不太明确时,为了明确问题而进行的调研。通过这种调研,可以了解情况,发现问题,得到关于调研项目的某些假定或设想,以供进一步调查研究。探索性调研常用二手资料调研法、焦点小组交流法、案例研究法、投射法等方法进行对未知信息的探索。

根据调研时间的长短与频率,可以把市场营销调研分为一次性调研、定期性调研、经常性调研和临时性调研。

根据所收集资料的类型,可以把市场营销调研分为方案调研法和实地调研法,前者收集二手资料,后者收集一手资料。实地调研法可以分为观察调研法、询问调研法、实验法、网上调研法和行为数据法等类型。

3. 市场营销调研的内容

(1) 市场需求容量调研

市场需求容量调研主要包括市场最大和最小需求容量、现有和潜在的需求容量、不同商品的需求特点和需求规模、不同市场空间的营销机会以及企业和竞争对手的现有市场占有率等情况的调查分析。

(2) 可控因素调研

可控因素调研主要包括对产品、价格、销售渠道和促销方式等因素的调研。

产品调研包括有关产品性能、特征和顾客对产品的意见和要求的调研,产品寿命周期调研(以了解产品所处的寿命期的阶段),产品的包装、名牌、外观等给顾客的印象的调研(以了解这些形式是否与消费者或用户的习俗相适应)。

价格调研包括产品价格的需求弹性调研、新产品价格制定或老产品价格调整所产生的效果调研、竞争对手价格变化情况调研、实施价格优惠策略的时机和实施这一策略的效果调研。

销售渠道调研包括企业现有产品分销渠道状况、中间商在分销渠道中的作用及各自实力、用户对中间商尤其是代理商、零售商的评价等内容的调研。

促销方式调研主要是对人员推销、广告宣传、公共关系等促销方式的实施效果进行分析、对比。

(3) 不可控因素调研

不可控因素调研主要指对市场营销活动的外部环境因素包括政治、经济、社会、技术以及竞争对手等因素的调研。

政治环境调研包括对企业产品的主要用户所在国家或地区的政府现行政策、法令及政治形势的稳定程度等方面的调研。

经济发展状况调研主要是调查企业所面对的市场在宏观经济发展中将产生何种变化,重点调研各种综合经济指标所达水平和变动程度。

社会文化因素调研指调查一些对市场需求变动产生影响的社会文化因素,如文化程度、职业、民族构成、宗教信仰及民风、社会道德与审美意识等。

技术发展状况与趋势调研主要是了解与本企业生产有关的技术水平状况及趋势,同时还应把握社会相同产品生产企业的技术水平的提高情况。

竞争对手调研是指在竞争中要保持企业的优势,就必须随时掌握竞争对手的各种动向,主要是关于竞争对手数量、竞争对手的市场占有率及变动趋势、竞争对手已经并将要采用的营销策略、潜在竞争对手情况等方面的调研。

4. 通信市场营销调研的内容

通信市场营销调研的核心内容是客户调研,通信客户调研需要从 3 个层面进行用户使用习惯分析:全部用户整体特征、以某个维度划分的用户群体(如按年龄段划分或按行业划分等)特征差异以及个体用户之间的特征差异。通信客户调研的具体内容如下。

(1) 人口统计特征方面的描述性数据:对于消费者市场来说,包括年龄、收入、婚姻状况和教育程度等;对产业市场来说,包括行业分类、规模(员工数量和销售额)和岗位责任等。

(2) 心理特征:如消费者的价值观、兴趣和生活方式等。

(3) 需求情况:包括历史购买或消费以及预期未来购买。通信行业常用 MOU 和 ARPU 值来衡量用户对通信业务的使用情况和运营商的收入情况。MOU(Minutes Of Usage),即平均每户每月通话时间,单位是分,用以衡量用户通话业务的使用情况。ARPU(Average Reve-

nue Per User),即每用户平均收入,用以衡量用户通信综合业务的使用情况。显然,高端用户越多,ARPU越高。

(4) 需要:可以是明确表达出来的需要,也可以是联合分析或者使用价值分析推导出来的需要①。

(5) 态度:如对产品、供应商、购买风险的态度,或者对采用过程的一般态度。

(6) 媒体和分销渠道的使用:如所用媒体类型和数量及通常购买产品和服务的地点等。

3.2.2 市场营销调研的流程

市场营销调研是一项有序的活动。它包括准备阶段、实施阶段和总结阶段3个部分,如表3-1所示。调研的准备阶段主要是确定调研目的、要求及范围,并据此制定调研方案;实施阶段主要任务是根据调研方案,组织调查人员深入实际收集资料;总结阶段是对资料进行整理分析,写出调研报告,展示调研结果。

表 3-1 市场营销调研的 3 个阶段

准备阶段	实施阶段	总结阶段
确定问题和调研内容,制定调研方案	收集资料	资料的整理和分析,编写调研报告

1. 确定问题和调研内容

营销调研人员根据决策者的要求或由市场营销调研活动中所发现的新情况和新问题,提出需要调研的课题和调研内容。

有时,营销调研人员对所需调研的问题尚不清楚,或对调研问题的关键和范围不能抓住要点,无法确定调研的内容,这就需要进行探索性调研,先收集有关资料进行分析,找出症结,明确调研目标。

2. 制定调研方案

一个完整的调研方案包含以下内容。

(1) 确定资料来源。信息可分为第一手资料和第二手资料。调研中应尽可能利用二手资料,因获得二手资料相对来说较容易且快捷,但一手资料对解决当前问题针对性更强。营销调研的核心之一就是如何有效地收集到必要、充分且可靠的一手资料。

(2) 确定调研方法。调研方法即收集一手资料的方法,主要有观察法、询问调查法、焦点小组访谈法、行为数据分析法、实验法等。

(3) 确定调研工具。常用的调研工具有调查表、定性测量和仪器等。

(4) 确定抽样计划。如果通过调查表(问卷调查)的工具进行调研,就需要进一步确定抽样计划。这一计划要解决下述3个问题:谁是抽样对象?调查样本有多大?样本应如何挑选出来?

---

① 由于篇幅限制,请读者自行阅读有关联合分析和价值分析相关书籍。

(5) 确定接触方法。接触方法有邮寄调查表、电话访问、人员面谈访问等。

3. 收集资料

首先收集的是第二手资料,也称为次级资料。其来源通常为国家机关、金融服务部门、行业机构、市场调研与信息咨询机构等发表的统计数据,也有些发表于科研机构的研究报告或著作、论文上。对这些资料的收集方法比较容易,而且花费也较少。利用第二手资料来进行的调研也被称为案头调研。

其次是通过实地调查来收集第一手资料,即原始资料,这时就应根据调研方案中已确定的调查方法和调查方式,确定好的选择调查单位的方法,先一一确定每一位被调查者,再利用设计好的调查方法与方式来取得所需的资料。取得第一手资料并利用第一手资料开展的调研工作称为实地调研,这类调研活动与前一种调研活动相比,花费虽然较大,但它是调研所需资料的主要提供者。

4. 资料的整理和分析

对通过营销调查取得的资料进行审核、分类、制表。审核即是去伪存真,不仅要审核资料的正确与否,还要审核资料的全面性和可比性。分类是为了便于资料的进一步利用。制表的目的是使各种具有相关关系或因果关系的因素更为清晰地显示出来,便于作深入的分析研究。

5. 编写调研报告

调研报告是调研活动的结论性书面报告。编写原则是客观、公正、全面地反映事实,以求最大程度地减少营销活动管理者在决策前的不确定性。调研报告包括调研对象的基本情况、对所调研问题的事实所作的分析和说明、调研的结论和建议。

3.2.3 通信市场营销调研的方法

市场调研的方法有很多,企业内外部的数据源也非常繁杂。通信市场一手数据的调研可分为4个关键步骤,如图3-3所示。

图 3-3 通信市场营销调研的 4 个步骤

1. 确定测量工具

营销人员进行市场营销调研首先必须要知道需要收集什么信息,应该怎样去收集这些信息。一手资料的收集方法主要有观察法、询问法、焦点小组访谈法、行为数据分析法、实验法等。调研工作的第一步就是要确定使用什么样的方法。

(1) 观察法是调查人员在调研现场直接或通过仪器观察、记录被调查者行为和表情,以获取购物和使用产品的方式等信息的一种调研方法。

(2) 询问法是调查人员通过各种方式向被调查者发问或征求意见来搜集市场信息的一种方法。它可分为深度访谈、座谈会、问卷调查等方法,其中问卷调查又可分为电话访问、邮寄调查、留置问卷调查、入户访问、街头拦访等调查形式。

(3) 焦点小组座谈即选择对调研问题有见解的 6~10 人,形成焦点小组,主持人提问题,小组讨论。

(4) 行为数据分析法即通过运营商顾客数据库来记录顾客的购买行为,通过分析行为了解情况。

(5) 实验法即选择相匹配的目标小组,给予不同的处理,控制外来变量和核查所观察到的差异是否具有统计学意义。营销实践中,通过实际的、小规模的营销活动来调查关于某一产品或某项营销措施执行效果等市场信息的方法。实验的主要内容有产品的质量、品种、商标、外观、价格、促销方式及销售渠道等。它常用于新产品的试销和展销。

2. 问卷设计

问卷也叫调查表,它是一种以书面形式了解被调查对象的反应和看法,并以此获得资料和信息的载体。问卷设计是依据调研的目的,列出所需了解的项目,并以一定的格式,将其有序地排列,组合成调查表的活动过程。

问卷的格式一般是由问卷的开头部分、甄别部分、主体部分和背景部分4个部分组成。

(1) 开头部分主要包括问候语、填表说明、问卷编号等内容。不同的问卷所包括的开头部分会有一定的差别。

① 问候语。问候语也叫问卷说明,其作用是引起被调查者的兴趣和重视,消除调查对象的顾虑,激发调查对象的参与意识,以争取他们的积极合作。一般在问候语中的内容包括称呼、问候、访问员介绍、调查目的、调查对象作答的意义和重要性、说明回答者所需花的时间、感谢语等。问候语要反映上述内容,且力求简短。

② 填写说明。在自填式问卷中要有详细的填写说明,让被调查者知道如何填写问卷,如何将问卷返回到调查者手中。

③ 问卷编号。问卷编号主要用于识别问卷、调查者以及被调查者姓名和地址等,以便于校对检查、更正错误。

(2) 甄别部分也称问卷的过滤部分,它是先对被调查者进行过滤,筛选掉非目标对象,然后有针对性地对特定的被调查者进行调查。通过甄别,可以筛选掉与调查事项有直接关系的人,以达到避嫌的目的;另外也可确定哪些人是合格的调查对象,通过对其调查,使调查研究更具代表性。

(3) 主体部分也是问卷的核心部分。它包括了所要调查的全部问题,主要由问题和答案组成。

① 问卷设计是将研究内容逐步具体化的过程。根据研究内容先确定好树干,然后再根据需要,每个树干设计分支,每个问题是树叶,最终构成一棵树。因此在整个问卷树的设计之前,要有总体构想。

② 主体问卷的分块设置。在一个综合性的问卷中,通常将差异较大的问卷分块设置,从而保证了每个问题相对独立,整个问卷条理清晰,突出整体感。

③ 主体问卷设计应简明、内容不宜过多、过繁,根据需要确定,避免可有可无的问题。

④ 问卷设计要具有逻辑性和系统性,一方面可以避免需要询问信息的遗漏,另一方面也会使调查对象感到问题集中、提问有章法。

⑤ 问卷题目设计要有针对性,明确被调查人群,适合被调查者身份,充分考虑受访人群的文化水平、年龄层次等,避免专业术语,提问要通俗易懂。

(4) 背景部分是有关被调查者的一些背景资料,调查单位要对其保密。该部分所包括的各项内容可作为对调查者进行分类比较的依据,一般包括性别、民族、婚姻状况、收入、教育程度、职业等。

3. 选择样本

抽样计划要解决3个问题:谁是抽样对象?调查样本有多大?样本应如何挑选出来?

(1) 抽样单位

首先确定要调查的总体(即人群),然后确定从总体中找出部分有代表性的样本的方法,即确定取样框架。例如,样本总体可以是某个地区或某个行业内的所有通信市场用户,样本框架可选用地区内按照位置分布划分某个子区域内的用户,或者是某个行业内个人收入处于中等水平的用户,样本是按照上述方法选出来进行实际调研的用户。

(2) 样本量

根据调研目标来确定样本量。样本量越大,调研结果越可信。如果调研过程科学可靠,样本量少于总体单位的1%也可达到很好的信度。

(3) 抽样方法

采用概率抽样,可以计算抽样误差,构造置信区间,从而使样本更具有代表性。而非概率抽样较简便易行。抽样方法如表3-2所示。

表3-2 抽样方法

	抽样方法	含义
概率抽样	简单随机抽样	总体中的每个单位被抽出作样本的机会均等,总体单位中不进行任何分组、排序等,采用纯粹偶然的方法从总体中抽取样本
	分层随机抽样	把总体分为互不相同的组(如年龄组),然后从每组中随机抽取样本单位为样本
	整群抽样	把总体分为不同的群(如城区),然后抽出其中几个群作为样本
非概率抽样	任意抽样	研究人员选取最容易获得的总体单位
	判断抽样	研究人员根据自己的判断选取最有可能获得正确信息的总体单位
	配额抽样	研究人员在不同类别中找出一定数量的人数

在概率抽样中,分层随机抽样比简单随机抽样更精确,能够通过对较少样本单位的调研得到较精确的推论结果。因为通过对总体的分层,划分出同质性较高的各个层次,减少了各层次内部各层的离散度。分层随机抽样可以从对结果影响较为重要的层(如大量使用者、潜在的品牌转换者、具有特定人口统计特征的群体)里抽取较大的样本,可提高结果的代表性。

在通信市场营销调研中,对用户的识别也与其他行业有所不同,由于通信市场的特殊性,对通信市场用户的识别往往与网络密不可分。从所有通信业务用户中识别出某个特定业务类型的用户,可以依靠移动网、电信网和广电网等基础网络数据进行锁定。

4. 分析数据和编写报告

数据分析初始阶段需要进行数据筛选,可采用因子分析法,将一堆数据缩减为较少的数据。具体来说,就是要分析大量的变量,如态度、偏好、使用习惯等之间的相互关系,然后用基本维度也就是因子来表示这些变量。这种方法对构建知觉图和进行市场定位研究非常重要。

数据筛选后,要进一步了解通信业务用户分群,可使用聚类分析法。聚类分析(Cluster Analysis)是一组将研究对象分为相对同质的群组的统计分析技术。聚类分析也叫分类分析(Classification Analysis)或数值分类(Numerical Taxonomy),从统计学的观点看,聚类分析是通过数据建模简化数据的一种方法。传统的统计聚类分析方法包括系统聚类法、分解法、加入法、动态聚类法、有序样品聚类法、有重叠聚类法和模糊聚类法等。采用 k-均值、k-中心点等算法的聚类分析工具已被加入到许多著名的统计分析软件包中,如 SPSS、SAS 等。在通信市场营销调研中一般使用 k-均值聚类,它是非层次聚类法的一种。

数据分析后,就是编写报告。市场调研报告是整个调查工作,包括计划、实施、收集、整理等一系列过程的总结,是将调查了解到的全部信息和材料进行分析研究,揭示本质,寻找规律性,最后以书面形式陈述出来。调研报告的目的是将调查结果、战略性的建议以及其他结果传递给管理人员。

调研报告应该包括的内容如表 3-3 所示。

表 3-3 调研报告内容一览表

一级目录	二级目录	三级目录
标题	根据调研目的确定标题所强调的内容和重点	
摘要	1. 目标的简要陈述 2. 调研方法的简要陈述 3. 主要调研结果的简要陈述 4. 结论与建议的简要陈述 5. 其他相关信息(如特殊技术、局限、背景信息)	
分析与结果	1. 调查基础信息 2. 一般性的介绍分析类型 3. 应用统计工具或定性分析技巧对于数据处理结果的归纳和总结 4. 表格与图形 5. 解释性的正文结论与建议	
调查方法	1. 研究类型、研究意图、总体的界定	
	2. 样本设计与技术规定	a. 样本单位的界定 b. 设计类型(概率与非概率性,特殊性)
	3. 调查问卷	a. 一般性描述 b. 对使用特殊类型问题的讨论
	4. 特殊性问题或考虑	
	5. 局限	a. 样本规模的局限 b. 样本选择的局限 c. 其他局限(抽样误差、时机、分析等)
附录	1. 调查问卷 2. 技术性附录(如统计工具、统计方法) 3. 其他必要的附录(如调查地点的地图等)	

3.3 通信市场信息研究

3.3.1 通信市场信息的分类

1. 通信市场信息的定义

通信市场信息是指通信企业向消费者提供通信设备产品和信息传递服务的过程中涉及的各种经济关系和各种经济活动现状、经济活动的变化情况以及与通信市场营销有关的各种消息、情报、图表、数据资料的总称。通信市场信息一般通过数据、影音、广告、网络等表现和传递，对通信企业的发展具有重要的作用。

通信市场信息是通信企业制定经营战略的依据，是企业一切经营活动的基础。

通信市场信息一般来源于通信企业网站、通信产品或服务说明书、相关媒体宣传与介绍、通信类文献资料、通信企业年报与行业性期刊等。

2. 通信市场信息的分类

通信市场信息可以分为如下 4 类。

（1）通信产品信息

电信产品是指基于通信网络资源或者硬件设备，实现某项或者多项通信功能，并以整体提供给客户的产品，电信产品通常能够通过具体的网络资源和设备被客户感受。通信产品信息是通信市场信息的基础，因为一切竞争均源于产品。

通信产品信息包括：①通信产品本身信息，如产品品名、形状、包装、规格、价格体系、产品特点及独特点等；②通信产品的类型信息，如基本产品，不依赖其他电信产品能够单独向客户提供的通信产品，如本地电路出租；附加产品，必须依赖其他基本产品才能够向客户提供的通信产品，如呼叫转移、来电显示等；组合产品，由两种或两种以上基本产品或附加产品组合而成并产生新功能的通信产品，如本地出租电路与交换机出租端口组合为中继线出租产品等；③通信产品属性信息，如产品所采用的接入技术和终端、产品所具备的通信功能、产品主要依附的网络平台以及产品所属的通信层次等。

通信产品信息不仅包括行业内的，也包括和行业相关联的内容、产品技术创新、未来发展趋势等。

（2）通信客户信息

通信企业客户信息包括描述类、行为类、关联类信息 3 种。

描述类信息一般包括客户基本数据、客户购买通信产品或服务的记录、客户的消费使用记录、客户与通信企业的联络记录，以及客户的消费行为、客户偏好和生活方式等相关的信息。描述类信息一般都来源于通信企业内部营业系统的原始记录、通信企业呼叫中心的客户服务和客户结束记录、营销活动中采集到的客户响应数据，以及与客户经常接触的销售人员与服务人员采集到的数据信息。有时企业从外部采集或购买的客户数据也会包括大量的客户描述类数据。客户的基本数据在使用通信企业的产品或服务时就建立并保存在企业的信息系统当中,对于公众客户来说,主要指客户的性别、生日、职业、收入等个人信息;而对于企业级客户来说,则是指企业的名称、规模、隶属行业、经营模式、企业法人等企业信息。客户偏好信息主要指客户兴趣爱好方面的信息。对于通信企业来说,大客户尤其是一些相对比较重要的大客户,其主要联系人的偏好信息尤为重要。

行为类信息主要是指客户在与通信企业进行交易过程中的行为表现以数据形式存储的信息,它是实时动态的信息集合,客户的行为信息反映了客户的消费选择过程和决策过程。客户行为类信息的主要目的是帮助通信企业的市场营销人员和客户服务人员在客户分析中掌握和理解客户的行为。客户的行为类信息可以分为交易消费记录和行为特征两类。通信企业的客户交易消费信息比较繁冗,对于话音业务和数据业务又有所不同,它包括通话时长、呼叫状态、主/被叫号码、通话频率的话音业务信息以及业务类型、网络带宽、消费流量、使用时段分布等数据业务信息。客户的行为特征信息是指对交易消费记录以及其他行为数据进行分析处理后得到的关键性信息。

除了上述两类信息之外还有一些信息如客户满意度、客户忠诚度、客户对产品或服务的偏好以及竞争对手的行为等,也或多或少地影响着客户行为,这种与客户行为相关的信息被称为关联类信息。通信企业的核心关联类信息包括客户的终生价值、客户忠诚度、客户流失倾向、客户联络价值和客户呼叫倾向等。

(3) 通信策略信息

通信策略信息往往是分析得来的,是对竞争对手策略的信息收集,即通过竞争对手的市场行为判断,分析其所使用的市场策略。通信策略信息可分为通信产品/服务策略信息、通信价格策略信息、通信渠道策略信息和通信促销策略信息。

通信产品/服务策略信息主要是指通信企业在向用户提供语音业务以及数字数据增值业务时的营销策略信息,如电信企业常用的营销策略联盟、用户俱乐部、大客户服务等。

通信价格策略信息是指通过挖掘其他通信企业在向用户提供产品或服务收取费用时采取相应的定价方式而获取的策略信息。比如,中国移动针对全球通用户采用套餐方式进行优惠,针对神州行用户采用亲情号码的方式进行局部降价,针对动感地带用户实行新业务捆绑的方式来提高用户使用价值等。

通信渠道策略信息主要包括经销商的选择和渠道级数、渠道的服务水平和服务内容、渠道的管理和控制以及生产商对经销商的支持这几个方面的信息。如营业厅自办、社会渠道代办合办以及客户经理一对一的多渠道模式,代销点即营业厅统一形象的规范化渠道管理,地区性产品差异化的刺激型渠道布局等。

通信促销策略信息是指通信企业向客户或销售渠道宣传企业内涵与外延时所进行活动的相关信息。比如,企业为吸引客户、提高市场占有率,采用各种降价、打折、优惠、送话费、免费或优惠奉送其他相关服务等促销手段,在各种报纸、电视及网络等媒体上进行大规模的广告攻势等。

(4) 通信战略信息

通信战略信息主要是指通信行业内重大变化,可分为几个方面。

一是国家的政策法律调整给整个行业带来变化。以工业和信息化部和国务院国有资产监督管理委员会于2008年9月28日联发的《关于推进电信基础设施共建共享的紧急通知》为例,共建共享紧急通知对通信上下游产业链产生了重大的影响,对运营商来说随着3G或4G

网络不断推出,基站小型化成为必然趋势,现有站址资源远不能满足实际需要,大量新增站址均采用共建共享方式,将为各运营商节省资本开支,同时也提高资产使用效率,有利于提高各运营商的综合竞争力。而对于产业链上的其他企业来说,设备提供商影响较小,建设服务单位(设计、建设、监理等)影响较大,基站、配套提供商影响最大。

二是行业内企业重大战略变化,如破产、兼并、重组、上市等方面。2008年5月24日,工业和信息化部、国家发展和改革委员会、财政部发布《关于深化电信体制改革的通告》,决定中国电信收购中国联通CDMA网,中国联通与中国网通合并,中国卫通的基础电信业务并入中国电信,中国铁通并入中国移动。2008年的电信重组形成我国目前3家全业务运营商竞争的电信产业格局。

三是行业危机及机会把握。全球通信产业已经进入新的大融合、大变革和大转型的发展时期。新时期的通信产业将呈现出多元化的发展趋势:①在管道智能、异构网络、光纤宽带接入等基础电信网络领域加快部署,为信息化的发展奠定基石;②通过构建云计算数据中心、升级智能终端、发展互联网和物联网新应用,培养新的核心竞争力,实现ICT融合;③在提供丰富应用和用户新体验的同时,信息安全、可信计算、绿色通信越来越受到关注;④在ICT融合进程中,软件已悄然成为信息化发展的核心,正引发传统产业的变革。

战略信息获取给企业决策层提供了一个应对市场、把握机遇的前提,为企业制定战略、规划发展带来深远的影响。

3.3.2 通信市场信息的特征

市场信息具有如下特征。

(1) 时效性和更新性。信息的利用必须要讲究时间效应,谁能最早掌握某种信息,谁就最有可能取得营销上的成功。通信市场营销信息需要随市场的变化与发展而不断更新。

(2) 分散性。市场信息量大、面广,需要建立市场信息系统,借助科学的手段对市场信息进行综合分析。

(3) 可加工性。信息可以依据各种特定需要,进行收集、筛选、整理、概括和加工。

(4) 可存储性。信息可以通过体内存储和体外存储两种主要方式被存储起来。体内存储指人通过大脑的记忆功能把信息存储起来;体外存储指通过各种文字性的、音像性的、编码性的载体把信息存储起来。

(5) 系统性。由于企业在营销活动中会受到众多因素的影响和制约,企业必须连续地、多方面地收集、加工有关信息,分析它们之间的内在联系,提高它们的有序化程度。

(6) 竞争性和保密性。占有信息,并使之转化成市场优势可以获得巨大的经济效益,信息的增值功能对其他竞争者而言必然产生一定的排他性和保密性。所谓保密的市场信息是指一经公开或传播就会损害信息拥有者利益的信息,如行动方案、生产计划、经营诀窍、客户名单、库存情况、购销渠道、财务报表等。

(7) 多信源,多信宿,多信道。目前,市场已经形成多卖方、多功能的开放式市场,这就决定了市场信息的多信源、多信宿、多信道的特点。在市场中买方和卖方的角色在不断交替变换着,他们既是市场信息的发送者,也是市场信息的接收者。对于同样的信息,宏观控制部门、各种咨询机构、不同性质和规模的单位,甚至个人都可以是信源,可以通过各种文献、宣传媒体、网络、正式或非正式的渠道进行发布;另一方面他们又是信息的需求者和接收者,通过报纸、电视、广播、广告不断接受最新信息指导自己的工作、研究或购物活动。

(8) 市场信息与载体不可分,但又有相对的独立性。所谓不可分是指信息内容不能脱离信息载体而存在,信息只有借助于物质载体,经过传递才能被人们感知;所谓相对独立性是指同样的信息内容以不同载体形式的不同或文字的不同而不同,也不因传播方式的不同、传播空间和时间的不同而不同。

(9) 价值性。市场信息的价值性表现为它可以为企业带来不同程度的效益,包括经济效益、社会效益等。

3.3.3 通信市场信息的获取

通过通信企业营销信息系统和通信市场调研都能够获取通信市场信息。这里重点介绍通过因特网获取信息的几种方法。

通过因特网的桌面访问,可以获得各种各样的免费或者低成本的信息。通信企业由于在网络技术上拥有独天得厚的技术优势,更容易通过网络来获取竞争对手的信息。

1. 公司主页

公司主页是企业在网上的对外窗口,是企业以文本和图像等形式在因特网上宣传自己的产品和服务的主要阵地,因此也是获得竞争对手信息的主要来源。通过主页,可以获得更有效和更有价值的竞争情报。公司主页常常提供新闻和证券交易信息,公司总裁的传记、讲话、招聘广告,组织结构图,会议展览和到会的人数等有价值的信息。

2. 相关网站

除了公司的主页之外,贸易协会网站的主页提供了有价值的行业信息及企业信息;学会站点的主页则提供学会会员的名单、新闻、出版物分析、统计数据等信息。

3. 行业讨论室

由于通信企业一般有较强的保密意识,所以在其网站上公布的信息常常经过特殊加工,一般深度不够,而且时效性较差,往往是企业已经推出的新产品的信息。参加行业聊天室是一个获取优质信息的好办法,特别是技术人员组成的聊天室。在不经意的闲聊中,说者无心,听者有意,往往可以得到很多有价值的信息。

4. 其他网上媒体

如果竞争者是一有较高知名度的公司,可以通过网上电子版报纸(如人民日报、光明日报等)和电视台的网上站点(如CCTV)对竞争者的报道来了解竞争者,也可以在搜索引擎中输入竞争者的名字做关键词,然后查找网页来获取有关竞争者的资料。

5. 商业信息网站——获取竞争情报的站点

现在,网上出现了一些专门提供商业信息的网站。例如,http://www.ceoexpress.com/拥有丰富的商业信息,是一个获取网上商业信息的好向导。该网站对商业信息资源进行了分类和整理,包括新闻、商业和技术杂志、政府站点、国际商务资源和公司研究站点等。而http://www.corporateinformation.com/网站主要提供海外商业信息,通过该站点可以链接到全球各地区网站,还可以很容易地访问相关站点而得到证券交易信息、公司名录、政府信息等资源。

特别关注

通信企业客户信息的数据挖掘

1. 数据挖掘

数据挖掘是按企业既定营销战略或营销策略目标,通过对数据仓库中大量业务数据进行抽取、转换、分析和其他模型化处理,揭示隐藏的、未知的或验证已知的规律性,从中提取支撑营销决策关键性数据的技术。

由于通信企业的消费者历史数据规范,且数据量大,具备数据挖掘的基础。

2. 电信行业数据挖掘的关键

对于电信行业来说,数据挖掘过程中对业务的理解是最关键的,数据挖掘项目进行过程中,要以业务为主导。

通信企业的数据挖掘就是通过对大量客户通信消费明细记录的挖掘,发现顾客的行为特征,提供有针对性的服务,可以提高企业的客户服务水平,增加顾客忠诚度。可以寻找那些企业利润贡献度高的业务的使用者,并挖掘其规律以增加该类业务的销售,从而提升企业获利能力。通信企业可以通过数据挖掘获得的有用信息列举如下。

(1) 通话时段的规律。什么时间是电话通话的高峰期,不同类型的电信业务高峰出现在什么时候等。

(2) 按市场细分的客户(如个人客户、政府部门、企业客户)的通话规律。市场细分后同类型的顾客其通话模式是否相似,如果相似则如何等。

(3) 电话使用者何时在家。了解这一点一个明显、直观的作用就是,一些行业进行电话直销(如银行业交叉销售保险产品)时效率更高。

(4) 国际长途的通话模式。因为国际长途利润率相当高,了解其通话模式从而采取相应措施提高其使用量会对公司业绩有显著作用。

(5) 因特网服务规律。比如顾客最常使用的ISPs(服务提供商)、不同市场细分类型的顾客是否用不同的ISP等。

(6) 发现潜在的租用虚拟专用网络服务的顾客。这些顾客会有站点间大量的通话或数据传输,有时也会与其他企业间进行大量的数据交换,此时如果作有针对的营销,他们就可能租用虚拟专用网络服务。

(7) 发现增加电话线路租用需求的客户。举一个典型的例子,某寿险企业的客服热线电话经常出现等待时间过长的问题,从而导致顾客的不满。之所以发生这种问题,主要是因为该类企业同时发生的通话过多,占用了其所有租用的线路。如果电信服务提供者能及时发现这类问题,就能够发现新的市场机会。

3. 数据挖掘在电信业中的应用

(1) 客户消费模式分析。客户消费模式分析(如固话话费行为分析)是对客户历年来长话、市话、信息台的大量详单、数据以及客户档案资料等相关数据进行关联分析,结合客户的分类,可以从消费能力、消费习惯、消费周期等诸方面对客户的话费行为进行分析和预测,从而为固话运营商的相关经营决策提供依据。

（2）客户市场推广分析。客户市场推广分析（如优惠策略预测仿真）是利用数据挖掘技术实现优惠策略的仿真，根据数据挖掘模型进行模拟计费和模拟出账，其仿真结果可以揭示优惠策略中存在的问题，并进行相应的调整优化，以达到优惠促销活动的收益最大化。

（3）客户欠费分析和动态防欺诈。通过数据挖掘，总结各种骗费、欠费行为的内在规律，并建立一套欺诈和欠费行为的规则库。当客户的话费行为与该库中规则吻合时，系统可以提示运营商相关部门采取措施，从而降低运营商的损失风险。

（4）客户流失分析。根据已有的客户流失数据，建立客户属性、服务属性、客户消费情况等数据与客户流失概率相关联的数学模型，找出这些数据之间的关系，并给出明确的数学公式。然后根据此模型来监控客户流失的可能性，如果客户流失的可能性过高，则通过促销等手段来提高客户忠诚度，防止客户流失的发生。这就彻底改变了以往电信运营商在成功获得客户以后无法监控客户流失、无法有效实现客户关怀的状况。

案例分析

数字通信业务校园市场的调研分析

数字通信业务校园市场调研分析的主要目标和内容是通过高校用户分析，掌握用户现状信息，对提出营销策略提供支撑。通过对用户使用习惯的分析，找出高校学生用户使用频率、消费习惯、知晓渠道等基本属性；通过对用户内容偏好的分析，找出高校学生用户对于各类数据业务的真实需求，以此进行准确的各用户群分类及优化现有数据业务内容；校园作为一个特殊的用户圈子，学生用户在数据业务使用习惯、内容偏好等方面以班级、院系、社团等为单位相对集中。选取其中对于数据业务具有深度需求且在其圈子内影响力较大的用户作为种子用户。

校园市场的分析可以分为3个步骤，如图3-4所示。

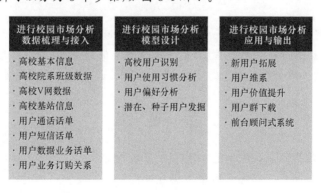

图3-4 校园市场的研究

（1）分析数据准备：进行校园分析数据的梳理与接入。

数据准备是校园市场数据业务潜在需求特征分析的前提条件。

① 校园基础数据。其包含学校基本信息、院系班级数据、校园基站信息、校园V网数据。这些数据对于学生客户的识别及学生圈子的划分具有重要的意义。此部分数据主要依靠分公司收集。

② 用户消费数据。用户通话清单、用户短信话单、用户数据业务话单、用户业务订购关系等均可从 BOSS 系统获取。这些数据主要用于学生用户需求特征的分析以及圈子中的种子用户的发掘。此部分数据主要依靠省公司收集。

(2) 分析模型建立：进行校园市场分析模型的设计。

分析模型建立是校园市场数据业务潜在需求特征分析的核心环节。

① 校园用户识别。从所有移动用户中识别出校园用户主要依靠基础校园数据。首先，是根据分公司依靠校园直销收集的院系班级名单。其次，根据校园 V 网数据进行判定。最后，还可以高频率出现校园基站的通话清单作为判定特征。

② 用户使用习惯特征分析。从 3 个层面进行用户使用习惯分析：全校整体特征、各院系特征差异、各年级特征差异。分析内容包含品牌、MOU、ARPU、重点业务使用状况。根据上述分析结论，勾勒出校园市场用户业务消费特征，为指导校园市场整体运营策略提供科学的依据。

③ 潜在、种子用户分析。业务潜在用户分析方法：首先提取校园市场所有业务当前使用用户号码，对此部分用户进行特征分析，如 ARPU、所属院系、所属年级、业务订购情况；然后提取出业务用户群的特征要素，形成目标特征规则，根据特征匹配校园用户尚未使用业务的用户群，即可得到业务的潜在用户。种子用户首先是业务的使用用户，其次该用户与众多的潜在用户有密切的社交关系。通过激发种子用户的业务分享意愿，可以实现业务的口碑营销，大大提升业务推广的效率。

(3) 分析数据输出：实现分析数据的输出，指导校园市场运营。

分析数据可应用于新用户拓展、用户维系、用户价值提升等多个方向。数据的输出方式可以是用户群下载，也可以通过接口输出到校园渠道的前台顾问式系统中。

分析点评

目前全国高校学生规模已经高达 3 000 万，高校学生每年用户消费的规模高达 25 亿元。同时，学生群体是未来的社会精英，是通信企业潜在的忠实用户，他们具备引领未来社会的主流趋势和观念。

新生代学生们喜欢彰显个性，愿意尝试新鲜事物，是数据业务天然的目标用户。如果不了解学生用户的需求，盲目进行数据业务推广，极易引起学生们的反感，难以获取预期效果。为此有必要针对高校这一细分市场进行深入的分析，为下一步校园市场的运营提供科学的数据依据。

思 考 题

1. 什么是市场营销信息系统？它由哪些子系统构成？
2. 什么是数据仓库？如何建立电信数据仓库？
3. 市场调研的流程是怎样的？
4. 简述通信市场调研方法。
5. 通信市场信息的类型及其特征是什么？

第 4 章　通信客户价值与顾客满意

本章导读

4.1　通信客户价值
4.2　顾客满意与顾客忠诚
4.3　顾客满意陷阱
4.4　通信客户关系管理
案例分析：2011年度广西电信服务质量用户满意度测评结果公告

企业营销工作的根本目标是通过客户服务,实现客户满意,提升客户价值。本章重点研究通信客户价值和顾客满意。首先,本章从客户和企业角度定义了客户价值,研究通信客户价值的识别和计算方法;其次,介绍顾客满意和顾客忠诚的含义,对顾客满意和顾客忠诚的关系进行了细致研究,运用双因素模型与卡诺模型解释了为什么客户满意不能直接带来客户忠诚;最后,介绍了客户关系管理的相关理论,说明通信企业如何通过客户关系管理系统的设立提升客户价值和实现客户忠诚。特别关注和案例分析提供了中国电信业服务质量用户满意度指数(TCSI)测评的相关情况。

4.1　通信客户价值

4.1.1　客户价值

1. 客户价值的定义

客户价值从交易的两端来说有着不同的定义。

从客户角度看,客户价值是顾客从企业为其提供的产品和服务中所得到的满足。它是客户从某产品或服务中所能获得的总利益与其购买和拥有时所付出的总代价的比较,也即客户感知利得与感知成本之差。

客户角度的客户价值具有如下特征:①客户价值是顾客对产品或服务的一种感知,基于客户的个人主观判断;②客户感知价值的核心感知利得与感知利失之间的权衡;③客户价值从产品属性、属性效用到期望等多方面体现,具有层次性。

从企业角度看,客户价值是企业从客户的购买中所实现的企业收益。它是企业从与其具有长期稳定关系的,并愿意为企业提供的产品和服务承担合适价格的客户中获得的利润,也即顾客为企业的利润贡献。"长期稳定的关系"表现为客户的时间性,即客户生命周期。一个偶尔与企业接触的客户和一个经常与企业保持接触的客户对于企业来说具有不同的客户价值。企业角度的客户价值是企业根据客户消费行为和消费特征等变量所测度出的客户能够为企业创造出的价值。

2. 客户价值的分类

可以从不同角度对顾客价值进行分类。

(1) 从价值的内容属性看,客户价值可以分为 5 类:功能性价值、社会性价值、情感性价值、认知价值和条件价值。

(2) 从客户评价看,客户价值可以分为产品价值、使用价值、占有价值和全部价值。

(3) 从价值的实际性看,客户价值可以分为实受价值和期望价值。

(4) 从企业角度看,客户价值可以分为财务价值(货币收益)、关系价值(身份地位的社会影响)、口碑价值(意见领袖)等。

3. 客户价值的理论模型

(1) 为客户让渡价值理论

菲利普·科特勒从为客户让渡价值和顾客满意的角度对客户价值进行了阐述。其研究的前提是:客户将从那些他们认为提供最高认知价值的公司购买产品。所谓为客户让渡价值(Customer Delivered Value),是指总客户价值与总客户成本之差,如图 4-1 所示。

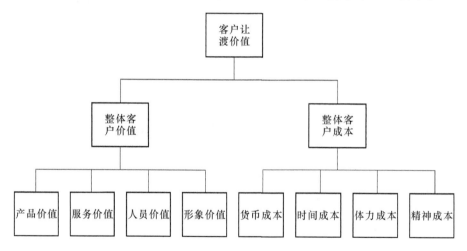

图 4-1 为客户让渡价值模型

总客户价值是客户从某一特定产品或服务中获得的一系列利益,包括产品价值、服务价值、人员价值和形象价值等。总客户成本是指客户为了购买产品或服务而付出的一系列成本,包括货币成本、时间成本、精神成本和体力成本。

(2) 客户价值层次模型

客户价值层次模型回答客户如何感知企业所提供的价值的问题。该模型提出,客户以途径—目标的方式形成期望价值。如图 4-2 所示,从最底层往上看,在购买和使用某一具体产品的时候,客户将会考虑产品的具体属性和属性效能以及这些属性对实现预期结果的能力。客户还会根据这些结果对客户目标的实现能力形成期望。从最高层向下看,客户会根据自己的目标来确定产品在使用情景下各结果的权重。同样,结果又确定属性和属性实效的相对重要性。同时,该模型强调了使用情景在客户价值评价中的关键作用。当使用情景发生变化时,产品属性、结果和目标间的联系都会发生变化。层次模型还提出,客户通过对每一层次上产品使用前的期望价值和使用后的实受价值的对比,形成每一个层面上的满意感觉。因此,客户对于产品属性、属性效能、使用结果和目标意图的达成度都会感到满意或者不满意。

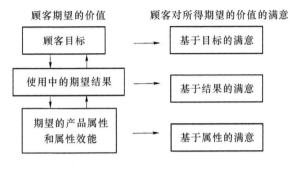

图 4-2 客户价值层次模型

4. 客户价值的意义

① 客户价值是定义和细分客户的基础。通过计算客户价值可以将不同价值的客户区分开来,有助于对现有客户群体的研究。

② 客户价值是营销方案测算的依据。通过客户价值分析可以对营销方案的策划和执行效果进行有效的评估。

③ 客户价值是产品定价的重要依据。通过计算客户价值可以对企业产品的定价进行评判,计算公司产品或细分客户群体是否为公司创造了利润。

④ 客户价值是投资决策的根本出发点。企业的投资项目应以目标市场的客户价值为最根本的出发点,进行项目投资分析,达到科学决策的目的。

⑤ 客户价值是客户服务个性化的依据。客户服务部门通过计算客户价值,可以针对不同价值的客户提供差异化、个性化的分层服务,提高高价值客户的满意度和忠诚度,从而为公司创造更多的收入和利润。

4.1.2 客户价值管理

从企业角度看,客户价值管理就是如何通过管理提升客户价值。

1. 客户价值管理的含义

客户价值管理是企业根据客户交易的历史数据,对客户生命周期价值进行比较和分析,发现最有价值的当前和潜在客户,通过满足其对服务的个性化需求,提高客户忠诚度和保持率,实现客户价值持续贡献,从而全面提升企业赢利能力。客户价值管理是客户关系管理的基础和核心。

企业从客户价值管理角度将客户价值分为既成价值、潜在价值和影响价值。

(1) 既成价值

既成价值是客户对企业当前贡献的价值,包括为企业带来的利润的增加、成本的节约等方面。

(2) 潜在价值

潜在价值是指如果客户得到保持,在未来进行的增量购买将给企业带来的价值。潜在价值主要考虑两个因素：企业与客户可能的持续交易时间和客户在交易期内未来每年可能为企业提供的利润。

(3) 影响价值

当客户高度满意时，带来的效应不仅是自己会持续购买公司产品，而且通过他们的指引或者参考影响其他客户购买所产生的价值。

2. 客户价值管理的意义

(1) 指导企业资源分配。掌握不同客户价值，将有限的资源定位于准确的客户。对于高价值客户应预先采取留住客户的行动，将资源集中于最有价值客户而不仅仅是目前业务最繁忙的客户，持续关心具有未来潜在业务和影响价值的客户，避免仅仅给一次性购买最大量服务的客户以最好的服务。

(2) 提高客户满意度。关注客户价值的变化。根据客户价值的变动可以及时发现客户行为的改变，从而能够提前给高价值客户进行奖励或者减少其不满意度，以维持和提高价值。

(3) 指导企业市场决策。帮助形成恰当的市场活动决策，如决定吸引高价值客户的最好方法和途径。

3. 客户价值管理的流程

完整的客户价值管理包括 3 个步骤。

(1) 所需数据采集。

(2) 客户价值分析。判断客户的不同价值和等级。

(3) 决策。根据不同客户价值来决定各个方面应该采取的措施。

4.1.3 通信客户价值的含义与特点

1. 通信客户价值的含义和分类

从企业角度看，通信客户价值是指通信客户对通信运营企业的利益贡献。

通信客户的货币价值可以分为以下类型。

(1) 通信客户的终生价值

通信客户终生价值是指在客户的生命周期内，该客户持续使用通信企业产品和服务而使企业所获得的利益，即对一个客户在未来能给公司带来的直接成本和利润的期望净现值。

(2) 通信客户的当前价值

从形式上，通信客户价值可以分为现实价值和潜在价值。现实价值是通信客户已经和正在对通信企业产生的利益贡献。现实价值又可分为两个部分，一部分为历史价值，另一部分为当前价值。

通信客户当前价值可以分为货币贡献与非货币贡献。其中货币贡献包括客户的消费支出与以营销费用和服务费用为主的销售费用以及业务成本之差。

(3) 通信客户的潜在价值

通信客户的潜在价值是指通信客户将来购买给企业带来的价值。通信客户的潜在价值包括稳定性价值和可靠性价值。其中稳定性价值可以用客户重复购买的次数、客户购买量的额度、客户对价格的敏感程度和客户对竞争产品的态度等来衡量。

2. 通信客户价值的特点

(1) 通信客户价值具有长期持续性,可以持续衡量和计算。

通信企业与客户关系不同于一般行业,通信企业与客户之间是一种持续的契约式的关系以及契约存续期间持续的货币关系。通信企业与客户之间的契约关系可以持续相当长的一段时间,甚至直至客户终老,如固定电话普通客户。因此,通信客户是通信企业的一项持续的资源。

(2) 通信客户价值受多因素影响。

首先,通信客户价值的评价受时间因素影响。通信客户在不同时间的货币贡献和非货币贡献不一定相同,因此客户价值评价的考察时间点不同,而获得通信客户价值的高低也不相同。

其次,通信客户价值的评价受人为因素的影响。通信客户价值是由通信企业所感知的,通信企业内部决策者的不同影响对客户当前利益贡献以及未来可能的利益贡献相对重要性的估计,从而最终影响对于客户价值的评价。

最后,通信客户价值的评价受情景因素的影响。通信企业自身的因素以及其所处的外部环境同样会影响决策者对当前利益贡献和未来利益贡献的相对重要性的认识,对客户价值感知产生影响。例如,在起步阶段的企业与稳定发展阶段的企业对于客户价值的感知效果是不一样的。同样,经济繁荣和经济萧条环境下的生存状况会明显影响企业的关键决策者对客户价值的感知。

4.1.4 通信客户价值的计算

通信客户价值的计算根据运营商考察的重点可以有不同的计算方法,如可以从个体角度来设计每个个体客户给企业带来的价值,也可以从总体上计算某类客户给企业带来的价值。另外,不同区域不同时期,运营商客户差异大,指标设计和指标赋权都会不同。这里给出的计算方法是探讨性的范例。

1. 通信个体客户价值的计算

(1) 客户价值评价指标体系

电信运营商评价单个客户价值的简单方法是 ARPU 值,即平均每个客户每月给企业带来的业务收入。但 ARPU 值主要缺陷是:不反映成本花费;不反映客户潜在价值;太粗略,仅用单个的收入指标。因此,有必要开发出反映全面的客户价值指标体系来弥补 ARPU 值在衡量客户质量方面的不足。

由于通信客户的社会影响价值较难衡量,在此忽略,只考虑财务价值。从企业角度看,通信客户价值就是企业感知到的来自客户的净现金流及未来净现金流的能力,即通信客户的当前价值和未来潜在价值的总和。

当前价值的评价指标包括利润贡献指标和成本占用指标。未来潜在价值可以用未来短期价值评价指标表示,因为未来长期难以预测。短期价值评价指标可以用忠诚度指标和信用度指标来衡量,这两个指标表征的是客户将来为企业创造利润的稳定性和可能性。

(2) 电信运营商客户价值指标设计范例

电信企业 3G VIP 客户价值指标设计如图 4-3 所示。

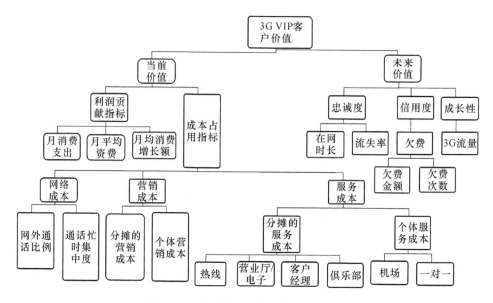

图 4-3　电信企业 3G VIP 客户价值指标

① 指标定义

以上指标解释如下。

月消费支出:客户每月通信消费支出总额。

月平均资费:客户每月通信消费支出总和除以相应业务使用量。

月平均消费增长额:客户当月通信消费支出和上月消费支出之差的一个时期的平均数。

网外通话比例:客户每月与其他运营商通话时长占总通话时长的比例。该指标高,说明客户占用资源大,对企业成本耗费高。

通话忙时集中度:客户在企业认定的通话忙时时段内的通话时长占客户总通话时长的比例。运营商最大的成本是网络建设成本,忙时通话多,对资源占用多。

分摊的营销成本:企业整体营销成本除以参与活动的客户数。

个体营销成本:针对个体营销所付出的成本,如积分兑换礼品等。

分摊的服务成本:针对整体客户服务所付出的成本除以享受该服务的有效客户数。

个体服务成本:针对个体营销所付出的成本,如机场绿色通道,客户每使用一次,企业就要给机场支付一次费用。

在网时长:客户入网至今的客户在网总月数。

信用度:可以利用信用度预测模型来计算客户信用度分值,也可以用欠费指标来表示。

成长性:可用每月 3G 流量消费额来表示。

② 客户价值计算方法

首先为不同的指标赋予不同的权重,各指标中预先设定连续性取值区间,并为不同区间设定相应的分值范围(百分制),通过函数映射的方法确定客户该指标下取值。然后对各指标进行加权求和得出客户的价值。

$$Y = \sum_{i=1}^{n} R_i X_i$$

式中,Y 为客户价值;X_i 为各指标赋值结果;R_i 为相应指标权值;n 为指标数。

各分指标的权值总和为 1,即

$$\sum_{i=1}^{n} R_i = 1$$

2. 通信总体客户价值的计算

从整体看,通信某细分市场总体客户价值的计算与客户总数、客户细分市场比率、客户保有率等因素相关。设计范例如下。

(1) 客户价值的构成要素

以移动通信为例,通信类企业的客户价值由诸多要素构成,具体如表 4-1 所示。

表 4-1 通信客户价值构成要素

要素名称	符号	要素定义
客户保留率	R	客户保留率是对客户忠诚度的一种测量,即 1 减去客户流失率
每客户年收入	S	每客户年收入是每年某一类客户的移动通信消费总额
客户关系保持时间	n	客户关系保持时间是指客户在网时间,单位是年
可变成本	V	移动运营商核算可变成本比较困难,但从长期来看,这种核算非常必要,它有助于企业在制定营销决策中明确目标客户和测算营销的效果。可变成本包括客户在网时间内移动运营商支出的用于销售和服务的费用,如营业成本、话费补贴成本、手机补贴成本、客户服务成本等
客户细分市场比例	P	客户细分市场比例是某一类客户所占总客户的比例
总客户数	N	总客户数是移动运营商的在网客户总数
折现率	η	折现率体现资金的贴现率或者资金的成本。折现率:$(1+Irf)^n$。I 代表市场利率,rf 是风险因素(影响客户提前离网的可能性),n 是预测的客户在网时间
每年客户中产生推荐人的数目	N_i	每年客户中产生推荐人的数目是忠诚客户每年推荐产生的新客户数
新客户的全部获得成本	Ac	新客户的全部获得成本是移动运营商发展新客户所支出的总成本
推荐客户所减少的获得成本	Ad	推荐客户所减少的获得成本是由于忠诚客户推荐每年少支出的成本

(2) 通信客户价值的计算公式

客户价值计算公式为:

$$CLV = \sum_{t+1}^{n} PNR[(St - Vt) + N_i(Ac - Ad)]/(1 + rf)^t - Ac$$

从上式可以看出,客户价值是由企业收益与客户获取、发展和保有成本的差值。只有当企业得到的净现金流大于获取、发展和保有的支出额时,客户关系才有价值。

3. 客户角度的通信客户价值的分析方法

通过绘制客户价值图,运营商可以了解自己的产品相对于竞争对手的产品是否具有更高的客户价值,可以了解自己的产品与服务在目标市场中和竞争者相比所表现的差异程度。绘制客户价值图可分以下步骤进行。

步骤一:市场观点的品质剖析。

首先征询目标客户,请其列出各项足以影响其采购决策的品质因素,并列出每一因素的相对权重。再请其针对上述各项因素,比较各运营商的差异性。

步骤二:市场观点的价格剖析。

征询目标市场的客户,包括运营商的客户在内,请其列出影响采购的各项价格因素,并了解其对各项价格因素的权重。之后再请其针对上列各项价格因素,比较各运营商价格高低的个别差异性。

步骤三:客户价值图的绘制与分析。

如图4-4所示,以各竞争产品的相对品质为横轴,以各运营商产品的相对价格高低为纵轴,再以目标市场客户对于品质因素与价格因素之相对权重为斜率画一直线,用以判断客户价值。

通过客户价值图的绘制与分析,运营商对自己的各项产品在市场上被客户所感受的相对价值一目了然,使自身产品的品质定位与价格定价策略有了依据。

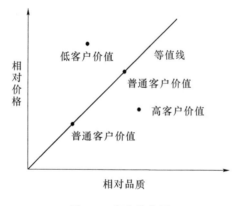

图4-4 客户价值图

4.2 顾客满意与顾客忠诚

4.2.1 顾客满意

1. 顾客满意的定义

顾客满意是顾客通过对某一消费过程的期望与实际消费经历比较后所形成的感觉状态。顾客满意水平是产品或服务可感知绩效与期望之间的差异函数。可感知效果低于期望,顾客不会满意;可感知效果与期望相匹配,顾客感到满意;可感知效果超过期望,顾客会高度满意或惊喜。

特定交易的顾客满意是企业在某件产品销售或某次服务中为顾客所提供的满意。但消费者并不是以某一次消费经历,而是以累积起来的所有消费经历为基础,作出未来是否重复购买决策。因此,与特定交易的顾客满意相比,累计的顾客满意能更好地预测顾客忠诚及企业绩效。

顾客满意度是对顾客满意作出的定量描述,指顾客对企业产品和服务的实际感受与其期望值比较的程度。

2. 顾客满意的内涵和特征

顾客满意包括产品满意、服务满意和社会满意3个层次。产品满意是指企业产品带给顾客的满足状态,包括产品的内在质量、价格、设计、包装、时效等方面的满意。产品的质量满意是构成顾客满意的基础因素。服务满意是指产品售前、售中、售后以及产品生命周期的不同阶段采取的服务措施令顾客满意。这主要是在服务过程的每一个环节上都能设身处地为顾客着想,做到有利于顾客、方便顾客。社会满意是指顾客在对企业产品和服务的消费过程中所体验到的对社会利益的维护,主要指顾客整体社会满意,它要求企业的经营活动要有利于社会文明进步。

顾客满意具有4方面的特性:顾客满意的主观性、顾客满意的层次性、顾客满意的相对性和顾客满意的阶段性。

3. 顾客满意的程度划分

顾客满意度指顾客在消费相应的产品或服务之后所产生的满足状态等次。

顾客满意度是一种心理状态,是一种自我体验。心理学家认为情感体验可以按梯级理论划分若干层次,相应可以把顾客满意程度分成7个级度或5个级度。

7个级度为很不满意、不满意、不太满意、一般、较满意、满意和很满意。

5个级度为很不满意、不满意、一般、满意和很满意。

4. 顾客满意信息的收集与分析

收集顾客满意信息的目的是针对顾客不满意的因素寻找改进措施,提高产品和服务质量。因此,需要对收集到的顾客满意度信息进行分析整理,找出不满意的主要因素,确定纠正措施并付诸实施,以达到预期的改进目标。

顾客满意信息的收集方式多种多样,企业需根据信息收集的目的、信息的性质和资金等来确定收集信息的最佳方法。收集顾客满意信息的渠道有以下方面:顾客投诉、与顾客的直接沟通、问卷和调查、密切关注的团体、消费者组织的报告、各种媒体的报告、行业研究的结果等。

顾客满意信息的收集应该常规化,企业应对顾客满意信息的收集进行策划,确定责任部门,对收集方式、频次、分析、对策及跟踪验证等作出规定。

在收集和分析顾客满意信息时,必须注意两点。

第一,顾客有时是根据自己在消费商品或服务之后所产生的主观感觉来评定满意或不满意。因此,往往会由于某种偏见或情绪障碍和关系障碍,顾客心中完全满意的产品或服务可能说很不满意。此时的判定也不能仅靠顾客主观感觉的报告,同时也应考虑是否符合客观标准的评价。

第二,顾客对产品或服务消费后,遇到不满意时,也不一定都会提出投诉或意见。因此,企业应针对这一部分顾客的心理状态,利用更亲情的方法,以获得这部分顾客的意见。

5. 通信企业的顾客满意

通信企业的顾客满意是顾客接受通信服务过程的期望与实际消费经历比较后的感觉状

态。通信企业的顾客满意有接触满意和总体满意之分。服务的接触满意是客户对非连续的服务接触的满意程度,而总体满意是客户基于对通信企业的全部服务接触和经历的总体满意程度。接触满意是总体满意的构成要素之一,服务接触的满意积累会产生对服务接触的总体质量评价,接触满意对总体满意和服务质量产生直接作用,进而通过总体满意影响顾客忠诚。

6. 通信业顾客满意的影响因素

影响顾客对通信企业满意程度的因素主要有以下方面。

(1) 企业形象:包括企业的知名度、营业厅的环境、产品或服务的熟悉度、产品或服务的可靠性等。

(2) 服务质量:包括网络覆盖、网络质量、套餐的适合程度、服务人员业务能力、充值与缴费的便利性、话费查询的方便性、客服热线的服务质量等。

(3) 顾客角度的客户价值:包括资费水平、与竞争对手的资费差等。

(4) 服务公平:包括信息公平性、企业与客户的平等性、公司诚信、服务等待时间、服务人员的真诚热情程度等。

4.2.2 顾客忠诚

1. 顾客忠诚的定义

顾客忠诚(Customer Loyalty,CL)是指顾客对企业的产品或服务的依恋或爱慕的感情,通过顾客的情感忠诚、行为忠诚和意识忠诚表现出来。其中情感忠诚表现为顾客对企业的理念、行为和视觉形象的高度认同和满意,对企业及其产品和服务产生的高强度的心理依恋;行为忠诚表现为顾客再次消费时对企业的产品和服务的重复购买行为以及对该产品和服务的宣传推荐;意识忠诚则表现为顾客表现出的对企业的产品和服务的未来消费意向。

顾客忠诚度是测量顾客忠诚程度的指标。顾客忠诚度是指由于质量、价格、服务等诸多因素的影响,顾客对某一企业的产品或服务产生感情,形成偏爱并长期重复购买该企业产品或服务的程度。

2. 通信企业客户忠诚度的衡量

衡量客户对通信企业是否忠诚可以用如下 3 个标准。

(1) 客户重复缴费的次数。在同一时间间隔之内,客户对通信企业业务缴费的次数或缴费金额越多,说明客户对该项业务的忠诚度越高,反之则越低。

(2) 客户挑选和使用业务的时间。由于依赖程度的差异,客户对不同商品购买的挑选时间以及使用时间是不同的。因此,从办理业务挑选时间以及使用业务的时间长短上也可以鉴别客户对电信业务的忠诚度。

(3) 客户对竞争业务的态度。客户对某家通信企业态度的变化大多是通过与竞争产品质量的比较而产生的。根据客户对通信竞争业务服务质量的态度,能够判断其对某个业务或某家企业的忠诚度。

3. 通信企业客户忠诚的制约因素

(1) 完全竞争。不同企业的产品或服务没有差异,出现完全竞争的情况。用户对各个企业的产品或服务认知都相同,其感知风险低,对所用产品或企业的忠诚度也低,品牌转换的倾向性就会变高。

（2）求变行为。当用户长时间使用或接受同一种没有创新的产品或服务时，产生厌烦情绪而寻求不同的产品或服务时，忠诚度降低。

（3）低参与。低参与是指个人客户对某种产品或服务的低水平的人际关系或感知重要性。低参与者会对某类产品兴趣不足，不会产生相应的忠诚度。通信行业低参与型的客户可能仅满足于基本的语音通信而对于通信企业不断推出的增值业务反应并不大。

4. 提升通信企业客户忠诚的策略

（1）为了赢得客户，首先要赢得员工，员工是企业的第一客户，这里包括4点：招募优秀的员工；赢得员工在工作中的忠诚；赢得高级管理人员的支持；保证员工不"跳槽"。

（2）通过个性化服务满足客户的期望，这可以通过产品差异化和客户差异化两种策略来实现。

产品差异化指通信企业应尽可能地为客户提供与竞争对手不同的产品或服务，以保证自己在市场的"特有"地位，如中国电信推出的"号码百事通"，中国移动推出的"飞信"，中国联通开通微博服务等。

客户差异化指企业需按照客户的需求、偏好、特征等因素将其分类，并采取不同的营销策略。客户差异化营销策略的步骤是关系细分—识别忠诚客户群体—对不同的消费群体进行准确的营销定位。

（3）通过完善服务将客户抱怨化作客户忠诚。解决客户的抱怨问题，能够将客户抱怨转化为客户忠诚，抱怨的客户是对企业寄予希望的客户，企业真诚为其解决问题，就能够赢得客户。流失的客户常常是默默放弃企业的客户。

（4）超越客户期望，赢得客户忠诚。给客户提供超越期望的服务是赢得客户忠诚的根本，企业通过创新来解决资源和超越期望矛盾的问题。目前制造业中出现的"新名牌"、"新好产品"，即低价名牌、低价好产品的思路值得借鉴。

4.2.3 顾客满意与顾客忠诚的关系

1. 顾客满意与顾客忠诚的关系

学术界对顾客满意和顾客忠诚之间的关系没有形成共识。许多学者认为顾客满意会导致顾客忠诚，顾客忠诚的可能性随着其满意程度的提高而增大。

一些实证研究表明，顾客满意与顾客忠诚的关系十分复杂，并非成线性相关关系。

1995年，美国学者琼斯和赛斯对竞争强度不同的5个产业——汽车、商用计算机、医院、民用航空和地方电话（竞争的强度按照从高到低排列）进行的顾客满意度与顾客忠诚度的实证研究表明，二者的关系受行业竞争状况的影响。在高度竞争状况下，顾客有许多选择机会，转换成本较低。完全满意的顾客远比满意的顾客忠诚。在低度竞争情况下，不满意的顾客很难跳槽，不得不继续重复购买行为。影响竞争状况的因素主要包括以下4类：限制竞争的法律、高昂的改购代价、专有技术、有效的常客奖励计划。

如图4-5所示，45°线左上方表示低度竞争区，45°线右下方表示高度竞争区，曲线1和曲线2分别表示高度竞争的行业和低度竞争的行业中顾客满意程度与顾客忠诚可能性的关系。

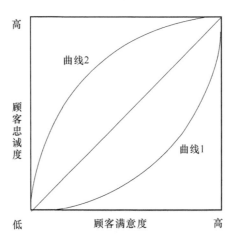

图 4-5 顾客满意与顾客忠诚的关系

如曲线 1 所示,在高度竞争的行业中,完全满意的顾客远比满意的顾客忠诚。在曲线右端(顾客满意程度评分),只要顾客满意程度稍稍下降一点,顾客忠诚的可能性就会急剧下降。这表明,要培育顾客忠诚,企业必须尽力使顾客完全满意。

曲线 2 说明,在低度竞争的行业中,似乎顾客满意程度对顾客忠诚度的影响较小。但这是一种假象,限制竞争的障碍消除之后,曲线 2 很快就会变得和曲线 1 一样。因为在低度竞争情况下,顾客的选择空间有限,即使不满意,他们出于无奈继续使用本企业的产品和服务,是虚假忠诚。

可见,顾客满意和顾客的行为忠诚之间并不总是强正相关关系。但无论在高度竞争的行业还是低度竞争的行业,顾客的高度满意都是形成顾客忠诚感的必要条件,而顾客忠诚感对顾客行为产生巨大影响。

2. 顾客满意与顾客忠诚关系的调节因素

在多数情况下顾客满意和顾客忠诚并不是简单的线性关系。这说明在顾客满意和顾客忠诚两个变量之间存在着一些调节变量。这些调节变量及其作用强度会因行业的不同而有所差异。已有研究辨识出的调节变量如下。

(1) 社会规范

主观的行为规范会受到社会规范的影响。例如,当一个少年消费者对一件时尚款式的服装表现出极高的态度倾向时,他也许会觉得他的父母对他穿此类服装感到反感而取消购买的决定。

(2) 产品经验

顾客先前的经验和知识很大程度地影响顾客的态度与行为。顾客经验构成了今后使用该服务满意度的门槛。在顾客忠诚的形成过程中,产品经验通常作为一个情景因素发挥着调节作用。

(3) 替代选择性

如果顾客感知现有企业的竞争者能够提供价廉、便利和齐全的服务项目或者较高的利益回报,他们就可能决定终止现有关系而接受竞争者的服务或者产品。如果顾客没有发现富有吸引力的竞争企业,那么他们将保持现有关系,即使这种关系被顾客感知不太满意。

（4）转换成本

转换成本指的是顾客从现有厂商处购买商品转向从其他厂商购买商品时面临的一次性成本。由于转换成本存在，如果顾客终结当前的关系，先前的投资就会受到损失，于是就被迫维持当前与供应商之间的关系，即使顾客对这种关系不满意，因此顾客转换成本较高时顾客的行为忠诚也较高。当转换成本非常小时，由于大部分人喜欢尝试多样性，即使一些顾客高度满意，但重购率并不高。

4.3 顾客满意陷阱

顾客忠诚与企业的生存发展息息相关，美国学者 Reicheld 和 Sasser 的研究表明，顾客忠诚度提高 5%，行业的平均利润率提高 25%～85%。因此，企业采取大量的措施提高顾客的满意度，希望激发顾客忠诚。但是实践和研究发现，在高度竞争的行业中，顾客满意度和忠诚度之间并非是简单的线性关系。

4.3.1 顾客满意陷阱的概念

顾客满意陷阱最早是由 Hart 和 Johnson 在对顾客满意与顾客忠诚之间的关系研究中发现的。他们通过对施乐公司的实证研究发现，顾客满意与顾客忠诚之间的关系是正相关关系，但却不一定是线性相关。其中存在"质量不敏感区（Zone of Indifference）"，在质量不敏感区内，顾客满意与顾客忠诚关系曲线上出现一段较为平缓线段，即顾客的满意水平的提高并没有使顾客忠诚度得到相应的提高。后来有些学者将这一顾客满意无法引致顾客忠诚的现象称为顾客满意陷阱。顾客满意陷阱的存在说明那些宣称基本满意和满意的顾客的忠诚度和重购率都很低，只有那些非常满意的顾客才表现出极高的重购率，并乐于为企业传播好的口碑。

4.3.2 顾客满意陷阱的成因

如图 4-6 所示，顾客在接受企业的服务之前存在一系列的期望，顾客会有意无意地确定必要的服务（顾客愿意接受的服务水平）和渴望的服务（顾客希望得到的服务水平），在这两者之间是容忍范围。在接受服务的过程中，顾客会根据期望衡量企业的服务。如果顾客认为企业的服务在必要的服务水平之下，这种服务是不可接受的，其结果是不满意，更谈不上忠诚。如果服务超过了顾客渴望的服务水平，顾客完全满意，在未来会重购企业服务，而且不会因为市场态势的变化和竞争性企业营销努力的吸引而产生转移行为，从而形成顾客忠诚。当服务落在容忍范围内，顾客感到满意，其满意程度随着服务水平的提高而提高，但这种满意与顾客忠诚的相关性很低，因为无论企业的服务水平有多高，只要在顾客期望的范围内，就无法使顾客惊喜，难以给顾客留下深刻印象，所以无法激励顾客忠诚。这是形成顾客满意陷阱的根本原因。

图 4-6 顾客满意陷阱的成因

4.3.3 双因素模型

双因素理论(Two Factor Theory)又称"激励-保健因素理论"(Motivator-Hygiene Theory),是美国的行为科学家弗雷德里克·赫茨伯格在研究员工激励问题时提出的理论。双因素理论认为满意的对立面是没有满意,不满意的对立面是没有不满意,而不像传统理论那样认为,满意的对立面就是不满意。因此,影响员工工作积极性的因素可分为两类:保健因素和激励因素,这两种因素彼此独立,并且以不同的方式影响人们的工作行为。消除了工作中的不满意因素,并不必定能使员工感到满意。双因素理论来自对员工激励的因素研究,但该研究成果同样适用于激励客户的分析。

在企业营销过程中,企业必须明确使客户产生购买行为的驱动力,了解客户实现购买行为的目的,合理定义产品或服务的保健因素和激励因素。

如果将双因素理论用于顾客购买行为的激励分析中,可将顾客所获得的价值要素分成保健要素和激励要素,如图 4-7 所示。保健要素指顾客认为理应从产品和服务中得到的价值要素,它与核心服务有关。如果缺乏,则会对顾客感知价值和再购买意向造成严重不良影响,但是大幅度改进也无助于顾客感知价值和忠诚度的明显提高,如银行服务的诚实、安全、可靠,服务的可获得性和效率等要素。激励要素则是那些能使顾客欣喜或愉悦的要素,多与服务的提供过程或提供的程度超出了顾客的正面预期有关。如果缺乏也不会对顾客感知价值和再购买意向造成不良影响,但是只要存在就会使顾客感知价值和忠诚度明显提高,如银行服务的关心、照顾和友善等要素。

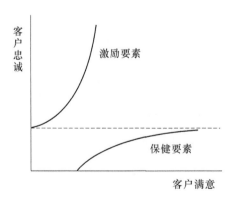

图 4-7 双因素客户满意与客户忠诚关系图

可见,顾客满意对顾客忠诚的影响取决于顾客所接受的服务价值的种类。产品或服务的价值属性不同,顾客满意水平提高所引致的顾客忠诚的变化也不同。如果管理者将大笔的资金投到超出理想程度的保健要素上,而忽略在激励要素上投资,可能会掉入质量改进或追求卓越的"顾客满意陷阱"。反之,如果在保健要素未达到可接受的适当程度时,而将大笔资金投入到激励要素上,同样也不会使顾客满意,更谈不上忠诚。

4.3.4 卡诺模型

卡诺博士研究发现,不论是制造业或服务业,客户对品质的评价都不是一维的,即对于一项品质来说,认为具备时客户会满意,不具备的话,客户会不满意,甚至认为具备的程度越高,客户会越满意。事实上,客户对不同品质的评价和需求是有差异的,因此客户对品质满意性显示出二维模式。卡诺模型如图 4-8 所示,横坐标表示某项品质要素的具备程度,越向右边表示该品质要素的具备程度越高,越向左边,欠缺程度越高。而纵坐标表示客户的满意程度,越向上,满意程度越高,越向下,越不满意。利用坐标的相对关系,可以把品质类别分为 5 大类:必备品质要素(类似于保健因素)、线性品质要素、魅力或惊喜品质要素(类似于激励因素)、无差异品质要素和反向品质要素。

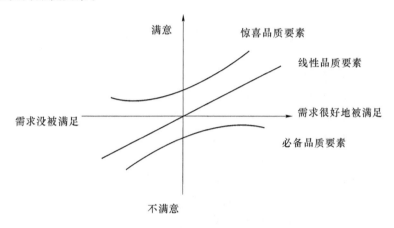

图 4-8 卡诺二维品质模式示意图

可见,如果企业一味通过提高产品和服务的当然质量或期望质量追求客户满意就有可能掉进"满意的陷阱"。因为企业提供可使顾客满意的产品或服务质量标准是顾客期望范围之内的,顾客认为你应该或者必须提供的,所以客户的满意度和忠诚度不会大幅度提高。企业要想赢得客户忠诚,必须保证当然质量,不断改进期望质量,积极开发迷人质量,通过给客户一份超出其预期的惊喜来打造客户忠诚。

特别关注

中国电信用户满意度指数[①]

电信用户满意度指数是衡量电信服务水平的重要指标,是世界上许多国家和地区测评电信服务质量的通行做法。2003 年 11 月 20 日,原信息产业部颁发了《电信服务质量用户满意度指数(TCSI)测评方案》(试行),并在全国范围内推广。

TCSI 测评模型包括的测评要素包括以下几个。

---

① 参见原信息产业部文件《电信服务质量用户满意度指数(TCSI)测评方案(试行)》。

- 预期质量：即用户在购买该产品或服务前对其质量的预期或要求。
- 感知质量：即用户购买或使用该产品或服务后对质量的实际感受。
- 感知价值：即用户通过购买或使用该产品或服务对其价值的实际感受。
- 用户满意度：即对用户使用产品或接受服务后的心理状态的反映，是用户的预期和实际感受的差异函数。
- 用户抱怨：即用户对该产品或服务不满的表示。
- 用户忠诚度：是用户和企业关系紧密程度的量度，忠诚用户表现为重复购买、主动推荐和稳定性强等。
- 品牌（企业）形象：用户由间接和直接经验形成对某企业、品牌或某产品/服务的整体印象。

TCSI 是根据消费行为学的研究成果构造的上述 7 个要素的相互作用关系模型。上述 7 个因素为潜变量，每个潜变量都由与之对应的观测变量决定。所有观测变量通过问卷调查所获得的基础数据得出。

通过既定的统计模型，建立了基础数据、观测变量和潜变量之间的关系。

根据规定，TCSI 测评通过对测评对象（某个被测评企业的某个被测评业务的所有终端用户）进行抽样，并对被抽中的用户采用统一的标准问卷进行访问调查，调查后获得的有效问卷的所有选项答案即为原始数据，然后通过对收集的原始数据进行数据汇总、整理、计算分析等，得到测评结果。

各省（自治区、直辖市）范围内 TCSI 测评由省通信管理局组织完成样本抽样、问卷调查和数据汇总；汇总的数据按统一格式通过信息产业部网站专用功能区上传信息产业部电信管理局，由部组织完成指数计算和测评报告，并将测评结果和测评报告反馈相关省局。

电信服务质量用户满意指数的测评工作作为一项政府行政职能，由电信管理部门进行统一管理、统一组织。各省通信管理局负责组织实施本方案，具体测评工作可委托具备相关能力的第三方承担。测评全过程按照公开、公正、公平的原则进行。

每年测评结束后，电信服务质量用户满意指数的测评结果由当地省、自治区、直辖市通信管理局负责发布。

4.4 通信客户关系管理

4.4.1 客户关系管理

1. 客户关系管理的含义

客户关系管理(Customer Relationship Management, CRM)有广义和狭义之分，广义客户关系管理是企业以客户为中心的管理思想，指企业在经营过程中不断累积客户信息，并使用获得的客户信息来制定市场战略以满足客户个性化需求。其意义在于明确顾客的需求，提供满足顾客需求的产品和服务，为顾客提供全方位的、持续的服务，有效地管理顾客关系，确保顾客获得较高的满意度，推动重复购买，从而与客户建立长期稳定的关系。

狭义的客户关系管理是智能化的信息系统，企业利用信息技术（IT）和互联网技术实现对客户的整合营销，注重的是与客户的交流，为客户提供多种交流渠道。客户关系管理的应用体现在客户关系的整个生命周期，从售前的客户分析鉴别、市场调查研究、市场推广、发掘潜在客户，到销售的追踪实施，产品、服务的交付，直至售后的客户反馈信息的收集和客户关怀的实施。在这个周期中，客户关系管理是企业对内对外的统一的连接点，帮助企业最大限度地利用其以客户为中心的各种资源，并将这些资源集中运用于企业的现有客户和潜在客户身上。客户关系管理可以使企业实现"一对一"的市场，即为客户实施一对一的个性化服务，同时它还为企业提供了全方位的各个层次关系的维护。它能有效地维护客户与企业之间的关系，企业零售商、分销商与企业之间的关系，客户与企业零售商和分销商之间的关系，企业内各部门、各工作组之间的关系等。

客户关系管理是一个不断加强与客户交流，不断了解客户需求，并不断对产品及服务进行改进和提高以满足客户需求的连续的过程。客户关系管理系统是在客户关系管理理念指导下形成的客户关系管理手段。

2．客户关系管理的特点

（1）重新诠释客户

客户对象不仅是已经与企业发生业务往来的现有客户，还应包括企业的目标客户、潜在客户、业务合作伙伴等。

（2）重新定义客户管理范畴

客户关系管理重新定义了客户管理，将其内容扩大到相应的市场管理、销售管理、服务管理、客户关怀、分析决策、销售机会挖掘、合作伙伴管理、竞争对手管理、产品管理和员工管理等。

（3）强调业务流程管理

业务流程管理包括业务产生、业务跟踪、业务控制、业务落实和业务评价等环节。通过业务流程的管理，实现市场、销售、服务的协同工作，确保企业目标达成的有效手段。

（4）核心是客户价值管理

客户关系管理通过对客户价值的量化评估，帮助企业找到高价值客户，将更多的关注投向高价值客户。通过满足高价值客户个性化需求，提高客户忠诚度和保持率，增加销售，扩展市场，全面提升企业的赢利能力和竞争力。在提供从市场营销的全程业务管理的同时，对客户购买行为和价值取向进行深入分析，为企业挖掘新的销售机会，并对未来产品发展方向提供科学的、量化的指导依据，使企业在快速变化的市场环境中保持永续发展能力。

3．客户关系管理的作用

（1）客户关系管理在市场营销过程中的作用

客户关系管理系统在市场营销过程中，可有效帮助市场人员分析现有的目标客户群体，如主要客户群体集中的行业、职业、年龄层次、地域等，从而帮助市场人员实现精准营销。客户关系管理能有效分析每一次市场活动的投入产出比，根据与市场活动相关联的回款记录及举行市场活动的报销单据计算，统计出所有市场活动的效果报表。

（2）客户关系管理在销售过程中的作用

销售是客户关系管理系统中的主要组成部分，主要包括潜在客户、客户、联系人、业务机会、订单、回款单、报表统计图等模块。业务员通过记录沟通内容、建立日程安排、查询预约提醒、快速浏览客户数据有效缩短了工作时间,而大额业务提醒、销售漏斗分析、业绩指标统计、业务阶段划分等功能又可以有效帮助管理人员提高整个公司的成单率、缩短销售周期,从而实现最大效益的业务增长。

（3）客户关系管理在客户服务过程中的作用

客户服务主要是用于快速及时地获得问题客户的信息及客户历史问题记录等,这样可以有针对性并且高效地为客户解决问题,提高客户满意度,提升企业形象。主要功能包括客户反馈、解决方案、满意度调查等功能。应用客户反馈中的自动升级功能,可让管理者第一时间得到超期未解决的客户请求,解决方案功能使全公司所有员工都可以立刻提交给客户最为满意的答案,而满意度调查功能又可以使最高层的管理者随时获知本公司客户服务的真实水平。有些客户关系管理软件还会集成呼叫中心系统,这样可以缩短客户服务人员的响应时间,对提高客户服务水平也起到了很好的作用。

4. 客户关系管理水平

客户管理不是简单的被动服务加关系营销。它是一个从客户需要出发,以客户满意为终极目标的生产经营系统。科特勒认为公司与客户有 5 种关系水平,如表 4-2 所示。

表 4-2 客户关系管理水平

类 型	含 义
基本型	销售人员把产品销售出去就不再与客户接触
被动型	销售人员把产品销售出去并鼓励客户在遇到问题或有意见的时候和公司联系
负责型	销售人员把产品销售出去以后联系客户,询问产品是否符合客户的要求,有否改进意见以及任何特殊的缺陷和不足,以帮助公司不断地改进产品,使之更加符合客户需求
能动型	销售人员不断地联系客户,提供有关改进产品用途的建议以及新产品的消息
伙伴型	公司不断和客户共同努力,帮助客户解决问题,支持客户成功,实现共同发展

4.4.2 通信客户关系管理系统

3G 时代,通信市场已由网络竞争、规模竞争、产品竞争转向客户竞争。各大通信企业已经认识到了客户关系塑造和维护的重要性,从理论知识层面和实践技术层面采取各种策略加强和深化客户关系管理。

1. 通信客户关系管理系统的建立原则

（1）以客户为中心的原则

提供多样化及个性化服务,满足客户需求,充分融入客户关系管理的理念精髓,以吸引客户、方便客户、满足客户、为客户提供多样化及个性化服务作为设计本系统的首要原则。将企业与客户服务的全部界面层进行整合、规范,组成统一的客户服务模块,满足客户需求,提升客户价值。

（2）提升企业核心能力的原则

通信企业要发展成为一个符合现代企业制度要求的现代化企业,其运营目标是为社会、为客户、为股东、为员工创造更大价值。企业需要通过良好的客户关系建设，巩固和发展忠诚客户群体，提高忠诚客户群体价值，增强企业的核心竞争力。

(3) 适度超前和创新的原则

客户关系管理系统的各项业务功能应能提供充分的扩展能力，满足各种创新的需求，以适应全新的领域，满足未来多种电信业务经营和发展的需要，为各项客户服务管理业务的发展奠定坚实的物质技术基础。

2. 通信客户关系管理系统的类型

按照通信客户关系管理系统的功能，可把通信客户关系管理系统分为如下3类。

(1) 协作型通信客户关系管理系统。协作型通信客户关系管理系统也称为渠道型通信客户关系管理系统。目前各类型通信企业与客户的接触渠道日益多样，除了传统的营业窗口、面对面的现场服务外，还有传真、呼叫中心、互联网等其他沟通渠道。如何将客户与运营商的各种接触渠道进行整合，通过统一的标准化接口与后台的支撑系统、业务网中的业务平台（如音信互动的业务平台）和业务管理平台以及其他的外部系统实现互联，客户的同一个服务请求可以在各个相关系统平台上得到统一的展示，构建"多渠道接入，全业务服务"的统一客户接触门户是协作型通信客户关系管理系统所要完成的任务。

(2) 操作型通信客户关系管理系统。操作型通信客户关系管理系统可以帮助通信企业实现营销、销售、服务等业务环节的流程自动化，做到利用软件技术来提高运营商的运作效率、降低运作成本。通过实施操作型通信客户关系管理系统，通信企业最终能够建立起一套以客户为中心的运作流程及管理制度，同时有助于培养员工的服务意识，销售、服务、营销部门的业绩将明显得到提升。

(3) 分析型通信客户关系管理系统。分析型通信客户关系管理系统将包括以上两种系统的功能，并同时提供商业智能的能力，使得运营商将宝贵的客户信息转变为客户知识。分析型通信客户关系管理系统能够将企业原有的客户信息管理系统提升到客户知识管理系统的高度。通过建立数据仓库、运用数据挖掘、商业智能等技术手段，对大量的客户信息进行分析，可以让通信企业更好地了解客户的消费模式，并对客户进行分类，从而能针对不同类型客户的实际需求，制定相应的营销战略。

通信客户关系管理系统的实施与企业的内部和外部系统紧密相关。其涉及市场、营销、销售、实施、客户服务与支持等一系列循环过程。一个完整的通信客户关系管理系统不仅包含与客户的多渠道接触，还包含市场的定位和分割、营销策略的制定和客户细分、销售机会的把握、销售的执行、客户的管理与分析、客户的反馈与策略的评判等。

3. 通信客户关系管理系统的作用

(1) 整合通信企业的资源体系

完整的客户关系管理系统在通信企业资源配置体系中发挥承前启后的作用。向前它可以朝移动运营商、网络提供商等与客户的全面联系渠道伸展，综合传统的手机计费、移动上网、网上信息点播、短信息、信息服务等，构架起动态的服务体系；向后它能渗透到通信企业的业务管理、信息服务、业务发展、财务、人力资源等部门，整合MIS、DSS、ERP等系统，使通信行业的信息和资源流高效顺畅地运行，实现企业效率的全面提高，促进行业内的信息共享、业务处理流程的自动化和员工工作能力的提升。

(2) 优化通信服务

首先,通信 CRM 系统使通信企业更好地把握客户和市场需求,提高客户满意度和忠诚度,保留更多的老客户并不断吸引新客户。其次,通信 CRM 系统将全方位扩大移动信息领域的服务范围,提供实时创新的增值服务,把握市场机会,提高市场占有率和效益深度。再次,通信 CRM 系统能够优化内部管理平台,搭建业务部门共享信息的自动化工作平台,提高企业运营效率。

(3) 加强通信核心竞争力

通信核心竞争力是指支撑通信企业可持续性竞争优势的开发独特产品、创造独特营销方式的能力,是通信类企业现有业务资源优势与运行机制的有机融合。通信 CRM 的实施使通信行业以客户为中心的理念得以有效执行,优化通信行业组织体系和职能架构,形成通信业务高效运行的管理系统和信息系统,提升通信行业的信息化、电子化建设水平和全员的知识技术和工作能力,从而为培育和打造通信行业的核心竞争力提供全面而有力的保障。

案例分析

2011 年度广西电信服务质量用户满意度测评结果公告[①]

根据原信息产业部《电信服务质量用户满意度指数评价制度》(信部电〔2001〕896 号)和《电信服务质量用户满意度指数测评方案》(信电函〔2003〕153 号)的有关规定,我局组织开展了 2011 年度广西电信服务质量用户满意度指数测评工作。现将测评结果公布如下。

1. 基本情况

(1) 测评对象及样本

2011 年度广西电信服务质量用户满意指数的调查数据由广西壮族自治区通信管理局提供,用户访问调查工作由北京华通顺泰企业管理咨询有限公司承担,调查数据分析及报告撰写工作由工业和信息化部电信规划研究院承担。调查数据分析的主题包括用户满意指数、用户忠诚度指数、感知质量指数、感知价值指数、感知公平指数、用户抱怨率、企业形象指数测评以及质量特性分析、用户改进要求识别等因素内容。调查采用电话访问方式,共计完成有效样本 6 440 个,其中中国电信广西公司固定电话业务 840 个,2G 移动电话业务 560 个,3G 移动电话业务 420 个,固定宽带业务 420 个;中国移动广西公司 2G 移动电话业务 1 400 个,3G 移动电话业务 420 个;中国联通广西分公司 2G 移动电话业务 700 个,3G 移动电话业务 420 个,固定宽带业务 420 个;中国铁通广西分公司固定电话业务 420 个,固定宽带业务 420 个。

(2) 用户满意度指数

从总体测评结果看,2011 年广西电信服务质量用户满意度指数为 76.15 分,较 2010 年提

---

① 广西壮族自治区通信管理局网站 http://www.gxca.gov.cn/news.asp?id=2348。

高 0.62 分。从各业务测评结果看,固定电话用户满意度指数为 73.83 分(较 2010 年下降 1.64 分),2G 移动电话用户满意度指数为 76.75 分(较 2010 年提高 1.21 分),3G 移动电话用户满意度指数为 72.99 分(较 2010 年提高 2.11 分),固定宽带用户满意度指数为 66.73 分(较 2010 年下降 2.97 分)。从各业务测评结果比较看,满意度指数居前三位的业务分别是中国铁通广西分公司固定电话业务(80.85 分)、中国移动广西公司 2G 移动电话业务(78.07 分)、中国移动广西公司 3G 移动电话业务(77.51 分)。其他依次为中国电信广西公司 2G 移动电话业务(73.82 分)、中国电信广西公司固定电话业务(73.21 分)、中国联通广西分公司 2G 移动电话业务(72.39 分)、中国联通广西分公司 3G 移动电话业务(69.96 分)、中国铁通广西分公司固定宽带业务(69.04 分)、中国电信广西公司 3G 移动电话业务(68.59 分)、中国电信广西公司固定宽带业务(67.08 分)、中国联通广西分公司固定宽带业务(64.08 分)。测评结果显示,满意度指数较 2010 年有明显提高的业务分别是中国铁通广西分公司固定宽带业务(较 2010 年提高 6.48 分)、中国移动广西公司 3G 移动电话业务(较 2010 年提高 4.17 分)、中国电信广西公司 3G 移动电话业务(较 2010 年提高 3.45 分)。详细测评情况如表 4-3 所示。

(3) 用户对各电信企业服务质量不满意的主要因素

① 中国电信广西公司

固定电话受访用户对服务不满意的因素排前 3 位的依次为(依照用户提及率排列,下同)计收费(24.06%)、维修安装(9.07%)、营业厅服务(8.09%)。2G 移动电话受访用户对服务不满意的因素排前 3 位的依次为计收费(21.76%)、网络质量(13.11%)、营业厅服务(9.22%)。3G 移动电话受访用户对服务不满意的因素排前 3 位的依次为计收费(23.25%)、网络质量(16.97%)、营业厅服务(7.56%)。固定宽带受访用户对服务不满意的因素排前 3 位的依次为网络质量(32.79%)、维修安装(8.38%)、计收费(4.37%)。

② 中国移动广西公司

2G 移动电话受访用户对服务不满意的因素排前 3 位的依次为计收费(22.02%)、网络质量(8.71%)、营业厅服务(5.32%)。3G 移动电话受访用户对服务不满意的因素排前三位的依次为计收费(25.15%)、网络质量(12.57%)、营业厅服务(7.16%)。

③ 中国联通广西分公司

2G 移动电话受访用户对服务不满意的因素排前 3 位的依次为计收费(26.76%)、网络质量(25.08%)、增值业务(5.56%)。3G 移动电话受访用户对服务不满意的因素排前 3 位的依次为网络质量(36.10%)、计收费(18.81%)、营业厅服务(5.42%)。固定宽带受访用户对服务不满意的因素排前三位的依次为网络质量(41.15%)、维修安装(11.80%)、客服热线(7.91%)。

④ 中国铁通广西分公司

固定电话受访用户对服务不满意的因素排前 3 位的依次为计收费(15.25%)、网络质量(6.75%)、营业厅服务(4.58%)。固定宽带受访用户对服务不满意的因素排前 3 位的依次为网络质量(57.12%)、维修安装(4.12%)、客服热线(2.62%)。

2. 年度测评情况对比

表 4-3　年度测评情况对比

层次	业务名称	2011 年得分	2010 年得分	提升值
全区	总体	76.15	75.53	0.62
全区	固定电话	73.83	75.47	−1.64
全区	2G 移动电话	76.75	75.54	1.21
全区	3G 移动电话	72.99	70.88	2.11
全区	固定宽带	66.73	69.70	−2.97
中国电信广西公司	固定电话	73.21	75.17	−1.96
中国电信广西公司	2G 移动电话	73.82	72.10	1.72
中国电信广西公司	3G 移动电话	68.59	65.14	3.45
中国电信广西公司	固定宽带	67.08	71.20	−4.12
中国移动广西公司	2G 移动电话	78.07	77.17	0.90
中国移动广西公司	3G 移动电话	77.51	73.34	4.17
中国联通广西分公司	2G 移动电话	72.39	70.55	1.84
中国联通广西分公司	3G 移动电话	69.96	69.45	0.51
中国联通广西分公司	固定宽带	64.08	66.39	−2.31
中国铁通广西分公司	固定电话	80.85	79.64	1.21
中国铁通广西分公司	固定宽带	69.04	62.56	6.48

分析点评

自从原信息产业部 2003 年颁发《电信服务质量用户满意度指数测评方案》(试用)后,在各省市自治区的通信管理局的主持下,电信服务质量用户满意度指数测评工作一直有序进行,每年一度发布的各省电信服务质量用户满意度和全国电信服务质量用户满意度公告成为衡量行业服务质量的主要指标。该项工作的开展至少有以下意义:①了解通信企业客户服务质量状况及其变化的轨迹;②有助于通信企业了解自身的优劣,发挥优势,改进不足;③帮助企业发现提升产品或服务的机会,从用户的意见和建议当中寻找解决用户不满的针对性的方法;④提升行业和企业的形象和声誉。

思 考 题

1. 什么是客户价值?什么是客户价值管理?
2. 什么是通信客户价值?通信客户价值如何计算?
3. 简述客户满意与客户忠诚的关系。
4. 如何提高通信客户满意与客户忠诚?
5. 简述双因素模型和卡诺模型。
6. 什么是客户关系管理?通信客户关系管理系统有哪些类型?

第 5 章 通信消费者市场购买行为

> **本章导读**
>
> 5.1 消费者市场购买行为概要
> 5.2 通信消费者市场消费特征
> 5.3 通信消费者市场购买心理与购买决策
> **案例分析**:电子商务快递市场的消费者决策

消费者行为(Consumer Behavior)研究的是个人、群体和组织如何挑选、购买、使用和处置产品、服务、构思或体验来满足其需要和欲望的过程。随着信息技术的迅速发展,移动通信与互联网逐步普及,通信消费者的数量、结构和特征也发生了相应变化。通信企业如何从庞大的顾客群体中识别潜在客户,分析其购买行为特征,认识、适应并主动地采取相应的营销策略开展营销工作,是通信企业市场营销工作的基本任务。

关于通信客户购买行为的分析分两章进行,本章分析通信消费者市场购买行为,第 6 章分析通信集团客户市场购买行为。本章首先从普遍意义上认识大众消费者市场购买行为,然后对通信消费者的购买心理与行为特征进行具体分析。

5.1 消费者市场购买行为概要

5.1.1 消费者市场的定义与特征

1. 消费者市场的定义

消费者市场也称为最终消费者市场、消费品市场或生活资料市场,它是指为满足自身需要而购买的一切个人和家庭构成的市场。由于消费是产品和服务流通的终点,因此消费者市场是市场体系的基础,是市场交换中起决定作用的部分。

2. 消费者市场的特征

消费者市场的特征如表 5-1 所示。

表 5-1 消费者市场特征

维度	特征
交易商品	层次性、可替代性

续 表

维度	特征
交易方式	过渡性、广泛性
购买行为	非营利性、可诱导性
市场动态	复杂性、流行性

(1) 从交易的商品看,消费者市场具有层次性和可替代性。

① 层次性。消费者市场提供的是人们最终消费的产品,购买者是个人或家庭,他们收入水平不同,所处社会阶层不同,文化修养、欣赏习惯等都有差异,因而对产品的需求也会表现出一定的层次性,所以市场中产品的花色多样、品种复杂,产品的生命周期短。

② 可替代性。消费者市场商品的品种多,相互之间可替代性强,除了少数商品不可替代外,大多数商品都可找到替代品或可以互换使用的商品,因而商品的价格需求弹性较大,即价格变动对需求量的影响较大。

(2) 从交易的方式和规模看,消费者市场具有过渡性和广泛性。

① 过渡性。消费品市场购买者众多,市场分散,成交次数频繁,但交易数量零星,因此绝大部分的商品都不是生产商直接提供给消费者进行交易,而是由中间商过渡,从生产商处购买再提供给消费者。

② 广泛性。消费者市场上,不仅购买者人数众多,而且购买者地域分布广。从城市到乡村,从国内到国外,消费者市场无处不在。

(3) 从购买行为看,消费者市场具有非营利性、可诱导性和自发性。

① 非营利性。在消费者市场中,消费者购买商品是为了获得某种使用价值,满足自身生活消费的需要,不是为了营利去转手销售。

② 可诱导性。对于大众消费者来说,他们往往缺乏专业的商品知识和市场知识,因此他们在购买商品时,容易受到厂家、商家的广告宣传、促销方式、商品包装和服务态度等的影响。消费者市场上的购买有时具有自发性、感情冲动性。

(4) 从市场动态看,消费者市场具有复杂性和流行性。

① 复杂性。随着城乡交往、地区间往来的日益频繁,旅游事业的发展,国际交往的增多,人口的流动性越来越大,购买力的流动性也随之加强,消费者对产品或服务的需求越来越复杂,供求矛盾也越来越频繁。

② 流行性。消费需求不仅受消费者内在因素的影响,还会受环境、时尚、价值观等外在因素的影响。时代不同,消费者的需求也会随之不同,消费者市场中的商品具有一定的流行性。

5.1.2 消费者购买行为模式

人类行为的一般模式是"刺激—反应"模式,即人们对外在刺激作出相应的反应,产生行动。消费者行为也如此,它是对刺激作出相应消费反应的过程,如图 5-1 所示,消费者的购买行为是由刺激引起的,这种刺激既来自于内部消费者自身的生理、心理因素,也来自于外部的环境。消费者在各种因素的刺激下，产生动机，在动机的驱使下，作出购买商品的决策，实施购买行为。

图 5-1　S-O-R 模式

在人类行为"刺激—反应"模式的基础上，研究者对消费者行为作了更深入的研究，形成了不同的消费者购买行为模式的理论，其中影响较大的当属尼科西亚模式、霍华德-谢思模式、科特勒行为选择模式。

1. 尼科西亚模式

根据尼科西亚的消费者购买决策模式，消费者购买过程可分为 4 部分，如图 5-2 所示。

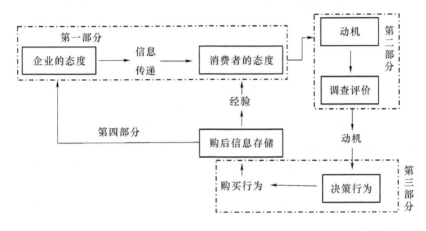

图 5-2　尼科西亚模式

第一部分，从信息源到消费者的态度。这部分是信息流动的过程，产品的相关信息通过广告等媒介由生产厂商传至消费者，消费者经过内化形成态度。

第二部分，消费者对商品进行调查和评价，形成购买动机的输出。消费者态度形成后，对产品产生兴趣，通过信息收集作为评价参数，产生购买动机。

第三部分，消费者采取有效的决策行为，将动机转变为实际的交易行动，这一过程受品牌的可用性、经销商因素等的影响。

第四部分，消费者购买行动的结果被大脑记忆、储存起来，供消费者以后的购买参考或反馈给企业。这部分是信息反馈的过程，消费者购买产品以后，经过使用过程，对所购买的产品产生实际的经验，由购后使用的满意程度影响再购行为，同时厂商也由消费者的购买意向与使用的满意程度获得信息的反馈，以作为品质改进、定价、广告以及其他营销策略的参考依据。

2. 霍华德-谢思模式[①]

该模式认为，消费者购买行为由 4 个因素构成：刺激或投入因素、外在因素、内在因素、反

[①] 该模式由学者霍华德在 1963 年提出，后与谢思合作经过修正于 1969 年正式形成。

应或产出因素,如图 5-3 所示。

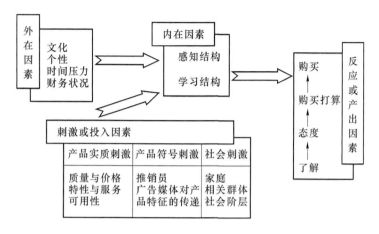

图 5-3 霍华德-谢思模式

(1) 刺激或投入因素(输入变量)。刺激或投入因素是指由企业销售部门控制的因素,它包括 3 个刺激因子:产品实质刺激因子、产品符号刺激因子和社会刺激因子。产品实质刺激如某产品的质量、价格、特征、可用性及服务等。产品符号刺激如通过推销员、广告、媒体等把产品特征传递给消费者。社会刺激如家庭、相关群体、社会阶层等。

(2) 外在因素(外在变量)。外在因素是指购买决策过程中的外部影响因素,如文化、个性、时间压力、财力等。时间压力指消费者主观认为在购买前可花时间的多少,或他实际上只能花在购买上的时间多少。通常情况下,时间压力能抑制或缩短消费者购买决策过程,使消费者仓促决策,并可能导致不理想的购买。

(3) 内在因素(内在过程)。内在因素是指介于刺激和反应之间起作用的因素。它是霍华德-谢思模式最基本、最重要的因素。它主要说明投入因素和外在因素如何在心理活动中发生作用,从而引出结果。该模式认为,消费者内心接受投入因素的程度受到需求动机和信息反应敏感度的影响,而对信息反应的敏感度又取决于消费者购买欲望的强度以及"学习"的效果。消费者往往对有兴趣的产品显示出"认知觉醒",对无关的产品信息则表现出"认知防卫"。至于消费者的偏好选择,则受内心"决策仲裁规则"的制约。"决策仲裁规则"是指消费者根据动机强度、需求紧迫度、预期的欲望满足程度、消费需要性以及对过去消费产品的感觉等,将各种产品按序排列,侧重实施购买的一种心理倾向。

(4) 反应或产出因素(结果变量)。反应或产出是指购买决策过程所导致的购买行为,它包括认识反应、情感反应和行为反应 3 个阶段。认识反应是指注意和了解;情感反应是指态度,即购买者对满足其动机的相对能力的估计;行为反应包括购买者是否购买或购买何种品牌的认识程度预测和公开购买行动。

3. 科特勒行为选择模式

菲利普·科特勒提出的消费行为模式如图 5-4 所示。

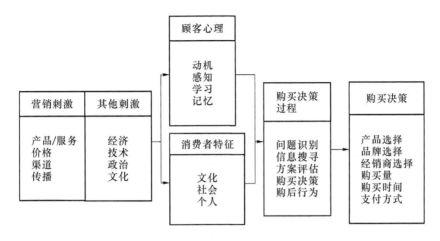

图 5-4 消费者行为模型

营销刺激和环境刺激进入消费者的意识,接着结合消费者特征的心理过程导致了决策过程和购买决策。不同特征的消费者会产生不同的心理活动的过程,通过消费者的决策过程,导致了一定的购买决定,最终形成了消费者对产品、品牌、经销商、购买数量、购买时间和支付方式的选择。

5.1.3 影响消费者购买决策的因素

影响消费者购买决策的因素有文化因素、社会因素、个人因素以及心理反应 4 类因素,如表 5-2 所示。其中,前 3 类因素通过心理反应影响购买行为。

表 5-2 消费者购买决策影响因素

一级指标	文化因素	社会因素	个人因素	心理反应
二级指标	文化 亚文化群 社会阶层	参照群体 家庭 角色与地位	年龄和家庭生命周期 职业和经济状况 个性和自我观念 生活方式和价值观	动机 感知 学习 记忆 信念和态度

1. 文化因素

(1) 文化

文化指人类在社会发展过程中所创造的物质财富和精神财富的总和,是根植于一定的物质、社会、历史传统基础上形成的特定价值观念、信仰、思维方式、宗教、习俗等的综合体。文化是影响人们欲望和行为的基本因素。大部分人尊重他们的文化,接受他们文化中共同的价值观,遵循他们文化的道德规范和风俗习惯。文化背景不同的人有不同的消费需求和不同的购买行为。

(2) 亚文化群

在每一种文化中,往往还存在许多在一定范围内具有文化同一性的群体,被称为亚文化群,如民族亚文化、宗教亚文化。民族亚文化指各民族经过长期发展形成了各自的语言、风俗、习惯、爱好,他们在饮食、服饰、居住、婚丧、节日、礼仪等物质和文化生活方面各有特点,这会影响他们的购买行为。宗教亚文化指不同的宗教群体,在生活方式、习俗、信仰、价值观、禁忌等方面存在差异,从而影响信仰不同宗教的人们的购买行为。世界上影响较大的宗教有基督教、伊斯兰教、佛教、印度教、犹太教等。

(3) 社会阶层

社会阶层是在一个社会中,具有相对同质和持久性的群体,他们按等级排列,每一阶层的成员具有类似的社会经济地位、价值观、兴趣爱好和行为方式。因此,同一社会阶层的人群在消费偏好、购买行为方面也具有相似性。

2. 社会因素

(1) 参照群体

参照群体指与个人的态度、意见偏好和行为有直接或间接影响的所有群体。存在直接影响的群体称为成员群体,包括初级群体、次级群体。初级群体如家庭、朋友、同事等,成员之间存在较持续、非正式的互动;次级群体如宗教、职业和工会群体等,成员之间关系更正式,但互动的持续性较差。一个人的行为还受到非隶属群体的影响,如渴望群体和疏离群体。一个人希望加入的群体是渴望群体,而反对其价值观和行为的群体为疏离群体。

相关群体对消费者购买行为影响大,因而,商家应设法影响相关群体的意见领袖,从而起到广泛的宣传和推广作用。

(2) 家庭

家庭是最重要的消费和购买单位,也是影响消费者购买行为的重要因素。原生家庭包括一个人的双亲和兄弟姐妹。每个人都从父母处获得关于宗教、政治、经济等方面的引导和关于个人抱负、自我价值等方面的感知。父母的购买行为对子女有重要影响。再生家庭是夫妻加子女的家庭,对于不同的商品,夫、妻、子女参与购买决策的程度不同。如汽车、人寿保险等的购买以丈夫决策为主,洗衣机、地毯、衣食、杂品等的购买以妻子的决策为主,住宅、家具、度假、娱乐等夫妻共同决定。

(3) 角色和地位

个人在群体中的位置通过角色和地位确定。角色由一个人应该进行的各项活动组成。一个人有多重角色,每个角色的地位都反映社会所赋予的尊重程度。人们会选择与其角色地位相称的商品。

3. 个人因素

个人的一些基本属性如年龄、性别、种族、民族、收入、家庭、生活周期、职业等会对购买行为产生影响。

(1) 年龄和家庭生命周期

不同年龄的消费者的兴趣、欲望、爱好不同,他们购买或消费的商品的种类和式样也不同。如儿童需要玩具,老年人需要保健品等。不同年龄消费者的购物方式也不同,如中老年人经验丰富,常根据习惯和经验购买,不易受广告等的影响。

家庭生命周期指消费者从年轻时离开父母家庭独立生活,到年老后并入子女家庭或独居直至死亡的家庭生活全过程。处在家庭生命周期不同阶段上的家庭购买行为不同。分析家庭生命周期的购买特点,制订专门的营销计划,有利于企业更好地销售商品。

（2）职业和经济状况

职业会影响消费模式，有些营销者为特定职业定制产品。经济状况决定人们可支配收入的水平、储蓄和资产、对支出和储蓄的态度等，从而决定其购买力。

（3）个性和自我观念

个性指显著的人类心理特质，这些特质会导致对环境刺激作出相对一致而持久的反应（包括购买行为）。个性可以用自信、控制力、自主性、顺从性、社交能力、防范能力和适应能力等特质来描述。

自我观念是每个人在心目中为自己描绘的一幅形象。自我形象是主观的，但消费者在实际购物时，如果认为该商品与自我形象一致，往往就会决定购买；反之，则不会购买。购买行为是消费者表现自我形象的一种方式。

（4）生活方式和价值观

生活方式指人们根据自己的价值观念等安排生活的模式，并通过他的活动、兴趣、意见表现出来，不同生活方式的人具有不同的购买决策。核心价值观是形成态度与行为的信念体系，决定人们长期决策和需求。

4. 心理反应因素

上述诸因素是通过消费者的心理反应对购买行为产生影响的。

（1）动机

动机是激励一个人的行动朝一定目标迈进的一种内部动力。当消费者的需要达到一定强度而驱使其采取行动时，需要就变成购买动机。动机具有方向性，促使消费者选择一个目标而不是另一个；动机也具有强度，决定消费者以或多或少的精力去追求目的。

最著名的动机理论有3种：弗洛伊德的无意识理论、马斯洛的需求层次理论和赫茨伯格的双因素理论。

弗洛伊德认为形成人们行为的心理因素大部分是无意识的，一个人不可能完全理解自己的动机。消费者考查某产品或品牌，不仅会对其明确性能作出反应，也会对那些无明确意识的因素作出反应，如产品形状、重量、材质、颜色等，营销者需要破解消费者购买行为背后的"密码"，才能真正发现消费者的购买动机，作出最佳的产品定位。

马斯洛认为，按照需要的迫切程度由低到高可以将人类的需要分为5个层次：生存需要（如食物、水、住所）、安全需要（如安全、保护）、社会需要（如归属、爱）、尊重需要（如自尊、身份、地位）、自我实现需要（如自我发展与自我实现）。

赫茨伯格的双因素理论将顾客对产品的不满意因素和满意因素进行了区分，不满意的对立面是没有不满意，而不是满意；满意的对立面是没有满意。只消除不满意因素是不足以激发购买的，产品必须具有满意因素。因此，首先，卖家应该尽可能消除不满意因素，消除这些因素不一定能导致购买，但不消除这些因素一定会毁掉交易；其次，卖家要认清导致产品满意的因素和购买动机，以提供恰当产品。

消费者在进行购买决策时往往受到多个而不是一个动机影响，而且这些动机在不同时段对消费者的影响程度也不同。当多个动机趋向于同一种购买决策时，消费者可能很快作出决定；反之，当动机都趋向于不同的决策方向时，就会给决策者带来较大的压力而使之无法作出决策。

(2) 感知

感知是一个人选择、组织并解释接受到的信息，以形成对外部世界有意义的描绘的过程。感知取决于物理刺激，并依赖于刺激物与环境的关系和个人所处的状况。

不同的人会对同一刺激物形成不同的感知，因为感知具有如下 3 个特点：选择性注意、选择性曲解和选择性保留。选择性注意是指人们将多余刺激物筛选掉的过程，营销者要研究哪些刺激物会引起人们注意。选择性曲解是指人们按先入之见来解读信息的倾向，营销者需要建立强势品牌，以使消费者对产品和品牌形成积极正面的先入之见。选择性保留指消费者会记住自己喜欢的产品的优点，而忘记其他同类品牌的优点。营销者需要不断重复发送信息，以确保信息不会被忽视。

潜意识感知是指消费者没有意识到的感知。一些信息消费者没有意识到，但却影响了他们的行为。营销者可尽量将潜藏的、潜意识信息植入广告或包装中，以影响消费者行为。

(3) 学习

学习指由经验改变行为的过程。经验包括由于信息和经历所引起的个人行为的变化。个人行为的结果强烈地影响着经验积累过程。如果个人的活动带来了满意的结果，那么他在以后相同的情况下，会重复以前的做法。如果行为没有带来满意的结果，那么将来他可能采取完全不同的做法。

(4) 记忆

记忆是对信息的储存。生活中积累的信息和经验可以成为记忆。营销者要努力将产品和品牌的信息以及消费者良好的消费体验储存在记忆中。

(5) 信念和态度

信念是指人们所持的认识。人们对产品和品牌的信念有的是建立在科学的基础上，有的是建立在信任的基础上，有的是建立在偏见和误传的基础上。态度是指人们长期保持的关于某种事物的是非观、好恶观。不同的信念可导致不同的态度，态度一旦形成往往难以改变。

5.1.4 消费者购买行为阶段

消费者购买行为可以从购买行为的时间顺序和认知过程进行不同的阶段划分。

1. 按照购买行为的时间顺序划分

按照购买行为的时间顺序可以将其分为 5 个阶段，即确认需求、收集信息、比较评价、购买决策、购后行为，如图 5-5 所示。

图 5-5　消费者购买行为的 5 个阶段

(1) 确认需求

当消费者的需要不能被现有条件所满足时，受到内在或外在因素的刺激产生了对某种商品有需要的意识，购买过程就开始了。它是消费者购买行为的直接驱动力。

(2) 收集信息

当消费者产生对某类产品的需求时,就会收集有关产品的信息。消费者获取信息的来源有 4 个:个人来源,即从亲朋好友处获得信息;商业来源,从广告、营业员介绍、商品展览、商品包装、说明书等处获得信息;公众来源,报刊、电视等处获得信息;经验来源,通过参观、试验、使用商品获得的经验。

(3) 比较评价

消费者根据搜集的信息,对几种备选品牌进行比较评价,以甄选出最能满足自身需求的产品。消费者对产品属性的价值判断因人因时因地而异,有的消费者注重价格,有的消费者注重质量,还有人注重品牌或式样等。

(4) 购买决策

消费者通过对产品评价比较,作出选择,形成购买行为。

(5) 购后行为

消费者对已购商品通过自己使用或通过他人评估,重新考虑购买这种商品是否正确,是否符合理想,从而形成感受:满意、基本满意、不满意。

购买者购后感受关系到企业产品在市场上的命运。"最好的广告是满意的顾客。"因此,企业要注意收集信息,加强售后服务,改善消费者购后感受,提高产品的适销程度。

2. 按照消费者认知过程划分

按照消费者的认知过程,可以将购买行为划分为 6 个阶段,即 KRLPCA 6 阶段购买行为模式。

(1) 知晓(Know)阶段

消费者发现了自己真实需要的产品的存在,该阶段,企业提供一个真实的、能够满足消费者需要的产品是关键。

(2) 了解(Realize)阶段

该阶段是消费者了解产品的效用的阶段,产品的效用是吸引消费者的核心因素。

(3) 喜欢(Like)阶段

该阶段消费者对产品产生良好印象。要使产品在消费者心目中有一个良好的印象,产品的外形、性能、效用等必须引起消费者足够的重视,与其他产品相比,具有独特的性能,引人注目,使人喜欢。

(4) 偏好(Partial)阶段

消费者个人对产品的良好印象已扩大到其他方面。这是一个"爱屋及乌"的心理变化过程,是消费者由前面的对产品的知晓、了解、喜欢产生的。

(5) 确信(Certitude)阶段

消费者对产品或销售人员有了"偏好"基础,进而产生购买愿望,消费者认为购买是明智的选择,并且不断地强化这个观念。

(6) 购买(Action)阶段

该阶段消费者把自己的购买态度转变为实际的购买行动。

5.2 通信消费者市场消费特征

通信客户可分为个体客户和集团客户两类,集团客户的购买最终也是个人使用,因此可以说,个体消费者是通信消费者市场的基础,他们的购买行为决定了通信市场的发展趋势。企业要想在消费者市场中占有一席之地,就必须研究通信消费者市场特征,以便采取相应的对策。

5.2.1 通信消费者市场宏观特征

从市场角度来看,通信消费者市场的特征在不同的历史时期不尽相同。目前,我国通信消费者市场的宏观特征如下。

1. 信息碎片化

1971年,经济学家赫伯特·西蒙就对现代人的注意力匮乏症作出了诊断:信息消耗的是接收者的注意力。因此,聚敛的信息必然注意力匮乏。互联网让人们的生活更加"碎片化"、注意力更加分散,除了面向专业人群外,信息产品不再具有系统性、完整性,随着快速文化的发展,消费者在获取信息时需要的是片段化的、个性化的能最大效用满足需求的信息产品。现在人们越来越少地为读一篇文章去买一份杂志,为看一条新闻去买一份报纸,为了解一条消息去等一个电视频道。每天通过手机报、博客、搜索引擎、新闻网站、即时通信等多种方式获取信息。人们在各个生活的间隙获取信息,在吃饭时看一眼电视,在坐公交车时用手机上微博。信息量如此之多,获取信息如此容易,导致人们对大容量、长篇幅的信息内容失去耐心。

2. 泛在式销售

在未来的通信行业中,信息、知识及其他相关产品将会在以物联网为传输介质的高速流通中进行任何时间(Anytime)、任何地点(Anywhere)的泛在式销售[①],它具有如下5个特性:①永久性。由于网络存储的成本极低,商家可以长时间甚至永久地提供相关的信息产品及其外延,消费者可以随时搜索其所需信息,而不用担心产品下架的问题。②可获取性。消费者可以通过网络与终端访问到包括文字、图片、视频、音频等任何形式的产品或服务信息,更加容易感受到产品的内涵。③直接性。无论消费者在任何地方,都可以直接从服务器或是从对等网络中获取信息,网速得以保证的情形下这个过程通常是及时的。④交互性。消费者可以通过同步或异步的方式与供应商或其他消费者讨论交流,实现信息交互及共享。⑤主动性。当服务器定位到有用户进入所属区域时,会主动发送服务内容,供用户选择,主动提供服务。

3. 消费者集聚

网络为人们提供了跨时空聚集的机会。人们利用网络平台找到与自己兴趣、爱好相投者相互交流、学习。聚集起来的网民自然产生交流的需求。随着信息交流频率的增加,交流范围

---

① 所谓泛在(Ubiquitous)及普适(Pervasive)概念的引入源于20世纪90年代,首先由美国加州Xerox(施乐)公司Palo Alto研究中心首席科学家Mark Weiser博士在1991年提出。"Ubiquitous"原为拉丁文,意思是"神无所不在"。它被用于形容网络无所不在是源于计算机技术的进展,计算机已全面融入人们的生活之中,无所不在地为人们提供各种服务。

不断扩大,形成商品信息交易的网络,意见领袖示范效应形成。企业可以开发消费者集聚平台,或借助消费者集聚的其他平台,可以从多方面与客户进行沟通和交流,如在网站上及时发布有关新产品、新的经营举措信息,提供各种娱乐性强的免费产品和服务或技术指南、疑难解答等有价值的内容,建立爱好者俱乐部、设置电子建议箱,收集客户反馈的信息,营造出良好的网上营销环境。另外,企业通过对网站访问者的有关记录了解和分析消费者的消费心理,以便及时发现和改进产品和经营中的问题。

4. 市场两极化

消费者市场两极分化趋势明显,人们更喜欢追求低价格高产品功能(趋低消费)或优良品牌感受(趋优消费),而不愿为无特色的中档产品买单。通信消费者市场的两极分化在手机市场表现得很明显。国内最大通信连锁迪信通年报显示,2011年上半年,4 001～5 000元价位段手机销售半年内快速增长2.4个百分点,相比1月数据提高近一倍。全球金融危机导致一部分中低层次消费者消费能力下降,从而使整个通信行业在低端手机销售猛增,更多消费者偏重于更为简捷实用的手机。以迪信通北京市场为例,600元以下手机销售同比2008年增长了25%。消费者要么去购买能够满足通信的低端高品质低价手机,要么去购买像iPhone这类具有良好用户体验的高档智能手机,无特色的中档市场在上下挤压下逐渐萎缩。

5.2.2 通信消费者市场微观特征

1. 消费需求的个性化与差异化

工业化时代追求规模效应,降低边际成本的主流经营模式使得消费者被迫选用单一的、相似的产品。互联网的普及和高速发展拉近了人与人之间的距离,市场交换所需时空条件的满足极为容易,各式各样的消费品让人应接不暇,消费者在进行产品选择时不再受地理环境或产品内容的限制,可以通过网络选择购买全球范围内的产品。而且大量设计多样的产品也满足了不同的消费者群体需要,随着定制产品的增多,买卖双方共同打造产品,消费需求的差异化和个性化发展趋势明显。

虽然主流产品仍然在市场中占有主导地位,但是其主导能力已有所下降。过去人们使用手机仅仅为了方便联系别人,语音业务或简单的数据业务就能满足消费者的单一需要,但目前各式各样的数据增值业务不断被运营商或服务商开发出来,消费者的个性消费使通信市场消费需求呈现出差异性。不同的消费者因其生活环境不同,会产生不同的通信需求;不同的消费者,即便在同一需求层次上,他们的通信需求也不同。人们在地铁上用iPad看电影,在马路上用手机导航,下班后上网搜索美食,在家里上网购物等,通信业的迅速发展挖掘出了消费者潜在的个性化与差异化需求,如何满足这些个性化与差异化的需求是通信企业通向成功之路的钥匙。

2. 通信消费的平民化与大众化

由于通信产品规模经济性的出现、通信技术的进步、终端(个人计算机、手机等)成本的降低、通信成本的降低,通信消费已能被广大的普通消费者接受,之前手机用户被社会赋予的地位象征已被弱化。从通信消费者购买决策的内部因素看,其知觉过程与学习过程发生了变化,通信消费决策行为过程相对简单,消费者减少了过去将其作为奢侈品购买时的考虑因素,消费心理由务虚向求实转变,突出的是其个性化通信服务。从消费层次看,目前的通信消费者以低端用户为主体,消费者平民化成为通信市场的一个重要群体特征。由于初次购买成本的大大降低,消费者对购买行为的风险评估有了新的认知,大量的普通消费者进入,价格因素成为消费者进行后续购买的重要影响因素。尽管企业都倾向于以各种差别化来减弱消费者对价格的敏感度,避免恶性竞争,但价格始终对消费者的心理产生重要的影响。

3. 消费群体的年轻化

随着年龄的增长,人的感觉过程与学习过程变化会越来越慢,因此年轻人更容易受到外界刺激因素的影响,他们表现出善于接受新事物、习惯于网络的通信方式、讲究品位和时尚、追求前卫,但又受到消费能力不足的限制,所以更倾向于物美价廉的通信数据业务,他们的需求是未来移动数据业务发展的重点。如图5-6所示,2010年,我国移动互联网网民年龄在29岁以下人群所占比重达78.9%,占绝对优势。

图5-6　2009年、2010年移动互联网用户年龄结构对比

4. 消费的主动性和互动性增强

消费主动性的增强来源于现代社会不确定性的增加和人类需求心理稳定和平衡的欲望。现代社会,随着消费者消费选择性的增强,消费风险随之上升。在许多大额或高档的消费中,消费者往往主动通过各种可能的渠道获取与商品有关的信息,进行分析和比较,以降低消费风险,获得安全感,从中得到心理的平衡,并增加对产品的信任程度和心理上的满足感。

传统的商业流通渠道由生产者、商业机构和消费者组成,其中商业机构起着重要的作用,生产者不能直接了解市场,消费者也不能直接向生产者表达自己的消费需求。而在现代通信环境下,消费者能直接参与到生产和流通中来,与生产者直接进行沟通,增强了互动性,减少了市场的不确定性。

从通信市场本身看,消费者的消费主动性和互动性也随通信业务的多元化而不断增强。

5. 消费者对便捷性的需求增强

现代通信市场上,人们消费过程出现了两种追求的趋势:一部分工作压力较大、紧张程度高的消费者以方便性购买为目标,他们追求的是时间和劳动成本的尽量节省,越方便快捷越好;而另一部分消费者由于劳动生产率的提高,自由支配时间增多,他们希望通过消费来寻找生活的乐趣。而在通信消费过程中,消费者可以更多地获取产品本身以外的相关信息,而达到产品外延的获取感受。如网络购物,消费者除了能够完成实际的购物需求外,还能获得许多信息并与其他消费者沟通,获得实体商店不能获得的乐趣。这两种消费心理都要求通信企业提供方便、快捷的服务。

6. 消费过程的理性化

由于通信产品和业务日趋多样化,大量的新产品和个性化定制产品出现,使消费者难以一一通过产品和服务体验来作出评价并作出购买决策,消费者通过搜集各种信息来对业务进行比较,这些信息包括业务的技术规格参数、产品描述等,使通信产品的选择和消费过程更具理性化。

5.3 通信消费者市场购买心理与购买决策

5.3.1 一般消费者购买心理

消费者购买心理是指消费者在与卖方进行交易过程中产生的心理活动,包括对产品的评价、产品满足自身需求的评价,对产品成交的数量、价格、付款方式、支付条件等的评价和选择。促成消费者购买的购买心理类型大致有如下方面。

1. 求实心理

消费者购买商品时,注重商品的实际效用、使用方便及其使用耐久性等实用价值。

营销者关注商品的实际质量与消费者所感受到质量之间的差别,前者是指技术测试部门所验证的质量,后者是指消费者对某产品质量的主观评价,即感知质量。两者有时存在不一致,导致有时优质的产品没有市场,而质量一般的产品却成为全球名牌。营销者更要研究消费者感知质量。

2. 求廉心理

消费者以追求价廉物美、经济与节俭为原则购买商品。这类消费者在选择商品时要进行大量比较,寻求所购商品价格上的优势。对价格的变化敏感性高,对优惠价、特价、折扣价的商品特别感兴趣,求廉心理是一种非常普遍的购买心理。

3. 求新心理

求新心理是指消费者在选择购买商品时主要考虑产品是否新颖、是否时尚,这类消费者强调与众不同,追求时尚。

4. 求美心理

消费者在选择商品时,重视商品的造型、色彩、包装等,希望在消费商品的同时,达到艺术欣赏和美的享受。

5. 便利心理

消费者追求购买过程的方便、快捷、省时等便利。具有便利心理的消费者时间、效率观念强,希望能够简单、迅速地完成交易,不能容忍繁琐的手续和长时间的等待,对商品本身和价格不太挑剔。

6. 惠顾心理

惠顾心理是以表示信任、感谢为主要目的的购买心理。消费者由于某些原因对特定商店、特定品牌,或对某些营销人员产生特殊的好感、信任,从而习惯地、重复地光顾某一商店,或反复地、习惯地购买某一品牌的商品,成为企业忠实的支持者。

7. 从众心理

从众指个人的观念与行为由于受群体的引导或压力而趋向于与大多数人相一致的现象。消费者在很多购买决策上会表现出从众倾向。例如,购物时喜欢到人多的商店;在品牌选择时,偏向那些市场占有率高的品牌;在选择旅游点时,偏向热点城市和热点线路。

8. 偏好心理

偏好心理指消费者以满足个人特殊爱好或情趣为目的的购买心理。有些消费者由于受习惯爱好、学识修养、职业特点、生活环境等因素的影响,会对某种特殊商品产生稳定、持续的追求和偏爱。例如,有收集嗜好的消费者购买收藏品时常常伴随强烈的偏好心理。

9. 炫耀心理

消费者为了显示自己的地位和威望,购买那些带给消费者心理满足远远超过实用满足的消费品,从而达到"炫耀"的目的。这类消费者普遍存在于社会各个阶层,他们追求名牌,一方面能够提高生活质量,另一方面主要能够体现出他们的社会地位。

10. 攀比心理

消费者的攀比心理是基于消费者对自己所处的阶层、身份以及地位的认同,从而选择所在的阶层人群为参照而表现出来的消费行为。相比炫耀心理,具有攀比心理的消费者更注重拥有他人能够或已经拥有的东西,赶上并超过他人,满足心理需要。

11. 习俗心理与习惯

由于地理、民族、宗教、历史、文化、传统观念的影响而产生的习俗心理会影响人们的消费,如传统节日的特定消费等。

12. 预期心理

消费者购买还受预期的影响,如认为某种商品近期可能会供不应求,就会加速购买甚至抢购;如认为某种商品近期会供过于求,就会持币待购,采取观望态度。

5.3.2 通信消费者市场购买心理

1. 通信消费者的需求和购买动机

通信消费者对通信产品的购买动机源于对通信服务的需求,消费者的通信服务需求主要有如下方面。

(1) 传递信息的需求

随着社会发展,通信工具越来越普及,人们的工作、生活越来越离不开通信服务。人们需要与家人、朋友、工作伙伴等及时传递信息,能够及时与他人沟通甚至成为人们的安全需要,拥有移动通信终端,消费者可以立即找到他人,也可以被他人立即找到,从而产生安全感。电信运营商正通过提供通话、电子邮件、即时通信等业务为消费者提供任何时间、任何地点和任何人的通信服务。

(2) 获取信息的需求

传递信息和获取信息很多情况下是同时进行的,如通话既是传递信息也是获取信息的方式。但随着互联网和移动互联网的快速发展,网络日益成为获取信息的重要来源。从事研究开发、教育、媒体和管理等知识密集型工作的人员需要的信息量大,对通信服务和网络的信息获取功能也更加依赖。

(3) 日常生活需求

随着信息技术的发展,人们日常生活中涉及的很多信息和数据都可以进行远程处理,从而使电信服务介入到人们日常生活中,成为日常生活许多活动完成的新方式。如人们可以通过电话和互联网购物、完成金融交易,通过远程获得医疗、教育等方面的服务,通过互联网了解新闻、天气、财经等实用信息。

(4) 社交、娱乐消费需求

社交、娱乐日益成为消费者使用电信服务的重要目的,人们通过博客、微博等发布信息、发表观点,通过评论等工具实现与他人交流,互联网越来越成为人们实现个性化交流的途径。年轻人对社交、娱乐需求表现得更加明显,如年轻人对网络社交、网络游戏、视频点播、音频、图片下载等服务都有强烈的需求。

2. 电信消费者市场购买心理

消费者的行为特征背后是消费心理,对消费的需要反映出消费者物质和文化生活的需求,消费心理则是消费需要的具体表现。随着电信业的高速发展及电信产品与服务的快速普及,消费者对移动通信的消费心理发生了根本性的变化,由过去单一的消费心理转变为多元的、综合的消费心理,如图 5-7 所示。

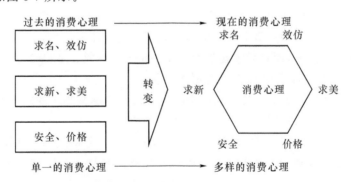

图 5-7 电信消费者消费心理转变

电信用户的消费心理类型可以具体分为如下 9 种。

(1) 交流型。电信用户的电信消费需求受到亲情、友情和感情等因素的影响,重点需要满足与他人交流的目的。

(2) 习惯型。电信用户的电信消费需求受使用方便和习以为常等因素的影响。例如,用户总是习惯于到营业厅申请安装电话、改换电信服务套餐等。

(3) 价格型。电信用户的电信消费需求受电信资费和服务质量等因素的影响。例如,当电信资费下调或电信服务质量提高时,电信用户会增加。

(4) 偏好型。电信用户的电信消费需求受偏好和喜怒哀乐等因素的影响。例如,有的用户喜好用电话与亲友联络,通话费用支出较大;有的喜欢网络交流和获取信息,则上网流量费用支出较多。

(5) 保险型。电信用户的电信消费需求受品牌、信誉、安全和可靠等因素的影响。

(6) 从众型。电信用户的电信消费需求受媒体宣传和公关手段等因素的影响。运营商的促销活动常常能够推动用户的购买。

(7) 攀比型。电信用户的电信消费需求受到社会群体、时代风尚、消费风气等因素的影响。例如,亲朋好友、左邻右舍之间相互影响,不甘居后。

(8) 优越型。电信用户的电信消费需求受知识能力、选择能力、支付能力和争强好胜等因素的影响。

(9) 好奇型。电信用户的电信消费需求受用户的追求奇特、标新立异、喜新厌旧等因素影响。不断创新的新业务很好地满足了一些用户的好奇心理。

3. 网络消费者购买心理

随着互联网在我国的迅速发展和普及,网民数量持续增长,网民的特征结构也在发生相应的变化。网民低龄化的年龄结构使网络消费呈现一定的年轻形态。

(1) 追求时尚和新颖的消费心理。青年人的特点是热情奔放、思想活跃、富于幻想、喜欢冒险,这些特点反映在消费心理上,就是追求时尚和新颖,喜欢购买一些新的产品,尝试新的生活,他们愿意为此支出较高的购买费用,如在拥有 iPhone 或者 iPad 这种时尚且高价产品的群体中,年轻人较多。移动互联网的各种应用主要用户群是青年。

(2) 表现自我和体现个性的消费心理。30 岁以下青少年的自我意识日益增强,强烈地追求独立自主,他们在各类活动中都会有意无意地表现出与众不同。因此,在进行网络应用消费时,他们不仅仅是追新逐异,而且要求在消费中反映他们的个性。Web 2.0 的出现使以个人心理愿望为基础挑选和购买商品或服务变得更加容易。

(3) 满足方便、快捷的消费心理。现代化的生活节奏使越来越多的消费者珍惜闲暇时间,以购物的方便性为目标,追求时间和劳动成本的尽量节省。

(4) 追求价廉的消费心理。即使营销人员倾向于以其他营销差别来降低消费者对价格的敏感度,但价格始终对消费心理有着重要的影响。互联网和移动互联网的诸多应用一旦价格降幅达到消费者的心理预期,消费者就有可能被吸引并产生购买行为。

(5) 保持与外界的广泛联系,减少孤独感的消费心理。大量的信息平台提供了具有相似经历的人们聚集的机会,通过网络而聚集起来的群体是一个极为民主性的群体。在这样一个群体中,所有的成员都是平等的,每个成员都有独立发表自己意见的权利,这可以帮助在现实社会中经常处于紧张状态的人们减轻一定的心理压力。

5.3.3 通信消费者市场购买决策

经济学角度对信息消费行为的分析发现,信息消费具有偏好行为、选择行为及共享行为 3

个过程。信息消费的偏好行为是指信息消费者根据自己的意愿对可供消费的信息产品进行选择和排序的过程。信息消费者的偏好差异将导致其采取不同的消费决策。一个信息消费者根据自己的偏好,决定按既定价格购买一定数量的信息产品,实际上就是一种选择行为。选择了信息消费后,就进入实际的信息共享过程,与他人实现信息的共享和交流。

消费者进行购买决策的实质是在收入与价格所制约范围之内,根据偏好进行选择。但消费者数量的庞大使得通信消费行为表现出一定的多样性,不同的消费者有不同的消费需求、动机、偏好和价值取向,即使同一个消费者也会因为时间、地点等外部环境的不同而产生不同的购买决策,因此作为通信企业必须注意识别消费者潜在动机的差异,采取积极的、有针对性的营销策略,刺激诱导消费者购买产品并成为企业的忠诚客户,达到消费者与企业间的良性互动,实现市场资源的优化配置。

通信消费者需求心理和行为机制如图 5-8 所示。

图 5-8　通信消费者需求心理与消费行为机制

每一个通信消费者都有一定的信息意识。在一定的刺激因素下,信息意识被唤醒。消费者信息意识彼此差别很大,即使是同一消费者在不同时期也具有不同的意识状态。当外界刺激消费者时,消费者便会产生信息需求。由于刺激强度、消费者信息意识和知识结构等方面的差别,信息需求将处于不同的认识状态,其中部分需求可能是潜在的。对于认识到的需求,消费者将作出反应,产生满足需求的行为;对于潜在需求,消费者也将在外界作用下加以转化,表现出行为倾向。

特别关注

电信客户全生命周期管理

1. 客户全生命周期管理的概念

客户关系生命周期是指客户关系发展水平随时间变化呈现出明显的阶段特性,消费者在作为企业客户的存续期间的动态变化过程一般可分为识别期、发展期、稳定期和衰退期。因此客户全生命周期管理是指围绕着这 4 个阶段客户关系的特征,采取时间序列上连续、动态的管理。客户全生命周期管理是一种系统的、动态的管理客户关系的方法体系,通过动态跟踪、引导、管理客户,达到客户长期价值的最大化,并通过持续不断的信息互动,为客户创造优异的消费体验,达到两者的双赢。

2. 电信客户全生命周期管理模型

按照不同的客户细分,在不同的客户关系阶段制定有针对性的客户关系管理方案是客户关系全程时间动态管理的核心思想。电信客户全生命周期管理模型如图 5-9 所示。电信客户全生命周期经历客户关系识别期、发展期、稳定期和衰退期 4 个阶段,在各不同的阶段企业的客户管理策略不同。

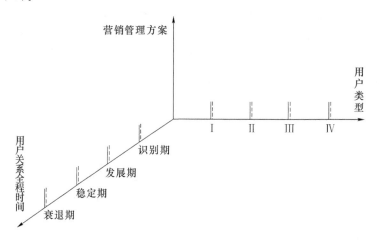

图 5-9 电信客户全生命周期管理模型

3. 各阶段管理要点

(1) 潜在客户的识别

客户既是运营商的争取目标又是服务对象,新客户的加入为运营商的发展带来可靠的现金流,又增强运营商的客户规模和核心竞争优势。随着电信市场发展与竞争,运营商的客户规模增速放慢,客户忠诚度降低,客户要求越来越个性化。当电信客户增速下降时,如何识别新客户十分关键。在客户识别初期,客户常被分为 3 类:本企业的流失客户、竞争对手中的潜在客户以及尚未使用电信业务的潜在客户。这 3 类客户识别的方法以及管理策略各不相同。

(2) 客户价值提升

将潜在客户转变为现实客户之后,需要运营商引导客户使用电信业务,同时提高客户总通信消费量中本企业消费的比例,即提高客户的钱包份额。运营商需要采取客户价值提升策略完成客户关系从识别期到发展期的平滑过渡。例如,为客户提供高质量的基础通信服务,如清晰、无掉话网络、短信业务,与客户相关的其他数据业务(气象、114 查询等);建立知名品牌,提高企业知名度和美誉度;引导并开创新业务,发掘对客户有利的新业务,如各种移动互联网应用服务等;为大客户提供 24 小时贴心服务以及及时响应,如与酒店、娱乐建立的信息传递、与医院建立的体检通知、与海关建立的报关服务等;针对企业建立一揽子解决方案,包括集团 IP 电话、集团短信、专线以及企业电视电话会议等。所有这些活动都有利于提高客户满意度和忠诚度,增加客户未来价值,维护运营商与客户之间的关系。

(3) 客户保持与存量竞争

由于市场越来越被充分开发,电信运营商之间的竞争方向越来越转向"存量竞争",保持客户非常重要。客户流失将直接带来现金流收益损失,而且运营商服务在网(存量)客户的成本远小于发展新客户的成本。实施客户保持策略中,需要定期进行分析调查,找到客户离网、转网的原因。通过定期的客户满意度/忠诚度调查找到客户在网的满意因素、离网的不满意因素,并权衡改进客户服务的各项内容,最大限度地满足客户,降低客户离网率。客户保持的过程实际上也是客户成本降低、企业成本管理的过程。

(4) 客户关系衰退期管理

及时察觉客户流失倾向,尽早采取关系恢复策略,重新赢得客户,是一项重要的客户关系补救措施。一项技术/业务的去或留不是一个人或一个企业能决定的,这涉及市场状况、消费者模式、经济发展等多项内容,因此在衰退期,企业必须通过归因分析得到"去或留"的决定。在对客户挽留决策制定前,需要计算客户挽留的成本和长期收益,力求作出正确、客观的决断。

4. 各阶段的管理任务

识别期:对不同的潜在客户实施差异化的发展策略,将其转化为现实客户。

发展期:引导新客户使用业务,提升客户价值,从而加强企业与客户的纽带关系,将"试用客户"转化为稳定的忠诚客户。

稳定期:稳定和巩固已经形成的良好客户关系,进一步提升客户价值,电信运营商通过可行的客户保持策略将客户尽可能长时间地保留在该阶段。

衰退期:及时察觉客户关系的衰退迹象,挽救有流失倾向的客户,"理性"终止与不值得挽留客户的关系。

制定客户全生命周期管理的系统方案,目的是要达到尽量缩短客户关系识别期,快速完成客户关系发展期,尽可能地延长客户关系稳定期,并且一旦出现客户关系衰退迹象能够及时预警,采取补救措施,尽可能将客户关系恢复至稳定期的水平。

案例分析

电子商务快递市场的消费者决策[①]

来自快递市场管理部门的信息显示,截止到 2012 年 6 月,我国快递业务量的 40% 来自电子商务。而电子商务快速发展,"电子商务+快递"的服务模式正在改变着消费者的消费习惯。

对于消费者而言,网上购物首先是方便。快递企业通过优化网络、改善服务,承接电子商务的配送需求,为网络购物的消费者提供便利的"门到门"服务,目前,同城购买的商品基本上能实现"次日到"。消费者足不出户就能买到心仪的商品,节省了大量的时间和精力,方便快捷。购物网站能够实现 7×24 的全天候服务,针对晚上上网人群开通午夜订单服务。工作到

---

① 根据《电子商务+快递:改变消费习惯》一文改写。http://news.xinhuanet.com/life/2011-06/30/c_121604965_2.htm。

深夜的上网族在休息前会买些自己需要的商品。这时一般实体店都已关门,网购能满足这部分消费者的需求。其次,网络购物相对便宜,商品相比实体商店有一定的价格优势,也为消费者节省了开支。"电子商务+快递"正在为百姓带来实惠和方便。

2009年以来,受国际金融危机影响,我国多数行业都遭受了不同程度的冲击,但包括网络购物在内的电子商务逆势上扬,成为危机背景下经济增长的一个亮点。交易额同比大幅攀升,商务交易类网络应用逐步增加,电子商务产业链不断完善,新的商务服务模式层出不穷。

资料显示,近年来国内网络交易迅猛发展。2010年国内网络市场销售交易额超过了5 000亿元,网络购物用户规模达1.48亿元。由于很好地融合了新技术与传统行业,无论是从发展新型产业还是扩大内需的角度讲,"电子商务+快递"的前景都非常看好。2010年《政府工作报告》明确提出要"加强商贸流通体系等基础设施建设,积极发展电子商务"。而根据此前商务部提出的目标,到"十二五"末,我国电子商务的市场规模将有望占到GDP的5%。消费者对"电子商务+快递"的认可引来众多大企业投资。例如,中粮作为国有传统粮油渠道的代表,搭建了食品类电子商务网络平台我买网;中国邮政集团依托自有快递资源,迅速向电子商务扩张,以悠乐网拉长产业链;在香港上市的银泰百货集团也斥巨资把线下产品搬上网;全球排名前三的造纸巨头金光集团整合线下资源,投资了涵盖食品饮料、居家生活、休闲健康等多类产品的大货站网站;IBM与苏宁电器合作占领网上市场。经过几轮竞争,互联网覆盖率和网购渗透率双高,大众需求正在逐步展现出来。不论先期已很有规模的电子商务网站还是后起之秀,不管以前在电子商务方面是否有积累,也不管自身企业的优势何在,很多电子商务网站均瞄准一线城市,开拓市场,扩大规模。围绕电子商务产业内部,可以划分为电子商务平台、物流平台及资金支付平台等赢利区域,这些领域各有投资魅力,各有投资延伸空间。

中国电子商务目前可以说是处于跑马圈地的后期,尚未进入全面竞争的产业阶段。在这个阶段里,规模、物流、品类为王,"快鱼吃慢鱼"是最大的特征。在行业快速发展过程中,也暴露出不少令消费者头疼的问题。一些网站对产品虚假宣传、无端拔高。消费者一旦发现与广告内容不符时,很难像在实体店一样找到经营者退换货品;异地消费发生纠纷时沟通困难,解决时间长,处理过程烦琐;通常的消费纠纷缺乏购物发票等有效的维权证据,增加了消费者的维权难度;网上购物出现了越来越多的产品品牌归属问题。

快递方面,国家邮政局公布的数据显示,2010年11月,全国通过"12305"邮政行业消费者申诉电话和国家邮政局网站受理的投诉中,快递问题占95%以上。其中包裹丢失、短少情况尤为严重。在目前阶段,快递作为网络购物生态系统最为重要的组成部分,是电子商务新型业态模式发展的关键环节和重要基础。事实证明,电子商务与快递结合得好的企业发展更快,未来电子商务企业自办快递的模式也开始呈现。

分析点评

因特网已经成为企业新的营销渠道,越来越多的消费者已经开始接受网络购物这一新的购物方式。对于新兴的电子商务消费者,他们挑选、对比各家的商品,只需要登录不同的网站,或者选择不同的频道就可以在很短时间内完成,而且可以直接由商家负责送达,免去了传统购物中产品运输与携带的麻烦,时间和经济成本大幅降低。电子商务和快递相结合的模式对消费者购买决策过程产生重要影响,根据消费者购买决策行为的 5 个阶段:需求确定、收集信息、比较评价、购买决策和购后行为,主要体现在如下几个方面。

1. "电子商务＋快递"对消费者需求确定的影响

消费者认识需要是购买决策过程的开始。电子商务网站往往用不同形式的外部刺激来激发消费者的购买欲望,使消费者产生需求。如旗帜广告出现在各种各样不同主题的网站上,使网络用户被动或主动地、无意或有意地接受到相关商品的信息,引起他们的兴趣,从而刺激需求,使网络用户成为某种产品潜在的或现实的购买者。

2. "电子商务＋快递"对消费者信息搜集的影响

传统的商务模式下,消费者搜集信息过程中,存在着获取的信息量有限、信息真实程度不足、信息供求不对称以及信息时效性差等问题。而电子商务极大地提高了消费者信息搜集的效率,降低了信息搜集的成本,信息搜集的半径也扩大了。搜索引擎为消费者进行信息搜集提供了便利,节省了信息搜集的时间和成本。消费者只要在搜索网站上输入欲购买的商品名称,就能获得商品的相应的信息。网上不同类型的虚拟社区的存在使消费者不仅可以从身边获得信息,还可以向素不相识的人了解信息。各种网站也为消费者信息获取提供了便利。在各种门户网站上,消费者很容易了解某类商品的市场行情。在购物网站上,如易趣网、当当网、淘宝网等,消费者可以得到商品比较真实甚至低于市场行情的价格信息。

3. "电子商务＋快递"改变了消费者购买商品的成本

在传统的零售商务情况下,消费者购物成本包括商品价格、运输费(包括自己去商店、商场和回家的车旅费等)和交易的时间、精力成本等。在"电子商务＋快递"的环境下,消费者购买商品的成本包括货物送到时的商品费用、上网的设备使用费及时间、精力等。相对于传统零售业务,电子商务大大降低了消费者的交易成本,消费者不必再为购买商品而在不同商店之间奔走,不必再为和业务员讨价还价而筋疲力尽。电子商务使得消费者进行商品价格比较变得更加直接、更加简易,从而大大提高了商品价格的透明度。网上直销方式的兴起极大节约了中间渠道的成本,商品价格更低了。

4. "电子商务＋快递"对消费者评估选择、作出购买决策的影响

有了购买意向的消费者需要作出一些具体的购买决策,即购买哪种品牌、在哪家商店购买、购买量、购买时间、支付方式等。电子商务不仅极大地方便了消费者对欲购商品的信息搜集,缩短了信息搜集的时间,也由于商品信息详细丰富,可选择的支付方式种类多,方便了顾客比较选择,使得评估选择这一阶段缩短。

5. "电子商务＋快递"改变了消费者的购后行为

消费者购买商品后,往往会通过使用和他人的评判,对其购买选择进行检验,把他所觉察的产品实际性能与以前对产品的期望进行比较,形成满意或不满意的结果。互联网大大方便了消费者购后感受的倾诉,使购后感受的影响面扩大。以前消费者的购后情感主要影响其周围的亲人、朋友、邻居、同事、熟人,现在消费者通过网上的论坛、QQ 群、虚拟社区、博客等各种渠道,向素不相识的人表达购后感受,影响半径大为扩展。当然,商家的网站也为消费者提供一个信息沟通的平台。消费者可以在所购商品的企业网站上,向企业传递信息、发表意见,将其对商品的评价告诉企业,还可以通过电子邮件向生产商提出自己的想法和建议。这不仅增强了企业和消费者的情感及关系,而且自觉或不自觉地参与到企业的产品开发和改进工作中,成为对企业最有帮助的合作者。

思 考 题

1. 简述消费者购买行为模式。
2. 影响消费者购买决策的因素有哪些?
3. 消费者市场上购买决策的行为阶段有哪些?
4. 通信消费者市场的市场消费特征有哪些?
5. 通信消费者的需求和购买动机主要有哪些?

第 6 章 通信集团客户市场购买行为

> **本章导读**
>
> 6.1 通信集团客户的界定与分类
> 6.2 通信集团客户市场的特点
> 6.3 通信集团客户的购买行为
> **案例分析**：中国电信政企客户品牌——商务领航

市场营销学中的市场分析一般将市场分为两类：消费者市场和组织市场。前者是个人购买，后者是法人购买。组织市场包括生产者市场、中间商市场和政府及其他非营利机构市场，其中生产者市场是研究重点。本书第 5 章研究通信消费者市场，本章研究通信集团客户市场。集团客户市场包括生产者市场和政府及其他非营利机构市场，中间商市场部分本书将在渠道策略中涉及。

通信集团客户对于通信企业的意义在于：①提供大量的直接收入。通信集团客户有着多元化和专业化的通信需求，其使用通信业务和服务中表现出的"两高一低"，即 ARPU 值高、收入占比高和离网率低的特性，是获得通信运营商重视的首要因素。②具有社会和行业的影响力，能够带动其他客户群收入增长。一些通信集团客户在企业价值链中处于龙头地位，可以带动下游产品的发展，延伸通信产业链。③集团客户利用其特殊的社会地位和影响力回馈给运营商在品牌、专业服务能力、社会影响力等多方面的增值价值。因此，通信集团客户成为各通信企业市场竞争的焦点。研究通信集团客户市场购买行为以及通信企业如何有针对性地提供服务，是通信市场营销学要研究的关键问题。

集团客户的购买行为与个人消费者的购买行为有很多相同之处，因此很多对于通信个人消费者购买行为的分析方法和结论也适用于集团客户。但两者购买行为存在很多不同，因此有必要对集团客户的购买行为进行专门的探讨。

6.1 通信集团客户的界定与分类

不同国家的通信企业对集团客户的界定和划分标准各不相同，如美国以占用的线路资源为标准，德国以电信消费量为标准。不同的通信企业对集团客户的界定和分类也各不同。

6.1.1 通信集团客户的界定

通信集团客户是指从事生产、销售、公共服务等活动以及政府部门和非营利组织为履行职责而需要购买通信产品和服务的法人客户。集团客户是个人和家庭客户之外的一切组织客户,包括工商企业、政府机构、事业单位和社会团体等。

通信市场集团客户的概念源于20世纪80年代中期发达国家电信公司提出的大客户的概念。当时发达国家基本电话业务市场日渐饱和,为保持经营规模和市场份额,通信企业着力为大客户提供特殊服务。大客户指使用产品量大的客户,其中最主要的部分就是集团大客户。

不同的通信企业对集团客户的界定和称谓各不相同,且随市场环境的变化、营销管理重点的变化而变化。

中国通信市场集团客户的概念来自早期的固网运营商。而早期固网电信企业集团客户的概念源于早期固定电话的家庭电话和单位电话的区分,固网运营商根据电话装设位置的不同将电话用户分为甲种电话用户和乙种电话用户,甲种电话用户是指电话安装在个人住宅的用户,乙种电话用户是指在甲种电话用户规定范围以外的其他用户。乙种电话用户实际就是集团客户。

早期移动运营商的服务只是移动电话业务,而移动电话业务使用者都是个人用户,因此传统的移动运营商没有集团客户的概念,只有大客户的概念。

随着电信技术的发展和市场需求的增加,固网运营商开始提供除固定电话以外的其他固网业务,如IDC业务、租用专线业务、400号业务、800号业务等,固网和移动运营商还逐渐开发和提供适宜于企事业单位的行业信息化业务等。2008年中国电信市场重组后,电信企业进入全业务竞争时代,集团客户越来越成为各家运营商争夺的焦点,3家运营商都设置集团客户服务部门,为集团客户提供专门服务。

目前,国内通信企业对集团客户的界定情况如下。

1. 中国移动

中国移动集团公司对集团客户的定义是:以组织名义与中国移动签署协议,订购并使用移动通信产品和服务,并在中国移动建立其集团客户关系的法人单位及所附属的产业活动单位。

中国移动集团客户定义中的"法人单位"是指依法成立,有其名称、组织机构和场所,能独立承担民事责任,独立拥有和使用(或授权使用)资产,有权与其他单位签订合同,会计上独立核算,能够编制资产负债表的单位,包括企业法人、事业单位法人、机关法人、社会团体法人和其他法人。

"产业活动单位"指在一个场所从事一种或主要从事一种社会经济活动,相对独立组织生产或业务活动,能够掌握收入和支出等业务资料的单位,分为营利性产业活动单位和非营利性产业活动单位。产业活动单位接受法人单位的管理和控制。

中国移动早期的概念是大客户。根据《中国移动通信集团公司大客户服务管理系统业务需求规范》中的定义,中国移动大客户包括个人大客户和集团大客户。个人大客户是指连续在网时间较长、话费支出额排名前列、信誉度良好的签约客户以及经审批成为个人大客户的党政军、公检法、新闻媒体等国家部门的重要个人客户;集团大客户是指个人客户数量较多、话费支出额排名前列、信誉度良好的集团客户以及经审批成为集团大客户的重要集团客户。

2005年9月,中国移动按照客户分类来进行机构设置,在中国移动集团公司总部正式成立了集团客户部,对集团客户进行管理。此后在各省市公司陆续建立集团客户部,2009年6月25日,中国移动集团公司正式发布集团客户品牌动力100标识,建立了针对集团客户的完善的服务营销系统。

2. 中国电信

中国电信集团客户称谓是"政企客户",政企客户指政府部门、企事业单位等单位客户。

中国电信的政企客户的界定源于其早期对客户的分类,2000年电信重组改革后,中国电信将客户分为大客户、商业客户、公众客户,2005年,中国电信将大客户和商业客户合并称为政企客户。

中国电信早期对大客户的界定是:使用通信业务种类多、通信业务使用量大、电信使用费用高以及重要机构(单位)和具有较大的业务需求潜力的客户群体。电信大客户是政企客户中的一类细分客户群体。电信大客户主要包括重要客户、高值客户、集团客户和战略客户,具体的定义如下:①重要客户是指党、政、军部门等重要客户。②高值客户是指使用电信业务量大、电信月使用费3 000元以上的政企客户。③集团客户是指具有隶属关系的同系统或有密切经济、业务应用关系的单位群体,为同一目的、由一个单位或部门统一租用中国电信网络并办理相关电信业务的客户。④战略客户是指在同行业中具有示范作用,其行为的变化对其他客户有相当大的影响作用,以及竞争对手争夺或具有发展潜力的大客户。

中国电信早期对商业客户的界定是:月均电信费用在3 000元以下的政企客户以及其他未列入大客户范围的政企客户。之所以称为商业客户,主要原因在于大部分政府机关都已列入大客户范围,剩下的政企客户主要是一些因生产经营需要,使用电信业务的各类中小型企业、公司等商业类客户。

2002年中国电信面向集团客户市场,建立了集团公司、省(区、市)公司、地(市)分公司三级大客户部,加强垂直一体化管理和控制,实行纵向与横向相结合的双重考核。2005年中国电信成立政企客户事业部,形成总部、省、地市三级组织架构和矩阵式的事业部机制,纵向一体化的全国协同营销模式形成。中国电信政企客户事业部包含综合管理部、市场拓展部、客户服务部、产品部、一站式客户服务运营中心、党政客户服务中心、金融客户服务中心、大企业客户中心、聚类客户服务中心、中小企业客户服务中心。

3. 中国联通

中国联通对集团客户的定义是:集团客户是指与联通公司签订相关协议的政府机构、企事业单位、社会团体及其下属机构(法人单位、产业活动单位),其拥有统一付费的用户或者业务,或者拥有协议影响下而付费的用户。

联通公司总部于2002年成立大客户部,2004年5月份后改为集团客户部,名字的更改表明中国联通在业务发展方向上的转变。大客户部是一个广义概念,其定义为集团客户、中高端客户及企业重要客户,将名称更改为集团客户部后,中国联通集团客户部的主要服务对象分为两类,一类是集团客户,另一类是行业客户(行业客户一定是集团客户,但是集团客户不一定是行业客户)。到2008年重组前,中国联通集团客户服务体系为三级一体化体系,总公司、省分公司和地市分公司都设集团客户部,部分发达县级分公司设立集团客户发展中心。2008年5月原联通和原网通合并,原联通的集团客户部、网通的商务客户营销中心和政企客户营销中心三个部门合并而成新联通的集团客户部。新联通集团客户部采用准事业部运营体制,全面负责集团客户的服务营销工作。

4. 中国邮政

中国邮政的大客户就是本书讨论的通信集团客户。

中国邮政首次在我国引入了大客户营销理念,并运用到实践中。2001年国家邮政局提出《关于做好邮政大客户市场营销工作的指导意见》,"大客户营销"一词首次出现在公开文件刊物上。2005年6月,国家邮政局出台了《邮政大客户管理办法》,该办法界定的邮政大客户是指在一定时期内用邮量较大、给邮政带来较大收益且相对稳定的客户。

5. 通信设备企业

通信设备制造商的客户是通信设备的购买者,包括公网运营商、政府和企业用户等,均为集团客户。在国内,通信设备企业的客户就是中国电信、中国移动、中国联通和企业专网用户,均为集团客户。

6.1.2 通信集团客户的分类

对通信集团客户分类的目的是对不同类别的集团客户进行差异化营销。通信集团客户的分类可以根据不同的标准进行分类,从国内的情况来看,主要的分类标准和分类情况如下。

1. 按照客户价值分类

中国电信公司曾将大客户分为重要客户、高值客户、集团客户、战略客户,实际就是按照客户的价值进行分类的。

中国移动根据3大维度11项指标对集团客户价值高低进行评估,将集团客户分为A类、B类、C类、D类4个大类,其中前3大类仅针对机构类型为法人单位的集团客户进行评级,D类评级对象为个体经营户。中国移动集团客户价值评估模型如表6-1所示。

表6-1 集团客户价值评估模型

维度	指标
客户贡献维度 40 分	集团个人客户账单收入
	信息化收入
	统一付费收入
客户属性维度 40 分	集团员工数
	集团V网用户数
	移动信息化业务使用
	信息化水平
	移动签约时间
	集团个人客户离网率
客户影响力维度	行业/政策影响力
	收入/利税排名

A类集团客户指依据价值评估模型确定的前5%～10%的法人单位集团客户。A1类集团客户指A类集团中的高值客户,对中国移动的贡献率高,有稳定的当前现金收入,需求旺盛,重点是大型规模的集团客户。A2类集团客户指A类集团中的战略客户,客户综合条件好,有很好的行业影响力和社会影响力,潜在需求大,有战略意义。

B类集团客户指依据价值评估模型确定的价值得分次于A类集团客户、客户数量占比在20%～25%之间的法人单位集团客户。B1类集团客户指B类集团中的示范客户,企业规模中等,客户现实价值好,居于本行业或同类企业中的领先企业或典范企业,具有可复制性和示范效应。B2类集团客户指B类集团中的潜力客户,潜在价值高,也有着较好的现实价值,有较大的开发空间,未来收入来源增长较多。

C类集团客户指依据价值评估模型确定的后70%左右的法人单位集团客户。

D类集团客户指集团机构类型为个体经营户、聚类的集团客户。

2. 按照客户规模分类

中国联通公司按照集团客户的用户规模和出账收入等指标,将"联通新时空"集团客户分成5类客户。

A类集团客户约5%,用户数500人以上,移动收入月出账收入6万元以上,数据收入月均20万元以上。

B类集团客户约10%,用户数100～500人,移动收入月出账收入3万～6万元,数据收入月均10万～20万元。

C类集团客户约15%,用户数50～100人,移动收入月出账收入1万～3万元,数据收入月均5万～10万元。

D类集团客户约45%,用户数20～50人,移动收入月出账收入0.5万～1万元,数据收入月均3万～5万元。

E类集团客户约35%,用户数50人以下,移动收入月出账收入0.5万元以下,数据收入月均3万元以下。

邮政企业按大客户为企业提供的业务量和收入分类,将大客户分为省局大客户、市局大客户、县局(专业中心、分局)大客户、班组(支局所)大客户。对各级大客户实行分级服务与管理。

3. 按照集团客户机构类型分类

中国移动公司按照集团客户机构类型将其分为法人单位、个体经营户、聚类客户3类。

法人单位包括法人单位及法人单位所属的产业活动单位,如机关法人、企业法人、事业单位法人、社会团体法人和其他法人。

个体经营户指除农户外,生产资料归劳动者个人所有,以个体劳动为基础,劳动成果归劳动者个人占有和支配的一种经营单位。主要包括:①各级工商行政管理机关登记注册、领取《营业执照》的个体工商户;②经国务院民政部门和县级以上地方各级人民政府民政部门核准登记、领取《民办非企业单位(合伙)登记证书》或《民办非企业单位(个人)登记证书》的民办非企业单位。

聚类客户指具备以下条件的群体客户:①该群体内的成员非隶属于同一组织机构的员工;

②该群体内的成员具有相互联系的通信需求;③以个人名义或部分成员所隶属的组织机构名义订购了集团产品的群体客户,如田园聚类、校园聚类、同乡聚类、产业聚类等。

4. 按照所属行业分类

各运营商基本都对客户进行行业分类,因为不同的行业客户对通信需求具有不同的行业特点。

中国移动公司对集团客户的行业分类与《国民经济行业分类》相同,分 20 个行业大类。中国联通公司按照集团客户所属的行业特性将集团客户分为 13 个行业客户。

邮政企业将大客户分为行业性大客户和非行业性大客户。行业大客户可分为电信行业大客户、金融业大客户、建筑业大客户、制造业大客户等。同一个行业内还进一步细分,具体执行国家统计局发布的国民经济行业分类标准。行业性大客户对邮政业务的使用往往体现在总量的规模性和易推广性、品种的同一性、价格的可参照性。对行业性大客户,省局大客户中心和各专业局承担着开发与服务的重要责任,一旦在省级层面开发成功,对各市局大客户的开发将起着非常重要的导向作用。

5. 按照集团客户经营区域类型分类

中国移动公司按照集团客户经营区域类型,将集团客户分为跨国集团客户、跨省集团客户、本地集团客户 3 个类别。

6. 根据集团客户战略地位分类

根据集团客户对于企业经营的战略地位,可以将集团客户划分为不同的类型。中国联通公司按照客户群发展策略将集团客户分为政要客户、金融客户、大企业客户、中小企业客户。其中政要客户包括工商、卫生、公安、军队、非公务通信社会化改造、教育、税务、交通等。

7. 按照客户使用业务情况分类

邮政企业按客户用邮种类划分客户,将大客户分为综合大客户、专业大客户。

综合大客户是指对邮政产品和服务呈多样性需求的客户。专业大客户是指对邮政产品和服务呈单一性需求且使用邮政业务量大的客户。专业大客户具体分为信函业务大客户、物流业务大客户、速递业务大客户、包裹业务大客户、报刊业务大客户、金融业务大客户、信息业务大客户、集邮业务大客户。

6.2 通信集团客户市场的特点

6.2.1 通信集团客户市场与公众客户市场相比较的特点

通信集团客户市场属于组织市场,一般组织市场的特征在通信集团客户市场中都有体现。集团客户市场与公众客户市场相比较,具有如下特点。

1. 集团客户需求是派生需求

集团客户使用通信企业的业务和服务是为了给自己的服务对象提供所需的商品或服务,对通信业务和服务的需求是由其产品的市场需求派生而来的,并且随着其产品需求的变化而变化。因此,通信企业需要关注最终购买者的购买模式。例如,银行使用短信业务帮助其实现储户的存取款提醒及消费提醒,储户欢迎这项服务,则银行客户满意度提高。在此基础上,一些银行扩大短信业务的使用范围,利用短信实现客户关怀或者市场调查的功能。使用通信业务,帮助了银行更好地服务其客户。

所以,运营商在提供给客户服务和业务时,除对现有标准化产品要能够提供一些个性化服务外,还要提高产品的柔性程度及可重构程度。

2. 购买者数量少、规模大

集团客户购买者数量比公众客户市场购买者数量少,但购买的数量和金额比公众客户市场大很多。而且,受政治、经济和自然条件的影响,通信集团客户在地理位置上更多集中在城市区域。相比之下,公众客户市场的人口分布更广泛。

3. 系统采购

组织购买者在大宗采购时,往往是购买一系列相互关联的产品或需要提供系统服务,一般不是零散购买不同产品再把它们组合起来。因此,更愿意从一个或少数供应商处购买成套产品或系统服务,常常采取招标的方式,寻找能够提供成套产品或系统服务的供应商。

对于通信集团客户来说,使用通信业务与相关单位和人员进行信息沟通交流以及集团群体内部便捷顺畅的通信是其机构运转和企业经营活动的重要保障。通信集团客户获取信息的渠道和手段较一般公众用户要多元化。而不同的通信业务有不同的信息传递特点,这就决定了通信行业集团客户对通信业务的需求是综合性的,通信集团客户既有强烈的集团群体内部通信的便捷高效需求,又要求在任何地点任何情况下与任何必须的另一方进行信息共享或沟通交流,他们对于综合的整体通信解决方案具有极高的要求。因此,在购买通信业务中,倾向于系统购买,即从一个运营商处购买一揽子通信服务。

4. 理性购买

由于组织采购经常涉及大笔资金和复杂的技术经济因素,对自身发展影响较大,因而常常要投入众多的人员和花费更多的时间来制定购买决策。因此,组织市场的采购是理性的购买,一般由内行的专业人员担任,有组织地制定购买决策。大宗购买需要详细的产品说明、书面的购买订单、细致的供应商调查以及正式的合同。

由于通信业务的使用对于集团客户自身运转和经营活动作用大、影响大,集团客户在对通信业务进行购买决策时,非常谨慎和理性,很少有感情色彩。集团客户要考虑通信业务所能够带来的便利、效率、节约等内在因素,根据企业的办公、生产、经营需要,企业的规模和经济实力等因素综合考虑,由企业领导层研究决定。大多数集团客户在需要付出较大的财务投入购买通信新业务时,需要经过深入了解、反复咨询,对可行性、性价比等问题进行一系列考证和研究后,才进行购买决策。因此,集团客户的购买属于理智型购买。

5. 需求价格弹性小

一般来说,消费者对商品价格更为敏感,而组织受价格变动的影响小,特别是在短期内。在购买条款中,组织用户更注重产品性能、规格符合需要,供货及时,服务可靠等,价格的重要性相对处次要位置。

通信集团客户所使用的通信服务与其经营公务活动联系紧密,通信产品使用量越大的集团客户，其经营公务活动对通信服务的依赖程度越高，同时他们对通信服务的水平与质量的要求就越高。服务水平和质量水平的高低一方面体现在通信网络的通信质量等硬件方面，另一方面还体现在通信运营商提供的通信方案是否能够最大限度地满足集团客户在工作和生活中对通信质量的基本要求、能否提供快速的通信连接、快速的通信故障处理能力、畅通的服务渠道以及服务人员与用户的沟通能力和及时反应能力等软件方面。集团客户对通信服务质量的要求高，对高质量的通信服务愿意支付相对较高的价格，而不会以通信质量降低为代价换取低价格，通信服务价格并非其主要关心的问题。

6. 供需双方关系密切

组织市场由于购买者人数较少，大客户对供应商更具重要性。供应商常常根据客户在技术规格和交货期等方面的特殊要求提供定制产品。因此，销售总是在合作密切、关系融洽的供需双方中达成。越来越多的供应商已经参与到企业客户的运营管理中，共同研究探讨产品质量、规格以及供货方式的改进。

通信集团客户的需求常常需要量身定制，通信企业必须要参与到客户的工作流程中，才能提供专业化、个性化的通信服务。因此，通信企业和集团客户之间联系密切，常常是互为客户，相互提供服务。

7. 采购专业化

组织购买必须遵守组织的采购政策、约束和要求，很多采购规定，如报价要求、建议书和购买合同等都是组织市场购买特有的。同时，一般消费者对所购买的商品不具备专业知识，而组织购买者的采购人员是专业人士，了解所购买的产品性能、质量、规格及技术等细节，对采购方法、谈判技巧也更专业。

通信集团客户市场的采购人员都是具有技术背景的专业人员，采购人员的专业见解对于服务供应很有影响。比如，在为客户提供移动代理服务器（Mobile Agent Server，MAS）等服务时，集团客户采购人员和技术人员的意见很重要，其意见很大程度上直接影响客户的选择。面临集团业务需求的专业化，运营商在为客户服务时，要提供详细的技术资料和特殊的服务，从技术角度说明其产品和服务的优点。

8. 直接采购

在组织市场中，很多采购都不经过中间环节，而是从生产商那里直接购买。一般来说，技术越复杂、价值越贵重越倾向于采用直接采购的方式。

在通信市场上，集团客户的购买也基本是直接从运营商处购买。

9. 参与购买决策的人较多，购买时间长

对于通信集团客户的购买，尤其是对一些重要项目的购买，参与购买决策的人较多，这些参与者是在某方面受过训练的专家，担负着自己所在部门的责任，受组织制定的各种政策、制度的限制和指导。

集团业务与产品的购买是一个较漫长的过程。尤其是行业应用的一些项目，从需求挖掘到意向性接洽，然后立项、与之相关的各项工作部署、申请、施工、测试，最后交付客户使用，整个过程涉及部门、人员繁多。很多项目的实施往往经历了很长时间，所以针对集团客户特点以及业务特点,通信企业会在项目立项时,就由项目经理牵头成立一个包括客户经理、技术支撑、网络部门、工程部门等相关人员的项目团队,专门为某集团客户进行项目的开发和实施。

6.2.2 通信集团客户需求特征

通信集团客户需求的如下特征给运营商经营活动带来了机会和挑战。

1. 通信集团客户需求的 3 个层次

通信集团客户的通信需求可以分为 3 个层次:基本通信需求;拓展通信需求,包括互联网接入和应用服务等增值需求;整体通信需求,即个性化通信需求,包括行业应用服务。随着全社会信息化建设的日益推进,许多集团客户对业务的需求层次不断上升,从最初的基础电信业务需求上升为目前的整体方案需求。这意味着运营商们不仅要了解自己的产品和业务,还需要对用户的行业有深入的了解,这样才能满足用户高层次的业务需求,提升服务能力。目前,针对通信集团客户需求的 3 个层次,运营商提供的相应业务如表 6-2 所示。

表 6-2 通信集团客户需求层次

基础语音业务	固定语音业务
	移动语音业务
	长途语音业务
	电话会议业务
	企业短信业务
	被叫集中付费
	语音热线查询
互联网相关业务	物理网络接入
	无线网络接入
	网络托管业务
	物理专线租赁
	无线专线业务
	网络外包服务
	网络内容增值
行业应用业务	定制铃音业务
	通用型增值
	视频网络业务
	定制行业增值

(1) 基本通信需求

基本通信需求包括基础语音业务以及基础通信产品。

基础语音业务帮助集团客户解决基本的语音通话需求,如固定电话和移动电话等业务。

以基础语音业务为主的时代,客户注重的是基本通话质量的保障和资费能否进一步降低。

基础通信产品就是建立在语音套餐类业务基础上,以集团成员间的语音服务作为主要产品内容的集团产品,如移动总机、VPMN集团间虚拟网等,这类产品能够提供用户成员间的通话资费优惠,帮助运营商稳定集团成员市场。

基本通信需求阶段的主要特点为:IT、电信融合不明显,信息系统采取分离的设计、采购、建设、维护的方式;对电信业务需求集中在标准化的电信产品,以及基于标准产品的质量保证;重视电信服务商在售前、售中、售后环节的服务表现以及标准化的服务水平承诺。

(2) 拓展通信需求

拓展通信需求是增值需求,包括互联网相关业务、信息化应用产品等。

互联网相关业务满足集团客户互联网访问和高速数据传输等需求,如宽带上网等业务。

信息化应用产品则是针对企业的实际情况,直接或间接需要利用企业IT系统才能实现的通信类集团产品。比如,手机邮箱产品需要在客户侧建立相关的软硬件系统,与客户的内部或者外部的邮件网络相连接,从而实际实施收发邮件、并严格保密的集团客户产品。

增值需求阶段的主要特点为:IT、电信需求开始融合,信息系统设计、采购、建设、维护趋向一体化;需要提供基于自身行业属性、应用属性的电信产品解决方案,要求提供端到端的解决方案及服务水平承诺(Service Level Agreements,SLA);重视核心业务的信息技术风险,开始接受服务的附加价值,要求服务提供商对重点业务提供专项支持服务。

(3) 整体通信需求(个性化需求)

行业应用业务是帮助集团客户提高生产运营效率,满足集团客户向信息化深化的集团客户业务,如企业邮箱、视频监控等业务。集团客户希望最适合的信息化应用能够融入到企业日常管理运作信息化的过程中。

行业应用产品即针对某一行业或特定用户群专门实现的集团产品,如针对医患的医讯通、针对农村客户的农信通、针对在校师生及家长的校讯通等。这些产品不是一个产品的简单应用,而是结合了目标客户的实际情况,将两个以上通信产品相结合的结果,包含短信服务、通话套餐、无线网络传输、邮件收发等多个方面,以满足客户的整体需求。

中国移动公司以产品与客户端应用系统结合的紧密程度作为分类标准,集团客户产品划分为简单型、配置型和开发型3种类型。3种不同类别产品对应的具体产品如表6-3所示。

表6-3 中国移动集团客户产品分类

集团产品类别		产 品
简单型	无须接入客户内部应用系统的产品和业务	短信集群网、集团彩铃、企业名片、企信通、综合VPMN、企业邮箱
配置型	接入客户系统,但无需移动或合作伙伴进行二次开发的产品和业务	移动总机、移动800、小区短信、手机邮箱、MAS信息机、短信直联、GPRS企业接入、集团彩信、IP专线、校讯通、农讯通
开发型	接入客户系统,且需要移动或合作伙伴进行二次开发的应用解决方案	银信通、企信通(中小企业信息平台)、警务通、医药通、政务通、物流通、其他个性化解决方案

整体需求阶段的主要特点为：IT、电信完全一体化或大部分一体化，从整体信息资源角度整合信息系统的设计、采购、建设、维护；要求服务提供商能够实现灵活动态的服务提供方式，要求提供基于自身信息系统架构的服务水平承诺；需要从自身业务需求、财务需求、知识需求出发，要求服务提供商提供满足自身多元需求的专业化服务。

2. 通信集团客户的需求总体特点

（1）对通信的高质量、高安全性、高稳定性需求

通信集团客户对通信信息服务的第一需求是高质量、高安全性和高稳定性，因为通信服务质量直接对集团客户的运转和经营活动产生影响，而如果通信服务产生故障，其后果常无法弥补，损失无法估量。如银行、债券交易、交通等行业对通信服务质量缺陷都是零容忍。

（2）综合通信服务需求

集团客户对信息产品的需求涵盖了多极化需求，多样性的行业信息化方案、高性能、高科技的多元化产品才符合集团客户的需求。

（3）对新业务的需求相对强烈，对信息化的需求与日俱增

现代公司的信息化需求与公司信息化、IT系统的建设日益紧密，他们已经认识到通过信息化带动公司组织结构、业务流程、业务开拓的发展的重要性。通信集团客户的信息化需求程度要高于一般的普通用户，他们愿意花费更多的费用用于公司的信息化建设。通信行业作为信息产业的上游产业，是信息技术的应用者。信息技术的飞速发展使得通信运营商不断开发出丰富多彩的增值业务来满足发展的需求。

（4）通信集团客户对于运营商的完备服务和快速反应提出了更高要求

通信集团客户需要运营商提供更高水平的服务，运营商从产品功能到服务功能、从技术培训到产品维护、从质量服务到客户关系维护等都要有完备的服务体系来满足集团客户的服务需求。同时，集团客户需要运营商对其提出的通信需求和服务改进能够快速反应，及时解决问题。为此，通信运营商内部各个部门要密切协作，协同服务贯穿于售前、售中和售后的全部过程。

（5）品牌优势

集团客户在选择产品时，青睐于产品本身的品牌效应，因为品牌优势在某种程度上反映了产品本身的完备性和权威性，同时也能迎合集团客户彰显行业地位的要求。

特别关注

集团客户灾备管理需求

灾备管理包含灾难前的备份与灾难后的恢复两层含义。2004年，国务院信息化办公室下发了《关于做好国家重要信息系统灾难备份的通知》。为加强和规范重要信息系统的灾难恢复工作，2005年4月，国务院信息化办公室制定并发布了《重要信息系统灾难恢复指南》。要求包括银行在内的8个重要行业必须重视信息安全应急处理工作，切实保证重要信息系统的抗毁和灾备能力。

灾备项目的一次性投入大、运营成本高、系统工程涉及专业广泛、建设周期长等特点使灾

备项目外包成为许多集团客户的当然选择,而电信运营商成为承接灾备服务外包工作的最佳供应商。因为电信运营商在网络通信、机房基础设施的建设和维护方面具有丰富的经验和专业的技术支持队伍,能够提供专业化的服务,尤其是在灾难备份中心后期维护、演练的过程中,更能够提供多工种、全天候的支持团队,随时保证灾备中心处于稳定运行状态。

中国电信自从2005年成功承接了第一个提供全方位服务的灾备外包项目——中信控股有限责任公司灾备项目后,该业务迅速增长,成为中国电信战略转型后的重要支撑业务之一。

中国电信提供的灾难备份服务为全面的外包服务,服务内容包括基础设施保障、数据备份、数据处理、网络及通信、业务持续咨询、灾备恢复、增值服务。中国电信为金融客户提供灾备服务如图6-1所示。

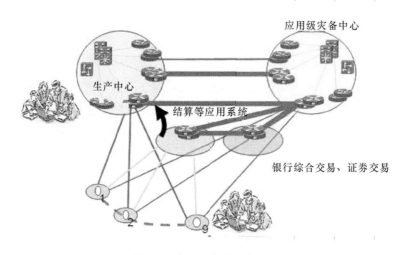

图6-1 中国电信的灾备服务

《重要信息系统灾难恢复指南》将灾难恢复能力划分为6级,如图6-2所示。

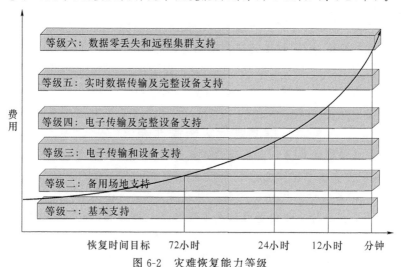

图6-2 灾难恢复能力等级

等级一:基本支持。要求数据备份系统能够保证每周至少进行一次数据备份,备份介质能够提供场外存放。对于备用数据处理系统和备用网络系统,没有具体要求。

等级二:备用场地支持。在满足等级一的条件的基础上,要求配备灾难恢复所需的部分数据处理设备,或灾难发生后能在预定时间内调配所需的数据处理设备到备用场地;要求配备部分通信线路和相应的网络设备,或灾难发生后能在预定时间内调配所需的通信线路和网络设备到备用场地。

等级三:电子传输和设备支持。要求每天至少进行一次完全数据备份,备份介质场外存放,同时每天多次利用通信网络将关键数据定时批量传送至备用场地。配备灾难恢复所需的部分数据处理设备、通信线路和相应的网络设备。

等级四:电子传输及完整设备支持。在等级三的基础上,要求配置灾难恢复所需的所有数据处理设备、通信线路和相应的网络设备,并且处于就绪或运行状态。

等级五:实时数据传输及完整设备支持。除要求每天至少进行一次完全数据备份,备份介质场外存放外,还要求采用远程数据复制技术,利用通信网络将关键数据实时复制到备用场地。

等级六:数据零丢失和远程集群支持。要求实现远程实时备份,数据零丢失;备用数据处理系统具备与生产数据处理系统一致的处理能力,应用软件是"集群的",可实时切换。

中国电信提供4个不同等级的灾难备份服务,分别对应国信办《重要信息系统灾难恢复指南》不同的等级,如图6-3所示。中国电信给中信控股提供了实时数据备份及业务快速恢复服务。

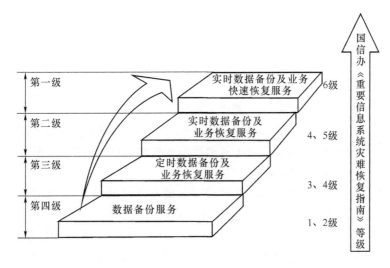

图6-3 中国电信的灾备服务

6.3 通信集团客户的购买行为

6.3.1 通信集团客户的购买类型

1. 根据购买决策复杂程度不同分类

通信集团客户在进行一项采购时,面对很多决策,按照采购所需作出的决策数量和复杂程度，可以将集团客户的购买分为直接重购、修正重购和新购 3 类。

（1）直接重购

直接重购是用户按照常规持续购买。集团客户采购部门根据过去的订购目录和要求继续向原来的通信企业订购业务和服务，不做大的变动，可能有数量上的调整。

直接重购中，集团客户所作出的购买决策数量最少，决策简单，集团客户将向已确定的提供商采购看作是例行公事。对于通信企业来说，要继续保持通信业务质量和服务水平，努力降低成本，以稳定现有的客户。对于未进入客户视野的通信供应商，可以争取小部分业务服务订单，努力促使客户通过使用、比较，重新考虑通信服务供应源。

（2）修正重购

修正重购是用户要求修改采购条件，如业务种类、价格、付款条件等，然后再进行订购。

修正重购的购买决策相对复杂一些，参与购买决策的人员也会多一些。如果客户要进行某些方面的调整和改变，就可能改变服务提供商，或要求与原服务商重新洽谈、协商。修正重购对原服务提供商来说是威胁，他们需要努力达到客户的要求，以保证自己的提供商地位；而对于新提供商来说是机会，他们有机会通过提供更好的业务和服务来获得定单。

（3）新购

新购是客户的初次购买。

新购的购买决策复杂，参与购买决策的人数多。新购中，购买者需要对购买的业务种类、价格范围、交易条件、服务条件、支付条件、购买数量、可接受的服务商及所选定的服务商等方面内容作出决策。

新购情况下，对所有的通信服务商来说都是机会。因此，通信企业常常成立专门的销售团队，尽可能多地接触主要的采购参与者，向其提供有用的信息和协助。销售团队常常为新购买者建立整体通信解决方案，通过提供充分的参考资料和沟通，使客户的行动和公司的销售行动一致。

一旦获得客户，通信服务商会努力为其提供附加价值，以促使其重复购买。

2. 根据购买决策动机不同分类

在通信市场上，公众客户对通信业务的购买是满足使用的需要，购买动机简单，购买方式也相对简单，一般通过营业厅、客户热线、互联网或代理商进行通信业务的购买，在指定的地点、以指定的方式缴纳通信费用。而通信集团客户的购买除了一般性的满足使用需要的动机外，还有其他方面的考虑。根据购买决策的动机不同，可以将购买分为直接购买、经营购买和合作购买 3 类。

（1）直接购买

直接购买的购买动机是单纯为了使用通信业务和服务。

由于集团客户购买专业性强、购买批量大、客户数量少、社会影响大，所以各大运营商均设立专门的集团客户服务机构，由专职的集团客户经理上门提供服务，并签订购买合同。在通信市场，直接购买是集团客户主要的购买方式。针对集团客户直接购买的特点，各运营商都建立集团客户部，对集团客户按名单制管理，提供一站式服务，即提供一点受理、一点付费、一点申告的服务和端到端全面的解决方案。

(2) 经营购买

经营购买的购买动机是经营。

许多集团客户本身就掌握一定的市场,或者其本身就具有一定规模的市场,这样的集团客户或出于政策的原因,或出于获利的目的,需要对单位内部二次运营通信业务。如电力、钢厂等集团客户,一般都建有内部的专网,通过租用运营商的出口,实现与公网的连接,而这些客户内部的通信市场,运营商则无法介入,而是由客户自己的通信管理部门来负责通信服务的提供。大学、大型写字楼、工业园区等则向通信运营商批发通信业务,在自己控制的范围内进行通信业务的经营活动,以获取利益。许多集团客户同时也是运营商的代理商。

(3) 合作购买

合作购买的购买动机是合作,以合作为条件而进行的购买。

只要有可能,集团客户购买者往往选择那些购买自己产品的运营商作为供应商。彼此相互购买对方的产品并相互给予优惠。这样有助于双方建立更为稳固的产销关系。主要有业务置换、利益共同体和资源共享等方式。

第一,业务置换。

业务置换是指运营商和其集团客户互相采购对方的产品,并相互给予优惠的一种关系。如运营商使用某银行的金融业务,换取该银行使用其数据电路组建内部局域网;IT 公司使用通信运营商的业务,也要求运营商购买其网络产品等。业务置换是激烈竞争的产物,也是一种较为稳固的产销关系,因此成为运营商和其集团客户都互相追求的一种合作购买方式。

第二,利益共同体。

利益共同体是指运营商和其集团客户共同合作经营某类业务,形成一荣俱荣、一损俱损的关系。如商旅服务类的集团客户使用某运营商的呼叫中心平台,双方共同经营,收入分成;某集团客户利用运营商的收费渠道代收费,双方分成。集团客户与运营商要成为利益共同体,应具备一定的条件,即双方有共同的市场,在营销手段上可以互补。

第三,资源共享。

资源共享是指集团客户与运营商共享双方的市场客户资源、营销资源、技术资源等,以达到 1+1＞2 的效果。如某集团客户与运营商共享客户资源,大大减少了培育客户关系所需的营销成本,信息共享提高双方的竞争力;某银行与运营商共享技术资源和市场资源,推出既可打电话又可消费的联名卡业务等。

根据集团客户的购买特点,运营商必须努力构建与集团客户的合作模式,这种合作模式突破了简单的买卖关系,使双方互为甲乙方,通过深层次的业务合作,建立稳定的合作关系,以应对竞争,降低购买成本,实现双方的利益最大化。

6.3.2 通信集团客户购买过程的参与者

集团客户的购买参与者是指那些参与购买决策过程的个人和群体。所有参与购买决策过程的人员构成采购组织的决策单位,市场营销学中称之为"采购中心",采购中心的所有成员在采购决策过程中扮演了 7 个角色:发起者、使用者、影响者、采购者、决策者、批准者以及信息控制者。

（1）发起者即提出采购需求的人，他们可能是使用者或组织中的其他人。

（2）使用者即企业将要实际使用通信业务和服务的人员。使用者一般也是采购该业务和服务的建议者，并在计划购买何种业务、规格的决策上有较大影响。

（3）影响者即直接或间接对采购决策有影响的人员。他们参加拟定采购计划、协助确定采购业务和服务的技术要求、规格等因素，如工程师审查产品标准，会计师审查成本费用等。

（4）决定者即有权决定采购项目和供应者的人。在交易大而复杂的情况下，企业的关键决策者是有权签订高额订单或协议的人，如采购经理、生产主管等。小型企业的购买决策权也可直接由厂长（总经理）担当。

（5）批准者即有权批准决定者或购买者所提方案的人。

（6）采购者即被企业正式授权具体执行采购任务的人员。对于简单的、重复的购买行为，采购者往往就是决策者。对于数额较大、较复杂的购买活动，采购者可以起参谋作用。

（7）信息控制者即指在企业外部和内部能控制市场信息流转到决策者、使用者的人员，如企业的采购代理商、接待员、电话员和秘书以及为购买决策提供必要信息资料的技术人员等。

在"采购中心"中，上述 7 种人员凭借他们的权威、资历、影响力和说服力的不同，在购买决策过程中充当不同的角色，发挥不同的作用。但"采购中心"并不是组织内部一个固定和正式划分的单位，其规模和人员组成也会随着不同的产品和不同的购买情况而发生变化。对于一些日常购买，一个采购人员就可以承担"采购中心"的所有角色，可以是唯一的决策者。对于复杂的购买，"采购中心"会包括来自组织内部不同层次和部门的许多人员。

6.3.3 影响通信集团客户购买行为的主要因素

1. 影响集团客户购买行为的因素

影响通信集团客户购买行为的因素有很多，主要影响因素如表 6-4 所示。

表 6-4 影响电信集团客户购买行为的主要因素

环境因素	组织因素	人际因素	个人因素
经济前景	企业目标	地位	年龄
需求水平	组织结构	职权	个性（个人价值尺度）
技术创新	购买政策	志趣	教育水平
政治法律	规章制度	说服力	工作职务
市场竞争	工作流程	影响力	风险态度

（1）环境因素

环境因素指集团客户外部、周围的环境，包括经济前景、需求水平、技术创新、政治法律、市场竞争等。

① 政治法律环境。政治环境难以预测，而政治环境带来的影响有时是非常关键的。法律法规、政府产业策略等如果倾向于支持、鼓励某产业发展，有关的生产者就会增加投资，也就会增加对通信业务和服务的购买。

② 经济环境。如果经济景气，市场需求看好，会促使企业扩大投资和购买。相反当整体的经济环境不景气或者是出现较大的滑坡时，企业的投资项目减少，企业利润受到影响，通信集团客户的购买也会受到抑制。

③ 技术环境。技术的发展会改变产业结构，也会影响组织的采购方式。技术更新变化越快，采购团体的主导中心作用会越下降，当技术变革非常明显时，技术、工程人员在采购中的作用会更加重要、突出，销售人员作为专业人士的一份子，谈判地位在某种程度上也有所提升。

④ 市场竞争环境。通信集团客户所处的市场竞争环境越激烈，其对改进效率、客户关系管理等方面的需求越迫切，对通信相关产品的购买会越积极主动。

(2) 组织因素

组织因素指通信集团客户自身的因素，如组织目标、战略、政策、组织结构、制度体系、工作流程等因素。例如，一个追求市场领先地位的企业会对效率更高、更先进的通信业务有浓厚的兴趣。在诸多组织因素中，组织中采购部门的情况和组织采购文化需要特别关注。

① 采购部门在组织中的地位。采购部门在组织中的地位决定了采购决策权力的分散程度，权力越分散，采购效率越低，过程越复杂，不确定性越大。

② 组织文化。组织文化主要是指组织的"个性"，如组织对成就、纪律、创新、勤奋的态度都会引导、影响采购成员的工作态度。采购团体内部的权力文化也就是每一个参与采购者对决策的影响程度，决定了采购决策是集权还是分权，决定了营销活动的难易程度。

(3) 人际因素

通信集团客户内部有个实际存在或虚拟存在的"采购中心"，与购买有关的人员在其中扮演着不同的角色，他们的职权、地位、态度、说服力以及相互之间的关系不同。通信服务提供商需要了解集团客户中有多少人参与决策，他们是谁，他们能够影响哪些决策，他们选择、评价的标准是什么，组织中对他们有什么要求和限制。

有的通信集团客户中的相关人员是该行业或该领域的带头人，有着很高的地位，他们能够在某种程度上影响该客户的采购决策，甚至影响同行业其他客户的采购决策。因此，通信企业需要发掘关键人物的感染力与说服力，实现对集团客户的销售。

(4) 个人因素

虽然供应品采购是组织、集团采购，但作购买决策的是个人，任何采购都是由人（采购组织成员）主持完成的。因此，采购难免受到个人因素的影响，这些因素包括个人的年龄、阅历、收入、家庭、受教育程度、职业特点、好恶倾向、动机、性格、习惯以及对风险的态度等。在个人因素中，个人的价值尺度和对降低风险的态度值得关注。

① 个人价值尺度。评价尺度适用于比较供应商的产品及服务，但采购成员对同一产品或服务的感觉和评价却不同，这种差异主要来自个人阅历、受教育程度、职业特点、好恶倾向、动机、性格、习惯以及对以往有关信息的理解和记忆等，最终形成对产品技术、个人成就与收益（含受领导赏识）、成本、使用效果、服务、品牌需求等不同程度的关注。客户一般具有各种各样的个性，这导致了采购行为的不同，客户一般倾向于采购与其具有相似"个性"的产品，或者采购那些可以强化并提高自我个性的产品。

② 对降低风险的态度。每一个采购成员都有回避和减少采购风险的强烈愿望。风险主要来自于决策结果不确定、决策错误带来的后果、专业知识与信息的局限等。一般直接重购和修订重购的风险较小，组织倾向于形成规范、系统的采购程序，主要由个人决策；当企业面临修订重购和新购时，一般倾向于采用集体决策。

2. 集团客户在选择运营商时重点考虑的因素

（1）通信产品的质量。集团客户使用电信产品最基本的目的就是为了满足工作和生产经营活动的需要，与个人用户相比，对通信产品的质量有更高的要求。

（2）通信产品使用的延续性。集团客户需要对通信产品的使用有较大的延续性，一旦选定了某家运营商并接受了该家的通信产品，就不会轻易改变，否则可能会付出更高的代价。

（3）运营商的品牌。良好的品牌往往意味着良好的产品质量和服务质量，同样，对注重品牌的企业来说，也会选择有良好信誉品牌的运营商。

（4）通信价格。虽然集团客户的电信业务需求缺乏弹性，受电信资费价格涨落的影响较小，但通信费用也是企业内的一项成本支出，需要认真核算，特别是对小型、效益相对较差的企业来说，更是如此。

（5）服务质量。售前和售后的服务对集团客户至关重要，因为这是维系通信质量的保证。

6.3.4 通信集团客户购买行为阶段

1. 通信集团客户购买行为

组织购买行为指各类组织机构确定其对产品和服务的需要，并在可供选择的品牌与供应商之间进行识别、评价和挑选的决策过程。通信集团客户的购买行为即是通信集团客户在确定其对通信业务和服务的需要，并在可供选择的提供商和品牌之间进行识别、评价和选择的决策过程。

典型的通信集团客户的购买行为分为 8 个阶段，但对于不同的购买类型，购买行为的阶段又不同，在新购的情况下，要经历这完整的 8 个阶段，在直接重购和修正重购的情况下，某些阶段会简化或跳过。

不同购买类型经历的购买行为阶段如表 6-5 所示。

表 6-5 不同购买类型经历的购买行为阶段

		购买类型		
		新购	修正重购	直接重购
购买阶段	1. 认识需要	有	可能有	没有
	2. 确定需要	有	可能有	没有
	3. 说明需要	有	有	有
	4. 物色供应商	有	可能有	没有
	5. 征询供应信息	有	可能有	没有
	6. 选择供应商	有	可能有	没有
	7. 正式采购	有	有	有
	8. 绩效评估	有	有	有

2. 通信集团客户购买行为的 8 个阶段

通信集团客户购买行为可分为以下 8 个阶段。

（1）认识需要。通信集团客户的正常经营和运转，是将一定的投入通过中间环节转换为输出的过程。在这个过程中必然对通信业务和服务产生需求。当有关人员认识到要购买某项业务或服务以满足组织需要时，采购过程就开始了。需要的产生可能因为内在的或外在的刺激引发的。从内部因素看，常见的原因是：组织推出一种新产品或服务，对通信业务和服务产生新的需要；原有通信业务和服务提供量不能满足需求；原有通信业务和服务不尽如人意，需要寻找新的提供商；采购负责人认为还有可能找到更质优价廉的提供商，需要重新寻找。从外部因素看，采购者受到销售者的营销刺激，如推销介绍、广告等，也可能使其产生购买的欲望。

（2）确定需要。认识了某种需要之后，采购者便着手进一步确定所需通信业务或服务的特征和数量。对于通用的标准化通信业务和直接重构来说，这一阶段并不复杂，一般由采购人员直接决定即可。但对于非标准化产品或修正重构和新购而言，采购人员要和使用者、技术人员等共同研究才能作出决定，必要时还要辅之以图纸、文字说明，以弄清所需业务种类的特征和数量。

（3）说明需要。总体需要确定以后，就要对所需产品从技术和经济两个方面，详细说明该项需要的类型、型号以及经济性能。对于复杂的购买项目，需要请有关专家进一步对需购通信产品类型进行论证和价值分析。在价值分析时，一般就如下问题做出回答：使用该通信业务能否增加价值；该业务的价格与用处是否成比例；该通信业务的所有特性是否都是必需的；就某一用途而言，还有没有其他更好的通信产品；能否找到可以使用的标准产品。通过价值分析，往往能够对企业生产所需的各种通信业务和服务实行标准化或重新设计，从而降低运营成本。专业人员依据最佳通信产品的特征拟定详细的说明书，以便采购人员购买符合预期标准的产品。

（4）物色提供商。采购人员会对通信业务和服务的提供商进行对比，广泛搜集资料，对通信业务提供商的业务提供、人员配备、服务及信誉等方面进行调查和综合评估，从中选出理想的提供商作为备选。

（5）征寻供应信息。向被列入提供商名单的企业发涵，请他们提供通信业务和服务说明书和报价单等有关资料。采购人员通过对报价单的分析，和报价合适的供应商进一步洽谈。

（6）选择提供商。即购买决策者对于合适的通信服务提供商及其报价进行全面的评估和权衡，以确定最终的提供商。选择供应商考虑的因素主要有企业服务能力、通信业务和服务的质量和类型、业务和服务的价格、企业信誉及历来表现、维修服务能力、技术和生存能力、财务状况、客户关系建设情况、地理位置和方便性等。采购人员在不同的情况下，对上述条件的重视程度会有所不同，有的集团客户会从通信安全和竞争考虑，选择两个提供商。

（7）正式采购。提供商一经决定，采购部门就要给选定的提供商发出采购订单，列出所需通信业务和服务的技术规格、拟购数量、付款方式、产品保证条款和措施等内容，并正式签订采购合同。

（8）履约评估和使用效果评价。合同签订之后，采购部门就要考察提供商的履约情况，以决定今后对该提供商的态度。购进通信服务后，采购部门还要及时与使用部门联系，了解他们的使用情况和满意程度，并通过搜集本单位使用部门对提供商所供业务和服务的意见，从不同的角度对使用效果进行全面评价,以决定是否继续购买。

特别关注

CRM 和 PRM 在通信集团客户营销中的应用

1. CRM

在集团客户营销支持体系中,CRM 是最核心、最具有主体地位的一个系统。因为它最为集中地体现与实现了以客户为中心、为导向的营销价值理念,也是营销中最重要、最关键的一个控制点与管理层面。通过这一平台,能够整合和发挥通信企业资源的优势,优化管理方法对客户进行系统化研究。通过对有价值客户进行识别、挖掘、研究和培育等措施,改进对客户的服务水平,提高客户的价值、满意度、赢利性和忠诚度,并缩减销售周期和销售成本,寻找扩展业务所需的新的市场渠道,为通信企业带来更多的利润。

2. PRM

(1) PRM 的基本理论

合作伙伴关系管理(Partner Relationship Management,PRM)是企业的销售、营销、客户服务以及其他企业功能向合作伙伴的引申,它的目的是建立更具合作性的渠道伙伴关系。

客户的要求越来越严格,市场越来越全球化和分散化,企业难以独自有效地满足客户的全部需要和更好地服务于客户。因此,企业需要与商业伙伴合作,共同为客户服务。商业伙伴包括供应商、代理商、联合的产品开发者或是外购服务的供应商等。PRM 是企业选择和管理合作伙伴的战略和系统,主要用以优化企业的价值。从效果上看,意味着企业需要选择正确的合作伙伴,与其协同工作并共同成功。在处理共同客户方面,企业需要确保合作伙伴和终端客户都能感受到满意和成功。

(2) 集团客户营销中的 PRM

信息时代要求通信企业必须与上游的设备制造商和下游的应用服务提供商合作,形成良好的合作关系,才能不断推出对电信客户有吸引力的产品,在激烈的市场竞争中取胜。

对于通信企业来说,PRM 管理的主要对象是:第一,内容服务商。目前的电信业务多种多样,通信企业由于资源的有限性和维护其核心竞争力的需要,必然不能独自完成这些业务的提供和服务,他们必须引入服务的第三方,由他们来提供运营商无法提供的内容服务(天气、新闻、运动、游戏等)。第二,社会渠道成员。通过 PRM 加强对社会渠道的掌控,拓展市场并给用户提供更多的便利。第三,整合客户信息提供给上游通信产品的生产企业和下游应用服务的提供商,使他们快速调整,迅速推出新的产品以适应市场的变化。客户服务管理与 PRM 的应用整合使得大规模定制成为可能,它在提高客户服务质量的同时,简化了整个需求判断的过程,企业只有提供那些能够符合客户特定需要的产品和服务才能长久地获得竞争优势。

在集团客户营销中,有的集团客户是共同开发市场的合作伙伴,与运营商是合作共赢关系,通过将集团客户纳入 PRM 管理系统,能够实现更进一步的市场扩展。

案例分析

中国电信政企客户品牌——商务领航

中国电信凭借互联网接入资源,通过"蓝色魅力"、"理想商务"这些地方性品牌的探索后,于 2005 年率先推出"商务领航"政企客户品牌。

1. 商务领航的含义

商务领航英文名称"BizNavigator"。"商务"代表该品牌的主要服务对象是商务客户。"领航"有双重含义,首先,它代表企事业客户的追求——成长为本行业的舵手和领航者;其次,它代表中国电信为用户提升价值的实力和地位,选择"商务领航"的客户具有领先行业的远见卓识。"商务领航"以"融合信息应用,远见成就价值"为品牌核心内涵;商务领航是依托中国电信的品牌、产品、服务、网络、渠道和客户资源优势,利用中国电信企业信息化综合服务平台,将众多 IT 软、硬件产品与电信的基础通信业务和增值业务相融合,为满足政企客户信息化需求而提供的综合信息应用服务。

2. 商务领航提供的应用

商务领航针对不同类型企业客户的综合通信和信息需求,提供通信应用、信息应用、行业应用,以满足客户提升企业形象、降低运营成本、增加商业机会、促进业务增长、提高工作效率及一站式服务等方面的需求。

"商务领航"提供的服务主要是:①行业解决方案;②包括 IT 服务和 IP 网络集成解决方案在内的企业信息化方案;③包括网管专家、全球眼、客户响应中心、数据备份、IT 运维外包等一站式的 ICT 整体服务。

目前,中国电信行业解决方案主要分为:①政府类,包括交通行业解决方案、公安系统解决方案、电子政务外网解决方案;②运营商类,包括电信运维流程支撑系统方案、运营支撑系统 OSS 解决方案;③企业类,包括 IT 服务解决方案、IP 网络集成解决方案;④金融类,包括金融行业解决方案;⑤行业客户类,包括矿产行业解决方案、制造行业解决方案、电力行业解决方案;⑥聚类客户,如大型企事业平台解决方案。

3. 商务领航的优势

(1) 降低使用门槛。不需要购买软件系统,不需要服务器,也不需要维护费用,仅仅需要按月支付系统租用费。

(2) 维护专业迅速。由中国电信提供专业、高效、长期稳健的各种信息化系统的运营服务,免费、及时、专业的信息化系统升级服务使得企业可以随时享用业界最新的系统。

(3) 产品应用丰富。商务领航包括了面向特定客户的解决方案/套餐系列、客户服务和忠诚度计划,商企客户可以根据不同的需求选择不同的信息化产品、产品组合、资费套餐组合服务。

商务领航作为综合信息服务提供商,提供品牌、平台、接入和渠道,负责业务的组织、运营、销售和管理,并为客户提供统一的服务界面。商务领航实际也是个集成平台,集成了设备提供商、应用提供商、客户提供商等的资源,为集团客户提供统一的服务,成为产业链的主导。商务领航的产业链合作关系如图 6-4 所示,EP(设备提供商)主要负责提供客户信息化应用所需的硬件产品,并提供技术支持;AP(应用提供商)主要负责提供客户信息化应用建设的软件产品,并提供技术支持;CSP(客户服务提供商)主要负责提供面向客户的 IT 代维、代管及信息化建设的规划与实施。

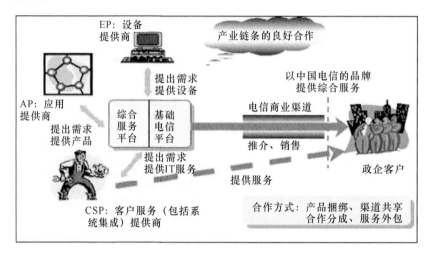

图 6-4　商务领航的集成服务

分析点评

商务领航不仅促进了中国电信的收入增长,更深度绑定了政企用户及后端的设备制造商、服务提供商等,强化了中国电信的信息产业链控制地位,有效提升了市场竞争力。在固网市场衰落的情况下,商务领航标志中国电信战略转型的成功,对中国电信战略意义的重要性与日俱增。

思 考 题

1. 什么是通信集团客户?通信集团客户是如何分类的?
2. 通信集团客户市场有什么特点?
3. 通信集团客户的购买类型有哪些?
4. 通信集团客户购买决策中有哪些参与者?
5. 通信集团客户购买行为有哪些阶段?
6. 如何进行通信集团客户关系管理和合作伙伴关系管理?

第 7 章　通信目标市场战略

> **本章导读**

7.1　通信市场细分
7.2　通信目标市场选择
7.3　通信市场定位
案例分析：SK 电讯的市场细分策略；邮政特快专递业务的市场定位

现代企业营销战略的核心被称为"STP"营销,即细分市场(Segmenting)、选择目标市场(Targeting)和市场定位(Positioning)。企业在市场营销环境分析的基础上,实行市场细分化、目标化和定位,是决定营销成败的关键。

目标市场营销分为 3 个步骤,如图 7-1 所示。第一步是市场细分(Market Segmentation),即根据购买者对产品或营销组合的不同需要,将市场划分为不同的顾客群体,并勾勒出细分市场轮廓的行为。第二步是选择目标市场(Market Targeting),即评估每个细分市场的吸引力,进而选择要进入的一个或多个细分市场的行为。第三步是市场定位(Market Positioning),即为产品和具体的营销组合确定一个富有竞争力的、与众不同的位置的行为。本章将论述通信市场细分、目标市场选择和市场定位的相关具体内容。

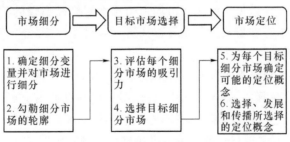

图 7-1　目标市场营销的步骤

7.1　通信市场细分

7.1.1　市场细分的概念和理论依据

1. 市场细分的概念

市场细分是由美国市场营销学家温德尔·斯密于 1956 年在《市场营销战略中的产品差异

化与市场细分》一文中提出的。他主张凡是市场上的产品或劳务的购买者超过两人以上者,这个市场就有被细分为若干小区域的可能。这一主张顺应了二次世界大战后美国众多产品由卖方市场向买方市场转变这一新的市场形式,因此,受到了广泛的认可并被誉为创新性的新概念,成为一个重要的市场营销理论。

所谓市场细分,是指企业根据消费者之间需求的差异性,把一个整体市场划分为若干个消费者群体,从而确定企业目标市场(Target Market)的活动过程。每一个需求特点类似的消费者群体叫做一个细分市场(Market Segment)。满足顾客需求是企业生存和发展的基本条件,客观地讲,除极个别的产品外,顾客对绝大多数产品的需求特点存在较显著的差别。市场细分实际上就是致力于分析、确认顾客需求的差别,按照"求大同,存小异"的原则,将一个错综复杂的具体市场划分为若干个部分,使各个部门内部的异质性减少,而表现出较多的同质性。需要特别指出的是,市场细分不是根据产品分类进行的,而是从消费者角度划分的。

2. 市场细分的理论依据

(1) 顾客需求的差异性是市场细分的内在依据

消费者个人由于地理、文化背景、社会地位、价值观、审美观、年龄、性别、职业、教育、生活方式、经济情况等方面的差异形成了各种各样的兴趣、偏好,对商品的性能、质地、价格、款式、色彩等有不同的要求,体现出对商品需求的差异性。

顾客的需求模式大致有以下 3 种。

第一,同质型偏好。即市场上所有的顾客有大致相同的偏好,企业可提供一种产品满足他们。如果通信市场中的所有用户都对价格低廉、式样中庸的手机有相同的偏好,在这样的条件下,企业针对这个市场所推出的产品特性必然比较集中,几乎不存在细分市场的问题。

第二,分散型偏好。分散型偏好表示市场上的顾客对产品属性的偏好高度散布在整个市场空间,对于产品的需求存在着较大的差异。在这种条件下,如果企业只推出一种产品,则很难满足顾客的差异化需求。

第三,群组型偏好。市场上出现几个群组的偏好,客观上形成了不同的细分市场。这时,进入市场的企业有 3 种选择:一是定位于中央,以尽可能得迎合所有顾客群体;二是定位于最大的或某一"子市场";三是发展多品牌,各自定位于不同的偏好群体。

(2) 企业资源的限制和进行有效竞争是市场细分的外在限制条件

现代企业由于受到自身实力的限制,任何一家企业都不可能向市场提供满足一切需求的产品和服务,也无法在市场营销中占据绝对优势。同时,为了进行有效的竞争,企业必须进行市场细分,选择最有利可图的目标细分市场,集中企业的资源,制定有效的竞争策略,以取得和扩大竞争优势。

3. 市场细分的发展过程

市场细分理论与实践的发展大体经历了以下阶段。

(1) 大量市场营销阶段(Mass Marketing)

19世纪末20世纪初,西方国家处于工业化初期,由于生产能力相对落后,商品供不应求,生产观念支配着企业的经营管理。大量市场营销是指企业大量生产某种产品,并通过众多的渠道大量分销,以求用一种产品吸引市场上所有的顾客。采用这种大量销售的方法可以使生产企业面向市场上所有的购买者,通过大量生产、分配、宣传来推广一种产品,借此降低生产成本,拉低价格,从而帮助企业挖掘最大的潜在市场,实现规模经济效益。

(2) 产品差异化市场营销阶段(Product-Differentiated Marketing)

20世纪30年代,随着科学技术的进步、科学管理和大规模生产条件的应用,产量迅速提高,卖方市场逐渐向买方市场过渡,市场竞争激烈,企业逐步意识到产品差异的潜在价值,开始实行差异化营销。产品差异市场营销是指企业向市场提供多种外观、式样、型号和质量的产品,增加产品的销售,吸引更多的顾客。但这些差异产品不是建立在市场细分的基础上,也不是为了满足消费者的需要,而是为了与其他竞争者进行更有效的竞争。

(3) 目标市场营销阶段(Target Marketing)

20世纪50年代以后,买方市场的态势越来越明显,多数企业认识和接受了市场营销观念,开始进入目标市场营销时代。在目标市场营销的过程中,企业首先要进行市场细分,然后选择其中一个或几个细分市场为目标市场,制定有针对性的营销战略和策略,以满足目标市场的需求。由此可见,市场细分是对市场营销观念在认识上的深化,是市场营销思想发展过程中的一次重要变革。

7.1.2 市场细分的作用

市场细分是一个重要的营销概念,是顺应"企业的行为以顾客需求为导向"的时代潮流的,对企业营销的成功具有重要的作用。

1. 有利于企业挖掘市场机会,形成新的富有吸引力的目标市场

市场细分是形成目标市场的一个必备条件,通过市场细分,企业可以明确哪些需求已经满足,哪些尚未完全满足,哪些根本没有满足。那些未得到满足或完全满足的需求便是客观存在的市场机会,抓住这样的市场机会,结合企业自身资源情况,便可能形成新的目标市场。例如,移动运营商对移动通信充值卡市场进行细分后发现,部分使用手机频率相对较低的用户群,如低龄使用者及老年人的需求未能得到满足,于是开始向市场上提供面值更加丰富的手机充值卡,如发行5元、10元面值的手机充值卡,或对这部分客户的手机充值给予倾斜政策,实行双倍有效期,以解决手机话费越充越多消化不完的问题。

2. 有利于选择目标市场和制定市场营销策略

市场细分后的子市场比较具体,比较容易了解和把握消费者的需求特点。企业可以根据自身的资源情况,选择目标服务对象,针对较小的目标市场,便于制定差异化的市场营销策略。同时,在细分的市场中,信息容易了解和反馈,一旦发生变化,企业可迅速改变或调整营销策略,提高企业的应变能力和竞争力。

3. 有利于集中人力、物力投入目标市场，形成有效的竞争

任何一个企业的资源、人力、物力和资金等都是有限的，通过细分市场，选择了适合自己的目标市场之后，企业可以集中人、财、物等各种资源去争取局部市场上的优势，开展有针对性的营销，形成在该市场领域内巨大的竞争力，然后逐步占领自己的目标市场，减少企业经营风险。

4. 有利于企业提高经营效益

市场细分对提高企业经营效益的作用主要体现在以下两个方面。

一是在市场细分的基础上，企业可以集中资源投入目标市场，使有限的资源能集中使用，从而发挥最大的经济效益。例如，重组后全业务运营的中国移动在获得铁通的固网资源后，努力扩展自己的宽带用户，但在全国来看，移动的固网资源实在有限，不足以在大范围开展与联通、电信的竞争。2008年年底，移动首先在江苏范围内大规模部署FTTx（光纤到户），目标市场则选定价值较高的商业用户，与此同时，利用铁通在广东原有的固网资源，在广东省内积极拓展个人用户。

二是在市场细分后，企业可以针对目标市场的特点制定和实施有效的市场营销组合策略，以提高经营效益。在不同的细分市场上，消费者的要求、偏好、消费行为都不同，因此，企业只有根据目标市场的特点，有针对性地综合运用各种营销手段，才能取得事半功倍的效果。比如手机厂商对通信市场进行细分后，发现老年顾客对手机屏幕和输入方式有着特殊的要求，希望屏幕能够大一些，手机输入、操作更简单一些，围绕这一特殊群体消费市场开展有针对性的研究，最终开发出适合老年人的通信终端产品，使广大老年人在购买手机时能有更多的挑选余地，也提高了企业经济效益和竞争能力。

5. 有利于取得较好的社会效益

市场细分有利于满足不断变化的、千差万别的社会消费需求。当前越来越多的企业奉行市场细分化策略，尚未满足的消费需求就会逐一成为新的市场机会、目标市场，这样一来，新产品就会层出不穷，同类产品的花色品种就会丰富繁多，消费者或用户也就有可能在市场上购买到各种称心如意的商品。例如，打开最新款的智能手机，从中可以看到各种各样的应用，手机的功能也越来越多样化，这都是得益于与移动运营商及终端商合作的成千上万家内容与服务提供商们（SP/CP），它们可能只是一些规模很小的公司，但正是瞄准了消费者各式各样的差异化需求偏好，通过与移动运营商及终端商的合作，不断向公众推出各种创新的应用服务，体现出自身价值，同时也取得了良好的社会效益。

7.1.3 市场细分的原则和标准

1. 市场细分的原则

企业可根据单一因素或多个因素对市场进行细分。选用的细分标准越多，相应的子市场也就越多，每一子市场的容量相应就越小，反之亦然。如何寻找合适的细分标准对市场进行有效细分，在营销实践中并非易事。一般而言，成功、有效的市场细分应遵循以下基本原则。

(1) 可区分性

可区分性是指细分后的市场应该是存在着明显区别的市场,而且这种区别是能够被很好地认知、识别并掌握的。如果差别不明显,则没有必要进行细分。

(2) 可衡量性

可衡量性是指细分出来的市场不仅范围比较清晰,而且也能大致判断出该市场的大小。要保证细分市场的可衡量性,首先要保证细分标准必须清楚明确,不能模棱两可。其次要保证所确定的细分标准本身是可衡量的,企业可以从消费者那里得到确切的信息,并且还应能衡量这些标准各自的重要程度,以便进行定量分析。此外,还必须注意各项细分标准间的相关性及重叠性。

(3) 可接近性

可接近性是指企业容易进入细分市场并为之服务。一方面,被选定细分市场的消费者能有效地了解企业的产品,并对产品产生购买行为,能通过各种销售渠道购买到产品;另一方面,企业通过营销努力,诸如广告及人员推销等,可进入已选定的细分市场。否则,就不值得去细分这些市场。

(4) 可赢利性

可赢利性主要指市场细分要有适当的规模和购买力,同时还有一定的发展潜力,这样才能保证企业有利可图。若该细分市场的规模小,消费者少,购买力有限,细分工作烦琐,成本花费很大,获利低,那就不值得去细分;反之,细分范围也不能过大,否则会使细分的市场不具体和不准确,不利于企业选择目标市场。此外,对于企业来说,细分市场还必须具备未来发展潜力,如果市场容量有限,经济效益不佳,同样也不值得去细分。

(5) 稳定性

这是指各个细分市场的特征在一定时期内能保持相对不变。细分市场变化太快不利于企业制定长远营销战略,特别是对于通信行业而言,投资周期长、转产慢,因此,要选择相对稳定的因素对市场进行细分,保证细分市场在未来一定时期内的特征不会发生太大变化。

2. 消费者市场细分的标准

市场细分是以顾客特征为基础的,市场细分的出发点是消费者对商品与劳务的不同需求与欲望。对于消费者市场细分的标准主要包括地理因素、人口因素、心理因素和消费者购买行为因素,如表 7-1 所示。

表 7-1　消费者市场细分的主要标准

地理因素	国家、区域、市乡镇、气候、人口密度等
人口因素	年龄、性别、收入、职业、教育文化水平、宗教、信仰、种族、国籍、社会阶层、家庭结构和家庭生命周期等
心理因素	生活方式、社会阶层、保守或激进态度、自主能力、服从权力、领导能力、成就感等
购买行为因素	购买动机、购买状况、使用习惯、对品牌的忠诚度、对市场营销因素的敏感度等

3. 电信消费者市场常用的细分标准

电信运营商主要采用以下几种标准对初级用户市场进行细分。

(1) 基于用户人口统计因素的细分

基于用户人口统计因素的市场细分在电信企业中主要是通过对年龄、性别、地域、教育程度等变量将用户分为不同的用户群体。随着信息技术的不断进步,现在借助在线分析技术和其他数据挖掘技术来收集和处理庞大的人口信息,可以使电信企业对用户群体产生基本的认识。

(2) 基于用户心理的细分

根据客户的不同心理态度进行细分,通常涉及社会阶层、生活方式、价值观、心理因素、性格特征等。每个人都客观地生活在不同的社会阶层中,一个人所处的社会阶层通常是其职业、教育、收入和价值观诸多因素共同作用的结果。而不同的社会阶层又具有不同的价值观念、生活方式和兴趣爱好,因而具有不同的消费心理和消费行为。不同的生活方式也会产生不同的需求偏好,不同生活方式的群体可以分为诸如传统型、新潮型、节俭型、奢侈型、严肃型、活泼型、社交型和家庭生活型等不同模式。另外,客户的消费过程实际上又是客户展示自己性格的过程,如外向型客户与内向型客户的特点就有很大的差异。

(3) 基于用户行为的细分

基于行为方式的细分主要涉及电信客户的行为属性,包括通话时段、计费时长、繁忙和非繁忙通话量、平均呼叫时长、呼叫次数、漫游服务、漫游及非漫游呼叫次数、呼叫时间、长途方式、国内长途呼叫次数、国际长途呼叫次数、高额呼叫次数、联系号码个数、方便程度、活动地区数、短信及数据等增值业务使用情况等,同时还包括客户行为方式的变化,如均值、标准差、趋势等。电信运营商可以根据以往对消费者行为习惯的统计,将用户划分为不同的群体并有针对性地制定套餐计划和促销计划,这不仅可以促进业务的开展与普及,还可以提高大部分顾客的满意度,进而降低用户的离网率。

(4) 基于用户价值的细分

基于用户价值的细分主要涉及用户对企业的贡献,即账务属性,包括付费方式、欠费等级、信用额度、月均缴费额、套餐计划、优惠方式等。客户管理中存在二八定理,即20%的客户贡献了80%的企业利润,所以细分出具有不同价值的客户对企业的市场战略具有重要意义。目前,国内电信运营商大多基于这种标准将市场分为个人市场和集团客户市场,这种细分方式体现了不同客户对企业的价值和贡献,有利于企业制定相应的资源配置和客户保持策略,将较多的注意力分配给价值高的客户。

7.1.4 市场细分的方法与步骤

1. 市场细分的方法

(1) 单一因素法

单一因素法即根据影响消费者需求的某一个因素,对市场进行细分。例如,中国电信利用人均收入标准将全国电信市场细分为3个子市场,分别推出不同产品。在低收入的农村,主要发展固定电话业务;在中等收入、规模的城市,在发展固定电话业务的同时,还积极发展移动电话；在高收入的大城市，由于固定电话的发展已经接近饱和状态，因此主要大力发展移动电话。再比如日本 KDD 公司，以月均电信消费水平作为其市场细分的依据，根据客户月均电信消费量的多寡将整体电信市场划分为大、中、小客户市场。利用单一因素细分市场比较简便易行，但是很难反映消费者复杂多变的需求。

(2) 综合因素法

综合因素法即运用两个或两个以上的因素，同时从多个角度进行市场细分。由于顾客需求千差万别，形成原因复杂，只有从多个方面去分析，才能更准确地反映出他们的需求差别。例如，中国移动通信集团公司的"移动梦网"就是针对不同客户的不同需求和消费能力，将职业、年龄、收入 3 个变量进行组合，把"移动梦网"市场细分为 M-ZONE（动感地带）、M-OFFICE（商务干线）、M-GROUP（数码乐园）3 个子市场。

(3) 系列因素法

这是对上述两种方法的综合运用，指采用两个或两个以上的标准，由大到小、由粗到细地分层次进行市场细分。具体做法是，首先选用某项指标细分市场，从中选择某个分市场作为大致的目标市场，然后再利用另一项指标对之进行细分……这样逐次细分，市场越来越细化，目标市场也越来越明确具体。大多数电信运营企业进行市场细分时，都采用多种变量交叉细分。具体细分方法为：首先，按某变量将用户进行初步细分，如根据电信消费的用途先将用户划分为商业用户和住宅用户；其次，根据其他的细分变量将细分后的市场进一步细分，如按电信消费水平、用户规模或用户营业额等将商业客户进行细分。

2. 市场细分的步骤

企业在进行市场细分时，可按如下步骤进行，如图 7-2 所示。

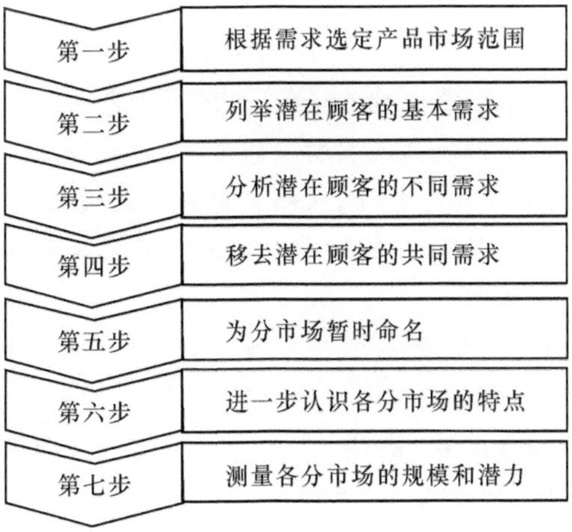

第一步	根据需求选定产品市场范围
第二步	列举潜在顾客的基本需求
第三步	分析潜在顾客的不同需求
第四步	移去潜在顾客的共同需求
第五步	为分市场暂时命名
第六步	进一步认识各分市场的特点
第七步	测量各分市场的规模和潜力

图 7-2 市场细分的步骤

(1) 根据需求选定产品市场范围

每一个企业都应该依据自己的营销战略目标，确定所要进入的行业，选定可能的产品市场范围。需要注意的是，产品市场范围应以市场的需求来定，而不是以产品特性来定。

(2) 列举潜在顾客的基本需求

选定产品市场范围以后,公司的市场营销专家们可以通过消费者市场细分标准,从地理、人口、心理和行为因素几个方面,大致列举出潜在顾客有哪些一般性需求。

(3) 分析潜在顾客的不同需求

企业在初步列举的基础上,需要进一步分析了解不同潜在顾客的差异性需求和特殊需求,掌握哪些需求对他们更为重要,由此确定各分市场雏形。

(4) 移去潜在顾客的共同需求

在这个阶段,企业需要移去各分市场或各顾客群的共同需求,这些共同需求固然很重要,但它们只是设计和开发产品的最低要求,不能作为市场细分的基础,而市场细分是为了能够更好地发现和找出具备差异性的需求类型,并以此为依据制定企业市场营销组合策略。

(5) 为分市场暂时命名

企业对各分市场表现出的顾客差异化需求作进一步分析,结合各分市场的特点,划分为不同的群体或分市场,并赋予其一定的名称。

(6) 进一步认识各分市场的特点

在这个阶段,企业要对每一个分市场的顾客需求及其购买行为作更深入的考察,了解各分市场的特点,以便进一步明确各分市场有无进一步细分或重新合并的必要。

(7) 测量各分市场的规模和潜力

企业应着手估计和测量各分市场潜在顾客的数量,因为每个细分市场的容量直接影响着企业未来的获利能力。同时,也要对分市场上的产品竞争状况及发展趋势作出分析。

特别关注

市场细分层次划分理论

通过市场细分,致力于分析和确认顾客需求的差别,按照"求大同,存小异"的原则,把一个错综复杂的整体市场划分为若干个子市场,从而更好地满足需求。根据细分的粗略程度的不同,市场细分可以分为以下几个层次:大众市场、细分市场、补缺市场、微观市场。

(1) 大众市场(Mass Market)

大众市场是细分市场的一个极端,即无市场细分,把整个市场看做一个细分市场,力求采用无差异营销手段去满足所有顾客的需求。

(2) 细分市场(Segmentation Market)

细分市场是指把整个市场划分为几个较大的子市场,每一个子市场就是一个细分市场,同一个子市场的需求具有相似性,不同子市场之间的需求具有差异性。

(3) 补缺市场(Niche Market)

补缺市场是在细分市场的基础上再细分的结果,成为更细的细分市场,即更窄地确定某些群体,或确定一组有区别的为特定的利益组合在一起的少数人。细分市场相当大且吸引了许多竞争者,而补缺市场相当小并只吸引一个或少数竞争者。

(4) 微观市场(Micromarket)

微观市场是细分市场层次中的另一个极端,即完全市场细分,主要包括本地化市场(Local Market)和个别化市场(Individual Market)。本地化市场是指为更好地满足当地顾客群体的需求而确定的市场范围;个别化市场则是提出了将市场细分到个人的一对一市场或定制市场,可根据单个顾客的需求和偏好来确定市场范围。

7.2 通信目标市场选择

企业对整体市场进行细分的最终目的是为了选择和确定目标市场。企业的一切市场营销活动都是围绕目标市场进行的。确定目标市场,实施目标市场策略是目标市场选择的重要内容。

7.2.1 评估细分市场

企业为了选择适当的目标市场,必须对各个细分市场进行认真的评估,主要从以下3个方面考虑。

1. 细分市场的规模和增长潜力

评估一个细分市场,首先要看其是否具有适当的规模和增长潜力。细分市场的好坏不在于规模的大小,而在于是否与企业的规模和实力相匹配。较小的市场对于大企业而言,不值得涉足;而较大的市场对于小企业而言,又缺乏足够的资源供其进入,即使进入,也无法与实力雄厚的大企业相抗衡。

另外,市场的增长潜力关系到企业的销售和利润的增长,评估市场的增长潜力要具体考察产品所处的生命周期的阶段。如处在投入期和成长期的新产品,其增长较为迅速,进入市场的壁垒较少,市场需求旺盛,那么企业可以考虑把这样的细分市场作为目标市场;如果产品已进入成熟期,那么市场上消费者的需求呈现多样化并且竞争较为激烈,市场的增长潜力较小,市场开拓的难度则很大。

因此,企业不仅要求细分市场具有适当规模,还要具有适当的增长潜力,即具有一定的尚未满足的市场需求。

2. 细分市场的吸引力

细分市场可能具有适当规模和成长潜力,然而从长期赢利的观点来看,细分市场未必具有吸引力,这里的吸引力主要是指细分市场的长期获利能力。通常情况下,以下5种力量影响并决定着整个市场或其中任何一个细分市场的长期的内在吸引力:同行业竞争者,潜在的、新进入的竞争者,替代产品,购买者和供应商的讨价还价能力。

3. 企业的目标和资源

进行细分市场的评估除考虑以上两点外,企业仍需将自身的目标和资源与其所在细分市场的情况结合在一起考虑。有时虽然某细分市场对于企业具有很大的吸引力,而且企业有能力进入,但却与企业长远目标相违背,那么企业选择进入该细分市场可能会带来短时间内利润的上升,但未来会导致企业的资源被分散,长远目标无法实现,结果得不偿失。例如,在苹果

iPhone 的带领下,在世界范围内刮起了一阵智能手机热,但国内运营商却没有跟进手机终端的生产线,原因就在于手机生产线要占据大量的资金及人员资源,增加企业管理的难度,这必将对运营商自身的发展目标造成很大的影响,因此,即使手机终端再火爆,运营商也没有涉足该市场,而仅仅是采取合作定制的方法。

即使这个细分市场符合企业的发展目标,企业也必须考虑自身是否具备在该细分市场获胜的必要能力和资源,主要包括企业的资金、技术、设备、竞争能力、管理水平、员工素质等。无论哪个细分市场,要想在其中取得成功,必须具备这些能力。

7.2.2 目标市场

所谓目标市场是企业决定进入的市场,即企业准备提供产品或服务来满足其需求的特定的客户群。

市场细分和目标市场是两个既相区别又相联系的概念。市场细分是企业根据消费者需求的差异性对消费者群体进行划分的过程;而目标市场是在市场细分的基础上,企业根据自身条件和特点选择一个或几个细分市场作为营销对象的过程。所以,市场细分是目标市场选择的前提和条件,而目标市场选择则是市场细分的目的和归宿。

7.2.3 选择目标市场的模式

经过市场细分以后,企业会发现有一个或几个细分市场是值得进入的。此时,企业需要进行选择,以确定进入哪些细分市场。一般来说,企业目标市场的模式有以下 5 种。

1. 产品—市场集中化

产品—市场集中化是一种最简单的目标市场模式。无论是从产品角度还是市场角度来看,企业的目标市场高度集中在一个市场面上,企业只生产一种产品,供应一个顾客群。许多小企业由于资源有限,往往采用这种模式。而一些新成立的企业,由于初次进入市场,缺乏生产经营经验,也可能把一个细分市场作为继续发展、扩张的起始点。

选择产品—市场集中模式一般基于以下考虑:企业具备在该细分市场从事专业化经营或取胜的优势条件;限于资金能力,只能经营一个细分市场;该细分市场中没有竞争对手;准备以某一细分市场为出发点,成功后向更多的细分市场扩展。

产品—市场集中模式使企业的经营对象单一,企业可以集中力量在一个细分市场中获得较高的市场占有率。如果细分市场选择恰当的话,也可获得较高的投资收益率。但是,采用这种模式,由于目标市场范围较窄,因而经营风险较高。

2. 产品专门化

产品专门化是企业集中生产一种产品,并向各类顾客销售这种产品。通信企业便是这样,服务的宗旨是普遍服务,面对的是社会上各阶层所有的用户。然而,单从产品的角度来看,虽然有不同的业务,但都是起到了传递信息的作用。采用这种模式,企业的市场面广,有利于摆脱对个别市场的依赖,降低风险。同时,生产相对集中,有利于形成和发展技术和服务优势,在某种基础产品方面树立较好的声誉。

3. 市场专门化

市场专门化是企业面对某一顾客群,生产和销售他们所需要的各种产品。如只与某一家运营商合作的内容或服务提供商,他们的直接客户只有该运营商一家,专门为其提供某一种专门的技术或内容服务。采用这种模式,有助于发展和利用与客户之间的关系,降低交易成本,并在客户中树立良好的形象。当然,一旦该运营商的购买下降,这些内容或服务提供商的收益就会受到较大影响,因此,市场专门化要承担相当大的风险。

4. 选择性专门化

企业在对市场细分的基础上,经过仔细考虑,结合本企业的长处,有选择地生产几种产品,有目的地进入某几个市场面,满足这些市场面的不同要求。实际上,这是一种多角化经营的模式,可以较好地分散企业的经营风险。但是,采用这种模式,应当十分谨慎,必须以几个细分市场均有相当的吸引力为前提,并且也需要企业具有较强的资源和营销实力。

5. 全面进入

企业为所有细分以后的各个细分市场生产各种不同的产品,分别满足各类顾客的不同需求,以期覆盖整个市场。通常只有实力非常雄厚的大企业才有可能采取这种模式。

如果以 M1、M2、M3 代表细分市场,P1、P2、P3 代表产品种类,那么上述 5 种目标市场模式可以通过图 7-3 来反映。

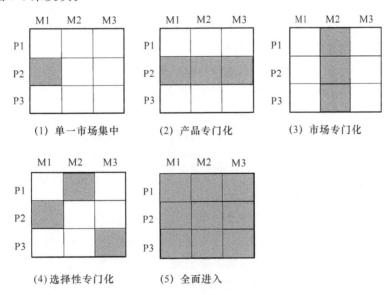

图 7-3 目标市场选择模式

在现实经济生活中,企业在运用这 5 种目标市场模式时,一般总是首先进入最有利可图的细分市场。只有在条件和机会成熟时,才会逐步扩大目标市场范围,进入其他细分市场。

众所周知,作为通信企业运营商,在推出一项新的产品或服务的时候,通常会先在东部沿海或大城市做试点推行,当取得较好的业绩之后,再向全国范围全面推广。

7.2.4 目标市场策略

从前面介绍的目标市场选择模式不难看出,各企业选择的目标市场的范围是不一样的,有的企业的目标市场比较狭窄,集中服务于少量细分市场;而有的企业则面对为数众多的顾客,甚至所有的顾客。企业的目标市场范围不同,采取的营销策略必然有所差别。概括起来看,企业的目标市场策略可以分为无差异市场策略、差异性市场策略和集中性市场策略3种类型。

1. 无差异市场策略

无差异市场策略(如图7-4所示)是指企业把整体市场看做一个大的目标市场,认为市场上所有消费者对本企业产品的需求不存在差别,或差别较小,可以忽略不计。因此,企业只向市场推出单一的标准化产品,并以统一的营销组合方式销售。

图7-4 无差异市场策略

实行无差异市场策略的优点在于以下几点。

(1) 它比较有效地适用于广泛需求的品种、规格,款式简单,并能够标准化的大量生产、大量分销的产品。因而,它可凭借广泛的分销渠道和大规模的广告宣传,往往能够在消费者或用户心目中建立起"超级产品"的高大且坚不可摧的形象。一般来说,在顾客需求差别较小或供不应求的市场中,采取这种策略是比较可行的。

(2) 它可大大降低成本费用。这是无差异市场策略的最大优点。首先,标准化和大批量生产可降低生产、存储、分销和运输成本。其次,无差异市场营销的广告等促销活动可降低产品的推广费用。最后,它不必对各子市场进行市场营销的研究和计划工作,可以降低市场营销研究和产品管理成本。这种战略可充分发挥经验曲线的作用,即当产品生产量和销售量成倍增长时,其成本可下降20%~30%。

(3) 它简单易行,便于管理。单一的市场营销组合便于企业统一计划、组织、实施和监督等管理活动,减少了管理的复杂性,易于操作。

无差异市场策略的最大优点是企业可以依靠大规模的生产和储运,降低单位产品的成本;利用无差异的广告宣传,节约营销费用,从而取得成本上和价格上的优势。但是,这种成本优势的取得是以牺牲顾客需求差别为代价的。客观地讲,除极少数产品外,消费者对绝大多数产品的需求是不会完全相同的。当众多企业推行无差异市场策略时,往往会形成整体市场竞争激烈,而顾客个别需求得不到满足的局面,这对企业和消费者都是不利的。此外,如果有的企业能针对某些细分市场的特点推出更能满足消费者特殊需求的产品,则会大大冲击无差异市场企业的成本优势。正是由于这些原因,世界上不少曾长期实行无差异市场策略的企业纷纷改弦易辙,转而推行差异性市场策略。

市场分析结果表明,高价值的电信大用户的流失率高于大众用户,其原因不仅仅是市场竞争激烈,高价值用户成为电信运营商争夺的焦点,更重要的原因在于电信大用户得到的服务与低价值的用户几乎完全一致,他们没有得到与其付出相对应的服务。在电信市场竞争日趋激烈的今天,无差别服务将使电信运营商失去最有价值的市场,而低端用户给运营商带来的是极其微薄的利润,甚至是亏损。因此,电信选择无差异市场策略要承担极大的风险,营销成本的降低将以失去高价值客户为代价,结果可能是得不偿失。电信企业在选择无差异市场策略时一定要三思而后行。

2. 差异性市场策略

差异性市场策略指的是企业在对整体市场细分的基础上,针对每个细分市场的需求特点,设计和生产不同的产品,制定并实施不同的市场营销组合策略,试图以差异性的产品满足差异性的市场需求(如图7-5所示)。

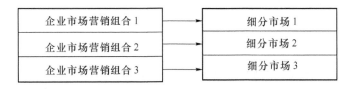

图 7-5　差异性市场策略

差异性市场营销战略的优点主要有以下几个。

(1) 企业通过不同的市场营销组合服务于不同的子市场,能更好地满足不同消费者的需求和偏好。

(2) 企业的产品种类如果同时在几个子市场中都具有优势,就会大大增强消费者对企业的信任感,进而提高重复购买率,提高企业的市场占有率及提升企业形象。

(3) 对企业市场经营风险的分散具有重要意义。

(4) 通过多样化的渠道和多样化的产品线进行销售,有利于扩大企业的销售总额。

近年来,越来越多的企业,特别是较大的企业,开始采用这种策略,并取得了十分明显的效果。差异性市场策略可以说是社会经济发展的结果和表现。然而,实行差异性市场策略也需要有一些条件,并不是任何企业、任何时候都可以采用的。首先,实行这种策略必然要增加产品的品种、型号、规格,导致生产费用、研究开发费用和行政管理费用的增加,而且销售渠道的扩展及广告宣传活动的复杂化也必然带来销售费用的增加。因此,这一策略的运用必须限制在一定范围内,即通过销售额的扩大所带来的利益必须要超过生产经营费用的增加。其次,推行这种策略使企业生产营销多样化、复杂化,这要求企业必须具备雄厚的财力、较强的技术力和高素质的营销人员。这使得相当一部分企业,尤其是小企业,无力采用这种策略。为了减少上述诸因素的影响,一些企业采取一种适中的差异性策略,即差异性产品的品种不是太多,而又能在较大范围内满足消费者的需求,这往往也能取得较好的效果。

目前我国电信行业仍处于寡头垄断的市场局面,为数不多的几家运营商提供近乎同质的产品,差异化价格和差异化服务是运营商偏爱的目标市场策略。在原有成熟的业务领域,如语音、宽带、短信等业务,价格差异化成为各方的首选策略,通过价格优势维持老用户的数量,减少用户流失;而在新的业务领域,如3G数据、移动商务等业务,差异化服务水平成为确立竞争优势的关键,通过优质的服务更贴近地满足用户的需求,从而争取到更多的客户群。

3. 集中性市场策略

集中性市场策略,又称为产品—市场集中化策略,是指企业把全部力量集中在某个或几个细分市场上,实行高度专业化的生产和销售(如图7-6所示)。集中性市场策略所追求的目标市场则只是一个或少数几个细分市场,向纵深发展,不追求整体市场或较大的市场,只占有较小的市场份额。实行这种策略的企业,其生产经营重点突出,不去盲目追求和扩大市场范围,而试图通过集中力量于一个或少数几个细分市场,在较小的市场中取得较好的甚至是支配地位的市场份额。

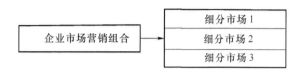

图 7-6 集中性市场策略

集中性市场策略的优点主要表现在以下几个方面。

(1) 它特别适合于那些资源有限的中小企业或初次进入新市场的大企业。由于服务对象较集中、实行生产和市场营销的专业化,因此可以比较容易地在这一特定市场中取得支配地位。

(2) 由于生产和市场营销的专业化,再加上子市场选择得当,因而可大大节省成本支出,使企业获得较高的投资收益率。

(3) 信息灵敏度强。由于服务对象集中,因此企业可对一个或几个特定市场有较深入的了解。如需求量的大小、顾客对市场营销组合的反应以及竞争者的强弱等信息,企业都易于掌握。

由于集中性市场策略具有上述明显优点,因此往往成为新企业用以战胜老企业或小企业战胜大企业的有效策略。但是,实行集中性市场策略,企业面临的风险比较大。由于目标市场比较单一和狭窄,一旦市场形势发生变化,例如消费者的偏好转移、购买力下降或出现强大的竞争对手与之相抗衡,企业就有可能陷入困境,造成严重的经济损失,甚至难以为继。正因为这样,许多企业宁愿实行多元化的策略,根据企业的条件,把目标市场分散到不同的市场面上,以减少或避免风险。

集中性市场策略经常被一些内容/服务提供商(CP/SP)所采用,这些企业由于自身实力有限,为避开与大企业的直接竞争,只选择某一个或几个细分市场进入,如只专注于彩铃或手机MFLASH 的服务提供商。它们只专注于提供有限种类产品或服务,因此更容易积累专业化优势,从而在激烈的竞争中脱颖而出。对于全业务运营的大型电信运营商而言,集中性市场战略也是一个不错的策略,在新产品推广过程中,运营商通常会选择条件较好的省、市做试点,采用集中性市场策略使新产品迅速在试点地区得到普及,同时为在全国范围内推广积累了经验,最终取得意想不到的成果。

7.2.5 选择目标市场策略考虑的因素

上述 3 种目标市场策略各有优、缺点,分别适用于不同的场合和条件。企业在实际选择目标市场策略时,通常要考虑以下一些因素。

1. 企业资源和实力

如果企业实力雄厚，资源充裕，具有较多的高素质的生产技术人员和经营管理人员，则可以选择较大的市场作为服务对象，采用无差异或差异性市场策略。相反，如果企业资源有限，人力、物力、财力不足，则较适宜于选择集中性市场策略，使有限的资源集中化。

2. 产品特点

对于大多数初级产品或生活必需品，如钢铁、煤炭、大米、食盐等，产品之间的差异不大，同质性较强，而且顾客对这些产品的差别一般也不太重视或不加区别，市场竞争主要体现在价格和服务方面，因而这类产品宜于采取无差异市场策略。对于许多加工制造类产品，如汽车、家电、服装等，它们在品质、性能、品种、规格等方面具有较大的差异性，属于异质产品，而且顾客对这些产品的需求也是多样化的，选择性强，因而这类产品宜于选择差异性或集中性市场策略。

3. 市场特点

如果顾客的需求比较接近或者爱好大致相同，购买习惯类似，对产品供应和销售的要求差别不大，对市场营销刺激的反应较一致，这说明市场是同质的或相似的，在这种情况下，企业可以选择无差异市场策略；反之，则应采用差异性或集中性市场策略。

4. 产品生命周期

处于投入期或成长期的新产品，竞争者少，同类产品不多，可以采用无差异市场策略，以价格优势或产品的新颖性吸引潜在顾客。当产品进入成熟期后，同类企业增多，市场竞争加剧，就应实行差异性市场策略，开拓新市场，刺激新需求。当产品进入衰退期后，企业可以考虑集中性市场策略，设法保持原有市场，延长产品生命周期。

5. 市场供求

如果产品在未来一段时期内供不应求，出现卖方市场形态，消费者的选择性大为弱化，他们关注的是能否买到商品，这时，企业可采用无差异市场策略；相反，则应选择差异性或集中性市场策略。

6. 竞争对手的策略

企业采取何种目标市场策略往往要视竞争对手的情况而定。如果竞争对手实力较弱，企业可采取与之相同的目标市场策略；如果竞争对手实力强大，并已采用无差异市场策略，企业则应采取差异性市场策略，利用差别优势与之抗衡；如果强大的竞争对手已采用了差异性市场策略，企业用无差异市场策略将很难取胜，那么就应在对市场进一步细分的基础上，采用差异性更大的市场策略或以集中性市场策略与之较量。

一般而言，企业选择目标市场策略时应综合考虑上述各种因素，权衡利弊方可作出决策。目标市场策略应有相对的稳定性，但这并不意味着目标市场策略一经确立就不能改变，当企业的内、外条件发生重大变化时，目标市场策略也需进行调整和转变。

7.3 通信市场定位

市场定位是企业进行目标市场营销的最后一个步骤。市场定位的目标是提供差异化的产品或服务,使之区别和优越于竞争对手的产品或服务,在顾客心目中占据一个独特而有利的位置,增强企业的竞争能力。

7.3.1 市场定位及其意义

1. 市场定位的概念

市场定位(Market Positioning)是 20 世纪 70 年代由美国学者阿尔·里斯和杰克·特劳特提出的一个重要的营销学概念。所谓市场定位,是指企业根据目标市场上同类产品的竞争状况,针对顾客对该类产品某些特征或属性的重视程度,为本企业产品塑造强有力的、与众不同的鲜明个性,并将其形象生动地传递给顾客,求得顾客认同,从而在目标市场上获得竞争优势。

2. 市场定位的意义

总地看来,市场定位在两个方面为企业提供了制胜法宝。

首先,市场定位有利于企业及产品在市场中建立自己的特色,是参与现代市场竞争的有力武器。在现代社会中,几乎每个市场都存在供过于求的现象,众多生产同类产品的厂家争夺有限的顾客,从而导致市场竞争异常激烈。通过市场定位可以使自己的产品与竞争对手的产品区别开来。定位成功的关键在于"寻找或制造差异",这种差异性可能来自自己的产品与竞争对手之间的"真实"的区别,也可能来自"认为制造的差别",与竞争对手的差别越多,便掌握了更多的竞争优势,产品形象也会更加突出。

其次,市场定位决策是企业制定市场营销组合策略的基础,市场定位在企业的营销工作中具有极为重要的战略意义。企业的市场营销组合要受到企业市场定位的制约,定位决定了产品应该面向哪一类目标人群,针对哪个目标市场,也就决定了企业市场营销组合策略的制定。例如,假设某企业决定生产、销售优质低价的产品,那么这样的定位就决定了产品的质量要高,而价格要定得低;广告宣传的内容要突出强调企业产品质优价廉的特点,要让目标顾客相信货真价实,低价也能买到好产品;分销储运效率要高,保证低价出售仍能获利。总之,定位决定着营销策略的组合,营销组合是对定位策略的整合表现。

7.3.2 市场定位的方法

各个企业经营的产品不同,面对的顾客不同,所处的竞争环境也不同,因而,市场定位的方法自然也不一样。总地来说,企业进行市场定位的方法有以下几种。

1. 根据具体的产品特点定位

构成产品内在特色的许多因素都可以作为市场定位的依据,这种特色应该是竞争产品所不具备的,同时这种特色对消费者来说又具有实际意义,具体可包括产品的功效、品质、价格等。比如移动电话的外观、功能、机械性能、技术成分等产品要素,不同的消费者对它们有着不同的需要,如有的人喜欢用手机上网,有的人喜欢用手机听歌等,据此终端商可以根据产品的特点将手机定位为"上网手机"、"音乐手机"等,以此树立企业、产品与众不同的个性。

2. 根据特定的使用场合及用途定位

为老产品找到一种新用途是为该产品创造新的市场定位的好方法。对电信业务来说,不同业务由于使用者的用途不同,因而定位也不同。如电话业务定位于沟通信息,160、168 话音服务业务定位于获取信息,电子信箱、EDI 等业务定位于处理信息。我国的邮票邮品最初定位为个人收藏,后来发现不少顾客购买是为了馈赠,又将之定位为礼品。

3. 根据顾客得到的利益定位

根据产品属性及其给顾客带来的特定利益进行定位,这种产品属性实际上就是顾客希望从产品中所获得的利益,是顾客能够切实体验到的。比如 CDMA 制式手机刚进入市场的时候,由于专卡专用的原因,很少有人问津,但从技术角度来看,通话时 CDMA 的辐射是 GSM 的 1/20,因此 CDMA 手机被定位于"绿色手机",并逐步得到消费者青睐。

4. 根据使用者的类型定位

企业常常试图将其产品指向某一类特定的使用者,以便根据这些顾客的看法塑造恰当的形象。比如近年来迅速发展起来的互联网、数量庞大的专业网站都推出有针对性的业务项目,专门做一种或几种特色业务,以满足特定的消费者需要。

5. 根据竞争的需要定位

根据竞争的需要定位,即将产品定位于与竞争直接相关的不同属性或利益。如在竞争异常激烈的即时通信软件市场上,许多公司都推出了自己的即时通信软件,后进入者为了与之前的公司展开竞争,将产品的某些新的属性或强于对手的特点作为产品的定位,以此与其他企业进行竞争。

事实上,许多企业进行市场定位的依据往往不只一个,而是多个依据同时使用。因为要体现企业产品的整体形象,所以市场定位必须是多维的、多侧面的。

7.3.3 市场定位的步骤

企业进行市场定位一般包括以下 3 个步骤。

1. 明确潜在的竞争优势

竞争优势有两大基本类型:成本优势和差异化优势。在成本方面,企业需要检查自身每一项经营活动的成本及经营情况,同时对竞争者的成本及经营情况作出估计,然后将二者进行比较。只要企业能胜过竞争者,那它就能获得成本优势。在差异化上,取得竞争优势的关键在于,企业必须向顾客提供有别于竞争对手的差异化产品或服务,才能与竞争对手区分开来,才能给顾客带来比竞争对手更大的价值,从而获得顾客的忠诚,取得差异化优势。这种差异化可以体现在产品、价格、渠道、促销、服务等多个方面。

2. 选择竞争优势

企业如果拥有几项潜在的竞争优势,就必须从中作出选择,确定以其中的一个或几个竞争优势作为市场定位的基础。表 7-2 是竞争优势选择方法的一个例子。

A 公司主要通过对技术、成本、质量及服务几个要素的分析,将自己与竞争者 B 进行比较,从中作出选择,推出哪种优势的决策。

表 7-2　竞争优势选择法（10 分最高）

竞争优势（定位）	公司 A 现状	竞争者 B 现状	对顾客的重要性	公司 A 具有的能力	竞争者 B 改进的能力	采取的行动
技术	8	8	低	低	中	维持
成本	6	8	高	中	中	完善
质量	8	6	低	低	高	完善
服务	4	3	高	高	低	定位优势，加大投资

根据上述比较，似乎应当得出这样的结论：企业应当设法降低成本或改进服务，以提高与竞争者相对的市场吸引力。但问题不能局限于此，还应当进一步提问，降低成本及改善服务是否为顾客所重视和要求？该企业是否具备足够资金来完成此任务？竞争者是否会采取同样的做法？如果顾客对此有要求，公司具备足够资金，竞争力的实力较弱，便有助于企业选择最佳的竞争优势。以此例来看，对于"质量"和"技术"两者，顾客认为并不重要，且 A 公司的改进能力低于竞争者 B，因此不宜选择；而对于"成本"和"服务"，顾客认为很重要，"成本"现状劣于竞争者，则应加强，"服务"方面目前双方都很差，A 公司的改善能力强，所以应大大加强，以作为主要竞争优势。

3. 显示独特的竞争优势

显示独特竞争优势即准确地向市场传播企业的定位概念。企业作出市场定位决策后，其竞争优势不会自动在市场上显示出来，必须要与选定的目标市场进行有效的沟通，包括建立并巩固与市场定位相一致的形象，让目标顾客群知道、了解并熟悉企业的市场定位。例如，中国移动将全球通移动电话品牌定位于"全球通，通全球"，是国内网络覆盖最广泛、国际及港澳台漫游国家和地区最多的移动信息服务品牌。2004 年 7 月，中国移动通过一系列电视广告向消费者传达全球通品牌的核心理念——"我能"，"我能"不仅体现了全球通值得信赖的服务品质，更体现了一种时代精神，代表着全球通与客户一起不断进取的决心。宣传的广告中着重突出客户体验，由各行各业的成功人士喊出"我能"这一口号，加深了全球通在消费者心目中"成功、自信、高品位"的印象，因此被众多的中高端用户所信赖。

在传播企业定位形象的过程中，企业所要传达的形象并不一定会被消费者准确地接受，所以要及时矫正消费者心目中不一致的理解或误会，保证企业定位的形象准确地在消费者的心目中得到塑造。

7.3.4　市场定位的类型

市场定位是一种竞争性定位，它反映市场竞争各方的关系，是为企业有效参与市场竞争服务的，其类型有以下 3 种。

1. 避强定位

这是一种避开强有力的竞争对手进行市场定位的模式。企业不与对手直接对抗，将自己置于某个市场"空隙",发展目前市场上没有的特色产品,开拓新的市场领域,也称为创新式定位。这种定位的优点是:能够迅速地在市场上站稳脚跟,并在消费者心中尽快树立起自己的形象。由于这种定位方式的市场风险较小,成功率较高,常常为多数企业所采用。如中国移动的飞信作为一个新的业务投向市场的时候,市场上已经有众多的即时通信软件,如腾讯QQ、微软MSN等,飞信从正面是无法与这些成熟的即时通信软件提供商相抗衡的,但中国移动数据部对飞信的定位是:飞信是中国移动综合通信服务的体现,并没有一味地宣传飞信是IM业务。中国移动利用其在移动互联网上的优势,通过飞信向用户提供诸如资讯信息、小额支付等功能,以"综合信息服务"赢取消费者的青睐,此举可谓高瞻远瞩,与企业整体战略相匹配,又避免了与腾讯等公司的直接竞争,但实际上,飞信本质上就是一款IM业务。

2. 迎头定位

这是一种与在市场上居支配地位的竞争对手"对着干"的定位方式,即企业选择与竞争对手重合的市场位置,争取同样的目标顾客,彼此在产品、价格、分销、促销等方面少有差别,也称为对峙性定位或竞争性定位。这是一种风险较大的定位策略,一旦成功就会取得巨大的市场优势,因此对某些实力较强的企业有较大的吸引力。实行迎头定位,一方面要做到知己知彼,了解市场上是否可以容纳两个或两个以上的竞争者,自己是否拥有比竞争者更多的资源和能力,是不是可以比竞争对手做得更好;另一方面还要求市场有较大的容量。例如,大多数人不屑一顾、在日本市场推广失败的"小灵通"在中国移动通信市场获得了巨大的成功,小灵通采取的就是"迎头定位"的策略。同样是提供无线语音、短信服务,面对同样的快速增长的移动通信用户,小灵通凭借其价格上的巨大优势获得了广大低端移动用户的偏爱,在短短几年间席卷全国,为中国电信及UT斯达康创造了骄人的效益。

3. 重新定位

重新定位通常是指对那些销路少、市场反应差的产品进行二次定位。初次定位后,随着时间的推移,新的竞争者进入市场,选择与本企业相近的市场位置,致使本企业已有的市场占有率下降;或者,由于顾客需求偏好发生转移,原来喜欢本企业产品的消费者转而喜欢其他企业的产品,因而市场对本企业产品的需求减少。在这些情况下,企业就需要对其产品进行重新定位。所以,一般来讲,重新定位是企业为了摆脱经营困境,寻求重新获得竞争力和增长的手段。不过,重新定位也可作为一种战术策略,并不一定是因为陷入了困境,相反,可能是由于发现新产品市场范围引起的。例如,手机厂商以前面向消费者个体直接推销3G智能手机,但随着运营商之间的客户争夺战愈演愈烈,运营商实行"充话费送手机"的活动,手机终端商发现可以为运营商生产定制手机,双方各取所需,因而,运营商也成为了手机厂商的顾客,原来的产品定位由于新市场的出现发生了改变。

特别关注

PTS营销方法

传统的营销理论是,企业首先决定他们想要销售的产品或服务,接着为这项产品和服务确定一个细分的目标市场,最后将产品和服务的优势用适当的方式传达给消费者。菲利普·科特勒把这个过程总结为 STP(Segmenting 市场细分—Targeting 目标市场选择—Positioning 定位)营销方法。STP 营销方法体现了一种由内而外的理念,企业首先从内部确定想要销售的产品和服务,并为之选择一个市场作为一个进攻方向,然后才开始考虑如何针对消费者进行品牌定位。在 STP 营销方法里,定位只是一系列营销行为的尾巴,但在营销实践上,定位的作用越来越重要。定位理论的创始人之一阿尔·里斯将定位放在营销的核心,并提出了由外而内的营销过程,即 PTS 营销方法。

PTS(Positioning 定位—Targeting 界定目标市场—Strategizing 战略化)营销方法的一般过程是,企业首先要研究消费者心智当中可以充分挖掘利用的资源,凭借对心智规律的把握和敏锐的观察在消费者心智中找到最恰当的一个空缺;然后回来重新构思,围绕这个心智空缺形成定位,根据定位确定目标市场;最后,重组组织架构形成全新的企业战略,在消费者心智当中占领这个空缺。PTS 营销方法将定位视为现代营销理论的核心,是对传统 STP 理论的逆向颠覆,先定位再以此为界限分割更为宏观的市场,可以使企业选准市场中与企业资源匹配程度最好、利润最为丰厚的那一部分,避免无效分割细分市场导致的资源浪费和价值的流失。

案例分析

SK 电讯的市场细分策略

1. SK 电讯简介

SK 电讯前身是韩国移动通信公司(KMT),1994 年 SK 集团提高了其在 KMT 的股权,成为 KMT 最大的股东,1997 年 KMT 正式改名为 SK 电讯。在随后的十几年中,SK 取得了令人称羡的成绩。它开创了第一代模拟移动电话时代,1996 年 1 月在世界上首次实现 CDMA 技术的商用化,完成了第二代移动通信的开创工作;2002 年 1 月,第三代多媒体移动通信 CDMA2000 1x EV-DO 投入使用,成为世界上第一个 3G 运营商。继第三代之后,SK 又推出了 4G LTE(Long Term Evolution)业务,SK 电讯继续作为移动通信市场的领导者,不断书写着韩国移动通信行业新的历史。

SK 电讯在韩国以超过 50% 的市场份额服务于超过 2 000 万的移动用户,牢牢占据着移动通信运营商国内第一的位置。SK 电讯在电信领域被认为是最具创新性的科技公司之一,也是全球最先把通信技术市场化和商业化的公司之一。SK 电讯之所以经久不衰,主要得益于从 1999 年开始对整个消费者市场进行了严格有效的市场细分,并在每个细分市场上塑造成功的品牌,每一品牌都有其合理的定位,在整个用户市场构建了一个完整的品牌体系与业务体系。

2. SK 电讯对移动用户市场的细分

SK 电讯自 1997 年与咨询公司合作以来,进行了一系列市场细分的研究工作,到 1999 年,在充分考虑顾客的消费需求、市场可行性和相关调研公司的咨询意见后,公司根据使用目的与年龄把整个移动通信用户细分为 6 大人群:中学生、大学生、专业人士、个人消费者、家庭主妇和年长消费者。2004年7月,SK电讯推出i-kids业务,它是一项基于GPS定位技术来帮助父母确定孩子行踪的服务,至此,SK对整个年龄跨度上用户的基本细分工作已经完成,具体如图7-7所示。

图7-7　SK对用户按使用目的和年龄的细分

(1) 细分市场1:儿童

这是一个被大部分运营商忽视的消费者群体,他们需要父母时时刻刻的监管且几乎不具备独立熟练使用通信工具的能力,如怎样发短信或用手机上网。孩子的位置及是否安全是父母最担心的问题,因此,定位服务是SK针对儿童市场开发出的创新性的业务。

(2) 细分市场2:中学生

这个阶层代表中高年级学生。他们大部分的时间花在学习上,对计算机和互联网的使用非常熟悉。他们的手机由父母购买,短消息使用非常频繁,每月平均的电话费为3.5万~2万韩元。

(3) 细分市场3:大学生

他们被称为网络一代(Net Generation),他们在乘坐交通工具时的电话量非常高,特别是在特殊地区针对特殊号码。同时,他们在通话高峰时段的使用率很高并且经常使用短消息和无线互联网。总体来讲,他们每月平均的电话费在3.5万~4万韩元之间,把更多的时间放在社区和娱乐。

(4) 细分市场4:专业人士

这类消费者用电话来谈生意,每月的平均通话费为5万韩元,高于其他的人群。这类人群由专家、销售商、区域零售商和搬运工人组成。通常对价格、手机本身不是很在意,但通话的质量是关键。所以愿意选择通话质量高和稳定的移动电话,这样可以提高生意上的价值。

(5) 细分市场5:个人消费者

这类人群应该和专业人士相区分。在统计学上,白领工作者年龄在30~40岁之间的应该包括在这个阶层。他们的通话量居中,每月的话费平均为3万韩元。他们使用电话主要在周末的折扣时间段,对品牌、话机、打折计划等比较敏感而不是通话质量,有收入的妇女包括在这个阶层中。

(6) 细分市场6:家庭主妇

这一阶层代表30~50岁的家庭妇女。她们的通话量整体较低,拨打一些固定的电话号码比较多,在下午的通话量比较高。但是互联网、SMS的使用率极低,生活上主要的兴趣在稳定的经济、子女的教育和文化的利益。每月平均使用费大约是2.8万韩元,这一阶层是在经济利益和文化利益上对价格最敏感的。

(7) 细分市场 7:年长消费者

这一阶层代表 60 岁以上退休的消费者。他们对无线通信的需求很弱,交流的目的是为了安全。另外,他们对定制化终端的需求比无线通信的需求要强烈,他们实际上是需要一种特殊的手机,比如能有一个应急按钮、通话显示屏和大的按钮,每月的通话费通常低于 1 万韩元。

3. SK 电讯基于市场细分的品牌定位

在对用户按使用目的与年龄进行细分后,SK 电讯对年轻用户群按照消费特征而非消费水平进一步进行了细分,基本上每隔 5 岁就形成一个细分用户群,并为之推出相应的子品牌及一系列与之兴趣爱好相对应的服务,具体如图 7-8 所示。

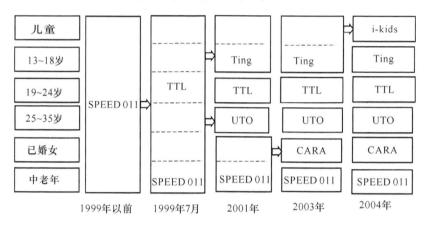

图 7-8 SK 电讯基于市场细分推出的子品牌

SK 电讯每一品牌针对的细分市场及业务类型如下。

(1) i-kids 品牌:针对韩国国内儿童提供的基于 GPS 的定位服务用来帮助父母确定孩子当前的位置和活动路径,一旦孩子的活动超过设置的范围,就会自动发出报警短信。同时 i-kids 还提供了放心区域位置自动通报、活动路径追踪、位置自动显示等便于家长了解儿童安全状况的服务。为更好地推广 i-kids 业务,SK 电讯专门推出了定制的 i-kids 手机,该手机无短信及上网功能,但在手机上设计了紧急键,倘若遇到紧急情况,按下该键就可以与 4 位预设的人士取得联络,免去孩子紧急时忘记亲人号码的困扰。

(2) Ting 品牌:针对 13~18 岁的学生群体,考虑到该类客户群娱乐时间长,创新意识高,且该群体无实际收入,因此应用以下载、游戏、娱乐、社区、高考等为主,如聊天室、英语角和高考讲座等,SK 还提供了经济实惠的资费套餐。其门户网站为 www.011ting.co.kr,为 Ting 用户提供会员制的服务。

(3) TTL 品牌:针对 19~24 岁的大学生或白领群体,考虑到他们将步入社会或初入职场,应用以时尚休闲、国外人文、工作相关为主,除经济的资费套餐外,SK 还设立了品牌旗舰店俱乐部、新一代文化区和国外交流计划等。TTL 业务既满足了年轻人的娱乐要求,又带动了一种时尚的潮流,无形中造就了一种属于 20 岁人的文化,从精神层面为他们找到了共鸣。该品牌的门户网站为 www.ttl.co.kr。

（4）UTO 品牌：针对 25～35 岁的职业人士，考虑到职场工作压力较大，工作和个人事务较多，因此提供的应用以移动支付、金融服务和企业办公等移动商务服务等为主。它也包括很多优惠项目，如 VIP 待遇、休闲信息、赠送优惠券、职业培训等。

（5）CARA 品牌：针对年轻用户群中的已婚女性，更多地提供家庭生活、育儿、美容、购物、食品、旅游等方面的生活信息。该品牌的门户网站为 www.myuto.co.kr。

（6）SPEED 011 品牌：针对所有用户的基础移动语音业务品牌，是 SK 最早的移动通信品牌，主要专注于提供高质量的基础移动语音业务。该品牌的门户网站为 www.speed011.co.kr。

分析点评

SK 电讯的市场细分策略为其奠定了精确营销的基础，精确的营销使得 SK 的业务最大限度地满足每个细分市场上用户的需求，使其拥有了极高的客户忠诚度。针对每个细分市场品牌的确立为新业务的推广提供了有力的保障，各品牌下与目标市场相对应的业务也提高了用户的 ARPU（Average Monthly Revenue Per Unit）值，使得 SK 在政府限制用户总量占比的情况下获得较高的收益。始于 1999 年的市场细分策略是 SK 电讯史上的一次成功的转型，毫无疑问，这次转型奠定了其在韩国电信市场上强大的优势地位。"他山之石可以攻玉"，在目前电信市场激烈的竞争环境下，市场细分可以作为各电信运营商品牌建设和业务拓展最有力的武器。

案例分析

邮政特快专递业务的市场定位

邮政特快专递业务（EMS）是以最快速度传递实物信息和物品的邮件寄递业务。其特点为"特"、"快"、"专"，即通过邮政通信企业内部特殊的生产组织办法、特殊的服务方式，由专门机构采用专人、专车、专门的作业组织处理，确保以最快速度完成邮件的传递。特快专递业务作为一种新型业务，因其经济效益显著，从而引起了国内外诸多公司的关注，外资、国有、民营快递企业不断加入中国快递业，使得中国快递市场的竞争更加剧烈。为了在这种激烈竞争的环境中胜出，邮政特快专递业务该如何进行市场定位呢？

1．基本情况

我国邮政部门先后于 1980 年 7 月和 1984 年 11 月开办了国际、国内邮政特快专递业务。近 30 年来，中国 EMS 依托邮政特有优势，通过不懈努力，已与世界上 200 多个国家和地区建立了业务联系，在国内 2 000 个城市开办了业务。目前已拥有专职邮政特快专递员工 14 000 余人，专用揽收、投递、运输机动车辆 10 000 余部；全国 201 个城市配有最先进的计算机设备，计算机跟踪查询骨干网络基本建成，所有这些构成了中国 EMS 的强大优势。

历经多年，特快专递业务服务于改革开放，服务于我国经济建设与发展，致力于满足客户多层次、多方位的需要，在服务深度、服务方式、服务质量和服务水平上不断拓展、改善、提高，严格组织生产作业,加快邮件传递速度,加大综合生产能力投入,实行门到门、桌到桌服务,全面提高服务质量,便利广大用户,时刻强调"时限、质量和服务是EMS永恒的追求"。

2. 问题的提出

近几年来,尽管邮政EMS的业务量、业务收入仍处于不断增长中,但市场占有率却是连年下滑。究其原因,在于强大的竞争对手和中国速递市场的良好发展前景。据速递业务专家介绍,当前中国速递市场规模已超过百亿元,且以每年30%的速度递增。更有专家预测,3年以后速递业务将以每年几倍甚至十几倍的速度增长。在这样的市场环境下,邮政EMS不能只是满足于自身业务量、业务收入的增长,而是要解决如何面对竞争的问题,将保持和提高市场占有率作为业务发展的目标。

在发展传统邮政业务的过程中,邮政主管部门要体现普遍服务的精神,即面对所有地域的所有用户以用户能够支付得起的资费提供具有一定服务质量的邮政服务。而邮政EMS业务毕竟不同于以往的传统邮政业务,它属于按照商业化原则运作的竞争类业务。在这类业务的领域中,其客户是特定的,价格也是特定的,一般不涉及公民权力与普遍服务问题,需要注入更多的市场元素,进行市场分析,结合市场细分,确定目标市场,明确市场定位,用以指导业务发展过程中灵活多变的营销策略,以便更好地适应竞争的需要。

3. 目标市场营销策略

(1) 定位集团大客户,挖掘潜在客户

近年来,邮政特快专递部门在发展过程中,通过对市场进行调查和分析,在继续稳固发展国际、国内特快专递业务的基础上,将业务的重点放在了发展集团用户的物品类业务、单证类业务上。对于集团大客户,突出重点地区和大城市,大力发展同城、区域性业务,提高物品类业务比重。经过不懈的努力并凭借中国邮政的信誉优势和EMS的品牌优势,邮政速递部门已将行业性行政管理机构纳入到EMS大客户范畴,如目前开办的并且比较成熟的单证类邮件,种类包括身份证、护照、港澳台通行证、录取通知书及其相关资料、驾驶执照、法院传票和法律文书等,都已成为同城业务的切入点,并且显现出强劲的增长势头。随着电子商务、邮购等业务的发展,商贸企业、金融机构也被纳入到EMS大客户行列,旨在为这些新兴行业和部门提供个性化、多样化的服务。

(2) 针对4类不同的普通客户市场实施不同市场定位

除了对集团大客户的深挖,邮政特快专递部门还加大了对普通客户市场的挖掘力度,提出了业务结构分层次发展的思路,根据客户对快递业务在资费和时限上的不同要求,在继续稳固发展国际、国内普通特快专递业务之外,成功开发出"经济快递"、"重件快递"、"限时专递"和"留学快递"业务,旨在更好地为客户服务,以满足不同客户市场的需求。

① 经济快递业务

为满足物品类快件市场的需求,2001年1月1日我国邮政与荷兰TNT邮政集团联手,在北京、上海、天津等20个大中城市出口互换局开办了价廉质高的国际经济快递业务(Economy Express),派送范围包括亚洲、中东、美国及欧洲的主要国家。该业务类似于快货服务,可办理一票多件业务,并可提供"门到门"服务,对象为交寄大宗快件的商业用户。由于部分采用陆路运输,此类快件的资费大幅度降低,而时限仅比普通快递邮件慢 48~72 小时。

② 重件快递业务

该项业务仍然是我国邮政与荷兰 TNT 邮政集团联手开发的,主要针对 100 kg 或以上的重件,提供"门到门"(TNT 提供目的地清关及派投)及"门到机场"(TNT 仅负责由香港往目的地指定港口的运输服务)的服务。

③ 限时专递——次晨达业务

我国邮政于 2004 年 1 月 8 日、5 月 18 日和 6 月 18 日分别推出了长江三角洲、珠江三角洲、环渤海区域内部的共计 47 个城市的"EMS 限时专递——次晨达"业务,实现当日收寄的 EMS 邮件,保证在次日上午 10 点前(珠江三角地区 11 点前)投交给收件人,如未按时到达,所付邮费全部退还。2004 年 10 月 9 日,又一举推出包括北京、天津、上海等 13 个城市间的次晨达业务;2005 年 1 月 28 日、4 月 28 日推出了东北区域和川渝区域的次晨达业务,使该项业务开始走出区域。随着业务运作的不断成熟,还将不断扩大开办范围和通达区域,形成国内速递业务的精品业务,提升速递业务品质,增强竞争能力。

④ 留学速递

"EMS 留学速递"是中国邮政 EMS 推出的新型国际 EMS 文件类速递产品品牌,主要为有志于出国留学的人员、留学中介机构、留学培训机构、高校国际交流中心等向境外院校寄递所有留学申请材料提供优质的 EMS 速递服务。以经济实惠的价格为客户提供全面而专业的服务。

(3) 抓住空白市场大力创新,积极开发新业务

在巩固现有市场的同时,中国邮政速递公司抓紧当前有利时机,在竞争对手尚未涉足的地方开拓和占领市场,推出特色业务来推进目标市场营销。特色业务主要有国内特快专递代收货款业务、特快专递收件人付费业务、超常规特快专递邮件业务、邮政礼仪专递业务和邮政 EMS 手机短信息查询服务等。

分析点评

(1) 我国邮政特快专递部门主要围绕客户需求进行市场细分工作。在梳理业务结构层次过程中,首先区分出集团大客户和普通客户的不同需求,然后对普通客户市场侧重从时限速度和资费上入手,又细分出 4 类业务、4 个市场,满足不同客户选择。在选择目标市场时,更加注重差异化策略,旨在为公司塑造强有力的、与众不同的鲜明个性,以求得客户的认同,树立自己的品牌形象。

(2) 我国 EMS 在市场定位方面做了许多工作。如针对目前单证类业务数量比较大的情况,邮政速递部门已将行业性行政管理机构纳入到 EMS 大客户范畴,主要用于专递纳税单据、身份证、高考录取通知书等邮件;随着电子商务、邮购等业务的发展,商贸企业、金融机构也被纳入到 EMS 大客户行列,旨在为这些新兴行业和部门提供个性化、多样化的服务。但这些还不够细致,目前需要做的是,认真研究客户的需求,在适当的条件下,给予一定的政策倾斜,如资费上的、服务上的等,真正为客户着想,使 EMS 深入人心。

思 考 题

1. 什么是市场细分？市场细分的依据与原则有哪些？
2. 如何确定目标市场？选择目标市场应考虑哪些因素？
3. 怎样进行市场定位？市场定位的类型有哪些？
4. 目前各大通信运营商都实行全业务运营，每个业务市场上竞争都异常激烈，试选取某一业务市场，运用所学的知识对通信运营商的定位策略进行分析。

第 8 章 通信市场竞争战略

> **本章导读**

8.1　竞争力分析
8.2　市场竞争战略
8.3　通信市场竞争战略
案例分析：移动互联网时代运营商市场竞争结构分析

竞争是市场经济的一般特征；只要商品生产和商品交换存在，就必然有竞争。营销大师菲利普·科特勒说："忽略了竞争对手的公司往往成为绩效差的公司；效仿竞争者的公司往往是表现平平的公司；在竞赛中获胜的公司则在领导着它们的竞争者。"企业在分析环境后准确把握市场机会，就必须考虑第一要素顾客需求之外的另一个重要因素——竞争者。有效竞争的基本前提是在探究并顺应竞争规律，理性地制定符合企业实力和目标市场的竞争战略，判断企业面对的各种竞争压力，客观分析主要竞争者的实力与阶段性的竞争策略，采取避强与抢先等应对措施，这样才能收放自如，达到竞争的目的。

本章主要内容是竞争力与竞争者分析，通信市场竞争战略，通信行业的市场竞争特征、竞争结构及竞争战略。

8.1　竞争力分析

8.1.1　影响市场吸引力的 5 种力量

在经济学界和管理学界，竞争战略理论研究长久置于学术前沿。早在 20 世纪 80 年代初，美国管理学家迈克尔·波特就提出了以产业分析为基础的竞争战略理论。该理论认为，一个产业中存在 5 种力量——新进入者的威胁、替代品威胁、现有竞争对手的威胁、购买者讨价还价能力的威胁、供应商的讨价还价能力的威胁，这 5 种力量决定着该产业的竞争强度和利润潜力，长期影响着整体市场或其中细分市场的内在吸引力。

1. 新进入者的威胁

新的竞争者的进入会增加生产能力和产品供应量，并且加剧资源市场份额的争夺，因此，一个新进入者很容易进入的市场不具有吸引力。

如果新的竞争者在进入市场时遇到森严的壁垒,并且遭受到原有公司的强烈报复,他们便很难进入,对于在位公司来说,新进入者的威胁减轻。

2. 替代产品的威胁

如果市场上存在着大量现实或者潜在替代产品,该市场将不具有吸引力。这些替代产品会限制既有产品价格和利润的增长,当这些替代产品的技术迅猛发展并竞争日趋激烈时,既有产品的价格和利润就会下降,企业需密切注意替代产品的技术和价格变化趋向。

3. 现有竞争对手的威胁

市场内众多大的或者拼抢意识强的竞争者存在,该市场的发展趋势就会趋于稳定或者衰退,出现生产能力大幅度增长、投资引起的固定成本加大、撤出市场的壁垒升高等状况,这将直接引发价格战、广告争夺战,而且随着"新"产品的推出,每家企业逐步意识到要参与竞争,都必须付出高昂的代价,因其竞争的残酷会逐渐对企业失去吸引力。

4. 购买者讨价还价能力的威胁

购买者的讨价还价能力如果很强或正在变强,就会在设法压低价格的同时,对产品的质量和服务提出更高的要求,并挑起竞争者互相争斗,销售商的利润被损失,市场的吸引力从而降低。

5. 供应商讨价还价能力的威胁

供应商的讨价还价能力比较强大表现在:各供应商能够有组织地集中;替代产品少,供应的产品是本企业重要的投入要素,而且转换成本高;供应商可以前向联合。另外,如果原材料和设备供应商、公用事业单位、银行等公司的供应商能够擅自提价、降低产品和服务的质量、减少供应数量,那么该市场就会没有吸引力。因此,企业与供应商建立良好关系,并拓展多种供应渠道才是防御供应商威胁的上策。

8.1.2 竞争者分析

判断自身地位,要对公司的主要竞争者进行准确的分析:主要竞争者是谁;竞争者的目标;竞争者的战略;竞争者的优劣势是什么;竞争者的反应模式;攻击或者回避竞争者。竞争者分析的步骤如图 8-1 所示。

图 8-1 竞争者分析的步骤

1. 识别公司的竞争者

识别竞争者似乎是轻而易举的,其实不然,以电信市场为例,3 家运营商在移动通信领域互相视对方为主要竞争对手,而在某种程度上忽略了竞争存在的 4 种层次。

(1) 品牌竞争

其他企业以相同价格向同一顾客提供同样产品,即为品牌竞争者。在移动通信市场上,中国移动的"G3"、中国电信的"天翼"和中国联通的"沃"可以归为品牌竞争。

(2) 行业竞争

生产同类产品或者替代产品的企业即为行业竞争者。在通信领域中,替代语音和短信业务的行业竞争者将会引起通信行业颠覆性的变革。

(3) 形式竞争

企业可将所有提供相同或可替代的产品与服务的企业都看成是它的竞争者。比如,新浪网可以将所有的综合与门户类网站都视为竞争对手,甚至可以把计算机与网络类网站、科技与教育类网站、工业与商业类网站等都看做是未来阶段性发展战略中的潜在对手。

(4) 一般竞争

广泛地讲,所有因争取相同顾客而竞争的企业都可以看做是竞争者。从争夺相同客户的刚性消费标准来讲,通信设备制造商、电器公司、百货公司甚至旅游公司就都是电信运营商的竞争者。

2. 确定竞争者的目标

利润永远是企业追逐的共同目标,但每个企业对长期和短期利润的迫切程度不同,对本企业的合理利润水平的设定标准也不相同。判定主要竞争威胁就必须判定竞争者追求的市场目标是什么,竞争行为背后的动机是什么。

竞争者的目标往往不是单一的,而是一个目标组合:获利能力、市场占有率、现金流量、成本控制、技术创新和服务水平领先等。探究目标组合的内容、侧重点以及先后次序,可以预测对不同竞争性行为的反应。比如,竞争者以增加短期利润为目标,对于其他产品的降价行为就可能不太在意;而以扩大市场份额为目标,对于其他产品的降价行为会非常敏感,会采取强烈的抵制措施。更长远地看,企业还应随时了解竞争对手进入新的细分市场或开发新产品的目标,预先有所准备或提前制定应对措施。

3. 识别竞争者的战略

战略是企业为获得竞争优势而进行的全局性谋划,指导和影响着经营目标、计划和活动。正确地识别竞争者的战略能帮助企业客观地认识对手,提高预测及未来行动的准确性。特定的目标市场中推行相同战略的一组企业自然构成了一个战略群,一个行业由若干个战略群构成。同一个战略群中的企业竞争关系最直接,竞争程度最激烈。判定对手可以帮助企业避开最激烈的战略群,选择进入强度相对较低的环境。

识别竞争对手的战略是一个长期、动态的工作,富有活力的竞争战略随着市场条件的变化随时调整、修订甚至质变。例如,某国产智能手机最初的战略是以高性能价值占领高端市场,但判定战略群以后,企业经营战略重点发生明确的转变:价格从高端转向中端市场,产品功能和外观设计简单实用,目标用户准确定位在时尚实用实惠人群,获得成功。

4. 分析竞争者优劣势

识别竞争者的优势和劣势,目的是制定明确的营销方针和策略,有的放矢地打击竞争者。应收集竞争者的重要业务资料认真加以分析研究,熟识竞争者以往的优势和业绩;要设法尽可能掌握反映其现状的资料,分析其现有的长处和短板;可通过积极的手段对其服务的顾客、供应商和中间商进行调查以加深了解。

5. 估计竞争者的反应

竞争是一个相互作用、相互影响,甚至是针锋相对的活动过程,竞争者的一方应当而且必须预判对方受到进攻和挑战时的反应,针对性地制定和实施竞争战略。从实际情况看,竞争者的反应模式主要有以下 4 种。

(1) 从容型竞争者

他们对来自竞争对手的挑战恍若不知,置若罔闻,不作任何反应或反应不甚强烈。经营业务活动和采取的营销策略一如既往地针对目标顾客;自我感觉良好,不过分担心竞争者的威胁。之所以从容,多是因为在市场上稳居最大的市场占有率,竞争者无力回天;也可能是源于自己的顾客忠诚,不会被竞争者抢走;抑或是充分相信自己的营销战略,不用临场作任何修改和补充……在识别竞争者的反应模式时,要设法弄清这类竞争者处变不惊的真正原因。

(2) 选择型竞争者

只对某一类或几类攻击作出反应,而对其他动作不作出条件反射;竞争者可能对削价反应强烈,从而更大幅度地降价;敏锐调整抗衡的公关和广告策略。20 世纪 90 年代激越中原、震动全国的郑州"商战"类似这种情况。

(3) 风暴型竞争者

竞争者对向其所有领域发动的任何进攻都会作出迅速而强烈的反应,对所有挑战的竞争予以打击,旨在表明立场——最好避免任何攻击,攻击羊比攻击老虎好。

(4) 随机型竞争者

无明显迹象表露且难以被预测作何反应的一种反应模式,根据其经济实力、企业竞争历史或其他方面的情况都无法准确预见将会如何行事。

6. 攻击或回避竞争者

企业依据目标顾客、分销渠道和营销组合策略制定的决策确立了归属的战略群体的同时,客观上圈定了主要竞争者。必须假设哪些同行会进行最激烈的竞争,由此把注意力集中在该竞争对手上。竞争者的类型有如下几种。

(1) 强大或弱小的竞争者

大部分企业习惯于将攻击目标指向弱小的竞争者,这样做需要投入的资源和时间较少,其实,往往得不偿失。从磨练本身的能力上讲,应该正向地与强大的对手抗衡,实力再强大的对手也会有弱点,在与高手的对抗中成长,回报较大。

评估对手强弱的一种常用工具是顾客价值分析。首先,公司要识别顾客重视的产品和服务属性,并将这些属性按其重要性排名;其次,要评估自己和对手在顾客评估的价值属性上的差距。如果产品在所有重要的价值属性上均超出竞争者,就可以定价,追求更多的现实利润,或者以同等价格获得更高的市场份额;反之,顾客评估的主要价值属性比对手差,则必须增强这些价值属性或强化领先属性。

(2) 实力接近的竞争者

大部分企业都选择实力相当者竞争。在摧毁一个实力相当的竞争对手的同时,要预防此竞争对手可能被迫卖给较大的公司,引来更难对付的竞争者。

(3) 品行良好的竞争者和具有破坏性的竞争者

从某种意义上说,企业需要并受益于竞争者。因为竞争者分担了产品及市场开发成本,竞争有助于推出新技术；服务于共同的细分市场，有助于满足全面的和差异的需求；会降低社会反托拉斯活动带来的风险，并提升与劳卫组织或管制机构的谈判能力。

但每个行业都有品行良好的竞争者和破坏性的竞争者。前者遵守行业规则，维护一个稳定的、健康的行业，根据成本制定合理的价格，激励别人去降低成本或突出产品差异，理性接受合理利润和市场份额。与此相反，后者破坏行业规则，并试图更改颠覆规则，不满足自己的产品占据的市场份额，崇尚大风险占领大份额。

8.2 市场竞争战略

8.2.1 一般竞争战略

一般竞争战略是指企业在一定的产业或市场中，用什么样的战略思想去参加竞争。它是企业以发展自己与超越对手为目的，以争夺顾客与市场为主要内容而进行的一种谋划。市场竞争取决于企业或公司（Corporation）、顾客（Customer）和竞争对手（Competitor）三者的关系，称为竞争三角关系（3C 关系）。企业通过制定竞争战略，整合技术、网络、能力、管理等资源，适应市场环境的变化，进而形成持久的竞争优势。商业管理界公认的"竞争战略之父"、哈佛商学院的大学教授迈克尔·波特将可供企业选择的一般性竞争战略高度概括为 3 种模式：成本领先战略、差异化战略、重点集中战略。

1. 成本领先战略

成本领先战略指按照总成本最低目标而采取一系列政策措施，确保企业以低成本取得领先地位的战略。该战略的核心是总成本在本行业中处于最低水平，企业的各项工作都要围绕降低产品的成本来进行，争取使产品能有较大的降价空间，可以低价格赢得消费者，占领市场。

（1）企业获取低成本优势的途径

要达到成本领先，需要生产设施规模有效，加强成本与管理费用的控制，合理减少市场开发、服务推广、推销、广告等方面的成本费用，具体措施如下。

①采购活动中应保持同供应商的良好关系，提高进货质量或降低进价。②生产环节应通过技术创新提高工艺水平，通过规模经济降低生产成本。③在销售活动中应更有效地降低客户服务、推销、广告等各方面的成本费用。④严格控制日常各项管理费用等。

（2）成本领先战略的适用范围

价格无论何时何地都是购买者关心的重要因素，成本领先也就始终是企业间竞争的主要战略。它也有特定的适用范围。

①市场需求的价格弹性越大，成本领先战略的效果越好。②行业提供的是标准化的产品，产品品质差异小，不同企业的产品有较大的可比性。③顾客以相同的方式使用产品时，价格成为主要因素，质量和其他因素退居次位。④转换成本低，选购者可以很容易地从一个供应者转移到另一个供应者，以最佳的价格购买产品。

（3）成本领先战略的优点

①扩展了市场空间。②企业从薄利多销中获得了多销厚利的结果。③增加了进入障碍，

阻止了其他企业对本行业的进入。④提高了企业获得优质资源的能力。⑤企业与行业内的竞争对手进行价格战时,确保企业保持领先的地位。

(4) 成本领先战略的缺点

①行业的技术进步导致本企业生产设备和技术的陈旧落后,或者竞争对手采用更先进的技术而获得较低的成本。②容易忽视对价格不甚敏感、差异化产品市场需求变化。③原材料和能源价格急剧上扬时导致成本上升,竞争优势被削弱。

2. 差异化战略

差异化战略指企业向市场提供与众不同的产品和服务,以满足顾客特殊的需求形成企业竞争优势的战略。实现差异化可以有许多方式,如在产品设计、品牌形象、技术特点、外观特色、客户服务、营销网络等方面呈现独特性和别具一格。与成本领先战略不同的是,其优先考虑的重点是产品和服务的独占性价值,而不是成本优先。

(1) 获取产品差异化的途径

顾客关心的产品价值属性不只一个,企业在执行差异化战略时也就有了多种选择。产品差异化的途径主要有5个。①产品质量:提供竞争者不可比拟的高质量产品。②产品可靠性:可靠性与质量战略相关,要求产品在使用过程中安全可靠,如通信网络的稳定是移动通信行业可靠性的基本体现。③产品创新:重视新产品研究与开发,适时更新换代。如中国移动应时需求推出的"飞聊"业务,强劲领先市场。④产品品牌:品牌也可能成为企业最重要的优势。在顾客心目中,"可口可乐"成为饮料的代名词,"奔驰"意味着豪华和优质,"麦当劳"传递着美国文化。顾客自然地将名牌产品和其他产品区别开来,愿意为品牌产品支付更高的价格。⑤产品服务:服务是竞争的手段。通常,产品很容易被模仿,而无形的服务往往能够独树一帜。例如,中国移动的10086、中国联通的10010、中国电信的10000服务热线在服务差异化上扮演着更重要的角色。

(2) 差异化战略的适用条件

①用户需求多样化,不同顾客群有不同的需求,能够识别。②企业自身的实力和特色适合在某类顾客群兴趣点上形成差异化。③只有极少数竞争者会采取类似的差异化战略。

(3) 差异化战略的优缺点

差异化战略的优点在于:①差异化战略能帮助企业树立行业领导者形象。②增加了其他企业进入市场的障碍。③有效地防止替代产品的威胁。

差异化战略的缺点在于:①成本过高,本企业产品的价格与市价差距过大,可能失掉某些顾客。②竞争对手通过模仿使原有的差别缩小,仍会给企业带来威胁。

3. 重点集中战略

重点集中战略也称"聚焦战略",指企业将经营范围集中于行业内某一细分市场,使企业的有限资源进行专业化经营,以期在该市场领域内获得竞争优势。

(1) 重点集中战略的适用条件

①行业内存在着不同的细分市场。②企业有能力在行业规模、成长率、获利水平有吸引力的市场中赢得竞争优势。③企业资源有限,客观上不允许盲目追求更广泛的市场。

(2) 重点集中战略的优缺点

重点集中战略的优点在于：①可以通过扩大产量、提高专业化程度和产品质量增加规模经济效益。②随着多样化和专业化程度的提高，大企业需要这些专业化程度高、产品质量好的中小企业为其提供配套产品，中小企业也能够逐渐走上以小补大、以专补缺、以精取胜、以精发展的良性发展道路。③可以最大限度地发挥中小企业的竞争优势，尽可能地消减本身存在的缺陷。

重点集中战略的缺点在于：①竞争对手在该细分市场中进一步细分客户。②产品和服务在细分后的市场与整体目标市场之间的差距模糊。③耗费的成本比面向整体目标市场高出太多，丧失成本优势。

特别关注

移动互联网的产业链主导权竞争

易观国际（Analysis International）2011 年的报告研究认为，移动互联网的新产业链正在形成过程之中，链条中的参与各方正在争夺产业链主导权，要点分析如下。

内容提供商：在移动互联网从封闭走向开放的过程中不再受到禁锢，通过向用户界面的渗透，正在争夺产业链的主导权。

服务提供商：将逐渐脱离电信运营商的禁锢，通过寻求上下游的合作关系使得自身的话语权不断增加。

终端厂商：尝试通过"终端＋应用"的模式，期望能够迅速地从终端提供商转型到应用服务商，日益开放的系统和丰富的应用加速着终端厂商的转型变革。

平台运营商：开始打破传统的垄断模式，整合平台并提供强势服务，开放的平台和应用使得平台运营商在产业链中的地位不断增加。

电信运营商：不应该成为流量管道，通过和产业链其他环节的深度合作，希望重新获取产业链主导权。

综上所述，移动互联网的开放必然促使产业链不同环节间开展新的合作，也迫使在不同环节的各类厂商前瞻布局，互联网的未来巨头厂商在移动互联网市场的介入会促使产业规模进一步扩大，运营商在移动互联网的产业链中定位和作用需要战略思维。

8.2.2 不同地位竞争者的竞争战略

现代市场营销理论根据企业在目标市场上所起的作用，将企业分为市场领导者、市场挑战者、市场追随者和市场补缺者 4 种类型，不同地位的企业在战略、目标、实力等方面有很大的差异，所采取的竞争战略也不相同。

1. 市场领导者竞争战略

市场领导者在行业中实力最强、市场占有份额最大、竞争中处于优势地位，通常是资金、技术、人员素质、产品或服务都很强的大中型企业。大多行业中都有一家或若干家企业是公认的市场领导者，他们在价格、新技术、新产品开发、分销渠道、促销强度等方面均居主导地位。一批国际著名的公司,如国际商用机器、微软、可口可乐、麦当劳、丰田、亚马逊、精工……均在行业中居领导地位。

行业中的市场领导者也不能高枕无忧,除非它享有法定的专利权。同业者会不断地向该企业发起挑战。因此,领导者不能自我陶醉,必须不断地寻求并利用机会摆脱威胁。

(1) 扩大整体市场规模

市场领导者的销售额与行业整体规模密切相关,当整体规模扩大时,从中受益最大。因此,在扩大市场整体需求规模方面抱有最大的热情。

① 开发新用户

将潜在购买者转变为现实购买者,说服那些尚未使用本行业产品的人开始使用。生活中,有些消费者担心使用电热水器不安全而不愿意购买,那么,企业可针对性地宣传产品的多重安全保护装置,确保不会发生意外,将其转变为现实顾客。

进入新的细分市场,如将婴幼儿沐浴露细分推广,争取进入成人市场。

② 寻找新用途

设法找出产品新用法和新用途以增加销售。凡士林刚刚问世时被用做机器润滑油,后来发现了它还有很多其他的用途——做润肤膏和药膏。

③ 增加使用量

增加每次使用量,如法国米其林轮胎公司出版并赠送带有地图和沿线风景的导游书,鼓励人们更多地自驾车旅游。

提高使用频率,设法使顾客更频繁地使用产品。果汁新理念的广告侧重说服人们不仅在待客时饮用,平时更要饮用果汁以增加维生素。

增加使用场所,如电视机生产企业可以宣传在卧室和客厅等不同房间分别摆放电视机的好处,打破只买一台的习惯和节俭思想,使有条件的家庭向往购买两台以上。

(2) 保护市场份额

市场领导者总有一个或少数几个实力雄厚的主要竞争对手,所以不能满足现状,要持续创新,在新产品、顾客服务、分销效率和成本降低等方面追求领先。

(3) 提高市场占有率

在一些规模较大的市场上,市场占有率每提高一个百分点就意味着很大数量的销售收入,提高市场占有率可以降低企业的生产成本,在市场价格不变的前提下,能提高企业的利润率。

要在现有市场上扩大份额,就意味着要向其他竞争者发起进攻,选择进攻对象时要考虑以下两点。

① 进攻强者还是进攻弱者。向实力较弱的竞争对手展开进攻,费时少、风险小,但是在提高自身能力上收获不大;进攻实力较强的竞争对手则可以提高自身能力。

② 进攻近者还是远者。"远"、"近"是指对手与本企业经营范围、产品的相似程度。一般企业容易将经营范围与自己最接近者作为进攻对象,这样做的风险是成功后可能引来新的更强有力的企业加入竞争,成为更危险的敌人。

2. 市场挑战者竞争战略

市场挑战者是指市场份额仅次于市场领导者并且积极发起进攻的企业。虽然在销售额、资金规模、销售渠道、人员规模、促销强度等方面弱于市场领导者,但其竞争不息,顽强奋战,表现出高昂的挑战姿态。

市场挑战者的竞争战略决策涉及两方面:一是确定进攻的对象和目标;二是选择适当的进攻战略。

(1) 确定进攻的对象和目标

可以选择下面一类作为进攻对象,最终目标是扩大市场占有率并提高收益率。

① 攻击市场领导者。这一战略潜在利益大,风险也大,当市场领导者在目标市场的服务效果令顾客不满,或对较大的细分市场未给予足够关注的时候,采用这一战略带来显著的利益。

② 攻击实力相当者。选择和自己的实力相当,但是经营不善或者经营资源不足的企业作为攻击对象,争夺它们的顾客,是市场挑战者常用的战略之一。

③ 攻击实力更弱者。攻击这些小企业,可以通过竞争手段争夺市场份额,也可以通过兼并收购企业来实现,不过,不要以为进攻实力弱小的企业风险就小。实际上,企业的规模越小,就会越努力地保卫自己拥有的市场份额,所以,"弱者"不一定是理想的进攻对象。

(2) 选择适当的进攻战略

菲利普·科特勒借用军事战略家的术语将市场挑战者的进攻战略归纳为5种形式。

① 正面进攻。针对对手的产品、广告、价格等发起攻击,正面进攻胜败的关键是实力,有较强实力的一方将会取得战斗的胜利,挑战者必须保证在进攻的市场上拥有实力上的优势。

② 侧翼进攻。多数挑战者不会一开始就正面进攻,而会选择侧翼展开进攻。商战中敌方的侧翼是它的弱点或者缺口,侧翼进攻可以沿着两个战略角度——地理的或者细分的发动攻击。当年,挑战者广东TCL电视机厂商向四川长虹公司发起挑战时,采取销售专卖店的战略,通过攻击对方力量薄弱的销售渠道,迅速实现了短期内扩大市场占有率的目标。

③ 包围进攻。包围进攻比侧翼进攻的范围大,挑战者选定进攻对象后从多条战线上同时展开进攻,争取在最短时间内实现目标。

④ 迂回进攻。着手开发新产品满足未被对手关注的需求,抑或开展多角化经营,进入与对手不相关的行业;寻找未被竞争者列入经营区域的新地理市场。它帮助企业增强自身实力,等待时机成熟的情况下转入包围进攻甚至正面进攻。

⑤ 游击进攻。向对方领域发动小规模的、断断续续的进攻,逐渐削弱对手,使自己最终夺取永久性的市场领域,适用于小公司攻击大公司。主要方法是在局部市场上有选择地降价、开展短期的密集促销等,能够有效地骚扰、消耗、牵制、误导、瓦解对手的士气,旨在打乱对手的战略部署而己方不冒太大的风险。适用条件是对方的损耗将不成比例地大于己方,通常认为,一连串的小型进攻能够形成累积性的冲击,效果更好。

每种战略都有优点,也有风险,可以组合使用。不存在最好或者最差的战略,关键在于使用的时间、地点和条件的匹配。

3. 市场追随者竞争战略

市场追随者在市场占有率、技术开发能力、市场适应能力、销售渠道、促销措施、资金和人员规模等方面都比不上市场挑战者,更不用说市场领导者。它只是追随和模仿市场领导者或挑战者的一些做法,目标是在整体市场中获得较小份额,发动攻势的能力较弱,甚至满足于维持原状。

市场追随者的竞争战略分为 3 种。

(1) 紧密跟随。尽可能从各个方面模仿市场领导者的行为,同时注意不要过分地刺激市场领导者,希望依赖领导者对市场或产品的前期开发,利用后发优势和市场一起成长。

(2) 距离追随。在影响竞争优势的主要方面紧随领导者,而在一些次要方面采取有差别的距离行为。

(3) 有选择的追随。在某些方面追随领导者,在另一些方面则自行其是,希望有所创新和突破,以后有发展成市场挑战者的可能。

此外,还有一种"跟随者",它们的存在对许多国际驰名的大公司是一个巨大的威胁,即名牌的伪造者或仿制者。据法新社报道,巴黎的假冒名牌在市场上的流通量竟比真品多出 8 倍。一件真正的鳄鱼牌高级衬衣标价 350 法郎,而在一些店铺里用几十法郎就可以买到同样商标的冒牌货。

4. 市场补缺者竞争战略

市场补缺者也称市场利基者,指在行业中实力规模最小,仅在那些不为实力雄厚的企业所关注的专业性市场上,退一步而天地宽,从事本小利微经营的小型企业。它缺乏与大企业正面竞争的实力而有意避免与之交锋,经营的产品和服务比较专一化,经营手段和场地简单也简便,扬长避短,专一经营特殊产品,从而获得发展的机会。

作为弱小者,主要风险是竞争者入侵或目标市场的消费习惯变化。因此,它的生存主要任务有 3 项:创造、扩大、保护市场。

8.3 通信行业市场竞争战略

本书第 1 章详述了通信行业的市场特征,如规模经济性、范围经济性、全程全网性、市场多元性等,这些行业特征决定了通信市场竞争战略和竞争结构的特殊性。

8.3.1 通信行业市场竞争结构

竞争作为市场经济的基本特征,可以实现优胜劣汰的资源优化配置。我国通信服务行业引入竞争机制,就是为了打破垄断地位,优化国有资源的战略性配置。3G 时代,基础服务业务不再是运营商的唯一主要业务,数据业务将会超过语音业务成为核心收入,内容提供商、服务供应商、软件集成商和终端制造商的地位也在显著提升,而运营商作为平台的搭建者,将面临传统语音业务利润空间的缩水。此外,从宏观环境上看,电信与广电行业的业务重组、行业管制政策逐步放宽、三家移动运营商争夺相同客户资源都使得行业竞争加剧,通信行业市场结构已经发生重大变化。

1. 基础服务业务呈现寡头垄断

寡头垄断是指少数几家大企业控制绝大部分产量和销售量,企业数量少,产品基本无差异。随着技术进步带来的市场发展,传统电信业的内涵属性、业务范围、服务对象都发生了重大变化,我国电信市场应该从曾经的独家垄断走向市场竞争,然而由于电信网的技术特性(网络经济特性、全程全网性、网络正效应性)、经济特性(规模经济、范围经济、边际成本弱相关、成本的沉淀性、成本的分布不均匀性)、行为特性(规模扩张、价格竞争的非理性、互联矛盾的根本性)现实形成了基础业务市场的寡头垄断局面。

2. 数据应用增值业务呈现垄断性竞争

垄断性竞争是指一个行业中有许多企业生产和销售同一种类产品,每一个企业的产量或销售量只占总销售量的一小部分,而每个卖家提供的产品各具特点,竞争企业数量较多,产品和服务种类、数量丰富。

增值业务是利用了基础电信硬件资源开发出的新业务,使得整个电信业务得到了增值,业务开展的媒介仍然可以依靠传统的基础电信业务。因此,相对于投资额巨大的基础电信业务而言,增值业务的新投资额较少,市场进入壁垒低,这些特点决定了数据应用和增值业务市场是垄断性竞争市场。

3. 移动互联网时代运营商存在"被管道化"的危机

从全球范围看,来自互联网和其他领域的商业巨头热情涌入移动互联网产业,给运营商在移动业务领域的发展带来了强有力的威胁,其中终端设备商、系统平台提供商、应用服务等既有的市场成为这些商业巨头争夺的焦点。移动互联网市场的成熟需要有足够大的用户基数,完整的产业价值链,以及网络速度、合理资费与成熟的终端应用作支撑。单看用户基数,3G 的用户数条件似乎已经具备;运营商参与产业价值链也已初步形成,即使运营商对移动互联网的价值挖掘还处于初级阶段;可以预见,随着互联网流量需求激增,运营商的网络负荷正在以几何级数增加。虽然现在运营商一直不遗余力地建立信息高速公路,为用户提供手机、平板电脑等随时随地接入的互联网络,但很明显,这些信息管道很发达,却不能给运营商带来收入的同比增长,反而会因数据增值业务收入比重过低,存在被边缘化的风险。

移动互联网快速发展,应用和内容体系逐渐丰富,用户获取服务和信息的渠道开始多样化,运营商原有的控制用户界面的优势开始丧失,这就直接威胁了运营商的长远发展,基于应用的控制用户界面手段匮乏,运营商面临被"管道化"的巨大危机。

> 特别关注

精细化流量经营是运营商的下一业绩增长突破点

移动互联网——网络广告、电子商务、SNS 社区、及时通信、在线支付的迅速发展在运营模式上给运营商造成巨大冲击的同时,也为运营商带来了更多的发展机遇。运营商可以借助移动互联网快速发展的春风,开展精细化流量经营,挖掘潜在客户,提高原有客户流量使用频率和使用量,从而实现业绩增长。为了达成这一目标,运营商可以通过"利用流量资源,运用渠道能力,发挥服务优势"来实现。

(1) 利用流量资源

充分利用流量资源,为客户提供丰富的应用内容。运用规模收益递增原理,可将流量资源价值发挥到最大化。比如,晚间21时至上午9时可以给予流量套餐优惠,从而刺激一些潜在客户的使用,并能够充分利用流量资源。

(2) 运用渠道能力

可以借助强有力的渠道体系和渠道能力,将流量服务作为一项重要的渠道管理内容来抓,根据客户类型,采取针对性措施完善流量服务,丰富营销手段。比如,运营商可以通过在营业厅开展"个性人群,差异服务"和"强化宣传,正向引导"等举措,实现精细化流量运营。同时,可以借助电子渠道进行用户潜在需求挖掘,采取匹配营销手段,提升流量价值和公司流量运营收入。

(3) 发挥服务优势

采取整体服务策略,来提升客户使用满意度:流量积分拉动客户流量消费;配置服务优化客户流量体验;流量提醒促进客户放心使用。通过这些营销措施抓住客户的心,进而充分挖掘其潜在需求,提升其流量消费 ARPU 值,最终实现流量运营收入。

综上,面对移动互联网快速发展的冲击和行业内部更加激烈的竞争,运营商可以借助流量的精细化经营,采取模拟情景营销和差异化服务策略,挖掘客户流量使用潜力,提升流量价值,实现公司业绩增长。

8.3.2 通信行业市场竞争策略

目前,中国移动、中国电信和中国联通三家巨头构成我国移动通信市场的竞争格局。竞争日益激烈,并同样面对着互联网企业各种新兴业务的挑战。在网络外部性的情况下,要求在竞争中不同地位的运营商采取与传统企业不同的市场竞争策略。

1. 品牌竞争策略

在竞争格局相对稳定的情况下,品牌竞争策略最有效。品牌优势有助于企业提高市场份额,增强竞争力,是企业取胜的核心资源,从产品层面的竞争延展到品牌层面的竞争也是市场发展的必然趋势。

(1) 多品牌策略。可以强化企业品牌形象,增强消费者偏好;不仅延长了每个产品的生命周期,也在消费者心中留下实力雄厚的企业形象。中国移动目前有"全球通"、"神州行"和"动感地带"三大品牌针对不同的细分市场。但是,多品牌策略实施不当也容易造成品牌定位模糊、消费者难以识别、自身品牌相互竞争等问题,在实际操作中注意将多个品牌形成体系,针对不同的细分市场整体运营。

(2) 以客户为导向的品牌策略。该策略更能满足用户需求,增加用户的认同感。以前运营商的品牌通常大多以业务("全球通"、"神州行")或技术("联通新时空")为导向,而以客户为导向的"动感地带"品牌策略取得巨大成功,表明了以业务或技术为导向的品牌策略向以客户为导向的品牌策略的转变会使得品牌更具生命力。

2. 差异化策略

差异化有助于企业提高市场均衡价格，增强竞争力。无论是哪家电信运营商，差异化策略都是有效市场竞争的手段。

（1）产品差异化。在 2G 时代，主营业务是话音，而网络是最核心的资源，产品基本是同质化的，运营商采取的是标准化、大众化的营销策略。3G 业务最大的特点是多元化，各种产品都有很大的差异空间。差异化的移动增值和数据业务将在未来竞争中发挥重要作用。在 3G 的发展过程中，运用"先动策略"通过新业务的研发和业务组合实现产品差异，将使企业处于竞争的有利地位。

（2）服务差异化。从通信服务差异化来看，3G 业务对个人用户来说，意味着更多的个性化服务，并能降低用户享受服务的选择成本，运营商可以通过增加产品和服务的黏性，提高用户对产品的偏好程度。可以优先结盟与用户衣食住行联系紧密的公共服务提供商，如银行、电力等，为用户提供随时随地便利的服务，在这个问题上，中国移动的定制终端"心机"很好地体现了这一策略。紧密联盟的同时，运营商还可以为行业或集团客户提供针对性、多样化的增值服务，制定专门的行业应用服务方案，比如，为银行业用户推出移动银行服务，为小额收费行业提供手机支付服务。

3. 扩大安装基础策略

通信市场存在明显的网络外部性，增强网络外部性强度可以提高企业市场份额，增强竞争力，当网络外部性优势大到一定程度，还会出现"赢家通吃"的局面。而增强网络外部性，必须依赖网络安装基础的扩大。扩大安装基础不但意味着较大的市场份额，还会使网络外部效应发挥得更充分，所以，扩大安装基础是网络型企业区别于传统企业的一种主流策略。

4. 预期管理策略

消费者预期是影响网络外部性作用的重要因素。竞争中，决定网络市场赢家的关键不是现有网络规模，而是消费者对最终网络规模的预期。因此，进行消费者预期管理，影响消费者的预期，是移动运营商可以考虑的竞争策略。预期管理的形式主要有预告和广告，预告是宣布一种即将推出的产品，诱导消费者，进而冻结竞争对手的销售；企业力图通过广告给消费者造成自身处于领导地位的印象，以此来吸引消费者，移动运营商的预期管理应该着眼于移动互联网能够改变我们的未来。

5. 核心技术优势策略

核心技术是企业较长时期积累的一组先进复杂的、具有较大用户价值的技术和能力的集合体，而不是单个分散的技术或服务。核心技术优势具有不可复制性，是企业深刻洞察产业市场和用户，在长期环境孕育中形成的，有独特的市场价值，能够解决重大的市场问题。虽然核心技术能够确保企业的绝对领先优势，但国内企业对核心技术也要量力而行，选择自己最具实力或最具潜在实力的环节深入下去，同时，更要求以市场为导向，反对脱离市场需求的技术崇拜。

案例分析

移动互联网时代运营商市场竞争结构分析

3G时代,数据超过语音而成为核心业务。内容服务商、服务提供商、软件集成商、终端制造商的地位显著提升,而运营商作为平台的搭建者,将面临传统语音等业务利润空间的缩水。客观环境中,跨行业业务融合和重组、行业进入管制政策正在放宽、三家运营商面对同一目标客户群体使得行业竞争加剧。打造3G时代移动互联网的产业价值链工作,主要包括整合传统媒体与互联网资源的内容提供商、服务提供商、终端制造商、软件开发商和移动网络运营商。

纵观三家移动运营商,提供的3G手机制式各不相同,而每家运营商3G业务与手机号卡、手机终端又进行了捆绑。因此与2G时代相比,用户的换网成本有所提高。当然,支持多个通信标准的多模终端正呈不断降价的趋势,这种情况下,三家运营商各自绑网的优惠套餐仍难以长期确保用户的使用黏性,客户换网成本下降,运营商相对于新入网用户而言将长期处于议价弱势。

回顾2G时期,服务提供商与内容提供商的业务报批与支付通道必须经过移动运营商,它们缺乏与运营商的抗衡能力,运营商对产业链有绝对控制力。2003年开始,随着免费WAP成功分流付费网络(包括移动梦网)的客户群,以及直面客户的独立SP兴起,运营商的地位开始受到动摇。此外,2008年电信业的重组,原本包括铁通、卫通等在内的六家竞争者在重组后形成了中国移动、中国电信和中国联通三强鼎立的局面,稳定的竞争格局已然形成,国内电信行业将长期处于寡头竞争阶段。目前,三家竞争者所提供的产品服务同质性很高,在内容上均涵盖了视频通话、手机电视、高速上网等核心项目。在资费上,三家运营商虽有按流量和按时长计算之分,且设置了不同的包月套餐和资费计算方式,但总体水平相当,这意味着争夺的目标客户在资费上没有较大区隔。

相比欧、美、日等国市场增长速度,尽管起步阶段的国内移动互联网市场增长速度远未达到预期,但三家运营商均拥有雄厚的资本实力,并已在前期投入巨额资金用于网络建设,已经准备好为移动互联网产业展开持久的较量,高成本投入、高政策风险、高同构性、高退出壁垒使得三家具有雄厚实力和市场野心的运营商之间竞争十分激烈。

移动互联网产业链中,内容提供商与服务提供商对3G市场的扩大具有重要意义。一些实力较强的服务提供商正在整合内容提供商与软件集成商,甚至有融合两者而成为核心吸引力的趋势,负责提供整合后的媒介内容以及兼容各类终端的软件集成和应用,这些软件集成和应用主要包括手机操作系统、视频通信、手机流媒体播放、位置服务及移动搜索等。对于现阶段来讲,一方面,内容、服务、软件以及终端供应商都处在完全竞争市场,少数巨头垄断整个行业的局面并未形成;另一方面,服务提供商涉足的应用软件领域一直未见杀手级业务出现,它在整个产业链中的现有议价能力并不强,虽然暂时不会对运营商构成较大压力,但应该引起运营商的警觉。

上述竞争者直接与运营商形成流量竞争,此外,拥有独立内容的服务提供商、智能终端制造商、传统互联网商业巨擘甚至提供免费WAP网站的企业,都可能成为动摇产业链核心地位的潜在竞争者。究其原因,主要表现在:首先,它们均具备绕开运营商平台而直接服务客户的能力。其次,在资费或者技术上都拥有相对于运营商的优势。最后,都已拥有较为稳定的忠诚客户群。之所以短期内无法对运营商构成直接竞争,一方面是现有的政策限制,另一方面是产业链环节的后向整合缺乏一个成熟的商业模式。可以设想,一旦运营商现有的限制政策被瓦解,智能终端与互联网门户及软件开发商形成更紧密的合作,或者多次出现像苹果公司这样具备后向整合能力的硬件供应商,运营商就有可能失去产业链中的原有核心地位,成为电信流量的渠道供应商。

分析点评

移动互联网结合了移动通信网络"随时、随地、随身"和互联网分享、开放、互动的优势,是整合二者优势后的"升级版本",更像是下一代互联网——Web 3.0。短期内,三家运营商在移动互联网时代的竞争仍趋向同质化,竞争甚至比 2G 时代竞争更加激烈。而内容提供商、服务提供商、智能终端制造商、软件开发商、互联网传统商业巨擘都可能成为三家运营商的强劲对手。尽管目前这些潜在的竞争者仍然处在帮助运营商"跑马圈地"而暂时形成的合作联盟中,但从长远看,它们都有潜力成为运营商市场资源的争夺和分享者。这种发展趋势随着产业一体化的逐步实现、跨平台体验终端的快速融合,将带来以品牌策略而非产品策略为核心的崭新营销理念。

思 考 题

1. 市场竞争的五力是指哪些?分析竞争者的步骤包括哪些?
2. 试从市场的角度分析通信行业运营商有哪些潜在竞争者。
3. 市场竞争的一般性竞争战略有哪 3 种?它们的获取方式、适用范围以及优劣势是什么?
4. 试述不同地位竞争者的竞争战略有哪些?并简单举例。
5. 移动互联网时代通信行业与传统通信行业的市场结构有什么不同?

第9章 通信产品策略

本章导读

9.1 通信产品整体概念
9.2 通信产品生命周期
9.3 通信产品组合
9.4 通信新产品开发
案例分析：移动互联网时代中国移动产品基地化运营模式分析

产品策略是市场营销4P组合的核心,是价格策略、分销策略和促销策略的基础,也是服务营销7P组合的核心。从社会经济发展看,企业与市场的关系主要是通过产品或服务来联系的,对企业内部而言,产品或服务是企业生产活动的中心。因此,产品策略是企业市场营销活动的支柱和基石。

本章介绍通信产品整体概念、产品生命周期、新产品开发策略。

9.1 产品整体概念

9.1.1 产品的整体概念

人们生活中理解的产品是指具有某种特定物质形状和用途的物品,是看得见、摸得着的东西,这是狭义的产品定义。广义的产品,是指人们通过购买而获得的能够满足某种需求和欲望的物品的总和,它既包括具有物质形态的产品实体,又包括非物质形态的利益,这就是产品的整体概念。

现代市场营销理论认为,产品整体概念包含核心产品、有形产品、附加产品、期望产品和潜在产品5个层次。

1. 核心产品

核心产品是产品整体概念中最基本、也是最主要的部分,是消费者购买某种产品时所追求的利益,是顾客真正要买的功能。消费者购买某种产品并不是为了占有或获得产品本身,而是为了获得能满足某种需要的效用或利益。消费者购买手机并不是为了手机本身这个有形实体,而是为了通过手机载体实现信息的传递与沟通。从这个角度来讲,电信企业形式上是在出售手机产品,而本质上是在出售信息转移和传递服务。

2. 有形产品

有形产品是核心产品借以实现的形式和载体,即向市场提供的实体或服务的形象,表现为产品质量水平、外观特色、式样、品牌名称和包装等——产品的基本效用通过这些具体的形式得以实现。通信市场的电信网络、终端设备、电信业务种类、通信质量、电信品牌等都属于电信产品的形式产品。

3. 附加产品

附加产品是顾客购买有形产品时所获得的全部附加服务和利益,包括提供信贷、免费送货、质量保证、安装、售后服务等。附加产品的概念基于对市场需求的深刻认识。购买者购买某一产品的目的是为了满足某种需要,希望得到与满足该项需要有关的一切。电信产品的附加产品更多地体现在为客户提供的附加服务,包括售前服务、交易服务、售后服务,以服务体现自身优势,正如美国学者西奥多·莱维特曾说过:"新的竞争不是发生在各个公司的工厂生产什么产品,而是发生在其产品能提供何种附加利益。"

4. 期望产品

期望产品指购买者购买某种产品通常所希望和默认的一组产品属性和条件。一般情况下,顾客在购买某种产品时,往往会根据以往的消费经验和企业的营销宣传,对所欲购买的产品形成一种期望。例如,消费者期望的电信产品是上网速度快、通话质量高、通信费用低、终端能够满足个性化需求等。顾客期望得到的产品价值属性在购买产品时应该得到,也是企业在提供产品时应该提供给顾客的。对于顾客来讲,在得到这些产品基本属性时,并不会形成额外偏好;但是没有得到这些,就会非常不满意。

5. 潜在产品

潜在产品指产品最终可能实现的全部附加部分和新增加的功能。许多企业通过对现有产品的附加与扩展,不断提供潜在产品,给予顾客的不仅仅是对现有产品满意,还能在潜在产品变成现实的产品时,使顾客得到更多的惊喜。潜在产品指出了产品可能的演变,也使顾客的期望越来越高,它要求企业不断寻求满足顾客的新方法,我们可以大胆想象,智能手机的哪些功能属于潜在商品,哪些功能转化成现实产品时,能让顾客眼睛为之一亮,相信"仁者见仁,智者见智",不同厂家开发的重点功能会有所不同。

核心产品、形式产品、附加产品、期望产品和潜在产品作为产品整体概念的 5 个层次,是不可分割的一个整体。通过 5 个层次的不同组合可以满足同一产品的差异性的需求。

9.1.2 产品整体概念的意义

产品整体概念是对市场条件下产品的完整、系统、科学的表述,它对市场营销管理的意义表现在以下 3 方面。

(1) 它以消费者基本利益为核心,指导营销管理活动,是企业营销观念的基础。

市场营销管理的根本目的就是要保证消费者的基本利益:消费者购买电视机是希望业余时间充实和快乐;购买计算机是为了提高生产和管理效率;购买服装是要满足舒适、风度和美感的要求等。可见,消费者追求的基本利益大致包括功能和非功能两方面的要求,消费者对前者的要求是出于实际使用的需要,而对后者的要求则往往是出于社会心理动机。这两方面的需要往往交织在一起,甚至非功能需求所占的比重越来越大。而产品整体概念对生产经营者一语中的,要竭尽全力地通过产品的5大层次去实现功能和非功能的要求,充分满足消费者的需求。

(2) 只有通过产品5个层次的最佳组合才能确立产品的市场地位。

营销人员要把各种服务也看做是产品实体的统一体。观察市场可以发现,当今社会市场化的技术能以更快的速度扩散和被复制,随着消费者对切身利益关切度的提高,产品的独特营销形式越来越困难,消费者也难以确认整体效果最好的产品是什么,哪个厂家、哪种品牌的产品是自己喜爱和满意的。对于营销者来说,产品如果能以一种消费者易觉察的形式来体现消费者的关心因素,必能获得好的产品形象,确立独特的市场地位。

(3) 产品差异构造企业特色。

企业要在激烈的竞争中取胜,必须致力于创造自身特色。不同产品项目的差异是非常明显的,这种差异的表现形式有:功能上或设计风格、品牌、包装上的独到之处,甚至与之相联系的文化因素上的差异;或表现在产品的附加利益上,比如不同的服务可使同一产品各具特色。随着经济的发展和竞争的加剧,企业所提供的附加产品在竞争中越来越重要。把握产品整体概念的5个层次,企业可以将自己的产品与竞争产品区别开来并形成自己的特色,国内外许多企业的成功在很大程度上很好地诠释了服务等附加产品在产品整体概念中的重要地位。

9.1.3 电信服务的概念

电信企业提供的产品是电信服务,国际电信联盟(International Telecommunications Union, ITU)对电信服务给出了如下定义。

1. 定义1

为了满足客户对特定电信服务的需求所提供的经营管理。备注:传输服务与电报、电话以及传真服务是其中两类电信服务,其他类型的电信服务今后将被确定。

2. 定义2

为了让使用者实现其申请的服务,以互相补充、互相合作的形式提供服务。

3. 定义3

通过电信服务提供商为用户提供的信息类电信服务。用户是个人或者组织,但无论是个人还是组织,都必须为电信服务付费。

一般对电信服务的定义均是从电信产品的功能角度出发,即利用任何电磁系统的手段(电缆传送、无线传送、光纤传送等,或者以上系统的综合系统),为特定用户提供点到点或者点到多点的服务(电报或者电话),或者提供点到面的服务(广播),或者提供可能的其他形式的信息服务(书写或者印刷品、固定或者移动的图像、文字、音乐、可视或可听信号以及控制信号等)。

9.2 通信产品生命周期

9.2.1 产品生命周期的概念及划分

产品生命周期(Product Life Cycle,PLC)是指一种新产品从开始进入市场到被市场淘汰的整个过程,一般分成 4 个阶段,即引入期、成长期、成熟期和衰退期,产品生命周期曲线如图 9-1 所示。它是一个很重要的概念,也是营销人员用来描述产品和市场运作方法的有力工具。产品在市场上存在的时间长度受顾客需求变化、产品更新换代速度等因素的影响,而不是产品自身的使用寿命;它和产品策略以及企业营销策略有着直接的联系,产品在生命周期的各阶段具有不同特征,只有针对各阶段产品特征制定相应策略,才能提高企业的经济效益。

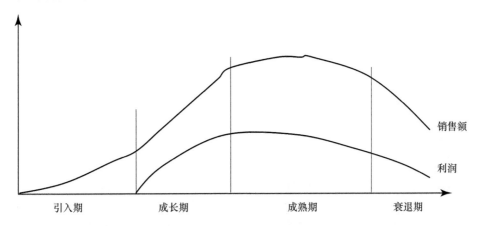

图 9-1　产品生命周期曲线

9.2.2　产品生命周期各阶段的特点

1. 引入期

引入期一般是指新产品试制成功到进入市场试销的阶段。

(1) 销售增长缓慢。产品刚开始试销,消费者对产品不太了解,企业必须通过各种促销方法提高产品的市场知名度,加上产品的性能质量不稳定,因此该阶段销售额一般增长缓慢。

(2) 生产成本和销售费用较高。由于生产技术的限制,产品生产批量小,制造成本高,广告费用大,产品销售价格偏高,销售量极为有限,企业通常不能获利,反而可能亏损。

(3) 产品品种较少。新产品投放市场,除少数追求新奇的顾客外,几乎无人实际购买该产品。

(4) 竞争对手少。新产品投入市场后,还不能很快被市场所认可和接受,加上利润微薄,所以市场上除了少数的仿制品外,一般没有同行竞争对手。

2. 成长期

成长期指新产品试销取得成功以后,转入成批生产和扩大市场销售额的阶段,主要特征如下。

(1) 销售额迅速上升。产品经过引入期后,逐渐为广大消费者所接受,产品在市场上打开了销路,需求量和销售额迅速上升。

(2) 利润迅速增长。该阶段生产技术已基本成型,开始批量生产,生产成本大幅度下降,消费者普遍熟悉产品,广告促销费用相对降低,产品总成本降低,而销售量增加,所以利润相应地增加。

(3) 出现竞争对手。利润的迅速增加引起了行业其他企业的关注,竞争者看到有利可图,将进入市场参与竞争,生产或提供该类产品,市场竞争模式开始出现。

3. 成熟期

成熟期指产品进入大批量生产,市场竞争处于最激烈的阶段,是4个阶段中持续时间最长的时期,企业也将采取一切营销手段延长这一时期。该阶段又可以分为3个时期:增长成熟期、稳定成熟期和衰退成熟期,主要特征如下。

(1) 销售量达到最高,利润最大。该阶段消费者已经完全熟悉了产品,产品生产量大,成本低,销售量大,持续时间长。

(2) 市场竞争激烈。消费需求增加,对产品的品牌、外观式样、规格、质量等个性化的需求涌现;该阶段利润达到最大,很多同类新产品进入市场,价格战、广告战不断发生,导致市场竞争异常激烈。

(3) 增长成熟期市场需求趋于饱和,销售增长率开始减少,但仍为正值;稳定成熟期市场需求已经达到饱和,销售增长率为零,利润达到最大值;而衰退成熟期市场需求量开始减少,销售增长率为负值,利润也相应地下降。

4. 衰退期

衰退期指产品已逐渐老化,原有市场已不被认可,产品转入了更新换代的阶段,主要特征如下。

(1) 销售量和利润持续下降。随着科技的发展以及消费习惯的改变等,既有产品在市场上已经老化,不能适应市场需求,市场上已经出现其他性能更好、价格更低的新产品,并且能够满足消费者的需求。

(2) 竞争对手陆续减少。由于利润的明显下降,成本较高的企业就会由于无利可图而停止生产,该类产品的生命周期也就陆续结束,以至最后完全撤出市场,转向生产其他新产品。

(3) 产品竞争变为价格竞争。此时产品的价格开始降至最低。

在产品生命周期的不同阶段,销售量、利润、购买者、市场竞争者等都有不同的特征,如表9-1所示。

表 9-1 产品生命周期不同阶段的特征

	引入期	成长期	成熟期			衰退期
			前期	中期	后期	
销售量	较低	快速增加	继续增长	达到顶峰	出现下降趋势	下降
利润	微小或负值	高	逐渐上升	高峰	逐渐下降	较低或负值
消费者	爱好新奇者	增多	大众	大众	大众	后跟随者
竞争者	特别少	增加	增加	增加	最多	减少

9.2.3 通信产品生命周期的特点

通信产品作为产品的一个种类,遵循着产品生命周期的一般规律,然而它跟一般产品相比,还具有特殊性。这表现在,一般产品随着用户的频繁多次使用,产品价值会不断减小;而通信产品本身是一个组合的概念,相对抽象,其价值是通过给用户提供服务且用户持续使用着这些服务而体现出来,并且可以延续。依据通信产品的生产和通信产品服务投入市场的时间点不同,可以将通信产品的生命周期分为两个:一个是通信产品的研发周期;另一个是通信产品的市场生命周期,二者构成通信产品的完整生命周期。通信产品生命周期如图 9-2 所示。

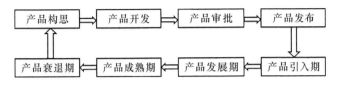

图 9-2　通信产品生命周期

通信产品研发周期包括 4 个部分:产品构思、产品开发、产品审批、产品发布。通信产品的开发与通信网络建设关系密切。通信网络是通信产品存在的物质基础,通信产品依靠通信网络和其他支撑网络的支持,产品的开发可以在网络建设之前就开始提出,但其发布必须在网络竣工以后。未来随着增值业务成为竞争的焦点,在网络建设之前就构思通信业务产品会越来越成为普遍的现象。

通信产品经过发布之后,就可以进行市场推广,供用户订购使用了。至此,通信产品在市场上发挥功效,也就进入了其市场生命周期的 4 个阶段:产品引入期、产品发展期、产品成熟期、产品衰退期,这跟制造业中产品生命周期划分标准一致,只是由于通信产品的特殊性,所以在每个时期的划分上会有一些细微区别。

9.2.4　通信产品生命周期各阶段的营销策略

每个通信企业所面临的生命周期阶段各不相同,应针对各阶段的特征,结合自身的特长,制订相应的营销策略。

1. 引入期的营销策略

在引入期,企业营销的重点主要集中在价格策略和促销策略方面。一般有 4 种可供选择的市场策略。

(1) 快速撇脂策略

以高价格和高促销费用推出新产品,企业迅速扩大销售量来加速对市场的渗透,其目的在于先声夺人,抢先占领市场,希望在竞争还没有大量出现之前就能收回成本,获得利润。

适合该策略的市场条件为:产品比市场上的同类优秀得多,依据市场调查,市场有很大的潜在需求量;产品属于需求弹性小、促销弹性大的产品;产品的品质特别高,功效又比较特殊,很少有其他产品可以替代,消费者一旦了解这种产品,愿意出高价购买;企业面临着潜在的竞争对手,期望快速地建立良好的品牌形象,建立消费者品牌偏好。

(2) 缓慢撇脂策略

以高价格和低促销费用推出新产品。采用这一策略可以获得最大利润。高价格的目的在于能够及时收回投资,获取利润;低促销同时又可以减少销售成本。

适合该策略的市场条件为:产品的市场规模有限,竞争者很少;大部分潜在的消费者已经熟悉该产品,无须强力促销,他们愿意出高价购买;产品的生产和经营有一定的难度和要求,普通企业无法参与竞争,或其他原因导致潜在的竞争欲望不迫切。

(3) 快速渗透战略

以低价格和高促销费用推出新产品,其目的是先发制人,以最快的速度打入市场,争取更多消费者的认可,获取最大的市场份额,该策略的适应性很广泛。

适合该策略的市场条件为:产品有很大的市场容量,企业可以在大量销售的同时逐步降低成本;消费者对产品不太了解,对价格又十分敏感,有较多的现实和潜在竞争者;潜在的市场竞争会比较激烈。

(4) 缓慢渗透策略

在新产品进入市场时采取低价格,同时不做很大的促销努力。低价格有助于市场快速地接受新产品;低促销又能使企业减少营销费用开支,降低成本,以弥补低价格造成的低利润或者亏损。

适合该策略的市场条件为:产品的市场容量大,不急于立即占领市场;消费者对该产品有所了解,同时对价格又十分敏感;市场竞争非常激烈。

2. 成长期的营销策略

在产品进入成长期以后,越来越多的消费者开始接受并使用该产品,企业的销售额直线上升,利润增加。在此情况下,竞争对手纷至沓来,威胁企业的市场地位。因此,在这一阶段电信企业营销策略的重点应突出一个"好"字,它是企业产品发展的黄金阶段。电信企业在这一时期应抓住机会,迅速扩大生产能力和销售能力,以取得最大的经济效益,企业在这一阶段的营销策略可以有以下几种。

(1) 提高产品质量

不断提高产品质量,改进产品性能、开发产品的用途等,可以提高产品竞争能力,满足消费者更广泛的需求,吸引更多的客户。

(2) 开辟新市场

通过市场细分寻找新的目标市场,挖掘新用户,以扩大销售额。在新市场要着力建立新的分销渠道,扩大销售网点,并建立良好的经销商管理制度。

(3) 改变促销重点

该类产品已被市场接受,而同类产品的各种品牌也都开始走俏。此时,广告的侧重点要突出企业品牌,力争把处于上升通道的市场需求集中到本企业的品牌上来。在广告宣传上,从介绍产品转为建立企业形象,进一步提高产品在社会上的声誉。

(4) 适当降价

在扩大生产规模、降低生产成本的基础上,选择适当时机降价,适应多数消费者的需求,并限制竞争者加入。当然,降价会暂时减少企业的利润,但是随着市场份额的扩大,长期利润还可望增加。

3. 成熟期的营销策略

进入成熟期以后,市场竞争非常激烈,通常这一阶段比前两个阶段持续的时间更长,大多数商品均处在该阶段,因此管理也大多是在处理成熟产品的问题。这一阶段,电信企业营销策略的重点应突出"改"字,改变既有的经营观念,采取积极进攻的策略。

(1) 市场修正策略

通过努力开发新的市场,发现产品的新用途、寻求新的客户或改变推销方式等,来保持和扩大自己的商品市场份额,具体来说,可以采用以下3种方式:通过努力寻找市场中未被开发的部分,例如,使非使用者转变为使用者;通过宣传推广,促使顾客更频繁地使用或每一次使用更多的量,以增加现有顾客的购买量;通过市场细分,努力打入新的市场区域,按照地理、人口、用途的细分,争取赢得竞争者的顾客。

(2) 产品改良策略

企业可以通过产品特征的改变,来提高销售量。产品改良的方式有多种,对产品整体概念任何一种层次的改变均可视为产品改良。一般来说有以下3种方式:品质改良,指对产品的质量进行改进,注重增加产品的功能特性,提高产品的耐用性、可靠性;特性改良,指增加产品的新特性,扩大产品的高效性、安全性或者方便性;式样改良,这主要是基于人们的美学欣赏观念而进行终端款式、外观的改变。对于标准化产品的通信行业而言,产品改良更多地是指服务改良,企业适当增加服务内容,提高服务竞争能力。

(3) 营销组合调整策略

通过对产品、定价、渠道、促销4个市场营销组合因素加以综合调整,刺激销售量的回升。常用的方法有:通过降低售价来加强竞争力;改变广告方式以引起消费者的兴趣;采用多种促销方式如捆绑销售、附赠礼品等;扩展销售渠道,提高服务质量等。

4. 衰退期的营销策略

当产品进入衰退期时,企业既不能简单地一弃了之,也不应该犹豫不决,一味维持原有的生产和销售规模。在这一阶段,电信企业营销策略的重点应突出"转"字,必须研究产品在市场的真实地位,然后决定是继续经营下去,还是转型。

(1) 维持策略

维持策略即企业在目标市场、价格、销售渠道、促销等方面维持现状。一些竞争对手会退出市场,因此,对一些有条件的企业来说,并不一定会减少销售量和利润。使用这一策略的企业可采用延长产品生命周期的方法和措施,企业延长产品生命周期的途径大多有以下几种:通过价值分析,降低产品成本,进一步降低产品价格;通过科学研究,增加产品功能,开辟新的用途;加强市场调查研究,开拓新的市场,创造新的内容;改进产品设计,以提高产品性能、质量、包装、外观等,从而使产品生命周期不断实现良性再循环。

(2) 集中策略

集中策略即企业仍然留在原来的目标市场上继续经营,但是根据市场变动的情况和行业退出障碍水平,在规模上适当收缩。这样把所有的营销力量集中到一个或者少数几个细分市场上,加强了这几个细分市场的营销力量,也可以大幅度地降低市场营销的费用,增加当前的利润。

(3) 撤退策略

企业已经准备好替代的新产品,迅速转移该产品的资金,主要基于该产品的存在会危害到其他有发展前途的产品,当机立断,放弃经营。在撤出目标市场时,企业应该主动思考以下几个问题:产品是否真正进入衰退期,淘汰产品的最佳方式是什么;即将进入哪一个新市场领域,准备经营哪一种新产品,以便利用以前的资源;产品品牌及生产设备如何转让或者出卖,保留多少服务内容为原有的顾客服务。

产品生命周期各阶段的特征与策略汇总如表 9-2 所示。

表 9-2 产品生命周期各阶段特征与策略

	阶段	引入期	成长期	成熟期	衰退期
策略	策略重心	扩张市场	渗透市场	保持市场占有率	提高生产率
	营销支出	高	总数高,但比例下降	下降	低
	营销目的	提高产品知名度、增加产品试用	追求最大市场占有率	追求最大利润及保持市场占有率	减少支出回收利润
	产品	基本产品为主	改进产品,增加产品种类推出服务保证	差异化、多样化的产品及品牌	剔除弱势产品项目
	广告	争取早期使用者,提高产品知名度	密集营销	突出品牌差异及超值利益	维持品牌忠诚度
	促销	大量促销手段、鼓励及产品试用	迎合消费者需求,增加促销力度	倡导使用习惯改变,鼓励采用本公司品牌	营销费用支出降至最低

9.3 通信产品组合

9.3.1 产品组合的定义及要素

产品组合是提供给购买者的一组产品,它包括所有产品线和产品项目。产品线是许多产品项目的集合,这些产品项目之所以组成一条产品线,是因为这些产品项目具有功能相似、用户相同、分销渠道同一、消费关联等方面的特点。产品项目是指产品大类中各种不同品种、规格、质量的特定产品,企业产品目录中列出的每一个具体的品种就是一个产品项目。

产品组合包括 4 个要素:宽度、长度、深度和关联度。

(1) 产品组合的宽度是指一个企业拥有多少条不同的产品线,产品线越多,说明该企业的产品组合的宽度越广,宽度反映了市场服务面的宽窄程度和承担投资风险的能力。

(2) 产品组合的长度指产品组合中产品项目的总数。以产品项目总数除以产品线数目即可得到产品线的平均长度。

(3) 产品组合的深度是指每条产品线上的产品项目的产品品种数,也就是每条产品线有多少个品种。产品线中包含的产品项目越多,品种越多,产品组合深度越深,它反映了一个企业在同类细分市场中满足客户不同需求的程度。

（4）产品组合的关联度是指各个产品线在最终使用、生产条件、分销渠道等方面相互关联的程度。关联程度越密切，说明各产品线之间越具有一致性。

包含的上述 4 个因素不同，就构成了不同的组合，某电信企业的产品组合如表 9-3 所示。

表 9-3　某电信企业产品组合介绍

产品组合的宽度	产品名称	产品组合的深度
	我的 e 家	E9①（以固话、宽带和手机融合为基础，并附带增值包），E8（以固话和宽带融合为基础，并附带增值包），E6（以固话和手机融合为基础，并附带增值包）
	天翼	商旅套餐，无线宽带套餐，畅聊套餐，大众套餐，时尚套餐
	商务领航	政企全业务套餐，行业应用，通信应用，信息应用

从表 9-3 中可以看出，该公司产品组合宽度为 3，产品组合的平均长度为产品项目总数除以产品线数，即产品组合的平均长度为 12/3＝4，该电信企业的 3 条产品线关联度较强。

一般情况下，电信企业拓展产品组合宽度，有利于扩大经营范围，发挥企业特长，提高经济效益，分散经营风险；增加产品组合的深度，可占领更多细分市场，满足客户广泛的需求和爱好，吸引更多的客户；而增加产品组合关联度，则可以提高企业竞争力，加强市场地位。

9.3.2　通信产品组合策略

产品组合策略是指针对市场的变化，依据产品线分析，调整现有产品结构，从而寻求和保持产品结构最优化。电信企业在调整产品组合时，可以针对不同电信产品的市场情况和自身实力选用以下产品组合策略。

1．扩大产品组合策略

扩大产品组合策略即开拓产品组合的宽度和加强产品组合的深度。开拓产品组合宽度是指增添一条或几条产品线，拓宽产品经营领域；加强产品组合深度是指在原有的产品线内增加新的产品项目。具体方式有：在维持原产品品质和价格的前提下，增加同一产品的规格、型号和款式；增加不同品质和不同价格的同一种产品；增加与原产品相类似的产品；增加与原产品毫不相关的产品。

扩大产品组合的优点有：满足不同偏好的消费者多方面的需求，提高产品的市场占有率；充分利用企业信誉和商标知名度，完善产品系列，扩大经营规模；充分利用企业资源和剩余生产能力，提高经济效益；减小市场需求变动性的影响，分散市场风险，降低损失程度。

2．缩减产品组合策略

缩减产品组合策略即削减产品线或产品项目，特别是要取消那些获利小的产品项目，集中力量经营获利较大的产品线和产品项目。具体方式有：减少产品线数量，实现专业化生产经营；保留原产品线削减产品项目，停止生产某类产品，外购同类产品继续销售。

---

① E9、E8、E6：某电信企业的 3 种优惠套餐。

缩减产品组合的优点有：集中资源和技术力量改进并保留产品的品质，提高产品商标的知名度；生产经营专业化，提高生产效率，降低生产成本；有利于企业向市场的纵深发展，寻求合适的目标市场；减少资金占用，加速资金周转。

3. 产品线延伸策略

产品线延伸策略即企业根据市场的需求，重新对全部或部分产品进行市场定位，具体有以下 3 种。

（1）向下延伸，即企业原来定位于中高端市场，现在向下扩展其产品线，进入低端市场。原因在于：产品在中高端市场上受到竞争者的威胁，销售增长速度趋于缓慢，企业向下延伸寻找经济新的增长点。但值得企业警惕的是，采用这种策略时，可能会损坏高端产品的声誉，给企业经营带来风险。

（2）向上延伸，即企业原来定位于低端市场，目前向上扩展其产品线，进入高端市场。原因在于：高端市场有较高的增长率和利润率；为使自己生产经营的产品档次更全、占领更多市场；提高产品的市场形象。采用这一策略带来的风险是，改变产品在消费者心目中的地位是相当困难的；另外，可能引起竞争者采取向下延伸策略，增加了自己原有市场的竞争压力。

（3）双向延伸，即原来定位于中端市场的企业掌握了市场优势后，决定向上向下两个方向扩展其产品线，一方面增加高档产品，另一方面增加低档产品，扩大市场阵地。企业采用这一策略主要是为了扩大市场范围，开拓新市场，满足更多消费者的需求，获得更大的利润。

9.4 通信新产品开发

9.4.1 新产品的概念

对新产品的定义可以从企业、市场和技术 3 个角度进行。对企业而言，第一次生产销售的产品为新产品；对市场而言，只有第一次出现的产品才叫新产品；从技术方面看，在产品的原理、结构、功能和形式上发生了改变的产品才叫新产品。

营销学的新产品包括了前面三者的成分，但更注重消费者的感受与认同，它是从产品整体概念的角度来定义的。凡是产品整体概念中任何一部分的创新、改进，并能给消费者带来某种新的感受、满足和利益的、相对新的或绝对新的产品，都叫新产品。

依据新产品的定义，我们可以将新产品分为全新产品、模仿型新产品、改进型新产品、形成系列型新产品、降低成本型新产品和重新定位型新产品。

1. 全新产品

全新产品指应用新原理、新技术、新材料，具有新结构、新功能的产品。该类新产品率先开发，能开创全新的市场，占新产品类的比例为 10% 左右。

2. 模仿型新产品

模仿型新产品是企业对国内外市场上已有的产品进行模仿生产，称为本企业的新产品，占新产品类的比例为 20% 左右。

3. 改进型新产品

改进型新产品指在原有产品的基础上进行改进,使产品在结构、功能、品质、花色、款式及包装上具有新的特点和新的突破。改进后的新产品结构更加合理,功能更加齐全,品质更加优质,能更好地满足消费者不断变化的需要,占新产品类的比例为26%左右。

4. 形成系列型新产品

形成系列型新产品指在原有的产品大类中开发出新的品种、花色、规格等,从而与企业原有产品形成系列,扩大产品的目标市场,占新产品类的比例为26%左右。

5. 降低成本型新产品

降低成本型新产品是以较低的成本提供同样性能的新产品,主要指企业利用新科技,改进生产工艺或提高生产效率,削减原产品的成本,但保持原有功能不变的新产品,占新产品类的比例为11%左右。

6. 重新定位型新产品

重新定位型新产品指企业的老产品进入新的市场而被称为该市场的新产品,占新产品类的比例为7%左右。

9.4.2 开发通信新产品的意义

1. 开发通信新产品能更好地满足消费者需求的变化

市场营销的核心是一切以用户的需求为中心,而用户的需求是不断发展变化的,尤其是当代科学技术的日趋进步,信息技术产业的高速发展,人们对电信产品的消费需求越来越高,要求产品多样化、个性化和高质量化,由此电信企业必须不断地开发新产品来满足用户的需求。

2. 开发通信新产品能更好地适应电信竞争加剧的市场环境

随着市场经济的发展和电信业务国际化、开放化,电信市场竞争越来越激烈,电信产品的生命周期越来越短,更新换代很快,在这种情况下,谁能提供满足用户需求的新产品,谁就能抢先占领市场,争得竞争的主动权,因此电信企业必须投入大量的人力、物力、财力在开发新产品上,加强自身的竞争优势。

3. 开发通信新产品更能满足企业赢利的需要

近年来,电信市场激烈竞争,导致很多竞争手段沦为价格战,利润下降。电信企业必须开发新产品来开拓新市场,扩大销售量,保持或者增加其赢利额。此外,新产品相对于现有产品来说更能有效地提高市场份额,推动企业的成长。

4. 开发通信新产品有利于企业更好地适应环境的变化

在社会飞速发展的今天,企业面临的各种环境条件也不断发生着变化,这也就预示着企业的原有产品随时都有可能被淘汰,在此情况下,企业必须寻找合适的替代产品来适应环境的变化,这些也就导致了新产品的研究与开发。

9.4.3 通信新产品的开发流程

新产品的开发流程主要由以下8个阶段构成:构思、创意筛选、产品概念形成、制定营销规划、市场分析、产品开发、市场试销、市场投放。

(1) 构思

构思是指开发电信新产品的设想和创意。电信新产品构思的主要来源有以下 4 方面：①变化中的消费者需求；②信息和通信科学技术人员的创意；③同业竞争的经验和教训；④销售人员和企业其他内部人员的构思。

(2) 创意筛选

筛选的主要目的在于在最短的时间内发现并删除不合理的、不可能实现的产品构思，从而为电信企业节省资源，并可以集中资源保证有发展前景的电信新产品能够顺利开发。

(3) 产品概念形成

经过筛选之后，电信企业要把选定的新产品构思转变为更加具体、明确的产品概念，即用文字、图像等对产品构思予以清晰阐述，使之形成客户能够理解和接受的产品。一个产品构思可以形成多个产品概念。

(4) 制定营销规划

电信企业选择了最佳的产品概念之后，必须制定把这种产品引入市场的初步营销规划，并在未来的发展阶段中不断完善。初拟的营销规划包括 3 个部分。

第一部分描述目标市场的规模、结构、消费者的购买行为、产品的市场定位以及短期的销售量、市场占有率和利润率预期等；第二部分概述产品预期价格、营销渠道及第一年的营销预算；第三部分阐述 3~5 年较长期的销售额的投资收益率以及不同时间阶段的营销组合策略。

(5) 市场分析

对电信新产品预估的销售量、成本和利润等财务情况以及客户满意程度、市场占有率等情况进行综合分析，判断该电信产品在经济效益方面是否可行以及是否满足电信企业开发的目标。

(6) 产品开发

由产品开发部门将抽象的产品概念转变成现实产品。

(7) 市场试销

将正式产品投放到有代表性的小范围市场上进行试销，旨在核查该产品的市场反应，在此基础上再决定是否大规模投放市场。

(8) 市场投放

电信新产品试销成功，全面推向市场时，应做好以下 4 项决策。

① 何时推出新产品，指在什么时候将电信产品推入市场最适宜。相对竞争者而言，可以作 3 种选择：率先进入、平行进入和后期进入。

② 何地推出新产品，指在什么地方首先推出电信新产品。电信企业应选择最有吸引力的或影响力最大的市场区域作为电信新产品推出的主要地区。

③ 向谁推出新产品。电信企业应针对最理想的目标客户群推出新产品。

④ 如何推出新产品。电信企业应制订出详细的电信新产品投放市场的营销计划。

第 9 章 通信产品策略

> **特别关注**

移动互联网时代的产品创新——SoLoMo(社交＋本地化＋移动)模式

什么是 SoLoMo？

SoLoMo 是著名的 IT 风险投资人约翰·杜尔提出的。该词是指：so-social 社交；lo-local 本地位置；mo-mobile 移动网络，如图 9-3 所示。他总结这 3 个最热门的词代表了未来互联网的发展趋势。互联网的从业者也很同意这个看法，因为他们相信人们通过手机定位（基于本地位置 local 服务），并与他人分享信息（社交网络）将会是未来互联网发展的驱动之一。

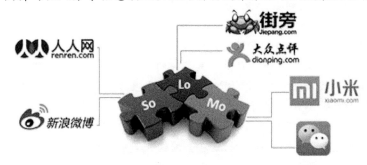

图 9-3　SoLoMo 的现状

SoLoMo——"So"

人人网是国内最著名的社交网络。它首先开始在校园内部风行，很快就击败了开心网和若邻商务社交网。人人网也于 2011 年 5 月在纽约证券市场交易所成功上市。人人网的最大优势就是注册实名制，这有利于区分用户，实现精准的营销。人人网目前已经和手机运营商建立合作，并准备联合社交网络和 LBS，表明人人网有向 SoLoMo 模式迈进的迹象。

SoLoMo——"Lo"

大众点评网是一个顾客点评产品质量和服务水平的网站，成立于 2003 年，现有 4 000 多万用户，每月页面的总浏览量超过 5 亿。基于站内上百万条的评论为国内的用户提供生活的指导。它覆盖了 2 300 多个城市和 1.5 万个企业，包括餐饮、婚庆服务、美容、水疗、酒店娱乐和购物等。经营策略是依靠公众的意见和用户的评论，使自己获得更多的好评并且更好地向 SoLoMo 模式发展。

SoLoMo——"Mo"

"小米"手机是小米技术公司在国内成功模仿苹果公司的产品。它已经成功地复制了苹果的商业模式，并且正在开发基于手机平台的系统和应用程序。小米公司计划通过使用移动即时通信应用程序（MI）来扩大它的市场，但它必须与 HTC 公司和新浪微博竞争。无论小米手机能否主导国内的手机市场，但不可否认的是它正在朝 SoLoMo 的方向前进。

自从提出 SoLoMo 理论模式以来，国内的互联网从业者大都认可这正确描述出移动互联网未来的趋势。许多公司也正在朝这个方向上竞争,找到一个有效的赢利模式。但是国内互联网的发展距离 SoLoMo 的真正成功还有很远的路要走。

(来源:中国电子商务研究中心)

案例分析

移动互联网时代中国移动产品基地化运营模式分析

中国移动公司2011年财报显示,中国移动数据业务占运营收入比重达到26.4%,无线音乐保持规模发展,收入达到221亿元,手机阅读、手机视频、手机邮箱等业务快速成长,移动商店(Mobile Market,MM)累计注册用户达到1.58亿,累计应用下载量超过6.3亿次,成为全球最大的中文应用软件商场。短时期内取得如此规模用户及运营收入主要是移动采取了基地化运营模式。

基地化运营模式是中国移动对数据业务核心产品的运作模式,由基地所在地的省公司负责具体运营工作,一点接入、支撑全网。众所周知,3G的众多业务离不开外部媒体资源,如图片文字、音乐视频等,需要与多种多样的CP/SP合作,这就需要电信运营商统一协调外部资源、联合业务合作、统一业务部署,尽快地将增值业务统一发布、运营,并促进各个增值业务协调发展。在此市场发展背景下,针对某一项新业务,集团总部会框定几个条件比较适合的省份,遴选出其中一个省做试点,试点成效显著并且可复制,就在全国铺开。中国移动最早的增值业务基地就从无线音乐基地开始,经过多年的发展,目前移动已经形成八大产业基地,这八大基地简要分析如下。

(1) 手机音乐。中国移动无线音乐成都基地不仅创收超过100亿元,成熟的运营模式被越来越多大众认可。作为一项全新的音乐服务,以其个性化、时尚化的特点,一经问世便很快得到了市场的认可。它的出现打破了传统的音乐发行和发布模式。中国移动无线音乐基地的成立标志着中国移动已在由运营商、唱片公司、服务供应商、手机终端厂商组成的无线音乐产业链中扮演了重要角色,优势就在于能帮助中国移动不断利用自身的平台资源、品牌资源与唱片公司等产业进行整合,深入音乐内容通路与版权管理、增值业务平台管理和运营以及无线音乐推广等所有环节,组成无线原创音乐从生产到消费的完整产业链,以逐渐达成较为明晰的无线音乐发展战略。基于手机和移动网络的无线音乐是一种全新的音乐消费形态,将在未来以几何级增长速度风行全球。

(2) 手机阅读。中国移动手机阅读杭州阅读基地于2009年9月23日成立,签约了10家内容合作伙伴,和大唐、汉王、方正等硬件厂商合作,深度定制终端产品"G3阅读器",中国移动手机阅读基地的定位是建成中国最大的无线图书发行平台。通过合作各方的努力和整合营销打造电子图书阅读的新型发行渠道,这不仅包括以手机为载体的WAP、客户端等阅读,还包括结合TD技术的专用手持阅读器,而且可以拓展到行业应用,实现"终端+通道+内容"的整合拓展。在内容上直接与内容提供商(主要包括大型出版社和文学网站等)合作,内容提供商提供合适阅读的内容,手机阅读基地负责内容运营、技术支撑和营销推广,面向广大移动用户提供方便的无线阅读,并且针对内容进行收费,收益按比例与内容提供商进行结算,借用移动用户的规模特点和移动通信网络的全方位覆盖优势实现整体产业的良性发展。

(3) 手机视频。中国移动视频上海基地承担为集团用户提供手机视频相关服务,不断开展与高端媒体的深入合作,已经和央视国际、上海文广传媒、中央人民广播电台、中国国际广播电台、国务院互联网新闻中心等开展内容合作,并先后对 FIFA 世界杯、北京奥运会、历次"两会"、抗雪防灾、汶川地震、南非世界杯、玉树地震、上海世博会等各类重大事件实现了无线视频报道,赢得广大用户认可。充分依托上海公司的资源和市场优势,贴近市场发掘客户需求,集中资源进行视频产品的创新,在项目上取得突破,然后快速复制到全国,实现产品的成熟和全网商用运营,视频基地未来将发展成为全国最大的无线视频产品和内容运营中心。另外,围绕TD业务的开展,视频基地将实现对于无线视频产业链上下游的有效带动,成为国内领先的视频业务整合者、视频内容分发者和视频技术创新者。

(4) 手机位置。中国移动手机位置辽宁基地负责将手机地图优化、实时交通系统建设,导航等业务尽数其中。手机位置辽宁基地的发展走过了两个阶段,第一阶段是以行业集团消费市场为主,第二阶段是以个人消费市场为主,正在着力完成从应用提供商向位置业务整合者的角色转变。

(5) 手机游戏。中国移动手机游戏业务由江苏移动基地负责,是八大基地中被提及最多的手机应用。为全国的移动客户创造更加丰富的手机游戏产品和服务的同时,也为手机游戏产业创造了崭新的行业发展环境。基地的目标是以用户需求为核心整合资源,聚合游戏产业链,通过规模化、专业化、社区化运营,做大做强手机游戏业务,重点发展手机网络游戏,逐步融合 PC 网游,整合、集聚、拓展游戏产业价值链,推动中国手机游戏产业的持续发展。

(6) 手机动漫。中国移动手机动漫业务由福建基地承办,是八大基地中最少被提及的手机应用,动漫基地定位于整合手机动漫上下游资源,推动终端定制与手机动漫产品专业化研发,并负责全国性推广。

(7) 电子商务。中国移动电子商务湖南基地,负责建设并运营全网手机支付平台,着力推进手机小额支付、移动公交一卡通、移动公用事业缴费、农村移动电子商务四大工程,形成以 SIM 卡加载非接触式无线射频识别(RFID)芯片为核心的移动支付的技术标准、智能终端设备标准。电子商务湖南基地一方面将带动软件开发、终端及机具制造、应用服务提供等相关产业链发展,另一方面也将通过提供手机购物、移动公共交通、移动公用事业缴费等丰富的移动电子商务应用而极大地方便人民生活。

(8) 手机移动商店。中国移动手机移动商店由广东移动负责,业务上市之前就已经受到空前关注。移动商店截至 2011 年 11 月份,累计注册用户数已达 14 872 万,聚集 10.2 万个手机软件、游戏、主题应用,累计下载应用为 4.9 亿次。

分析点评

中国移动在增值业务收入占比达到 29.5% 的时下,随着手机媒体化、移动业务互联网化、终端智能化、客户需求多样化等形式变革,中国通信企业需要在现有基地模式的基础上,探索更多的产品创新模式,才能满足日益细分和多样化的市场需求。未来移动增值业务发展趋势将体现在以下方面:(1) 呈现信息产品服务化,未来的产品不仅仅以价格取胜,取胜的法宝将是整合产品和服务满足客户的某一类需求,而且在推广过程中以向客户服务的形式进行。(2) 产品接入全网化,内容本地化。一点接入、全网运营是大势所趋,但内容需要突出地方特色,如手机报产品在实现全网推广的过程中针对不同省份要展示不同的新闻、娱乐等内容。(3)产品形式客户端化,以客户端形式进行产品体验,带给客户互联网式的实时消费,客户能在开机后无须其他操作就能看到业务并在适合的场景触发其体验。(4)合作模式多样化。中国移动前任董事长王建宙曾说过,新模式和新领域是增值业务增长的两大空间。利用手机的及时性、便利性等特点与各行各业的合作将会产生无穷的商机,并在发展到一定程度上可纳入物联网范畴。(5)产品运营呈现品牌化、整合化,未来众多的移动新业务不仅仅以技术名称出现,更是人们了解并熟悉所有产品的通道和方式,电信运营商应该和需要做的是将更多的移动互联网业务和产品进行品牌化运作和整合,达到为客户提供"傻瓜型"产品的同时,使客户能因为某一项功能的强烈需求和长期使用而认可其相关联的其他产品。

思 考 题

1. 什么是产品?如何理解电信产品的整体概念?
2. 什么是产品组合策略?产品组合的宽度、深度和关联度之间有什么关系?
3. 产品生命周期分为哪几个阶段?试结合具体电信产品实例,说明产品生命周期不同阶段的营销策略。
4. 什么是新产品?新产品开发可以分为哪几个步骤?

第 10 章　通信品牌策略

> **本章导读**
>
> 10.1　品牌的定义和作用
> 10.2　品牌资产
> 10.3　品牌策略
> 10.4　通信品牌建设策略
> 案例分析：中国电信运营商 3G 品牌营销

品牌是企业最具有价值的无形资产，在企业经营活动中发挥着重要作用，将品牌资产进行科学的评估对于企业管理无形资产和建设强势品牌有着重要意义；无论身处哪个行业，绝大多数的领先者都拥有强势的品牌资源。品牌策略是运营商企业战略的基础，我国的电信运营商已经切身感受到品牌带来的效益，进入品牌策略竞争时代。

本章重点介绍品牌的定义与通信品牌的内涵、品牌资产的构成、品牌策略以及通信品牌的建设策略。

10.1　品牌的定义和作用

10.1.1　品牌的定义

在 1993 年，营销大师哈金森和柯金从六大方面阐述了品牌的内涵和外延，即视觉印象和效果、可感知性、市场定位、附加价值、形象、个性化。1999 年，广告专家约翰·菲利普·琼斯对品牌的界定是，能为顾客提供其认为值得购买的功能利益及附加价值的产品。后来，美国市场营销学会给出权威和完整定义：品牌是一种名称、术语、标记、符号或设计，或是它们的组合运用，其目的是用于辨认某个销售者或者某类销售者的产品及服务，并区别于竞争对手的产品和服务。

可见，品牌从本质上说，是在传递一种信息，一个产品品牌能表达出 6 层信息。

1. 属性

首先，它传递特定的属性，中国联通隆重推出的 3G 品牌"沃"为目标客户群带来产品特定的属性——"让一切自由联通"，期望用快速的网络和丰富的业务满足用户畅行联络和获取信息的需求。

2. 利益

消费者购买的是利益而不仅仅是购买属性。僵硬死板的产品属性需要通过品牌策略转换成鲜活生动的功能和情感利益。"质量可靠"意味着减少消费者维修费用,给消费者提供节约维修成本的利益,"服务上乘"给客户带来的利益是节约时间、精简成本、尊贵享受。

3. 价值

品牌代表着能提供一定的价值,中国移动的 G3 业务为全球最大的用户群实现移动互联网的梦想价值:无线高速上网、多媒体彩铃下载、在线互动游戏和电影视频点播等。

4. 文化

品牌可以附加和象征一种文化,"动感地带"体现了一种时尚新潮文化,仅从字面上就能让顾客感受到澎湃的活力。

5. 个性

"动感地带"客户品牌广告词"我的地盘听我的"传达了年轻一族崇尚自我的个性。

6. 使用者

品牌自然地流露出购买或使用这种产品的应该是哪一类消费者,这一类消费者代表一定的文化、个性,对于公司细分市场、准确的市场定位有很大帮助。

品牌所精准传递的价值、文化和个性确定了品牌的内涵。

10.1.2 品牌的特征

1. 品牌是一种无形资产

品牌是有价值的,拥有者凭借品牌能够不断地获取利润,但品牌价值是无形的,它不像企业的其他有形资产直接体现在资产负债上。它必须通过一定的载体来表现,直接载体就是品牌元素,间接载体就是品牌知名度和美誉度。品牌价值甚至超过企业有形资产的价值,如可口可乐有形资产为 138.73 亿美元,而品牌价值却高达 434.27 亿美元。虽然品牌价值的评估还未形成统一的标准,但品牌是企业的一项重要无形资产已是不争的事实。正因为品牌是无形资产,所以其收益具有不确定性,它需要不断地投资,企业若不注意市场的变化及时地调整产品品牌的结构,就可能面临品牌贬值的危险。

2. 品牌赋有特定的个性

品牌赋有特定的个性,也是其文化象征。知名品牌的个性尤为突出,例如,"金利来领带"的一句"男人的世界"品牌主题词传达了一种阳刚、气度不凡的个性;"娃哈哈饮料"则象征着一种幸福、安康;红豆集团以"红豆相思"中国文化的特有内涵吸引着中外众多认同者。企业塑造品牌个性,赋予品牌一定文化内涵,能够满足广大消费者对品牌文化品位的需求。

3. 品牌具有专有排它性

品牌专有排它性是指产品一经企业注册或申请专利等,其他企业不得重复使用。产品自身很容易被竞争者模仿,但产品品牌却是独一无二的。品牌在经营过程中,通过产品高质量和优质服务,建立起良好的信誉,这种信誉一经消费者认可,很容易形成消费者品牌忠诚,也强化了品牌的专有性。

4. 品牌是以消费者为中心的概念

品牌不仅仅是企业的一种商标权,而是以消费者为中心的概念,"没有消费者,就没有品牌"。可见,品牌价值体现在品牌与消费者的互动关系之中,品牌之所以具有知名度和美誉度,是因为它能够给消费者带来利益并创造价值，是建立在以消费者为中心的基础上的。消费者的优劣评判是对品牌价值的最权威认定。

5．品牌是企业竞争的一种重要工具

品牌向消费者传递丰富信息，提供效用和情感价值，促使消费者与品牌之间产生联系，消费者心甘情愿地准备为崇拜的品牌多付钱。由此，品牌策略备受关注，作为企业进军市场的一面大旗举足轻重。

10.1.3 电信企业品牌的内涵

1．电信企业品牌的类型

电信品牌建设的目的是借以辨认和定义运营商的服务，并使之同竞争对手的产品和服务区别开来。同时，电信品牌建设也是有效的市场竞争法宝。可将电信企业品牌分为企业品牌、客户品牌、业务品牌、技术品牌、服务品牌 5 大种类。电信运营商品牌架构如图 10-1 所示。

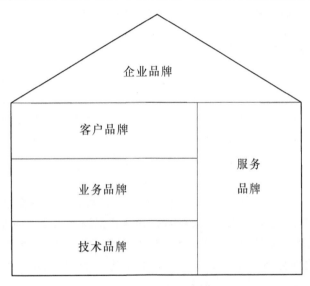

图 10-1　电信运营商品牌架构

企业品牌是电信运营商最大的无形资产，是企业核心竞争力和价值观的外部表现，在品牌体系中占据核心地位，消费者通过认知和识别来选择该企业的服务。

客户品牌是针对不同的细分市场和特定的客户群而构建的，体现出差异化的需求心理和电信消费行为，对覆盖的人群具有强大的号召力和凝聚力，典型的电信客户品牌如中国移动公司的"动感地带"、中国电信公司"天翼飞 YOUNG"和"商务领航"等。

业务品牌是针对具体业务，或者满足同类功能需求的一系列产品推出的品牌。一个业务品牌可以针对特定的目标群，也可以覆盖多个目标用户群，如中国电信公司的"号码百事通"和"互联星空"、中国联通公司的"116114 信息导航"、中国移动公司的"12580"等。

技术品牌是为运营商电信业务提供支撑的品牌，如 CDMA 技术。技术是电信运营商整个经营活动的基础,而消费者不容易理解,很难形成认知,所以应将技术要素在具体的宣传中再去加以强调。

服务品牌是为电信运营某些服务环节或者流程而设计的,如中国移动10086客户服务热线,纵向贯穿于电信运营商的整个经营活动之中,有助于建立用户忠诚度和提高用户满意度,对企业品牌、客户品牌、业务品牌起着服务支撑作用。

2. 通信品牌的融合

上述品牌之间的关系是相辅相成的,企业品牌需要客户品牌、业务品牌和技术品牌的支撑,服务品牌贯穿于整个经营活动和品牌体系中。其中,企业品牌的建设适宜自上而下的方式,由集团公司督导省公司和地市分公司完成;客户品牌、业务品牌和服务品牌的营销推广则适宜自下而上。

(1) 不同阶段品牌策略的调整。从市场竞争的经验来看,在不同的市场竞争阶段,企业采取了相似的电信品牌类型的推广做法,然而由于消费水平、服务需求及其生活习惯的差异,导致其对电信企业品牌策略的感受迥然不同。因此,企业根据不同竞争阶段客户的需求,从过去的企业品牌和技术品牌主导策略调整为客户品牌、服务品牌和业务品牌主导的阶段。

(2) 细分市场中的品牌推广以业务品牌和客户品牌为主。从客户价值的角度分析,仅塑造企业品牌并不能达到最佳效果,因为大家对于国内主要的电信运营商都已经有深入的认知度;而一味强调技术品牌,消费者又不容易理解。因此,最佳的品牌策略是:在不同的时期主推不同细分市场的业务品牌和客户品牌,将服务品牌贯穿在整个品牌体系建设的过程中;将技术品牌作为业务品牌和客户品牌的推动力,要善于把技术品牌转化为业务品牌或者客户品牌,技术要素仅在具体的宣传中加以强调;强化业务品牌和客户品牌时,企业品牌的传播作为辅助手段,突出与其他企业的区别。

(3) 通过不同类型品牌的合理组合,全面提升电信品牌价值。发挥电信品牌的集中优势,需要将企业品牌、技术品牌、业务品牌、服务品牌和客户品牌进行多方面的组合。中国电信在推出细分市场业务品牌的基础上,强调为个人大客户提供个性化、为集团客户提供专业化、为公众客户提供标准化的分级服务,服务过程中顺势建立了"信之缘"大客户俱乐部、"Focus One一站通"等服务品牌,全面提升了服务品牌价值。

10.2 品牌资产

10.2.1 品牌资产的构成

品牌资产作为一个系统概念,由一系列因素构成,名称和标识物是品牌资产的物质载体,而品牌知名度、品牌美誉度、品牌忠诚度和品牌联想构成品牌资产,为消费者和企业提供附加利益是品牌资产管理的实质内容。

1. 品牌知名度

品牌知名度指品牌被公众知晓、了解的程度,它表明为多少或多大比例的消费者所知晓,反映的是顾客对品牌的熟悉程度,也是评价品牌对社会影响大小的指标,名牌就是相对高知名度的品牌。

(1) 品牌知名度的层级

品牌知名度分为4个层次:无知名度、提示知名度、未提示知名度、第一提及知名度。品牌管理重点考虑后3个层面,它们呈一个金字塔形,越往上发展,越难实现。

① 无知名度指消费者对品牌没有任何印象,原因是消费者可能从未接触过该品牌,或者该品牌没有任何特色,容易让消费者遗忘,消费者一般不会主动购买此品牌的产品。

② 提示知名度指消费者经过提示或某种暗示后,可想起某一品牌,能够说出自己曾经听说过的品牌名称。这是品牌传播活动的第一个目标,在顾客选择商品品牌时具有重要地位。

③ 未提示知名度指消费者在不需要提示的情况下就能准确区别出先前所见或听到的品牌。对这类产品来说,未提示知名度的往往不是一个产品品牌,而是一个品牌系列。

④ 第一提及知名度指消费者在没有任何提示的情况下,自然想到或说出的某类产品的第一个品牌。有些消费者说到碳酸饮料,脑海中首选"可口可乐",搜索服务,首先想到"百度"。这种现象表明,在每一个产品领域,都有第一提及知名度的品牌代表着市场领导者或者说是强势品牌,品牌管理的任务就是设法从金字塔的低层上升到顶层,即让本企业的品牌具有第一提及知名度。

(2) 品牌知名度的资产价值

品牌知名度的资产价值体现在以下几方面。

① 有助于人们产生品牌联想。品牌名称就像是人脑海中的一个特殊文件夹,里面可以装进与之相关的事实和情感。如果没有对品牌名称的认知,这些事实和情感就缺少了依托,消费者面临购买决策时,这些信息无法被消费者有效提取。而当以品牌名称为基础的品牌识别建立起来之后,只要将一些新的信息与品牌建立联系即可。如"娃哈哈"是一个知名度很高的品牌,提起它,人们就自然联想到快乐、健康的孩子。

② 使人们由熟悉而引发好感。熟悉意味着拉近距离,意味着减少不安全感,消费者喜欢买自己熟悉的品牌,就像人们总是喜欢跟熟人打交道一样,人们也只会对已经非常熟悉的产品产生好感,产生忠诚。

③ 暗示某种承诺。品牌知名度作为企业产品的存在、实力、表现及其特点的信号,对于消费者来说非常重要,人们相信:扬名天下必然有其道理。这种推论发挥了品牌知名度向消费者暗示某种承诺的效果。相反,对于没有一定知名度的品牌,人们会自然地怀疑背后是否存在真的有实力的企业支撑它。

④ 成为被选购的对象。决定要购买某类商品,人们往往会挑选一些候选品牌,这些候选品牌集合一般有三四个品牌。能否进入候选,知名度至关重要,品牌知名度越高,越容易进入消费者的选择域。研究表明,深刻记忆与人们购买态度和行为之间关系存在着正相关关系,各品牌在测试中被记起的先后次序不同,在被优先选择和购买的可能性上就表现出很大的差别,特别是经常购买的日常消费品,品牌购买决策一般是在去商店之前就做出了。

⑤ 弱化竞争品牌的影响。消费者对信息的吸纳有过滤环节,有用的、新鲜的、有特殊意义的信息才有可能成为"长时记忆"并被储存起来。品牌知名度越高,意味着消费者对该品牌的

印象越深刻，竞争品牌进入消费者"印象领域"的难度越大。

2. 品牌美誉度

品牌美誉度指某品牌获得公众信任、支持和赞许的程度。如果说品牌知名度是一个量的指标，那么品牌美誉度就是一个质的指标，它反映品牌的社会影响好坏。

品牌的美誉度越高，"口碑效应"就越明显，品牌的资产价值也就越高。即通过人们的口头称赞，一传十，十传百，引发源源不断的销售。一些调查报告显示，由口碑信息所引起的购买次数平均3倍于商业广告，是人员推销效果的4倍。

3. 品牌忠诚度

（1）品牌忠诚度的含义

相当一部分消费者在品牌选择上呈现高度的一致性，即在某一段时间甚至很长时间内重复选择一个或少数几个品牌，很少选择其他品牌，这种重复选择、重复购买的倾向，称为品牌忠诚度。

（2）品牌忠诚度的层级

按品牌忠诚度可把消费者分为5个层级，分别是无忠诚度者、习惯购买者、满意购买者、情感购买者和忠诚购买者。品牌管理一般考虑后4个群体。它们也呈一个金字塔形。

① 无忠诚度者指那些从不专注于一个品牌的购买者，他们对品牌不敏感，基本上是随机性购买。

② 习惯购买者指那些对产品满意或起码没有表示不满意的购买者，他们习惯性地选择某些品牌，但受到利益竞争者的影响时，个人转换品牌的可能性较大。

③ 满意购买者指对产品感到满意、能感觉到品牌转换成本的购买者，也就是说购买另一个新品牌，会感到有时间、金钱、适应等方面的成本与风险，与习惯购买者相比，他们转换品牌的可能性要小一些。

④ 情感购买者真正喜欢某一品牌，并把品牌当做自己的朋友或生活中不可或缺的一部分，由衷地对品牌赞美，甚至具有情感的依附。这种情感建立在品牌识别、品质认知、使用经历等联想的基础上。

⑤ 忠诚者购买者不仅个人持续、重复地购买特定品牌，而且还引以为傲，会向其他人积极推荐，拥有相当多数量忠诚购买者的品牌被誉为最有魅力的品牌。

在实际购买类型中，这5种层级并不总以单纯的形式出现，也有其他的复合形式。

（3）品牌忠诚度的资产价值

研究发现，吸引一个新消费者的成本是保持一个已有消费者的4~6倍，从品牌忠诚者上获得的利润更是品牌非忠诚者的9倍之多。品牌忠诚度作为一项战略性资产，进行恰当的经营开发，会给企业创造多项价值。

① 降低营销成本。留住老顾客比争取新顾客的成本小得多，拥有一批品牌忠诚者会降低企业的营销成本。

② 增强销售终端的谈判力。销售终端会保证品牌有优先的陈列空间，这些终端商店知道品牌忠诚者会把哪些品牌列入购货清单。这在无形中对销售终端商店的进货决策产生了控制作用，在企业推出新的产品规格、种类或延伸产品时，这种作用尤为明显。

③ 吸引新顾客。品牌忠诚度还意味着一个使用者就是一个广告员,自觉地帮助其他消费者树立购买信心,在其他消费者购买行为具有风险性时,这种作用极为明显。

④ 减缓竞争威胁。拥有一批忠诚购买者,抵御竞争产品攻击的能力会大大增强,因为忠诚者对所选择的品牌普遍有种眷恋感。这就给竞争对手造成很大的市场进入阻力,并削弱了竞争者的利润潜力;同时,企业也争取到了对竞争作出反应的时间。正常情况下,如竞争者开发了一种卓越的产品,市场无形的力量就会逼迫企业对产品进行改进;而品牌忠诚者的存在就给企业争取到了对现有产品进行改良的缓冲时间,以便能够相对从容地开发出更卓越的产品对抗竞争者。

4. 品牌联想

(1) 品牌联想的含义

联想是一种重要的心理现象和心理活动,事物之间的不同联系反映在人脑中,就会形成心理现象的联想。品牌联想就是消费者想到某一品牌时能记起的与品牌相联的信息,比如产品特点、使用场合、品牌个性等,它大致可分为3种层次:品牌属性联想、品牌产品利益联想、品牌态度。

① 品牌属性联想指消费者对于产品或服务特色的联想,比如人们所认为产品和服务是什么。根据与产品或服务的关联程度,我们可把属性分为与产品有关的属性和与产品无关的属性。与产品有关的属性是指产品的物理组成或服务要求,它决定着产品性能的本质和等级;与产品无关的属性并不直接影响产品性能,但它可能影响购买或消费过程,主要包括产品颜色、包装、制造的厂家或国家、产品出售场所、哪些人认同该品牌。

② 品牌产品利益联想指消费者认为某一品牌产品或服务属性能给他带来的价值和意义,可分为产品功能利益联想、产品象征利益联想和产品经验利益联想。功能利益是指产品或服务固有的或者内在的提供给消费者的利益,这种利益一般与产品相关属性匹配,是消费者购买的基本动机,比如购买冰箱,就是为防止食物腐烂、速冻食品。象征利益是指产品或服务能提供给消费者的相对外在的利益,它一般与产品无关属性匹配,主要满足消费者的社交、自尊等比较高层次需要。经验利益是指消费者消费产品或服务后的感受,它既与产品相关属性相配,又与产品无关属性相配,这些利益能使消费者获得某种刺激和感官愉悦。

③ 品牌态度是最高层次也是最抽象的品牌联想,指消费者对品牌的总体评价,直接影响着消费者品牌的选择,它通常建立在品牌属性和品牌利益上。例如,消费者对宾馆的品牌态度大多建立在宾馆的位置便利、房间舒适、外观设计美观、服务质量上乘、娱乐设施齐全、食品安全性等评价上。品牌态度难以改变,从厌恶到喜欢就有几个层次,每个层次都有一定的幅度。

(2) 品牌联想的资产价值

品牌联想具有较高的资产价值,美好积极的品牌联想意味着被接受认可、喜爱并有竞争力与成功,资产价值包括如下几个方面。

① 帮助处理信息。品牌联想引发个人传播(Individual Communication,也称自身传播),消费者头脑中汇集的大量信息可以协助总结出一系列的事实情况和数据,这好比为消费者创造出一个袖珍信息库,此外,品牌联想还能影响到对具体事实的解释和信息的回忆。

② 产生差异化。品牌联想可以为产品的差异化提供重要的基础,有区别的联想可能会成

为关键的竞争优势，它给竞争者制造了一道无法逾越的障碍，品牌名称、市场定位、广告等沟通手段都可以创造差异化联想。

③ 提供购买理由。许多品牌联想都涉及产品特征，直接与消费者利益有关，通过表现出的信誉和自信影响消费者的购买决策，从而提供一个充足的理由促使消费者购买或使用。

④ 成为品牌延伸基础。品牌联想可以用于其他产品的市场推广上，因为它们可以共享同一种联想。比如，本田公司在小型发动机制造方面颇具经验，这种联想有利于它从摩托车生产延伸到摩托艇等产品上。

特别关注

构建品牌金字塔的 5 个步骤

任何一个品牌实现品牌全球化与消费情感本地化的最佳组合都不是件容易的事，消费者是决定不同竞争品牌谁胜出的最终评判者。构建品牌与消费者密切关系的特定属性，虽然不同的国家会有不同的特定属性，但建立这种密切关系的步骤却是一致的，如图10-2所示。

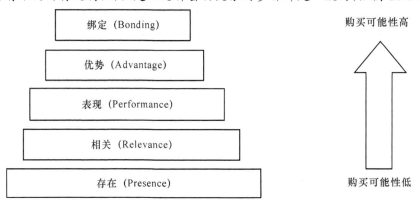

图 10-2　构建品牌金字塔的 5 个步骤

构建品牌金字塔的 5 个步骤描述了消费者情感忠诚与品牌关系的各个阶段。这个模型根据消费者情感忠诚的变化将关系分为 5 个层级，这种情感忠诚的变化会影响和支撑购买行为，诊断一个品牌的消费情感强度并进行跨品牌业绩比较时，品牌金字塔可以作为一个重要参考工具。

第一层级称为存在(Presence)。当消费者达到存在层级时，他们考虑产品种类时能主动回忆出该品牌，这是因为他们已经试用过或知道某人已经用过，也可能通过其他方式了解到品牌相关的一些信息。而当消费者认为该品牌的利益承诺对他们有些价值，并在可以接受的价格水平上，就达到了第二层级，即相关(Relevance)。第三层级即表现(Performance)，是人们认为品牌传递了令人满意的基本功能性利益。在第四层级即优势层级(Advantage)上，人们至少认为，品牌提供了一些有别于竞争对手的理性或感性利益。在第五层级绑定层级(Bonding)的人们则会认为，该品牌提供了产品种类中最重要的独有优势，因此对他们来说这是最好的品牌，人们购买一个自身与之绑定的品牌，比处于存在层级的机会至少高出 10 倍！

10.2.2 通信品牌资产

1. 通信品牌资产的构成

通信品牌资产主要由品牌知名度/联想、感知质量、品牌形象、品牌忠诚度几个维度构成,这几个维度并不是孤立存在的,而是彼此之间紧密联系,品牌忠诚度是品牌资产的核心维度。

品牌知名度/联想主要是指消费者对某一电信服务品牌的各个方面产生的认同、记忆以及所引发的脑海中的各种想象。

感知质量也称感知价值,是消费者对品牌效用的总体评价,它是由消费者对服务品牌质量的实际感知与对服务品牌的期望之间的差距来决定的,同时,消费者还会考虑自身所付出的成本。

品牌形象是指电信服务品牌在市场上、在消费者的心中所表现出来的个性特征。电信服务的品牌形象包括企业形象、使用者形象和服务自身形象 3 个层面的内容,品牌形象应该是强有力的、独特的且具有偏好的。

品牌忠诚度是品牌资产的核心,是消费者在与服务品牌的接触过程中所形成的一种对品牌的偏爱的心理反应,主要包括态度忠诚和行为忠诚两个方面。其中,态度忠诚表现为消费者对品牌的情感共鸣、良好的口碑、推荐;行为忠诚主要是指重复购买。

2. 通信品牌资产的形成过程

通信业品牌资产的形成与制造业品牌资产相比有联系也有区别,通信品牌资产形成有其行业特色。从消费者角度可以将通信品牌资产界定为,通信服务企业(即电信运营商)的营销努力所引起的消费者心理和行为上对该服务品牌的差异化反应。

品牌之所以具有价值,是因为消费者通过品牌消费能够得到内心深处所认可的、由品牌带来的各种效用,而这些效用集中表现为品牌资产,品牌就是这些效用的载体。品牌消费属于人类行为的一种,因此它也符合人类行为的"S—O—R"模式(S 表示刺激——Stimulus,O 代表个体生理、心理特征——Organism,R 意为反应——Response),这是消费者面对内外部的各种品牌信息的刺激产生复杂的心理活动与行动,进而作出反应和评价的过程,品牌资产也就是在这一过程中逐渐形成起来的,该过程分为 3 个阶段。

(1) 第一个阶段是指消费者对通信品牌的价值的感知过程。该阶段影响品牌资产形成的主要因素是,消费者接触的各类有关通信服务品牌的外部信息以及消费者本身具有的个性特征。消费者对各类品牌信息接收、感知判断和存储,并在此基础上形成对品牌的初步印象和评价,品牌的知名度/联想大都产生于这个阶段,这些外部品牌信息来源十分广泛,包括企业方面的信息和环境方面的信息。企业方面的信息包括电信运营商的实力、企业文化和企业的营销组合策略,环境方面的信息主要是指电信行业的法规完善与严格执行程度、产业成熟度、企业声誉与口碑、品牌消费意识等信息。

消费者的个性特征主要是指个人经济状况、爱好、价值观与生活方式等,此时消费者对品牌质量的感知主要是基于感性层面,所形成的品牌形象也不够清晰,在此阶段,企业的营销传播活动、内外部沟通交流、企业形象和价值观等都会对消费者产生影响。

(2) 第二个阶段是指通信服务品牌的消费决策过程,包括心理和行为两个方面。品牌知名度/联想和品牌形象均会在第一阶段的基础上获得更新，同时消费者还会对品牌质量形成一定的感知。经过品牌感知、记忆和联想，在这个阶段，通过服务选购的体验，消费者会不自觉地将之前感知、联想与体验进行对照和修正，从而产生新的记忆，并形成对品牌的初步态度——是否购买。此时，企业通过提升顾客购买体验、提高服务质量可以很好地促进交易；同时应该注重对员工的培训管理，更好地与消费者沟通交流，展现企业文化和价值观，实现品牌价值。

（3）第三个阶段主要是指消费者形成的对品牌的感知、评价和态度，这种感知和评价如果证实了之前对品牌质量的判断，也就最终确立了自己心中的品牌形象，购买后的态度也最终决定了品牌的忠诚度以及重复购买的可能性。在这个阶段，顾客体验仍然与服务质量起着至关重要的作用，当然，跟进的品牌沟通与员工的积极配合也必不可少，顾客会根据消费过程中及消费后的体验与感受，对品牌给出态度与评价，心理上建立与品牌的关系并最终形成通信服务品牌资产。

10.3　品牌策略

10.3.1　品牌化决策

品牌化决策是指企业决定产品名称、设计标志的活动。在市场不太发达的历史阶段，许多产品曾经不用品牌，生产者和中间商把产品直接从桶、箱子和容器中取出来销售，无须带有供应商的任何辨认凭证。如今，品牌的商业作用日益重要，品牌化迅猛发展，已经很少有产品不使用品牌了，即使水果、蔬菜、大米和肉制品等过去从不使用品牌的商品，现在也品牌包装出售。

品牌化虽然会增加成本，但也可以给企业带来以下好处。

（1）有利于订单处理和对产品的跟踪。

（2）得到法律保护，防止别人模仿、抄袭。

（3）使企业有可能吸引更多的品牌忠诚者，形成品牌资产。

（4）有助于企业细分市场。

（5）有助于树立良好的企业形象。

大多数购买者也需要品牌化，这是获得商品信息的重要来源，可使购买者得到一些利益：可以了解各种产品的质量好坏；有助于提高购买效率。

虽说品牌化是商品市场发展的大趋向，但对于单个企业而言，是否使用品牌还必须考虑产品的实际情况，因为在获得品牌带来的利益的同时，建立、维持和保护品牌也要付出巨大的成本，包括包装费、广告费、标签费和法律保护费等。

10.3.2　品牌使用者决策

制造商决定使用本企业的品牌，还是使用经销商的品牌，或两种品牌同时兼用，称为品牌使用者决策。

品牌是制造商的产品标记，享有盛誉的制造商还将其商标租借给其他中小制造商，收取一定的特许使用费。近年来，经销商的品牌日益增多，西方国家许多享有盛誉的百货公司、超级市场、服装商店等都在使用自己的品牌，如著名零售商家美国的沃尔玛经销的很多商品都用自己的品牌；一些强势批发商也积极使用自己的品牌，增强对价格、供货时间等方面的控制能力。

当前，经销商品牌也已经成为制造商品牌竞争的重要因素，使用经销商品牌会带来一些问题：经销商大量订货，需占用资金，承担的风险较大；经销商为扩大自身品牌的声誉，需要大力宣传其品牌，销售成本提高。同时，经销商使用自身品牌也会获得诸多利益，表现在：因进货数量较大而进货成本较低，进而销售价格较低，竞争力较强，利润较高；经销商较好地控制销售价格，可以在某种程度上控制其他中间商。

现实经济中，制造商和经销商之间的品牌经常展开激烈竞争，即所谓品牌战。一般来说，制造商和经销商之间的品牌竞争本质上是企业实力的较量。在制造商具有良好的市场声誉、拥有较大市场份额的条件下，无力经营自己品牌的经销商应多使用制造商的品牌；相反，当经销商品牌在某一市场领域中拥有良好的品牌信誉及庞大的、完善的销售体系时，制造商借用经销商的品牌也是有利的。这就要求品牌使用者进行决策时，要结合具体情况，充分考虑制造商与经销商的实力对比，客观决策。

10.3.3　品牌战略决策

品牌战略选择应围绕企业的竞争实力来进行，企业要分析自己的情况，依据行业和市场发展特点，结合产品的特征，选择合适的品牌战略。下面我们将具体分析几种典型的品牌战略决策：单一品牌策略、主/副品牌策略、多品牌策略、品牌延伸策略、合作品牌策略。

1. 单一品牌策略

单一品牌策略又称统一品牌，指企业所生产的所有产品都同时使用一个品牌的情形。这样，企业不同的产品之间形成了一种最强的品牌协同，使品牌资产在完整意义上得到最充分的共享。单一品牌策略适用于以下情况：产品具有密切关联性；产品质量水平大致相同；产品的目标客户群大致相同。

单一品牌策略的优势不言而喻，商家可以集中力量塑造一个品牌形象，让一个成功的品牌附带若干种产品，使每一个产品都能够共享品牌的优势。"海尔"是单一品牌战略的代表，海尔品牌 2011 年以 907.62 亿元的品牌价值连续 10 年蝉联中国家电企业品牌价值榜首，连续 3 年超越欧美传统家电企业，位居全球第一。早在 1984 年，海尔集团已经开始推进自己的品牌战略，从产品名牌到企业名牌，再发展到社会名牌，成功地树立了"海尔"的知名形象。产品也从 1984 年的单一冰箱发展到拥有白色家电、黑色家电、米色家电在内的 96 大门类 15 100 多个规格的产品群，使用的全部是单一的"海尔"品牌，并出口到世界 100 多个国家和地区，不仅如此，海尔也作为企业名称和域名来使用，真正做到了企业名称、域名、品牌名称三位一体，单一品牌战略的优势尽显其中。

单一品牌策略的另一个优势就是品牌宣传的成本低，宣传成本不仅仅指市场推广、广告费用，还包括品牌管理的成本以及消费者的认知度。单一品牌更能集中体现企业的意志，容易形成市场竞争的核心要素，避免消费者在认识上发生混淆。

单一的品牌战略也存在一定的风险,它有一荣共荣的优势,也有一损俱损的危险,某一品牌下的某种商品出现了问题,那么该品牌下附带的其他商品也难免会受到株连,甚至整个产品体系可能面临着重大的灾难。另外,单一品牌策略缺少区分度、差异性小,往往不能区分不同产品独特的特征,不利于商家开发不同类型的产品,也不便于消费者有针对性的选择,因而在单一品牌中往往推出副品牌,弥补这些缺陷。

2. 主/副品牌策略

主/副品牌策略指在生产或经营多种产品的情况下,以一个统一的成功品牌作为主品牌,涵盖企业的所有产品,同时又给不同产品富有魅力的副品牌,副品牌可以从功能、品位、规格、档次等各种角度进行区分,以突出产品的个性形象。

主品牌和副品牌之间的关联,既可以是口头语言联系,也可以是视觉设计联系。例如,三九药业的产品品牌都由"999"作为主品牌,对不同的产品冠以各种副品牌:三九胃泰、999感冒灵、999皮炎平、999帕夫林、999汉莎创口贴等。

对主品牌而言,主要功能是向消费者再次确定,这些产品一定会带来所承诺的优点,因为这个品牌的背后是一个成功的企业。当一种产品是全新的时候,主品牌策略显得更有意义,因为这种品牌保证,消费者会觉得与这个品牌产品之间有了某种联系,而不再陌生。但主品牌提供这种保证的同时,也会受副品牌受损而殃及的危险。

主/副品牌策略中,副品牌处于从属地位,主要是为了能形象表达它们的优点、个性,同时也弥补了单一品牌过于简单、不生动的缺点。副品牌的使用通常比较口语化、通俗化,具有时代感和冲击力,但是适用面较窄,主、副品牌之间的设计要注意和谐与协调一致,例如长虹红双喜、长虹红太阳等副品牌都是喜庆"红"系列,就不要出现不同意境名称。

3. 多品牌策略

多品牌策略指企业生产同一种产品,使用两种或两种以上的品牌。一个企业使用多种品牌,不仅仅是区分其他的商品生产者,也包括区分自己的不同商品,多品牌策略为每一个品牌各自营造了一个独立的成长空间。目前,中国电信运营企业针对越来越多的产品线而采用了多品牌策略。

著名企业中采用多品牌策略的代表首推"宝洁"公司。宝洁公司多品牌策略的原则是:如果某一个种类的市场还有空间,最好那些"其他品牌"也是宝洁公司的产品。因此,宝洁的多品牌策略让它在各产业中拥有极高的市场占有率,在美国市场上,宝洁有8种洗衣粉品牌、6种肥皂品牌、4种洗发精品牌和3种牙膏品牌,每种品牌的特征描述都不一样。在中国市场上,以洗发水为例,我们所熟悉的有:"飘柔"以柔顺为特长;"潘婷"以全面营养发梢吸引公众;"海飞丝"则具有良好的去屑功效;"沙宣"强调的是亮泽。不同的消费者在洗发水的货架上可以自由选择,然而都没有脱离开宝洁公司的产品。

多品牌策略可以从不同角度来设计:①不同的产品性能,例如海尔的小神童系列、净界系列;②不同的目标顾客,例如五粮液按不同的对象推出了浏阳河、京酒、金六福等产品品牌;③不同的产品质量,如广州顶益食品公司旗下生产的康师傅和福满多系列方便面;④促销角度,例如联想家用计算机为寒假促销而推出的家悦系列计算机。

企业采取多品牌决策的优势主要有：①可以根据功能或者价格的差异进行产品划分,有利于企业占领更多的市场份额,面对更多需求的消费者;②彼此之间看似是竞争的关系,但是实际上也增强了整体的竞争实力,从而增加了市场的总体占有率;③多品牌可以分散风险,某种商品出现问题了,可以避免殃及其他的商品。

多品牌策略的局限性如下。

（1）随着新品牌的引入,其净市场贡献率将呈边际递减的趋势。这一方面是由于企业的内部资源有限,支持一个新的品牌有时需要缩减原有品牌的预算费用;另一方面,企业在市场上创造新品牌会由于竞争者的反抗而达不到理想的效果,竞争者会针对企业的新品牌推出类似的竞争品牌,或加大对现有品牌的营销力度。此外,随着企业在同一产品线上品牌的增多,各品牌之间可能会侵蚀对方的市场,特别是当产品差异化较小,或是同一产品线上不同品牌定位差别不甚显著时,这种品牌间相互蚕食的现象尤为显著。例如,当初中国联通推出CDMA业务时,相当一部分客户就是从联通自己的GSM客户转网而来的。

（2）品牌推广成本大。企业实施多品牌策略,意味着不能将有限的资源分配给获利能力强的少数品牌,各个品牌都需要一个长期、巨额的宣传预算。因此,产品开发与促销费用能否从新品牌的销售额中收回来是实施多品牌策略前必须考虑的问题。

4. 品牌延伸策略

品牌延伸是指将一个现有的品牌名称使用到一个新类别的产品上,品牌延伸策略是将现有成功的品牌用于新产品或修正过的产品上的一种策略。品牌延伸策略并非只借用表面上的品牌名称,而是对整个品牌资产的策略性使用。随着市场竞争的加剧,厂商之间的同类产品的差异化变得越来越困难,因而品牌成为厂商之间较量竞争力的一个重要筹码。于是,使用新品牌或延伸旧品牌成了企业推出新产品时必须面对的品牌决策,品牌延伸一方面在新产品上实现了品牌资产的转移,另一方面又以新产品形象延续了品牌寿命,因而成为企业的现实选择。

品牌延伸策略有如下优点。

（1）可以加快新产品的定位,保证新产品投资决策的快捷准确。

（2）有助于减少新产品的市场风险。品牌延伸策略使新产品一问世就已经取得了品牌化,甚至是知名品牌化,这可以大大缩短被消费者认知、认同、接受、信任的过程,极为有效地防范了新产品的市场风险,并有效地降低了新产品的市场导入费用。

（3）品牌延伸有助于强化品牌效应,增加品牌这一无形资产的经济价值。

（4）品牌延伸能够增强核心品牌的形象,能够提高整体品牌组合的投资效益。

品牌延伸策略存在以下缺点。

（1）可能损害原有品牌形象。当某一类产品品牌成为强势品牌,它在消费者心目中就有了特殊的形象定位,甚至成为该类产品的代名词。将这一强势品牌进行延伸后,由于"近因效应"的存在,即最近的印象对人们认知的影响较为深刻,就有可能对强势品牌的形象起到巩固或减弱的作用,如品牌延伸运用不当,原有强势品牌所代表的形象就会被弱化。

（2）有悖消费心理。一个品牌取得成功的过程就是消费者对企业所塑造的这一品牌的特定功用、质量等特性产生特定心理定位的过程。企业把强势品牌延伸到和原市场不相容或者毫不相干的产品上时,就有悖消费者原有的心理定位。

(3) 淡化品牌特性。当一个品牌在市场上取得成功后,在消费者心目中就有了特殊的形象定位,如果企业用同一品牌推出功用、质量差异很大的产品,会导致消费者对产品的认知模糊化,使消费者晕头转向,品牌特性就会被淡化。

5. 合作品牌策略

合作品牌策略也称为双重品牌,是两个或更多的品牌在一个产品上联合起来,每个品牌都期望另一个品牌能强化整体的形象或购买意愿。

合作品牌的形式有多种:一是中间产品合作品牌,例如,富豪汽车公司的广告说,它只使用米其林轮胎。二是同一企业合作品牌,例如,摩托罗拉公司的一款手机品牌是"摩托罗拉掌中宝","掌中宝"其实也是公司注册的另一个商标。三是合资合作品牌,例如,中国移动为动感地带客户定制的手机会同时使用手机厂商的品牌和中国移动动感地带的品牌标识。

特别关注

微博品牌营销特点[①]

(1) 受众定位的精确性和广泛性

依据人口统计特征、受众心理和兴趣等进行市场细分,确定目标市场后,品牌宣传首先要进行受众定位。微博上的公众一般会主动关注自己感兴趣的品牌,并把它推荐给自己的朋友或粉丝,这使得企业的受众定位表现出精确的特点;而微博背后的受众来自社会的各行各业、不同的年龄段,具有广泛性,很多潜在消费者在参与对话中获得品牌信息,进而转化为现实的受众,微博使得企业进行受众定位的成本降低,过程加快。

(2) 广告传播的潜意识性

潜意识广告是在消费者没有意识到的情况下,通过植入、快速切换、声音刺激等方式,将产品图片、品牌名称或其他营销刺激物呈现出来的一种技巧。营销者希望消费者在没有意识到有广告进入的时候对信息进行加工,避免消费者对传统广告侵入式营销的反感,而微博从诞生之日起,就宣称是一个随时随地交流的平台,使企业的广告宣传呈现出"微博搭台,广告唱戏"的特点。企业依托交流的平台,借助情感化的语言,悄无声息地进行实际的潜意识营销,将品牌的核心理念和价值渗透在广告中。

(3) 整合营销的媒介融合性

微博实现了整合营销的媒介融合,它以信息数字化技术为基础,使用数字通信和广播技术,融合音频、视频、文字和图像等多种信息格式,将数字技术、互联网技术和移动通信技术紧密地融合在了一起。企业可以通过多种形式发布品牌信息,把在线促销、解决客户问题、事件营销、广告宣传等独立的营销融合为一个整体,并实时进行、实时互动,产生协同效应,品牌营

---

① 参见李帅文章《微博:打开品牌营销的另一扇窗》,该文刊登在《青年记者》2010年第18期上。

销进入了实时营销的"秒"时代。

（4）个人化姿态的品牌营销

微博的品牌营销另一个独特之处就是个人化姿态,受众感觉不到是在与一个符号对话,而是在与带有情感的人分享感受。微博不仅传播品牌理念,而且传播品牌背后有影响力的人,他们的个人魅力对品牌的传播更有效,形成对品牌稳定的支持和传播,这种基于对人的信赖建立的品牌忠诚往往更持久。

（5）加快品牌定位的频度

微博具有实时互动的特点,传播着真实的声音,能帮助企业迅速接触到消费者心理、了解消费者对产品的感受,获取市场动态,及时搜索并掌握这些信息,评估品牌在受众心中独特的品牌形象,加快了品牌对变化的消费心理进一步定位的频度。同时,受众微博又具有"碎念化"特点,受众会无意中谈到自己对品牌的感受,这些感受会随着微博进行"病毒式"传播,对企业不利的言语有可能使品牌陷入危机。

10.3.4　品牌更新决策

1. 形象更新

形象更新,顾名思义,是指品牌不断创新形象,适应消费者心理的变化,从而在消费者心目中形成新的印象的过程。它有以下几种情况。

（1）消费观念变化导致企业积极调整品牌战略,塑造新形象。如随着人们环保意识的增强,消费者已开始把无公害消费作为选择商品、选择不同品牌的标准,企业这时即可重新塑造产品形象,形象更新为环保形象。

（2）产品档次调整。企业要开发新市场,就需要为新市场塑造新形象,日本小型汽车在美国市场的形象就经历了由小巧、省油、耗能低、价廉的形象到高科技概念车型形象的转变,不断地为品牌的成长注入新的生命力。

2. 定位修正

任何企业都可能不存在一劳永逸的品牌,时代发展要求品牌的内涵和形式不断变化,品牌从某种意义上就是从商业、经济和社会文化的角度对这种变化的再认识和把握。所以,企业在建立品牌之后,会因竞争形势不断调整自己的目标市场,也会因时代特征、社会文化的变化而引起定位修正。

（1）竞争环境使得企业定位修正。美国著名非可乐品牌"七喜"进入软饮料市场后,经研究发现,可乐饮料的定位总是和保守型的人结合在一起,而那些思想新潮者渴望能够找到象征自己狂放不羁思想的标志物。于是该饮料以新形象新包装上市,并专门鼓励思想新潮者组织各种活动,品牌的新市场定位带来了生机,寻找到市场空隙,避实就虚的营销策略使得"七喜"获得了成功。

（2）时代变化而引起定位修正。创立于1908年的英国、欧洲领先的牛仔裤生产商李库柏（Lee Cooper）也是世界著名的服装品牌,历经近百年来的市场发展,品牌形象也在不断地变化。每个时代都突出时代呼唤的品牌主题并不断更新定位:20世纪40年代——自由、无拘束;50年代——叛逆;60年代——轻松时髦;70年代——豪放粗犷;80年代——新浪潮下的标新立异;90年代——返璞归真。

3. 产品更新换代

现代社会科学技术作为第一生产力和竞争要素,也是品牌竞争的实力基础。企业要想在竞争中处于不败之地,就必须保持技术创新,不断地进行产品的更新换代。例如,当年,香雪海冰箱的外资合作厂家曾经错误地估计中国技术水平及市场消费能力,误认为当时中国无氟制剂技术在几年之内不会获得成功也不可能投入使用,事实上,无氟环保冰箱很快研制成功并在中国市场上批量上市。由于缺乏准确的市场判断,没有及时的产品更新换代,在大发展的市场机遇下,却仍守着陈旧冰箱生产线,眼望着竞争者先行一步并尽占商机而懊悔不已。

4. 管理创新

管理创新是企业生存与发展的灵魂,企业与品牌是紧密结合在一起的,企业的兴盛发展必将推动品牌的成长与成熟。品牌的维系从根本上说是企业管理的一项重要内容,管理创新是指从企业生存的核心内容来指导品牌的维系与培养,它含有多项内容,诸如观念创新、技术创新、制度创新、管理过程创新等。

10.4 通信品牌建设策略

10.4.1 通信品牌建设步骤

电信运营商要培育一个优秀的品牌,需要从多方入手。综合全球业内外的经验来看,品牌战略的实施过程离不开如下步骤。

1. 通信客户细分

通信客户细分是市场营销的基础,通过市场细分,运营商能够深入了解客户对整个通信产品需求的差异性,有针对性地提供产品和服务。如中国联通曾为青少年打造的"UP新势力",除为其提供"合身"资费外,还联合手机厂家为其量身定制终端产品,更人性化地提供资费DIY和服务联盟会员服务。

2. 规划品牌体系

运营商采取多品牌策略,需要重新规划品牌体系,使企业有机会最大限度地覆盖市场。但新品牌的推广费用非常大,将会加大企业的负担,操作起来也比较复杂。

3. 推出客户品牌

在市场细分和品牌体系规划的基础上,运营商可以以目标市场特征为基础,建立迎合目标市场需求特点和消费者习惯的客户品牌,提供差异化的产品与服务,包括差异化的客户服务体系如服务热线、网站、服务经理等,专属渠道、通信内和通信外服务如积分计划、专属套餐、品牌形象等。

4. 组合新老业务

在某一客户品牌下,按照客户群体对通信的需求特点和消费习惯来组合业务品牌,全面满足客户的通信需求,同时降低客户在通信方面的成本。如中国联通公司针对"UP新势力"用户提供

"互动视界"服务等。通信企业面对变幻莫测、增长迅速的市场,品牌化建设要做到保持平衡、稳步增长和理性发展的状态,才能最终品尝到品牌化建设的硕果,实现品牌资产的积累。

总之,一个杰出的品牌既要有良好的外在形象,又要包括丰富的内涵,创造品牌的同时,也是提升企业综合实力的过程。

10.4.2 通信品牌建设对策

1. 丰富品牌内涵

电信运营商品牌建设的关键驱动要素有服务、资费套餐、奖励和回馈、渠道和产品。运营商要对不同的品牌驱动要素进行组合,从而实现品牌承诺,丰富品牌内涵,挖掘驱动关键要素,丰富品牌内涵,这是运营商提升品牌价值的首要任务。

2. 细分通信客户

对客户进行市场细分,通过实施品牌战略提升企业竞争力,是许多国际著名电信品牌成功的关键。国外的电信运营商在品牌建设方面已经先行一步,如韩国 SK 电讯、日本 NTT DoCoMo、英国沃达丰、德国电信等知名电信运营商都非常重视品牌建设和管理工作,并取得了较高的市场回报。以 SK 电讯为例,作为韩国电信市场上的领导者,SK 电讯的资费并不是韩国最低的,而是一贯坚持"稍高于竞争对手"的定价原则,开展了手机补贴、业务捆绑、特定条件下给予优惠和折扣等措施吸引用户。但最重要的法宝就是市场细分。SK 把所有的用户按 5 岁一个年龄段进行细化,建立个性化、品牌化服务,这种市场细分方法收效甚佳,使每一类的客户都找到了归属感,拥有了属于自己的品牌。

相对而言,国内运营商的客户市场细分工作做得还不够,还有很多具有同类需求和相似消费特征的用户群没有被覆盖。在数据业务的推动下,中国移动和中国联通、中国电信已经先后进入了在市场细分基础上设立客户品牌的阶段,但细分的标准和程度还有待进一步明确和加深,原则是尽量保持细分标准的一致性,使同质的用户集中在同一个细分市场,这样运营商才能针对细分市场作出准确的品牌承诺,从而强化品牌内涵、提高用户忠诚度。

3. 加强品牌管理

运营商虽然对品牌建设表现出前所未有的重视,并为之投入了巨大的人力、物力和财力,但在品牌管理方面还存在很多不足,集中表现为缺乏明确的品牌责任主体以及统一的品牌规划监控机制,这也是品牌建设中种种问题的根源。为此,运营商需要加强对品牌的管理,具体内容主要包括品牌规划与监控、品牌宣传操作两个方面。目前,各个运营商都是由市场部、集团(大)客户部或者战略发展部等负责品牌管理工作,缺乏一支专业的品牌管理团队或组织,未来,运营商可以成立品牌管理委员会或类似机构,专门负责品牌管理。

同时,要明确集团公司与地方公司在品牌管理上的分工,集团公司统一负责品牌的规划与监控,包括明确品牌建设的方向和思路、梳理品牌结构、统一进行品牌的宣传等;省公司则要利用其接近市场、了解市场的优势,在集团公司品牌宣传推广计划的指导下,设计具体的营销组合,包括制定产品策略、定价策略、渠道策略、促销策略等。

另外,还要建立与品牌管理要求相配合的绩效考核指标,完善激励与约束机制,将品牌管理工作步步落实。

4. 渠道营销支持

强势的品牌绝不意味着高高在上,让消费者可望而不可及。当消费者了解了某个品牌及产品功能、打算尝试试用时,如果发现购买很困难或者购买后不能获得及时周到的服务,一样会对品牌失去兴趣,转而投向其他更容易接近的品牌。强大的渠道支持是实现品牌价值的保证,以便捷、完善的渠道为客户提供更加周到的服务,让用户真切感到品牌的贴身和贴心,是运营商提升品牌形象的利器。

如果运营商的代理渠道缺乏长期有效激励和约束机制,会导致代理渠道稳定性差,短期行为明显,渠道忠诚度较低,在品牌形象的树立和品牌资产的维护上不能发挥作用,甚至产生副作用。因此,如何有力地控制渠道并激发渠道与运营商共同树立品牌意识,是值得运营商深入研究的课题。

5. 优势品牌联盟

与优势品牌结成战略联盟是树立自己品牌的捷径,特别是推出新品牌或原有品牌的市场影响力不够时,品牌联盟可以更好地标明自己产品的品质,这意味着联盟中品牌的一方或双方均能取得对方公司的承诺,改善在市场中的地位。

电信运营商已经大步迈出了与优势品牌结盟的步伐,如中国移动与沃达丰的全面战略合作,中国联通与高通组建合资公司开拓增值业务,中国电信与联想、英特尔、网易、盛大网络、腾讯等众多合作伙伴联合推出"互联星空"计划等,这些举措在一定程度上都达到了品牌优势强强合作,提升了彼此的品牌资产价值。

品牌对电信企业来说,巨大的无形资产价值难以准确估计,品牌建设是一项长期的战略任务,品牌维系已成为电信企业日常经营的重要组成部分,在全业务竞争时代,品牌的重要性更是不言而喻,谁的品牌策略运作能力强,意味着谁引领电信行业竞争的潮流。

案例分析

中国电信运营商 3G 品牌营销

"3G"是第三代移动通信技术的简称,指支持高速数据传输的蜂窝移动通信技术,能够同时传送语音通话及数据信息(电子邮件、即时通信等)。三家运营商为了推广 3G 服务,各自推出了特色明显的 3G 品牌。

1. 中国联通

中国联通品牌定位:中国联通一直倡导"让一切自由连通",体现满足人们渴望与外界自由沟通的愿望,帮助人们随时随地、以多种方式进行联络和获取信息的功能需求。

子品牌:世界风、新势力、如意通、"沃"。

"沃"是中国联通的 3G 全业务品牌,为不同客户群体提供了一个丰盈的平台。英文名称 WO 与中文发音相通,在传递品牌文化丰富内涵的同时,更表示了对未来科技时代的一种惊叹。

"沃"的品牌突出强调活力但不浮躁,进取但不生硬,使用者显得精力充沛、思维活跃,充满能量。

第 10 章　通信品牌策略

平面广告:统一采用人物惊奇感叹的表情为主题,来表现对"沃"的惊叹。

视频广告:中国联通的 3G 广告上出现铁圈、摩天轮、投影幕手摇、摄像机、螺旋桨飞机、空中客车等元素,时尚男女玩着视频、流媒体、上网等时尚业务,新潮时尚的定位非常明确。

2. 中国电信

母品牌定位:中国电信具有庞大的固话和宽带用户群,这是中国移动和中国联通所不具备的,其战略目标是做世界级综合信息服务提供商。

子品牌:客户品牌有商务领航、我的 E 家;业务品牌包括天翼、号码百事通、中国电信宽带网(CHINANET)、互联星空。

天翼的品牌内涵:英文名称"e surfing",是中国电信为满足广大客户的融合信息服务需求而推出的移动业务品牌,强调"互联网时代的移动通信"的核心定位,面对语音、数据等综合业务需求高的中高端企业、家庭及个人客户群,提供无所不在的移动互联网应用和便捷话音沟通服务。

平面广告:配合邓超的一些视频广告,重点推广 189。

视频广告:中国电信的 3G 视频广告最大特色是代言人的选择,李开复、丁磊、庄毅礼、张朝阳 4 位商务代言人的号召力很强,很多消费者记住了"这是我的新号码,它不只是手机号,还是上网账号,走到哪儿,用它都能上网、宽带还能漫游,这就是天翼,你也可以拥有——189,值得期待"的广告语。

3. 中国移动

中国移动母品牌定位:创无限通信世界。

子品牌:全球通(GoTone)、动感地带(M-ZONE)、神州行(Easyown)、G3。

"G3"品牌内涵:"G3"标识造型取义中国太极,以中间一点逐渐向外旋展,寓意 3G 生活不断变化和精彩无限的外延;其核心视觉元素源自中国传统文化中最具代表性的水墨丹青和朱红印章,以现代手法加以简约化设计,该标识还有丰富的彩色运用和延展。

G3 标识不作为单独的客户品牌存在,而是充分融入中国移动的三大品牌进行推广,意味着中国移动支持国家自主科技创新,为客户架起全新沟通平台,引领精彩、高效的 3G 生活。

平面广告:中国移动采用的年轻人对 G3 手机或者上网本的追捧,重点宣传了 4 项 3G 特色业务,即无线高速上网、多媒体彩铃下载、在线互动游戏和电影视频点播。

视频广告:视频主要是突出中国风的 G3 水墨感,代言人方面中国移动仍然选择了流行偶像周杰伦,周杰伦与中国移动的合作可谓渊源颇深,曾为"动感地带"业务的推广立下汗马功劳。

周杰伦代言 3G 暗含 3G 初期主要用户群是标新立异的年轻人这一被反复验证的事实,也彰显了中国移动利用 3G 的创新业务继续动感年轻一代 3G 的雄心。

分析点评

三家运营的3G品牌营销都取得了较为明显的成功。综合看来,电信品牌的成功建设依赖以下方面:(1) 品牌核心竞争力的提炼。品牌核心竞争力的提炼必须要进行全面科学地品牌调研与诊断,充分研究市场环境、行业特性、目标消费群、竞争者以及企业本身情况,为品牌战略决策提供详细、准确的信息导向。在此基础上,提炼出能触动和感染消费者内心世界的品牌核心价值。品牌核心价值与消费者共鸣,是品牌营销成功的基础。(2) 明确的品牌定位。在品牌核心竞争力的基础上,确定品牌定位。一个清晰有力准确的品牌定位将指引公司以最佳方式完成营销组合工作。(3) 品牌差异化。三家运营商在3G品牌差异化方面做得还不是很充分。

思 考 题

1. 什么是品牌?什么是通信品牌?通信品牌有何特征?
2. 什么是品牌资产?它是如何形成的?通信品牌资产的形成有何不同?
3. 电信运营商在发展品牌化战略中有哪些重要决策?
4. 通信品牌建设的步骤是什么?通信品牌建设过程中有什么策略?

第 11 章　通信价格策略

> **本章导读**
>
> 11.1　影响价格的因素
> 11.2　定价目标
> 11.3　定价方法
> 11.4　通信定价策略
> **案例分析**：宽带业务资费

价格策略是指企业通过对顾客需求的估量和产品成本的分析,选择一种能吸引顾客、实现市场营销组合的价格来进行市场推进。价格策略是营销组合中最活跃的一个因素,是竞争的主要手段,它的运用直接关系到企业营销目标的实现。

价格的变化直接影响顾客的购买行为,也直接影响商品的销售和利润。企业定价不仅要考虑补偿成本,获取利润,同时还要考虑消费者对价格的承受能力,如果价格不能被消费者所接受,那么市场营销组合的各种努力都是徒劳无功的。所以,价格策略是营销组合中重要的组成部分,与产品策略、分销渠道策略和促销策略相比,它是企业可控因素中最难以确定的因素。

本章在介绍了影响价格的因素的基础上,围绕通信企业,对定价目标、定价方法和定价策略作了系统的阐述。

11.1　影响价格的因素

价格是表现价值的手段,是商品价值的货币表现形式,一般是以价值为基础的。这是价格的本质,也是价格的定义。

商品价格的高低主要是由商品价值量的大小决定的。除此之外,企业在制定其产品或服务的价格时,还会受到其他内外部因素的影响和制约,不管这些因素是来自分销渠道、竞争对手还是顾客。来自内部的影响因素主要有企业的定价目标、产品成本等;来自外部的影响因素主要有市场结构、市场需求、竞争力量等。为了减少制定价格的不确定性,分析影响价格的因素是至关重要的。

11.1.1　内部因素

内部因素是在企业内部形成的,属于企业可控因素,主要包括定价目标、产品成本、产品差异性和企业销售力量 4 个方面。

1. 定价目标

定价目标是企业在不同发展时期,用以指导产品定价工作的预定目标。定价作为企业经营活动的一项重要内容,其一般目标是在符合社会总体利益的原则下,取得尽可能多的利润。但是由于定价要考虑的因素很多,从而企业的具体目标也呈现出多样化。不同的企业可能有不同的定价目标,同一企业在不同时期也可能有不同的定价目标,企业应该权衡各个目标的依据和利弊加以选择。企业定价的目标主要有 5 种:以利润为目标、以销售为目标、以规模为目标、以竞争为目标、以社会效益为定价目标。

2. 产品成本

产品成本是企业生产和销售产品或提供劳务所耗费的各项费用之和,是企业定价的下限和基础,产品成本越低,商品价格也越低,因此,成本的高低是影响价格的一个重要因素。一般来说,产品价格必须能够补偿产品生产、销售、储运、促销等所有支出,并补偿商品经营者为其所承担的风险支出,产品价格只有高于成本,企业才能在为消费者提供服务的同时获得利润。

电信运营商在提供电信产品(服务)时,需要一次性投入大量资金建设通信网络,网络的构建需要按照用户最大需求量考虑,而网络一旦建成,大部分成本随即成为沉淀成本,随后基于此网络所提供的电信产品(服务)的边际成本却相当低廉,几乎可以忽略不计。因此,运营商所拥有的用户越多,其单位固定成本就越低,将来在价格的制定上也更具优势。此外,电信产品(服务)的成本构成较庞杂,包括核心网络成本、无限网络成本、接入成本、运营维护成本及折旧费用等,因此,运营商很难根据沉淀成本或增量成本来进行产品定价,特别是对新产品(服务)的定价。

3. 产品差异性

产品差异性是指本企业的产品与竞争者的同类产品相比,在功能、质量、外形、包装、售后服务等方面的特色。一般来讲,越有特色、越迎合消费者心理的产品,即使其价格制定得较高,消费者也是乐于接受的。因此,产品差异性会影响企业产品的定价。例如,在北京,拥有固话优势的中国联通将固话产品与 ADSL 宽带业务相捆绑,宽带套餐内终端间通话享有一定的免费时长,加之公司的服务质量较高,因此得到了众多本地网民的青睐,而其略高的价格并未影响到消费者选择的热情。另外,对于具有不同性质的通信业务,其资费水平和定价方式也是不同的,对于具有普遍服务性质的业务,就需要制定能够让消费者承担得起的低资费,而对于面向高收入群体的高端业务,则可以提高资费,体现出高品质服务的特性。

4. 企业的销售力量

产品从生产者到消费者一般要经过流通环节。企业可以自建销售网点直销,也可以委托代理商分销,即中间环节可以是零渠道,也可以是多渠道。如果企业的销售力量差,对中间商依赖程度大,那么企业在最终定价时受到的约束就大;反之,如果企业独立销售活动能力强,对中间商依赖程度小,那么企业在最终定价时所受到的约束就小。

11.1.2 外部因素

外部因素是在企业外部形成的,属于企业不可控因素。它主要包括市场结构、市场需求、国家有关政策法规、竞争力量和商品间比价 5 个方面。

1. 市场结构

现代市场经济中,按照竞争的情况,可分为完全竞争、完全垄断、垄断竞争、寡头垄断 4 种市场结构。不同的市场结构条件下,企业间竞争强度不同,企业在市场中所处的位置不同,对产品价格的控制程度也有很大差异。

目前,我国电信市场业务基本属于寡头垄断市场结构。随着我国通信市场的进一步放开,通信市场格局还将发生变化,作为电信企业的经营者也要顺应这种种变化,制定市场竞争价格。

2. 市场需求

价格与市场需求直接相关,在正常情况下,需求和价格成反比,即价格越高,需求越小,价格越低,需求越大。

消费者在选择电信产品(服务)时会根据自身的收入、职业、年龄、性别及兴趣爱好等各方面因素对其作出选择。周围人群的消费观念、商品自身价格、同类产品价格的改变等也会引起消费者需求的变化。不同商品的需求特点不同,消费者对价格的变动会有不同的反应,主要可以通过需求的价格弹性、收入弹性、交叉弹性来衡量。

(1) 需求的价格弹性

需求的价格弹性是指因价格变动而引起的需求相应的变动率,反映需求变动对价格变动的敏感程度。用 E_d 表示需求的价格弹性,即

$$E_d = 需求量变动的百分比 / 价格变动的百分比$$

价格变动会影响市场需求。在正常情况下,市场需求会按照与价格相反的方向变动:价格上升,需求减少;价格降低,需求增加。所以,一般情况下需求的价格弹性系数为负数,为了比较需求价格弹性的大小,我们仅考虑 E_d 的绝对值。$E_d=1$:单一弹性,或恒一弹性需求,反映需求量与价格等比例变化,企业的调价行为对其总收益不会有影响。$0<E_d<1$:缺乏弹性,或无弹性需求,需求对价格的变化反应不强烈,对这类商品定价时,低价对需求量刺激效果不明显,高价则往往会使企业增加总收益。$E_d>1$:有弹性需求,需求量的变动幅度大于价格变动的幅度,对这类商品定价时,应通过降低价格、薄利多销达到增加赢利的目的;反之,提价时要防止需求量锐减,影响企业收益。

例如,国内长途价格由 0.77 元/分钟调至 0.63 元/分钟,用户的需求量则由调价前的 41.5 分钟/户升至 43.5 分钟/户,需求的价格弹性为

$$E_d = \frac{\frac{43.5-41.5}{41.5} \times 100\%}{\frac{|0.63-0.77|}{0.77} \times 100\%} = 0.265$$

由于 0.265<1,所以上例中的价格调整策略对用户需求量的刺激效果并不明显,属于缺乏弹性。

(2) 需求的收入弹性

需求的收入弹性指因收入变动而引起的需求量相应的变动率,反映需求量的变动对收入变动的敏感程度。用 E_y 表示为

$$E_y = 需求量变动的百分比/收入变动的百分比$$

收入弹性也有强弱之分，主要有 3 种类型：$Ey \geqslant 1$；$0 < Ey < 1$；$Ey < 0$。需求量与收入一般成正比关系。前两种类型分别表示随收入变化，需求量较大幅度或等比例变化（奢侈品如珠宝、旅游等）、较小幅度变化（生活必需品，如粮油）的情况。第三种类型是即将淘汰的商品或低档商品的需求特征，即随收入增加需求量绝对减少，呈反向变化。

（3）需求的交叉弹性

需求的交叉弹性指因一种商品价格变动引起其他相关商品需求量的相应变动率，反映了相应于其他商品价格的变动，消费者对某种商品需求量变动的敏感程度。用 Exy 表示：x 商品价格变动使 y 商品需求量相应变动的比率，即

$$Exy = y \text{ 商品需求量变动的百分比} / x \text{ 商品价格变动的百分比}$$

许多商品彼此在使用价值上相互关联，一种是互替相关，称为替代品；另一种是互补相关，称为互补品。交叉弹性系数 Exy 可以大于 0、等于 0 或小于 0，$Exy > 0$ 的商品互为替代品，Exy 的值越大，商品之间的替代性越强，Exy 值越小，商品之间替代性越弱。$Exy < 0$ 的商品是互补品，|Exy| 越大，商品的互补性越强，|Exy| 越小，商品的互补性越差。$Exy = 0$ 的商品之间既不是替代品，也不是互补品，二者之间无交叉关系。企业可以把 |Exy| 较大的若干种商品集中在一起来进行生产和经营，常常会收到较高的经济效益。

在通信产品中，移动话音业务对固定话音业务有着很强的替代性，移动话音业务的资费下调使得固定话音业务的需求量大幅度下降，再比如 IP 电话和国内国际长途电话之间也存在着很强的替代关系。同样，在通信产品中也存在着互补产品，如互联网接入和互联网应用服务等。因此，通信企业应该认真分析相关业务之间的替代关系或互补关系，对于影响较强的产品，要随时关注其价格的变化，分析对自身产品需求的影响。

3. 国家有关政策法规

政府主管机构总是密切关注物价的波动，通过规定其所控制的产品或服务的价格，对价格水平施加影响，以防止通货膨胀和保持经济稳定。国家相关的政策法规对企业产品价格决策具有硬约束，企业制定价格时，必须符合国家政策、法律的规定，服从行业条例、法规的管理。

通信企业也不例外，通信业务资费的制定要体现国家通信产业政策和通信主管部门的业务发展政策要求，符合一定时期国家相关法律制度的规定。在我国通信行业制定颁布的《邮政法》和《电信条例》中，都对通信业务资费的制定方法、政府和企业的定价权限等作出了具体的规定。如我国《邮政法》规定，邮政普遍服务业务资费、邮政企业专营业务资费、机要通信资费以及国家规定报刊的发行资费实行政府定价，资费标准由国务院价格主管部门会同国务院财政部门、国务院邮政管理部门制定；邮政企业的其他业务资费实行市场调节价，资费标准由邮政企业自主确定。《电信条例》规定，电信资费标准实行以成本为基础的定价原则，同时考虑国民经济与社会发展要求、电信业的发展和电信用户的承受能力等因素，基础电信业务资费实行政府定价、政府指导价或者市场调节价；增值电信业务资费实行调节价或者政府指导价；市场竞争充分的电信业务，电信资费实行市场调节价。2009 年，工信部、国家发改委联合印发《关于调整固定本地电话等业务资费管理方式的通知》，该通知要求固定本地电话等业务资费实行上限管理，运营商仅可在上限范围内自主定价。另外，在移动通信领域，由于单向收费标准及长途电话单一计费方式的制定，资费标准也在降低。

4. 竞争力量

产品的最高价格取决于消费者对该产品的需求,最低价格限于产品的成本。在最高价格与最低价格之间,究竟能定多高的价格,则要受竞争对手产品价格的影响,通常来讲,企业要根据市场竞争对手的实力和本企业在市场中所占的份额来制定产品的价格。目前,通信行业里存在着三家全业务运营的电信运营商,其竞争的激烈程度自然不言而喻,但在移动通信类产品与服务中,中国移动的实力更为雄厚,其产品和服务也更受欢迎,所以某些产品的定价略高于市场平均价格水平。

5. 商品间比价

商品间比价是指在同一时间内、在同一地点,一种商品与另一商品之间的价格比例。同一企业提供的产品总是有一定的相关性,因此在定价时可以综合考虑各种产品,使它们的价格能相互协调,促使企业的整体效益达到最优。在定价过程中,会发现某些业务之间有很强的相近性,比如 DDN 和帧中继业务,传输通路是相同的,在难于测算帧中继业务成本的情况下,利用两者之间的比较来制定帧中继的资费。

特别关注

电信资费管制

电信资费管制的主要目标是防止企业垄断并通过制定垄断价格而获取超额利润,以保护消费者利益和达成社会分配公平效率。通过对资费的管制,建立一种激励机制,刺激企业提高生产效率,并保证企业具有一定的自我积累和大规模投资的能力,保持发展潜力。

电信资费的管制框架主要由《中华人民共和国价格法》、《中华人民共和国电信条例》和一些部门文件组成,资费分为市场调节价、政府指导价和政府定价 3 种形式。市场调节价是由电信运营商自主制定,通过市场竞争形成的价格;政府指导价是由政府有关部门按照规定的定价权限和定价范围制定基准价格及其允许浮动的幅度,电信运营商依据基准价格,在允许的浮动幅度内自主确定具体的价格;政府定价是由政府价格主管部门按照定价权限和范围制定的具体价格,电信运营商无权更改,必须严格执行。我国主要电信业务资费管制情况如表 11-1 所示。

表 11-1 主要电信业务市场特性和资费管制情况

电信业务	市场性质	合理的管制政策	市场现状	资费管制现状
固话、本地网、无线市话	自然垄断	上限管制	少量竞争和部分区域的激烈竞争	上限管制
长途(IP、国际、港澳台)	垄断竞争	市场调节	竞争	上限管制
移动本地	寡头垄断	上限管制	竞争均衡	政府定价(已计划将定价权下放运营商)
移动漫游	寡头垄断	上限管制	竞争均衡	上限管制
互联网内容	完全竞争	市场调节	激烈竞争	市场调节
互联网接入	寡头垄断	上限管制	少量竞争	政府定价

11.2 定价目标

企业的定价目标是由企业的市场经营目的决定的,定价目标的确定又是企业制定定价方法和定价策略的依据,所以确定定价目标是制定价格的第一步。企业定价目标大致有以下5种类型,如表11-2所示。

表 11-2 企业定价目标

定价目标类型	目标具体形式
利润目标	• 最大利润 • 预期利润 • 满意利润
销售目标	• 保持、提高市场占有率 • 优化分销渠道
规模目标	• 维持企业生存 • 扩大企业规模 • 多品种经营
竞争目标	• 高于竞争对手 • 与竞争对手同价 • 低于竞争对手
社会效益目标	• 社会公共事业 • 社会市场营销概念

11.2.1 以利润为目标

许多企业经常以追求利润作为定价目标,它是指企业在一定时期内,通过采用一定的定价方法和制定一系列的定价策略,获取最大利润、预期利润或者满意利润。

1. 以最大利润为目标

这一目标下企业要制定一个能达到最大利润的价格。但是,追求最大利润不等于追求最高价格,而是指达到企业长期目标的总利润。最大利润既取决于单位产品价格当中包含的预期利润水平,更多地取决于合理的价格所推动产生的需求量和销售规模,如图11-1所示。价格定位 A 时,企业销售额相当于 $ABEO$ 的面积;当价格定位 C 时,企业销售收益相当于 $CDFO$ 的面积,后者大于前者,可见,高价不一定带来最大的收益。

在以最大利润为目标的情况下,电信企业在决定电信产品价格时主要考虑以何种价格出售可以获得最大的利润,因此,当电信运营商所提供的电信产品在市场上享有较高的声誉,在竞争中处于有利地位或产品供不应求时,可以以此作为目标。

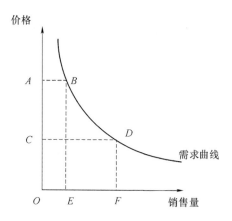

图 11-1 价格与销售量及收益的关系

2. 以预期利润为目标

任何电信企业对其所投入的资金,都希望获得预期的报酬水平,而预期投资报酬水平通常是通过投资收益率来表示的。以实现预期利润为目标是指电信企业以获取一定投资收益率的利润为定价基点,将成本和费用加上一定的利润作为商品销售价格。在成本费用不变的情况下,电信产品价格的高低取决于电信企业确定的投资收益率。

3. 以满意利润为目标

由于生产经营活动和市场的不确定性、各种变量因素的复杂多变及决策者主观条件的制约,最大利润目标往往难以实现,而满意利润才是大多数企业信奉的定价目标。这些企业根据成本制定价格,以确保投资者获得"满意"程度的利润。所谓满意利润,是指达到能够让投资者和管理者都满意的利润水平。

11.2.2 以销售为目标

以销售为目标主要包括两种形式:保持或提高市场占有率和优化分销渠道。

1. 保持或提高市场占有率

市场占有率是指企业产品销售量(额)占本行业同类产品总销售量(额)的比率,这一指标能够反映企业的经营状况以及企业产品在市场上的竞争能力,对于企业而言是非常重要的指标。为维持或提高市场份额,企业常采用低价策略扩大企业的销售额,因为较高的销售额会导致较低的单位成本和更好的长期利润。以此为定价目标的企业应具备以下条件:(1)企业必须有充足的资金和原料保证,具有大批量生产的能力;(2)产品需求弹性较大,低价会刺激市场更快地扩大;(3)单位产品的生产和销售成本随生产经验的积累而下降。

2. 优化分销渠道

企业在市场营销活动中,分销渠道畅通与否直接关系到企业能否取得良好的销售效果,特别是对于那些产品主要依赖于中间商完成销售的企业更是意义重大。为了获得更多的销售渠道,调动中间商销售产品的积极性,企业通常要在返利政策、售后服务、产品培训等方面比竞争对手更具优势。

11.2.3 以规模为目标

以规模为目标包括3种形式:维持企业生存、扩大企业规模、多品种经营。

维持企业生存的目标是在既定销售水平下,使销售收入能满足回收成本,并维持简单再生产或转产的需要量的最低定价。当企业处于市场环境不利地位,产品严重滞销,资金周转不灵时,企业不得不为维持其生存而制定定价目标。

以扩大企业规模或者多品种经营为目标时,需要结合该产品在企业战略中的定位,选择制定与企业战略发展相符合的价格。

11.2.4 以竞争为目标

企业为了保持或增强竞争地位,经常会利用价格这个最锐利的竞争武器。大多数电信企业对于竞争对手的价格非常敏感,在分析电信企业的产品竞争能力和所处的市场竞争地位后,以对产品价格有决定影响的竞争对手的定价为基础,根据竞争形势以及企业自身情况,来制定产品价格,具体有以下3种情形。

1. 高于竞争对手价格

通常是指那些实力雄厚,产品质量优异,服务水平很高,或受专利权保护,拥有其他产品不可比拟的优势的企业,他们通过高于竞争对手的定价,树立优质产品的形象。

2. 与竞争对手同价

当一个企业的产品与其他竞争对手无明显差别,为了保持其在竞争中的地位,常常采取与竞争对手同价的维持价格,这既能稳定产品的市场价格,又能避免挑起价格大战,从而稳定企业的地位。

3. 低于竞争对手价格

在一些情况下,企业可以利用低价维持自身的竞争力,如以低价格阻止竞争对手进入市场,用临时性的降价手段激发顾客的购买欲望,用某一种产品的低价来促进产品线中其他产品的销售等。

11.2.5 以社会效益为目标

当前越来越多的人开始关注环境污染、资源浪费等社会问题,企业为使产品树立社会公共事业的形象或创造社会市场营销概念,可以选择高于同类产品的定价策略,并通过宣传告知公众企业产品的环保性能、资源优势等。这样企业可以在公众中树立起一种对社会负责任的企业公民的形象。

11.3 定价方法

为了实现定价目标,企业需要采取适当的定价方法,为企业的产品确定一个基本的价格,并在此基础上依据定价策略进行相应的调整。企业定价方法主要考虑产品成本、市场需求以及竞争状况三大要素,具体定价方法如图11-2所示。

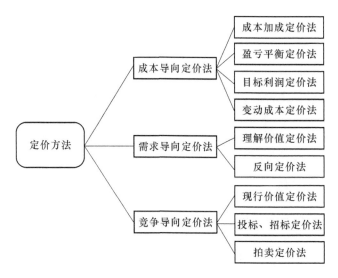

图 11-2 定价方法

11.3.1 成本导向定价法

这是以产品成本为依据的一种定价方法。根据定价所依据的成本不同,成本导向定价法可分为成本加成定价法、盈亏平衡定价法、目标利润定价法和变动成本定价法。

1. 成本加成定价法

成本加成定价法是成本导向定价法中一种传统的定价方法,它是以产品单位成本为基础,加上一定比例的利润,从而形成产品的价格。其计算公式如下:

$$产品单价 = 产品单位成本 \times (1 + 成本加成率)$$

成本加成率是预期利润占产品单位成本的百分比。不同行业在不同的时间、地点、市场环境下,加成率也应该不同。电信企业的某一电信产品在特定市场以相同的价格出售时,成本低的企业能够获得较高的利润,并且在价格竞争时可以拥有更大的回旋空间。

2. 盈亏平衡定价法

盈亏平衡定价法又称收支平衡定价法或保本定价法。它是以销售产品的总收入与产品总成本的平衡来确定产品价格的一种方法。

盈亏平衡时产品销售量为

$$Q = FC/(P - AVC)$$

保本销售价格为

$$P = (FC + Q \times AVC)/Q$$

式中,Q 表示盈亏平衡时的销售量;FC 表示固定成本;P 表示保本销售价格;AVC 表示单位产品变动成本。

以盈亏平衡点确定的价格只能使电信企业的生产消耗得以补偿,而不能得到收益,是电信企业可以承受的最低价格。因而这种定价方法是在企业产品销售遇到了困难,或市场竞争激烈,为了避免更大的损失,将保本经营作为定价的目标时才使用的方法。

3. 目标利润定价法

这是企业根据预期获得的利润来确定产品价格的方法,计算公式为

$$P = (C + Ro)/Qo$$
$$C = FC + AVC \times Qo$$
$$Ro = Iv \times Ra$$

式中,P 表示单位产品价格;C 表示产品总成本;Ro 表示目标利润总额;Qo 表示预测的销售量;FC 表示固定成本;AVC 表示单位产品变动成本;Iv 表示投资总额;Ra 表示目标报酬率。

目标利润定价法的优点是:比较全面地考虑了电信企业资本投资的经济收益;有助于确定能获得一定资产报酬而企业又可以接受的最低价格,因而该方法比较适合在选择最佳定价方案和投资方案时采用。但这种定价法是根据计划产品或销售量来推算价格的,而价格又是影响销售量的一个重要因素,因此,据此计算出来的价格不一定能保证销售量达到预期目标,从而影响目标收益的实现。

4. 变动成本定价法

变动成本定价法又称边际贡献(目标贡献)定价法,是在产品变动成本基础上,加上一定的边际贡献,从而制定产品价格的一种方法。边际贡献是产品价格与变动成本之间的差额,用来补偿固定成本的费用的企业赢利,计算公式为

$$MR = P - MC$$
$$P = MC + MR = (C + R)/Q$$

式中,MR 表示边际贡献;P 表示单位产品价格;MC 表示单位变动成本;C 表示总变动成本;R 表示预期目标贡献;Q 表示产(销)量。

这种方法暂时不考虑固定成本,只根据变动成本来确定产品的单价,同时也明确了企业产品价格的最低极限,即价格必须大于其变动成本,这样其所获得的边际贡献才能弥补部分固定成本,由此可见,此定价法的基点是:不求赢利,只求少亏。因此,该定价法一般是在卖主竞争激烈时,企业为迅速开拓市场时经常采用的较为灵活的定价方法。

11.3.2 需求导向定价法

这种定价方法又称"顾客导向定价法"、"市场导向定价法"。需求导向定价法是指企业主要根据市场上对产品(服务)的需求强度和消费者对产品(服务)价值的理解程度为基础来确定价格的一类定价方法,它注重需求的因素而相对不注重成本和竞争因素对定价的影响。需求导向定价主要包括理解价值定价法和反向定价法两种。

1. 理解价值定价法

所谓理解价值定价法,是指电信企业以顾客对电信产品价值的认知程度为依据,运用各种营销策略和手段,影响顾客对电信产品价值的认知,形成对电信企业有利的价值观念,再根据电信产品在顾客心目中的价值制定价格。这种定价方法的基本思想是:认为决定商品价格的关键因素是买方对商品价值的理解水平,而不是卖方的成本。

为了加深顾客对电信产品价值的认知程度,从而提高其愿意支付的价格限度,电信企业定价时首先要搞好产品的市场定位,寻找本企业产品与市场上同类产品的差异,突出产品的特

征,并综合运用各种营销手段,加深顾客对产品的印象。使顾客感受到购买这些电信产品能够获得更多的相对利益,从而提高其接受价格的限度。

此种定价法的优越性明显,但能否准确测定和分析顾客对产品的理解价值水平成为定价的关键。目前采用的方法有以下 3 种。

(1) 直接价格评定法,即邀请与产品相关的人员,如顾客、中间商及有关产品专家等,直接对产品价格进行评议,最后企业根据有关人员的实际出价或平均价格来确定产品的最终售价。

(2) 相对价值评分法,即用评分方法对多种同类产品进行评分,再按分数的相对比例和现行平均市场价格,推算评定产品的理解价值。这种方法通过本企业产品与竞争者产品进行比较,来评定本企业产品的相对价值和绝对价格。

(3) 属性诊断评议法,即邀请相关人员,用百分制评分法对一种产品的多种属性进行打分,如信誉、功能、质量、可靠性、外观和服务水平等,并根据各种属性的重要性和对价格的影响力,确定相对权数,最后通过加权平均法计算出产品的理解价值。

2. 反向定价法

它是在产品设计之前,先按消费者能接受的价格确定产品的市场零售价格,然后逆向推出批发价、出厂价以及产品成本的定价方法。

反向定价法是以市场需求作为定价的起点,按照新模式(零售价→批发价→出厂价→产品成本)组织设计、生产和销售。它的指导思想是以消费者需求为中心,使价格更具竞争力。运用反向定价法的关键在于搞好市场调查,确定合理的产品营销价格。电信市场营销过程中对集团用户租用或割脉专线等业务经常采用此种定价方法。

11.3.3 竞争导向定价法

竞争导向定价法是指企业在制定价格时,主要参照市场上相互竞争的同类产品的价格水平,并随市场竞争的变化而制定和调整产品价格的方法。竞争导向定价法通常有现行价值定价法、招投标定价法和拍卖定价法 3 种方法。

1. 现行价值定价法

它又叫随行就市定价法,是指按照电信行业的平均现行价格水平为基础来确定企业电信产品的价格,使本企业电信产品的价格与竞争对手的平均价格保持一致。实践证明,不管市场类型是完全竞争市场还是寡头垄断的市场,同类产品都趋于实行随行就市即通行价格。这种定价法的好处是可以避免价格竞争,使企业获得稳定的市场份额,因此适合于同质产品市场。

2. 招投标定价法

它是采用招标、投标方式,由招标方对两个以上并相互竞争的投标方的出价择优成交的定价方法。招标、投标交易方式,使得招标、投标双方相互牵制,特别是使投标方相互竞争,这对于保护双方利益、降低产品成本和工程造价、提高企业和社会经济效益等方面都有很大的作用。

许多大的通信用户在准备大量购买通信产品时,都采用招标的方式,以求购到能满足其通信需求且价格合理的通信产品。这要求通信企业需根据竞争者的报价来确定自己的投标价格,而不是按自己的成本费用和市场需求来定价。很显然,企业标价越低,中标的可能性就越大,但标价仍有一个最低界限。即使迫切希望中标的企业,除了个别特殊场合,一般也不愿使自己的标价低于单位产品的边际成本,因为那样企业不但不能回收固定成本,连变动成本也无法补偿。

3. 拍卖定价法

产品所有者或其代理人采取公开叫卖式,引导买方报价,利用买方竞争求购的心理,从中选择最高价格成交。

11.4 通信定价策略

11.4.1 基本定价策略

企业在确定了定价目标,选择好定价方法后,还要根据不同的市场情况,采用灵活多变的定价策略最终确定产品的价格。另外,企业在选择定价策略时,还必须考虑以下5个基本因素:真实成本和利润、产品或服务的顾客认知价值、细分市场差别定价、可能的竞争性反应以及市场营销目标。

1. 新产品定价策略

(1) 撇脂定价

它是指在新产品投放市场时定高价,在竞争者研发出类似的产品之前,尽快地把投资全部收回,并获得相当的利润。当高价销售遇到困难时,可以迅速降价推销,还可获得消费者心理上的良好效果。这种定价策略就像从牛奶中撇取所含的奶油一样,取其精华,因此称之为撇脂定价(Market Skinning Pricing)。

采取撇脂定价策略时需要具备的条件是:产品的质量和形象必须能支持产品的高价格,而且有足够数量的消费者愿意以高价购买该产品;新产品的需求价格弹性小,即需求变动程度小于价格变动程度;市场需求量远远大于供应量,可以用高价限制市场需求;在高价情况下,仍能在一段时间内独家经营;为了树立高档产品的形象。

撇脂定价策略是一种追求短期最大利润的策略,其优点是能尽快收回对新产品的投资,并获得高额利润,但同时又由于利润过高,必然会迅速招来竞争对手,而且不利于迅速开拓市场,容易遭到公众的反对,影响企业的形象。因此,撇脂定价法主要适用于需求弹性较小的有技术支撑的创新产品。例如,移动通信的"彩信"业务就是利用广告宣传和求新求异的心理,以较高价格推出,虽然很贵,但作为一种新的电信业务,迎合了一些顾客的需要,因此,仍然有许多人争相使用。

(2) 渗透定价

它又叫低价策略,与撇脂定价正好相反,在新产品投放市场时定低价,争取更多的顾客,以挤入市场并且能够长期地占领市场。一些资金比较雄厚的大企业往往采用这种策略。

采取渗透定价策略的条件是:新产品不具备相当的优势,市场存在较大的潜在竞争者;新产品的需求价格弹性大,低价会刺激需求的增长;大批量的销售会使生产成本下降,企业利润增加。这种策略的缺点是:新产品的投资回收期长,如遇到强大的竞争对手,会产生亏损;低价可能影响到产品的品牌形象和企业的声誉。

在生活水平不高的农村市场,消费者对通信产品的价格相对比较敏感,通信企业采用该种定价策略,有利于产品迅速打开市场。例如,中国电信的小灵通相比于移动通信,其通信资费较低,很快就得到了消费者的认可,取得了很大的发展。

(3) 满意定价

这种策略介于"撇脂"和"渗透"定价策略之间,使价格水平适中,既保证企业获得一定的初期利润,又能为消费者所接受,这种价格也被称为"君子价格"或"温和价格"。

这种定价策略的优点是:产品能较快为市场所接受,且不会引起竞争对手的对抗;可以适当延长产品的生命周期;有利于企业树立信誉、稳步调价,并使顾客满意。当不存在撇脂定价和渗透定价的环境时,通信企业一般采用满意定价法,并转而重视其他有效的营销手段。现阶段我国通信行业中的某些通信业务还处于较低层次的价格战阶段,通信企业之间进行价格战往往会导致两败俱伤,不利于通信行业的持续发展,通信行业未来的发展方向应该是合作的竞争,运营商之间通过共享网络资源,减少运营成本,提高服务质量,达到有效竞争。

(4) 仿制新产品的定价

对于仿制新产品,企业首先要决定该产品的市场位置,从价格和质量上区别于竞争对手的产品。具体有以下 4 种定价策略可选择:①溢价定价策略,即仿制高质量的产品,并制定高价格;②经济定价策略,即仿制较低质量的产品,并制定低价格;③良好价值定价策略,即仿制较高质量的产品,并制定较低的价格;④高价定价策略,即仿制的产品质量不高,但制定的价格较高,如图 11-3 所示。

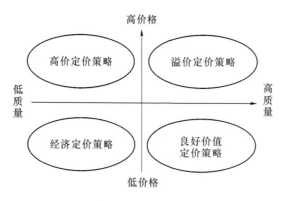

图 11-3 仿制新产品定价策略

2. 心理定价策略

心理定价策略主要是根据消费者的购买心理而采取的价格策略,一般有以下几种。

(1) 尾数定价

尾数定价又称非整数定价,是指电信企业利用顾客求廉的心理,制定非整数价格,尽可能在价格上不进位,比如一些移动业务套餐中的固定费定价通常选择 9 为尾数,99 元套餐、129 元套餐等,这可以在直观上给顾客一种便宜的感觉,从而激起顾客的购买欲望,促进电信产品销量的增加。

(2) 整数定价

整数定价则刚好与尾数定价相反,它有意将商品的价格定位整数,以显示商品的身价,这是一种针对消费者求名和自尊心理所采取的一种定价策略,通常适用于需求的价格弹性小、价格高低不会对需求产生较大影响的中高档电信产品。由于顾客都属于高收入阶层,也甘愿接受较高的价格,因此,整数定价正好迎合了消费者的心理。

(3) 声望定价

根据消费者的求名心理来确定商品的价格,此种定价法有两个目的:一是提高产品的形象,以价格说明其名贵名优;二是满足购买者的地位欲望,适应购买者的消费心理。

声望定价的购买者不在乎价格的多少,而在乎商品能否显示其身份和地位,商品的品牌和价格能否炫耀其"豪华"。因此,通信企业将在顾客心中声望、信任度和社会地位较高的通信产品定以高价,不仅能增加赢利,而且还有利于给消费者的心理带来满足,促进产品的销售。例如,中国移动的"全球通"是国内移动通信市场的第一个产品品牌,享有较高的声望,中国移动将其目标客户定位为高端客户,给予了较高的定价,也得到了高端客户的认同。

(4) 招徕定价

招徕定价是企业故意将某几个高知名度电信产品的价格定得非常之高或者非常之低,吸引到顾客的好奇心理和观望行为后,再带动其他电信产品的销售。

招徕定价运用得较多的是将少数电信产品的价格定得较低,吸引顾客在购买"便宜货"的同时,购买其他价格比较正常的电信产品,这种定价策略对推动商品的销售有显著的作用。值得注意的是,用于招徕的降价品应该与低劣、过时产品明显地区别开来,招徕定价的降价品必须是品种新、质量优的适销品,而不能是处理品。否则,不但达不到招徕顾客的目的,反而可能使电信企业的声誉受到损害。

3. 折扣定价策略

为了扩大销售量,加速资金周转,企业在基本价格的基础上,给予消费者一定折扣的定价策略。例如,通信企业中对早付清账单、大量消费、淡季采购等行为经常采用这一定价策略。常见的折扣定价策略主要有以下几种形式。

(1) 现金折扣

现金折扣是对及时付清账款的消费者的一种价格折扣。比如,对付款期限为 1 个月的货款,马上付现可给予 5% 折扣,10 天内付款可享受 3% 折扣等。实行现金折扣的主要目的是加速资金周转,降低销售费用,减少财务风险。提供现金折扣等于降低价格,所以,电信企业运用这种手段时要考虑电信产品是否有足够的需求弹性,保证通过需求量的增加使企业获得足够的利润。此外,运用这种手段的电信企业必须结合宣传手段,使购买者更清楚自己将得到的好处。

(2) 数量折扣

数量折扣是指企业对那些经常购买某种产品的消费者给予一定比例的折扣,其目的是鼓励顾客加大购买量。数量折扣又分为累积与非累积数量折扣两种:非累积数量折扣规定一次购买某种产品达到一定数量,或购买多种产品达到一定数量时就给予一定的折扣优惠,以鼓励客户大量购买;累积数量折扣则规定客户在一定期间内,购买商品达到一定数量或一定金额时,按总量的大小给予不同的折扣,以鼓励客户购买行为的长期化。

数量折扣的促销作用非常明显,通信企业通过数量折扣可以增加销售量,加快资金周转,提高总赢利水平。例如,移动运营商的短信包月套餐实质上就是一种数量套餐。

(3) 交易折扣

交易折扣是电信企业向履行了某种功能,如推销、储存、运输和服务的销售渠道成员所提供的一种折扣。由于渠道成员在产品分销过程中所承担的责任、风险、作用的不同,电信企业可以对不同的渠道成员给予不同的价格折扣,以调动渠道成员的积极性,但对于同一渠道成员提供的交易折扣应该是相同的。

(4) 季节折扣

季节折扣是指电信企业对在销售淡季购买产品的客户给予一定比例的价格折扣,采用这一策略,可以使电信企业的生产经营活动保持相对均衡。

4. 产品组合定价策略

当某种产品成为产品组合的一部分时,企业就要设法寻找一组能获得最大利润的共同价格,该策略具体包括以下 3 种情况。

(1) 组合定价法

许多企业提供具有特色的主要产品及各种选购产品,并以较优惠的价格形成各种组合。其中选购产品的定价应当与主要产品的价格匹配起来,选购产品有时会成为招徕顾客的廉价品,有时又可成为企业高价的获利项目。

(2) 产品线定价

电信企业发展的各条产品线中每一种产品都有其特点,并有其在质量上的客观差异。产品线定价法就是在定价时根据同一产品线内不同系列产品间的差异,优质的产品定以高价,稍差的定以低价,突出价格的差别。例如,中国移动的"全球通"定位高端,价格稍高,而"神州行"、"动感地带"等则面向大众用户,价格稍低。

(3) 附带产品定价法

一些行业的企业生产必须与其主要产品配套使用的产品。这类厂商让附带产品为其带来更多的毛利,而为主要产品制定一个较低的价格,例如手机销售中,毛利高的并不是手机原机而是配套的电池、充电器。

5. 差别定价策略

差别定价策略是指同一种产品对不同的顾客、不同的市场,采取不同的价格,它可以因顾客、地点、时间和式样而异。目前,通信企业对于通信产品定价所采取的"价格歧视"政策的本质正是差别定价策略。

实行差别定价的前提条件是:市场必须是可细分的,且各个细分市场的需求强度是不同的;商品不可能转手倒卖;高价市场上不可能有竞争者削价竞争;不致引起顾客反感。

特别关注

通信价格歧视

价格歧视是指商品或服务的提供者在向不同的接受者提供相同等级、相同质量的商品或服务时，在接受者之间实行不同的销售价格或收费标准。价格歧视不包括因产品的质量、品牌、服务等的不同而产生的价格差别，它作为一种定价策略，无任何褒贬之意。在具有较多竞争对手、竞争激烈的行业里，价格歧视作为一种有效的价格策略以各种各样的形式被广泛采用，这不仅有助于增强企业的竞争力，实现其经营目标，并且顺应了消费者的心理差异，满足了消费者多层次的需要。

价格歧视的应用分为3级。

一级价格歧视：对不同的消费者按照其所能接受的最高报价进行定价。一级价格歧视可以使厂商完全剥夺消费者剩余，但要求厂商具有绝对的垄断势力，因此在市场上比较少见。通信特殊号码的拍卖可以看做一级价格歧视，另外，电信企业针对超级大客户和大客户的特殊要求制定的价格也可看做一级价格歧视。

二级价格歧视：根据购买量的不同或时段的不同收取不同的价格。如移动运营商一般都规定，用户的通话费在一定范围内必须支付一个比较高的价格，超过这个范围则可以享受一定比例的折扣，对于用户来说，通话时间越长，平均价格就越低。峰值定价法则是电信运营企业基于电信产品消费时间的不同而采用的二级价格歧视策略。消费者对通话的需求具有时段性，这种需求依消费者的作息习惯而变化，白天需求多，夜间需求少。峰值定价法不仅是运营商追求额外消费者剩余的手段，也是其弥补成本的要求，有利于电信运营商充分利用网络资源，提高设备利用率，降低运营成本。

三级价格歧视：针对不同消费者群体按照其需求价格弹性的差异设置不同的价格，对需求价格弹性大的消费者索取低价，对需求价格弹性小的消费者索取高价。三级价格歧视是最常用的价格歧视手段，在实践中，企业往往利用品牌差异、产品差异并结合其他营销手段达到三级价格歧视的目的。三级价格歧视在新老用户的移动通信资费中表现得最为明显，移动运营商为发展新客户，对新用户实行较低的资费水平，而对于全球通等老客户则维持资费水平不变。通过三级价格歧视，通信企业既发展了市场又保持了利润，取得了较好的效果。

11.4.2 竞争性调价策略

电信企业在产品价格确定后，并不意味着大功告成，由于客观环境和市场情况的变化，电信企业通常会对现行价格进行修改和调整，这种运用价格调整来进行竞争的方法称为竞争性调价策略。

修改和调整价格可采用降价和提价策略。电信企业产品价格调整的动力既可能来自内部，也可能来自外部。倘若企业利用自身的产品或成本优势主动地对价格予以调整，将价格作为竞争的利器，这称为主动调整价格。有时，价格的调整是出于应对竞争的需要，即竞争对手主动调整价格，企业也随之被动地相应调整价格。无论是主动调整还是被动调整，其形式不外乎是降价和提价两种。

1. 价格调整

（1）降低价格

电信产品降价是比较常见的现象，降价的原因很多，有企业外部需求及竞争等因素的变化，也有企业内部的战略转变、成本变化等，还有国家政策、法律的制约和干预等，这些原因具体体现在以下几个方面。

① 电信企业急需回笼大量资金。

② 电信企业通过降价来开拓市场。

③ 电信企业决策者决定排斥现有市场的竞争者。

④ 电信企业生产能力过剩。

⑤ 预期降价会扩大销售。

⑥ 成本降低,费用减少,使电信企业主动降价成为可能。

⑦ 政策、法律环境及经济形势的变化迫使企业降价。

对于通信这类技术更新和发展都比较快的行业,产品降价是比较常见的现象,但由于降价而给企业之间带来的价格战,也是有一定风险的,特别是在市场上竞争力量比较均衡的情况下,价格战甚至会导致两败俱伤的后果。

(2) 提高价格

提价能提高电信企业的利润率,但却会导致竞争力下降、消费者不满、经销商的抱怨,甚至还会受到政府的干预和同行的指责,从而对电信企业产生不利的影响。虽然如此,实际中仍然存在着较多的提价现象,其主要原因如下。

① 成本提高。导致成本上升的原因很多,如原材料短缺涨价、技术的更新换代、环境的变化等,都会带来行业性成本的提高。

② 通货膨胀。物价普遍上涨,企业生产成本必然增加,货币贬值,企业为保证利润,不得不提价。

③ 产品供不应求。一方面买方之间展开激烈竞争,争夺货源,为企业创造有利条件;另一方面也可以抑制需求过快增长,保持供求平衡。

④ 市场领先者发动提价。为了保持与领先者之间的竞争距离不变,采取市场跟进策略的中小企业通常也会跟随提高价格。

提高价格对企业也是具有风险的,企业需根据目标顾客的具体情况以及竞争对手的反应来采取适当的提价策略。

2. 购买者对调价的反应

购买者对降价可能有以下看法:①产品样式老了,将被新产品代替;②产品有缺点,销售不畅;③企业财务困难,难以继续经营;④价格还要进一步下跌;⑤产品质量下降了。

购买者对提价的可能反应有:①产品很畅销,不赶快买就买不到了;②产品很有价值;③卖主想赚取更多利润。

购买者对价值不同的产品价格的反应也有所不同,对于价值高、经常购买的产品的价格变动较为敏感;而对于价值低、不经常购买的产品,即使单位价格高,购买者也不大在意。对于价格敏感度高的产品,提价的阻力较大,而降价的预期效果通常较好;而对于价格敏感度低的产品,降价时必须防止购买者价值感觉的降低,才能达到降价目的。此外,购买者通常更关心取得、使用和维修产品的总费用,因此卖方可以把产品的价格定得比竞争者高,取得较多利润。

3. 竞争对手对调价的反应

企业在考虑价格变动时,不仅要考虑购买者的反应,还要考虑竞争对手的反应。当某行业中企业数目较少,产品趋于同质,而且购买者信息灵通时,竞争对手很有可能作出反应。

竞争对手对调价的反应有以下几种类型。

(1) 顺向式反应。你提价,他涨价;你降价,他也降价。这样一致的行为对企业影响不太大,不会导致严重后果。企业坚持合理营销策略,不会失去市场或减少市场份额。

(2) 逆向式反应。你提价,他降价或维持原价不变;你降价,他提价或维持原价不变。这种相互冲突的行为影响很严重,竞争者的目的也十分清楚,就是乘机争夺市场。对此,企业要进行调查分析,首先摸清竞争者的具体目的,其次要估计竞争者的实力,再次要了解市场的竞争格局。

(3) 交叉式反应。众多竞争者对企业调价反应不一,有相向的,有逆向的,有不变的,情况错综复杂。企业在不得不进行价格调整时应注意提高产品质量,加强广告宣传,保持分销渠道畅通等。

无论竞争对手会有什么反应,企业都应该事先掌握可能出现的反应,并且能够进一步估计竞争对手的这种反应对于本企业的营销活动将会产生哪些影响。

4. 企业对竞争对手调价的反应

当竞争对手发动价格变动时,企业应如何作出反应?

(1) 同质产品市场

在产品高度同质的市场中,如果竞争者降价,企业应设法改进产品使之增值,如果做不到这一点,企业只有随之削价,否则企业会失去顾客。

当竞争对手在同质市场上提价时,其他企业不一定会作出反应。如果提价会给整个行业带来利益,那么它们会同时提价。但如果其中一家公司不认为提价会对自己或市场有利,则它的不合作将促使市场领导者和其他公司不得不撤销提价。

(2) 异质产品市场

在异质产品市场,购买者不仅考虑产品价格高低,而且考虑质量、服务、可靠性等因素,因此购买者对较小价格差额无反应或不敏感,则企业对竞争者价格调整的反应有较多自由。

企业在作出反应之前,需要考虑以下问题:竞争对手为什么要调价?竞争对手的调价是暂时的还是永久的?如果企业对竞争对手调价置之不理,这将对企业的市场占有率和利润有何影响?其他企业是否会作出反应?竞争对手和其他公司对于本企业的每一种可能的反应又会有什么反应?

企业最佳的反应要视具体情况而定。遭受攻击的公司必须要考虑:产品正处于生命周期的哪个阶段;产品在公司产品组合中的重要性;竞争对手的意图和资源实力;市场对价格和质量的敏感性;成本和产量的相互作用以及公司可以选择的机会等。

当对手发动价格进攻时,对公司可行性方案进行广泛的分析并不总是可行的。这是因为竞争对手可能会花费大量的时间用于准备,而公司必须在几小时或几天内决定如何反应。因此,企业要作出迅速反应,最好事先制定反应程序,到时按程序处理,提高反应的灵活性和有效性。图11-4是企业在竞争对手降价时可采取的价格反应过程。

在一定条件下,价格竞争是必要的。但事实上,依赖价格竞争有很多弊病。

(1) 价格竞争是竞争对手易于仿效的一种方式,很容易招致竞争对手以牙还牙的报复,以致两败俱伤,最终不能提高经济效益。

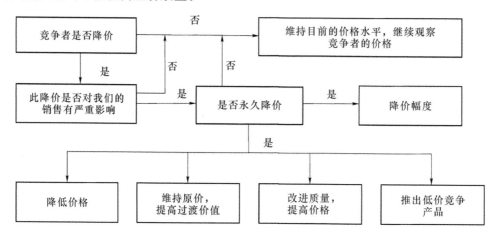

图 11-4　应付竞争对手降价的对策流程

(2) 以削价为手段,虽然可以吸引顾客于一时,但一旦恢复正常价格,销售额也将随之大大减少。

(3) 定价太低,往往迫使产品或服务质量下降,以致失去买主,损害企业形象。

(4) 价格竞争往往使资金力量雄厚的大企业能继续生存,而那些资金短缺、竞争能力脆弱的小企业将遭受更多不利。

所以说,价格竞争是一柄双刃剑,企业在决定采用调价的策略来赢得竞争时,一定要充分考虑企业内、外部多方面的因素,谨慎采用。

为了避免竞争性调价策略带来的负面影响,企业应该把握以下原则。

(1) 平均价格水平在人们观念中常被认为是"合理价格",易为消费者接受,竞争性调价不应该偏离平均价格水平太多。

(2) 试图与竞争者和平相处,避免激烈的恶性价格竞争产生的经营风险。

(3) 一般要能为企业带来合理、适度的赢利。

11.4.3　电信资费类型及常用资费策略

电信资费就是电信产品价格,指的是用户在享用电信服务时按照规定的资费标准支付的费用单价,即电信企业出售电信产品的价格,这是以电信产品价值为基础的电信产品交换价值的货币体现。

1. 电信资费结构类型

(1) 线性资费

线性资费包括线性从量资费和定额资费两种形式。

线性从量资费是以固定的费率乘以用户的使用量来计算的,这种收费方式是最单纯的平均成本定价方式的体现,企业的资费收入随着业务使用量的增加而线性递增。实践中,许多业务的资费都是线性从量资费,例如,制定了每分钟通话费率的电话业务资费。

定额资费是指按需求量订立合同,一年或一个月对用户收取固定的使用费用的资费形式。在这种收费形式下,企业收费总额与使用量无关,是固定的,在定额资费情况下,单位费率随着使用量增加而递减。在现行各项电信业务资费中所实行的包月制就是定额资费的一种体现。

(2) 非线性资费

非线性资费在电信资费中相当的普遍,常见的主要有二部资费、捆绑资费两种。

所谓二部资费是由与使用量无关的按月或按年支付的基本固定费和按使用量支付的从量费构成的。其中基本固定费的收取通常是对企业固定成本的补偿,有助于企业经营收入的稳定,从量费可看做是对可变成本的补偿,这种定价方式将定额资费和线性从量资费合二为一,同时也反映了通信业务的成本结构。二部资费是我国最主要的电信业务资费结构,如本地固定电话、移动电话都包括月租费和通话费,属于典型的二部资费。

捆绑资费定价是将不同产品组成产品包,以一个统一的价格进行销售,单个产品不再以单独价格来分别定价的一种特殊的定价方式。这种定价方式经常出现在计算机硬件和软件的销售中。移动通信产品资费制定也逐步从单一产品的定价为主转向以套餐包月形式出现的捆绑定价为主,如运营商推出的各种各样的语音捆绑其他增值业务形式的套餐资费包。

对于运营商和用户来说,使用捆绑资费的好处是显而易见的。对运营商来讲,通过捆绑不同的业务或服务,可以增强用户整体支付意愿,获得更多的消费者剩余,提升企业利润。而对用户而言,能够满足更多用户需求,从而为用户的使用价值带来整体提升,同时它还可以减少用户对业务或服务在寻找和交易中的认知成本和交易成本。

2. 常用资费策略

(1) 选择资费

选择资费是为用户提供两个或两个以上的资费方案,不同的资费方案针对不同的用户群来设计,由用户自己选择资费标准。这种资费方式在使用超过一定数量时,降低从量费的费率,用户可根据对同一业务不同的使用量来选择不同的资费方案。表 11-3 为北京某移动运营商推出的 GPRS 资费方案。

表 11-3 某移动运营商 GPRS 资费选择方案

资费方案	月基本功能费/元	捆绑流量	超额流量费用
标准资费	0	0 MB	0.01 元/KB
5 元套餐	5	30 MB	1 元/MB
10 元套餐	10	70 MB	1 元/MB
20 元套餐	20	150 MB	1 元/MB
50 元套餐	50	500 MB	1 元/MB
100 元套餐	100	2 GB	1 元/MB
200 元套餐	200	5 GB	1 元/MB

(2) 差别资费

差别资费可以根据用户的需求差别进行资费制定,如按照用户对某种业务需求的迫切程度不同,对单位平均成本相同的同一种服务,在同一时期对不同用户制定不同资费的企业行为。这些资费之间的差异反映用户对该业务需求的迫切程度,并不反映有关业务的成本差异。

差别资费也可以根据距离上的差别来确定资费,电信业务的传输要通过覆盖全国的通信网络来实现,而这种通信网络的建设费用随着距离的增加而有所增加,在电信企业的实际应用中,长途电话和本地电话收取不同的资费即是这种资费策略的体现。再比如,同样是移动本地通话业务,全国各地间的资费却差别较大,这说明根据地理位置的不同,存在着差别资费。

(3) 高峰负荷资费

电信业务量在不同时段分布是不均匀的,业务量较多的时段为高峰负荷阶段,由于电信企业必须按最大需求量置备设备,因此,设备扩充的费用应由高峰时的用户负担,非高峰时的用户则只要负担提供业务的边际运营成本就可以了。高峰阶段的边际成本大于非高峰阶段,因此有必要对高峰负荷阶段制定较高的资费(如表 11-4 所示)。

表 11-4 北京移动 M-ZONE 通话费

	优惠时段(21:00～9:00)	其他时段(9:00～21:00)
本地主叫市话	0.12 元/分钟	0.20 元/分钟
本地直拨国内长途 (不含港澳台)	0.20 元/分钟	0.30 元/分钟

(4) 套餐资费(捆绑资费)

这种资费是把集中收费项目捆绑在一起进行销售,比如将市话、长话、短信、增值业务等打包来促进业务量和销售。北京移动 M-ZONE 的 56 元网聊套餐即每月交付 56 元,可享受每月 1 000 条免费短信、20MB 的 GPRS 流量以及飞信和 5 元版 139 邮箱。

套餐策略是深受消费者喜爱的资费策略,同时也是经常被电信运营商所广泛采用的。运营商通常针对不同的细分市场设计不同的资费套餐,并且套餐的种类要适时多样地满足用户的需求,更重要的是,要将产品捆绑与套餐资费策略相捆绑,在迎合消费者的同时通过热销产品带动新产品的推广。

案例分析

宽带业务资费

互联网宽带接入市场指运营商通过自营或租用的国际国内互联网宽带线路与节点、城域网、局域网以及服务器等相关软硬件设施为各类用户提供接入因特网的服务。宽带接入是国家信息社会建设的基础,各国政府都给予了高度的重视,纷纷出台相关的宽带战略。宽带建设也是拉动经济发展的有效手段,在经济危机席卷全球之时,许多国家都投入了大量的资金用于宽带建设,以此作为经济复苏的重要举措。由于宽带对于国计民生有着重要的影响,因此,宽带资费始终受到国家有关部门的严格监管以及消费者的密切关注。

我国提供宽带接入服务商必须持有工信部发放的牌照,目前提供宽带接入的企业主要包括3类：基础电信运营商、用户驻地网运营商和有线电视网络运营商。基础运营商是拥有骨干光纤网的中国电信、中国联通和中国移动旗下的铁通，用户驻地网运营商有电信通、长城宽带、方正宽带以及北京歌华有线等。从用户市场份额来看，基础电信运营商占据了90%的份额，有线电视网络运营商市场份额不到5%。

据工信部最新发布的2012年3月通信业运行状况显示，中国的互联网用户进一步趋向宽带化，2012年1—3月份，基础电信企业互联网宽带接入用户净增754.8万户，达到15 754.9万户。2012年2月，全球最大的CDN服务商美国Akamai公司公布的最新数据显示，截至2011年年底，世界平均网速达到2.7 Mbit/s，而中国的平均网速仅为1.4Mbit/s，排名全球第90位。在资费水平上，根据2011年12月DCCI互联网中心发布的《中国宽带用户调查》，中国大陆固定宽带用户上网1 MB带宽每月费用实际折合为13.13美元，是美国的4倍、韩国的29倍、中国香港的496倍。这些数据又一次触动了公众的神经，宽带资费问题成为网民们在茶余饭后所津津乐道的话题。

运营商在经历了多次改革重组之后，我国的宽带市场逐步形成了北方电信弱联通强、南方电信强联通弱的市场格局。下面我们以北京地区为例，介绍一下宽带提供商的宽带资费设置情况。

1. 北京联通

北京宽带市场上最主要的运营商是北京联通，原北京网通合并入北京联通后使其成为了北京主要的全业务电信运营商，覆盖面很广，固话和宽带业务也直达郊区和乡村。北京联通利用其在固话业务上的垄断地位，将固话与宽带业务等相互绑定，推出"沃家庭"套餐，抢占了大部分北京市区的家庭用户。目前北京联通至少占据80%的宽带市场份额。

2012年3月1日起，北京联通将对已经执行宽带标准资费业务的公众客户进行免费的提速：原512 KB客户升速为1 MB，1 MB客户升速为2 MB，2 MB客户升速为10 MB，4 MB和8 MB客户升速为20 MB（其中部分2 MB升速10 MB，4 MB/8 MB升速20 MB的用户需经客户同意并完成光纤入户改造后才能实现）。LAN网客户的小区接入带宽由10 MB共享升速到100 MB共享。取消512 KB、8 MB宽带产品，以及2 MB计时宽带产品。自此，北京联通宽带产品分为1 MB、2 MB、4 MB、10 MB、20 MB 5档。具体资费情况如表11-5所示。

表11-5 北京联通宽带产品及资费列表

	1 MB	2 MB	4 MB	10 MB	20 MB
计时	24.5元/20小时 49.5元/40小时	88元/40小时	无	无	无
包月/包年	120元/1 200元	168元/1 680元	188元/1 880元	188元/1 880元	258元/2 580元
产品套餐	无	固话＋2G手机共享时长300分钟（每月套餐费加20元可将共享时长延长至600分钟；共享时长为本地通话或长途合一，由用户自选			

2. 北京电信

北京电信宽带覆盖面很小，仅限静安庄、德胜门外、西单、朝阳门内等小区和一些商业写字楼，在个人用户方面数量很低，主要的原因是覆盖范围太小，因为北京大部分地区都是北京联通独家进入的小区。针对北京联通的免费提速及固话宽带的绑定，作为"市场追随者"的北京电信也推出了"e9套餐"，相对于"沃家庭"而言，其资费略高但赠送的业务更多。具体产品及套餐如表11-6所示。

表 11-6 北京电信 e9 套餐系列资费列表

	2 MB	4 MB	10 MB	20 MB
包月	199 元	239 元	269 元	309 元
产品套餐	允许 3 台终端同时上网；天翼语音用户赠送手机上网流量 30 MB	允许 4 台终端同时上网；天翼语音用户赠送手机上网流量 500 MB		
	固定电话＋手机共享时长 300 分钟，共享时长为长市合一，超出时长后分为本地版及长市合一版资费标准，由用户自选 赠送：新闻手机报、189 邮箱(2G)、天翼 Live 固话与手机本地互打免费			

e9 系列套餐对年付套餐也有一定的促销活动，客户选择年付套餐费时预付一定数量的金额便可以获得赠送的指定手机或获得一定的手机补贴。

此外，北京电信也推出了无套餐的 LAN 和 ADSL 宽带接入产品，初装费 300 元，产品资费情况如表 11-7 所示。

表 11-7 北京电信 LAN 和 ADSL 宽带产品资费列表

	2 MB	4 MB	8 MB	12 MB	20 MB
计时	无	59 元/30 小时 89 元/45 小时 116 元/60 小时	无	无	无
包月	110 元	140 元	170 元	190 元	210 元

3. 驻地网运营商

对于驻地网运营商而言，它们不具备全业务运营的实力与资本，其覆盖的范围有限，提供的产品种类也不如联通和电信那么种类繁多，因此，它们会在资费的设置上给予客户更大的优惠，用价格赢取消费者的青睐。

以歌华有线为例，在其网站上有"可安装区域查询"的链接，可见其覆盖的区域也是有限。歌华宽带的资费情况如表 11-8 所示。

表 11-8 北京歌华有线宽带产品资费列表

	1 MB(网讯通)	2 MB(TV 通)	4 MB(网游通)
包月/包年	100 元/1 000 元	135 元/1 200 元	180 元/1 800 元
其他优惠	买 6 送 1，即 600 元 7 个月；买 12 个月送 1 个月，并赠送"飞视"套餐；飞视服务及飞视路由器	800 元 6 个月，并赠送"飞视"套餐；买 12 个月送 1 个月，并赠送"飞视"套餐	1 000 元 6 个月，并赠送"飞视"套餐；买 12 个月送 1 个月，并赠送"飞视"套餐

分析点评

宽带资费的制定不仅受到国家工信部等有关部门的严格管制,而且要考虑到市场上各种因素的影响。各运营商提供的宽带服务具有较高的同质性,且在某些地区,联通和电信会遭遇数家驻地网运营商的竞争。因此,对宽带产品的定价目标不能局限于利润与规模的增长。价格作为最有力的竞争武器,应当被运营商进行有效的运用。联通及电信利用其固网的优势,将固话业务与 ADSL 宽带业务进行捆绑,设置套餐并制定优惠的价格,这无疑是一种不错的定价策略。对于其他的宽带业务提供商而言,想要在宽带市场上分一杯羹,更需要在价格上多作文章,既然无固话及手机等其他产品的捆绑,就必须在宽带产品的价格上或服务上给出优惠,这样才能赢得消费者的青睐。

思 考 题

1. 影响价格的因素有哪些?
2. 企业的定价目标主要有哪几种?
3. 比较成本导向、需求导向和竞争导向定价方法。
4. 企业的定价策略有哪些?联系身边的通信企业实例,分析比较各种定价策略并研究其适用条件。

第 12 章　通信分销渠道策略

> **本章导读**
>
> 12.1　分销渠道策略概要
> 12.2　通信分销渠道的选择
> 12.3　通信分销渠道体系
> 12.4　通信分销渠道的管理重点
> **案例分析**：苹果公司 App Store（在线应用商店）经营模式

企业根据市场状况、消费者特征和整体营销战略，策略性地构建和管理企业的分销渠道，不仅可以提升企业的渠道竞争力，而且对企业在激烈的市场竞争中取胜起到关键作用。

本章首先论述分销渠道策略的基本理论，然后结合通信行业的特点，对通信市场上的渠道类型与功能、渠道的选择与绩效评估和通信渠道管理等内容进行探讨。

12.1　分销渠道策略概要

渠道（channels）一词来源于拉丁文 canalis，意思是运河。营销渠道是生产者和使用者之间的贸易通道，也即产品或服务转移所经过的路径，由参与产品或服务转移活动以使产品或服务便于使用或消费的所有组织与个人构成。分销渠道也被称为"销售通路"、"贸易渠道"或"营销渠道"。

可以从以下几方面理解分销渠道的含义。

（1）营销渠道是一系列组织（渠道成员）的结合，这些组织之间是交换和协作关系。营销渠道成员之间在获得、处置产品和服务过程中，为创造顾客价值而建立起了各种交换关系。每个成员依赖其他成员协同工作，渠道成员共同努力，渠道工作才能最优化。

（2）营销渠道是一个"过程"，是从销售到售后服务的一系列过程。

（3）营销渠道过程的目的是使商品和服务被使用。所有渠道成员要立足于这个目标，为终端用户服务。

（4）对于企业来说，营销渠道是外部的，不是组织内部机构的一部分，因此，渠道管理是跨组织的管理，不是组织内部的管理。对于渠道管理，生产商能够拥有影响力，但不一定能有很大控制力。

12.1.1 分销渠道的功能与结构

1. 分销渠道的功能

营销渠道在企业营销活动中,执行的基本功能是销售、促销、服务和信息传递。功能具体细化如下。

(1) 收集和传送信息。营销渠道成员通过市场调研搜集和整理有关消费者、竞争者以及市场营销环境中的其他影响者的信息,通过各种途径将信息传送给渠道内的其他成员。在诸多信息中,消费者的需求信息和对商品或服务的反馈信息最为重要,最需要渠道成员收集和传送。

(2) 促销。促销是生产者或经营者为刺激消费者购买所进行的关于商品和企业的宣传、沟通活动。渠道成员需要通过富于创造力的方式,把能够满足顾客需要的产品和服务的信息,以顾客乐于接受、富有吸引力的形式,传递给消费者和用户。

(3) 洽谈。洽谈是生产者或经营者寻找潜在的购买者,并与之接触,实现交易的活动。在具体工作中,洽谈表现为争取订单、形成订单和接受订单等的一系列活动。

(4) 整理分类。渠道成员需要对商品进行分类、分等、组合、搭配等活动,以符合购买者的需要。

(5) 物流。物流是商品的运输和储存活动。商品从制造商处出厂到最终用户消费,中间要经过实体产品的运送和储存。

(6) 降低和承担风险。降低风险是指由于渠道成员的活动而使整个渠道风险降低。承担风险是指在商品流通的过程中,随着商品所有权的转移,市场风险在渠道成员之间的转换和分担。

(7) 融资。融资是渠道成员为完成渠道功能而进行的资金融通活动。渠道成员的投入和独立融资,使生产厂商能够很快地回收资金,提高生产厂商的资金使用效率。

(8) 服务。服务指渠道成员为最终用户所提供的服务,包括送货、安装、维修、承诺等。

2. 分销渠道的结构

(1) 分销渠道的长度结构

分销渠道的长度结构是指因渠道长度不同而形成的不同的渠道结构。理解渠道长度结构要注意以下关键概念:渠道级数、长渠道和短渠道、直接渠道和间接渠道。

第一,渠道的级数。根据渠道中间层次的数目可以将渠道分为零级、一级、二级和三级渠道等。零级渠道(Zero-Level Channel)是由生产者直接销售给最终顾客。一级渠道(One-Level Channel)是包括一个销售中间商,如零售商的渠道。二级渠道(Two-Level Channel)是包括两个中间商的渠道。三级渠道(Three-Level Channel)是包括三个中间商的渠道,在消费品市场上,一般是一个批发商、一个中转商和一个零售商。对于制造商来说,渠道级数越高,越难控制,获得最终消费者的信息也越困难。对于消费者来说,渠道级数越高,获得的渠道服务水平越高,商品的价格也越高。

第二,长渠道和短渠道。为分析和决策方便,有学者将零级渠道、一级渠道定义为短渠道,而将二级渠道、三级渠道或三级以上渠道称为长渠道。显然,短渠道较适合在小地区范围销售产品或服务;长渠道则能适应在较大范围和更多的细分市场销售产品或服务。

第三,直接渠道和间接渠道。直接渠道(Direct-Marketing Channel)是指没有中间商参与,产品由生产者直接销售给消费者(用户)的渠道类型,也即零级渠道。直接渠道营销的方式有人员直销、目录营销、电话营销、互联网营销、厂商直销等。间接渠道(Indirect-Marketing Channel)是指有一级或多级中间商参与,产品经由一个或多个商业环节销售给消费者或用户的渠道类型。上述一级、二级、三级渠道统称为间接渠道。

营销渠道的长度结构可以用图12-1来说明。

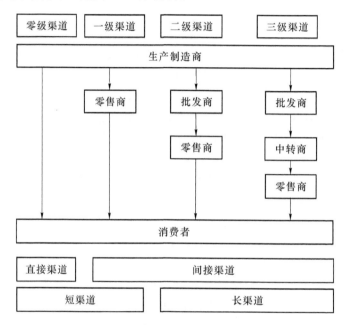

图 12-1　消费品营销渠道的长度结构

(2) 营销渠道的宽度结构

根据渠道每一层级使用同类型中间商的数量多少,可以定义渠道的宽度结构。若制造商选择较多的同类中间商(批发商或零售商)经销其产品,则这种产品的分销渠道称为宽渠道;反之,则称为窄渠道。

分销渠道的宽度结构有下列3种类型。

第一,独家分销渠道(Exclusive Distribution),是制造商在某一地区市场仅选择一家批发商或零售商经销其产品所形成的渠道,独家分销渠道是窄渠道。

第二,选择性分销渠道(Selective Distribution),是制造商按一定条件选择若干个(一个以上)同类中间商经销产品形成的渠道。

第三,密集型分销渠道(Intensive Distribution),是制造商通过尽可能多的批发商、零售商经销其产品所形成的渠道。

(3) 渠道系统结构

按渠道成员相互联系的紧密程度，分销渠道还可以分为松散型的渠道系统和密集型的渠道系统两大类型。从企业渠道选择的复杂性来看，有单一的渠道系统和复合渠道系统。

第一，松散型的渠道系统。松散型的渠道系统是指由独立的生产商、批发商、零售商和消费者组成的分销渠道。松散型的渠道系统成员之间的系统结构是松散的，每一个成员均是独立的，它们往往各自为政，各行其事，都为追求其自身利益的最大化而激烈竞争，甚至不惜牺牲整个渠道系统的利益。在松散型的渠道系统中，很难有一个成员能完全控制其他成员。

第二，紧密型的渠道系统。为了取得更好的营销效果，许多公司希望渠道组织能够更好地协调行动，并因此加强了对渠道的掌控力度，紧密型渠道就是在这种情况下形成并发展起来的，紧密型渠道是渠道成员之间协作的结果。

12.1.2 分销渠道成员

营销渠道的源头是制造商，终端是用户，在制造商和最终用户之间，存在着大量的市场营销中介机构，它们各自有自己的名称，执行着不同的功能。广义上说，这些在商品流转过程中起作用的所有组织都是营销渠道的成员。

1. 提供商

提供商是产品或服务的生产者和创造者。

2. 中介机构

(1) 买卖中间商。它们买进商品，取得商品所有权，然后卖出商品，获得利益，如批发商、中转商和零售商。

(2) 代理中间商。它们寻找顾客，有时也代表生产者与顾客谈判，但不取得商品所有权，如经纪商、销售代理商。

(3) 辅助商。它们帮助进行分销，既不取得商品所有权，也不参与买卖谈判，如运输公司、独立仓库、银行、财务公司、信用卡公司、保险公司、广告代理商、信息技术公司、营销研究公司等。

3. 终端用户

终端用户是渠道成员，因为他们常常承担渠道的责任。

狭义的营销渠道成员是从商品的实体流转方面来定义的，不包括辅助商，甚至不包括经纪商。伯特·罗森布罗姆也将营销渠道的参与者分为两种：一种是成员性参与者，即渠道成员；另一种是非成员性参与者。两者的划分是根据参与者是否需要就有关商品的买卖或所有权转移进行谈判，以及商品所有权是否发生实际的转移来区分的。

12.1.3 分销渠道设计

渠道设计指企业为建立营销渠道或对已经存在的渠道进行变更的策略活动。

分销渠道设计一般包括以下5个方面的活动：分析服务产出水平、确定渠道目标、制定渠道结构方案、评估主要渠道方案、选择渠道。

1. 分析服务产出水平

渠道成员提供给终端顾客的增值服务称为服务产出(Service Outputs)。按照路易斯·P·布克林的分类,服务产出分为以下类型。

(1) 批量拆分(Bulk-Breaking)。产品或服务是大批量制造的,但终端顾客可以以他们想购买的数量购买产品或服务,其原因是渠道提供了批量拆分服务。批量是顾客在购买过程中,营销渠道为其提供的一次购买的产品的数量。营销渠道提供的批量拆分服务水平越高,终端顾客的一次性购买量就可以越小。

(2) 空间的便利性(Spatial Convenience)。空间的便利是营销渠道为顾客购买产品所提供的空间上的方便程度。批发和零售市场越分散,空间的便利性就越强。

(3) 等待时间(Waiting Time)或递送时间(Delivery Time)。它指渠道的顾客在订购商品以后等待获得货物的平均时间。通常,终端顾客愿意等待的时间越长,价格就越低。

(4) 花色范围(Breadth of Assortment)或产品品种(Product Variety)。它指渠道提供给顾客的商品花色品种数量。花色范围越广,产品品种越多,渠道的产出水平就越高。

(5) 服务支持。它指分销渠道为顾客提供的附加服务,如信贷、配置、安装、维修、担保等。分销渠道的服务支持越多,渠道工作量越大,顾客的花费也越大。

(6) 产品信息、消费者教育。它指在产品销售前后正式或非正式的信息提供。

2. 确定渠道目标

渠道目标表述为目标服务产出水平。营销渠道结构的设计目标就是确保其结构能产生适合市场定位的市场覆盖率,并确保企业对渠道适当控制和具有一定的灵活性。

3. 制定渠道结构方案

在确定渠道目标及任务之后,需要制定可行的渠道结构方案。

首先对影响渠道结构的相关因素进行评价,比如顾客特性、产品特性、中间商特性、竞争特性、企业特性等。其次在明确了影响因素后,企业可以设计几种渠道方案以备选择。一个渠道选择方案包括3方面的要素,即渠道的长度策略、渠道的宽度策略和商业中介结构的类型。

4. 评估主要渠道方案

评估主要渠道方案的任务是在那些看起来都可行的渠道结构方案中,选择出最能满足企业长期营销目标的渠道结构方案。因此,必须运用一定的标准对渠道进行全面评价,其中常用的有经济性、可控制性和适应性3方面的标准。

经济性标准主要考查渠道经济效益,考量的是每一渠道的销售额与成本的关系。控制性标准考查企业对渠道的控制力,衡量控制力和渠道成本及覆盖面的平衡。适应性标准考查面对市场需求和由此产生的各个方面的变化、企业渠道的适应能力。

5. 选择渠道

根据评价结果选出最优的渠道结构。

12.1.4 分销渠道管理

分销渠道管理是指在企业经营活动中,根据企业的营销战略与策略,通过计划、组织、激励、控制等环节来协调与整合营销渠道中所有参与者的工作活动,与他们合作,有效和高效地完成分销任务。渠道管理的主要内容有如下方面。

1. 渠道成员的选择

生产商、中间商、零售商和终端消费者之间和谐关系的建立需要一个长久的建设过程。因此,慎重选择渠道成员是很关键的一步。

(1) 确定渠道成员选择的标准

选择理想的渠道成员,首先是确定渠道成员选择的标准。确定渠道成员的标准,主要考查以下问题:中间商的市场范围与本企业产品规划中的销售区域是否一致;中间商的区位优势;中间商的分销网络情况,以及分销网络的开拓能力;中间商销售人员的数量和质量;中间商对产品和服务的知识和经验;中间商的经营实力;中间商的财务及管理水平;中间商的产品政策及其对本企业产品销售的投入情况;中间商的道德水准和信誉能力;中间商与本企业的共同抱负和合作的意愿。

(2) 确定选择中间商的方法

对中间商选择可以通过定性分析和定量分析方法进行。可以对中间商进行综合评分来确定,也可以通过销售量和销售成本的评估来进行选择。

(3) 招募和筛选中间商

招募中间商的途径很多,有广告招募、互联网招募、中介公司服务、顾客推荐、商业展览等。

2. 渠道成员的培训与认证

(1) 渠道成员的培训

渠道成员确定后,需要对渠道成员进行培训,才能够使渠道成员完成厂家所设计的任务。而中间商也常常将接受厂家的培训看成是其成长的一个过程,或说是其承担销售任务的一个收益,因此,对渠道成员的培训也成为培养渠道成员忠诚度的一项重要内容。

渠道成员的培训内容主要涉及以下 3 方面。

第一,产品技术培训。产品技术培训是对产品和服务的专业化知识培训,其目的是提高渠道的专业化水平。

第二,销售培训。销售培训的重点在于介绍产品的功能、竞争优势、竞争对手分析、成功案例分析、产品报价方法及销售技巧等。

第三,管理培训。管理培训主要集中在企业文化、营销战略、战术以及围绕厂商经营理念方面的培训,使渠道成员对厂商的经营理念、发展目标等有深刻的认识和认同。

(2) 渠道成员的认证

对经销商的认证也可分为 3 类:销售性认证、技术性认证及服务认证。

第一,销售性认证。销售性认证是以经销商的销售业绩为主要评价指标进行的认证,通过认证不同业绩规模的经销商,提供差异化支持。

第二,技术性认证。技术性认证关注渠道成员的技术实力和支持能力,技术含量越高的产品,对渠道成员的技术认证越必要。

第三，服务认证。服务认证是对一家经销商服务能力的考核。随着 IT 业的竞争从产品、技术向应用、服务的延展，服务越来越受到供应商的重视，服务认证在 IT 行业很流行。供应商往往会培养一些技术实力较强的经销商，并对其进行认证，通过经销商为用户提供服务。

3．渠道成员的激励

（1）利益激励

中间商销售产品的目的是获得赢利，因此，对中间商进行利益激励，激励效果明显。对中间商的利益激励除给予有吸引力的价格政策外主要还有以下形式。

第一，返利制度。返利是指厂家根据一定评定标准，对达到标准的中间商进行奖励的激励制度。根据评判标准的不同，可以分为销售额返利和综合返利；根据返利的方式不同可以分为现金返利和非现金返利；根据返利的时间不同可以分为月返、季返和年返。

第二，职能付酬方案。制造商根据中间商完成的职能、相应的业绩及合作程度给予报酬激励。

第三，补贴政策。针对中间商在专项职能中所付出的能力，给予奖励性质的各种专项补贴，如广告补贴、商铺陈列补贴、新品推广补贴等。

第四，放宽回款条件。资金流的管理对制造商和中间商而言，都是非常关键的问题，放宽回款条件是极大的优越条件，能够提供充分的激励。

第五，渠道建设投入。制造商或服务提供商在渠道建设中进行一定的专有资产的投入，承担较长期的责任。

（2）参与激励和关系激励

制造商通过和渠道成员及时交流信息，加强沟通，让渠道成员参与到渠道计划工作中来，共同制订渠道发展规划，明确生产厂家和中间商在渠道发展中的责权利关系，同时进行经常性的感情交流，发展长久的紧密关系，能够对中间商起到良好的激励作用。

参与激励和关系激励的方式有：建立经常性的磋商和沟通机制或组织；定期的高级和中级领导层的会谈；遵从渠道关系建设的基本准则，致力于建设成功的渠道关系；开展经常性的情感沟通活动等。

（3）发展激励

中间商参与到渠道工作中来，进行一定的渠道投入，不仅希望短期的利益回报，还希望长期的事业发展，不断成长。因此，制造商对中间商的发展激励在整个激励体系中具有举足轻重的地位。发展激励主要体现在如下方面：产品的市场前景好，业务发展潜力大；制造商渠道管理工作规范有序，可以将优秀的管理方法向经销商渗透；帮助中间商成长；共同开发新的市场机会等。

（4）渠道支持

制造商对渠道的各种支持措施是制造商渠道政策和渠道管理的重要内容，同时，也可以看成是重要的渠道激励手段，各种渠道支持政策实际是渠道整体运作的基础，有时比实际的各种奖励措施更加重要。

制造商的渠道支持政策常常有以下方面：第一，信息支持，制造商通过给中间商提供产品相关的信息，帮助中间商提高销售能力，扩大销售量。第二，市场支持，是指厂商围绕拓展市场而对渠道提供的一系列支持,包括广告、市场推广活动、提高核心渠道向下一级的拓展力度等。第三,技术支持和维修服务。技术支持是指厂商针对渠道在技术方面的缺陷所提供的包括技术指导、帮助渠道培训和培养技术人员等的一系列支持。维修服务也是中间商很关心的渠道支持,是中间商销售的后盾,厂商良好的维修服务能够使中间商专心做销售,没有后顾之忧。第四,融资支持,指厂商为合作伙伴提供直接的融资,或帮助渠道合作伙伴借用外部资金,包括从银行、租赁公司、投资公司或上市公司等机构获取资金。

4. 渠道成员的绩效评估与渠道改进

制造商期望拥有稳定的渠道,更需要拥有高效率的渠道,因此,要对渠道效率进行评价,并且据此来改进渠道。制造商对中间商绩效评估的标准主要有销售绩效、财务绩效、竞争能力、应变能力、销售增长、顾客满意、合约遵守、存货定量等方面。

对中间商的绩效进行评估以后,结果存在 3 种情况:①完全不满意,需要进行渠道的全面改革;②绝大多数中间商绩效水平尚可,少数中间商需要进行改进;③完全满意。中间商绩效水平高,不需要改进,保持就可。

12.2 通信分销渠道的选择

12.2.1 影响通信分销渠道选择的因素

通信分销渠道选择的影响因素包括以下方面。

1. 市场和顾客因素

营销渠道的选择受到目标市场、顾客人数、使用频率、消费数量、购买习惯等的影响。如果目标市场范围大,渠道则较长;反之,则短。目标顾客集中,采用短渠道;顾客分散,采用长渠道。对通信产品消费量大、技术服务要求高的集团用户,应采用直接销售的短渠道。

2. 产品因素

通信产品本身的特点对营销渠道的选择与设计起着决定性作用,不同产品对应不同的渠道。从产品价格方面,价格高的产品适应短渠道。反之,单位价格较低的产品利润小,需要大批量销售,宜采取长渠道,以获得有利的市场地位。对产品的技术性能和服务要求高的业务以及通信组合产品需要直接销售。

3. 企业自身因素

在选择社会渠道时,社会渠道也在选择企业。因此,企业自身的因素在决定渠道的长短、控制力等方面具有重要影响。这些因素包括:① 企业实力强弱。企业实力强,有可能组建自己的庞大的销售队伍,将大部分产品的销售集中在自己手中,以实现自己的销售业务,加强与消费者的联系;反之,则应选择社会渠道推销产品。② 管理能力。如果企业管理能力强,又有丰富的营销经验,则可少用或不用社会渠道;反之,应采用社会渠道。③ 控制渠道的愿望。若为了有效地控制营销渠道,愿花费较高的直接销售费用,建立短渠道;反之,选择长渠道。

4. 中间商因素

营销渠道的选择要考虑不同类型社会渠道的优劣势,以及社会渠道的数量、信用状况、规模大小、资金实力、接洽顾客的能力、员工素质、网点分布等。

除上述因素外,影响营销渠道选择的因素还包括竞争因素、社会文化环境、经济环境、竞争环境等环境因素。

12.2.2 通信渠道选择的原则

在选择营销渠道时,既要考虑各项影响因素,又要遵循一定的原则。

(1) 经济性原则

经济性原则指营销渠道选择的效益原则,营销渠道应以消费者需求为导向,将产品尽快、尽好、尽早地通过合适的路线,以尽可能优惠的价格送达消费者。

(2) 覆盖与规模适度原则

覆盖与规模适度原则指是否拥有适当规模与数量的渠道用以覆盖目标市场。不能一味强调降低渠道成本而控制渠道拓展,这样会导致市场覆盖不足、销售量下降。同时,也应避免扩张过度,范围过宽、过广,以免造成沟通和服务的困难,引发渠道秩序混乱失控,最终影响渠道竞争力。

(3) 稳定可控原则

营销渠道一经确定,就需花费相当大的人力、物力、财力去建立巩固,整个过程往往是复杂、缓慢的。只有保持营销渠道的相对稳定,才能保持渠道的效益。这就需要营销渠道具有一定的调整功能,通信企业可以通过奖赏权、强制权、专长权、合法权和感召权等渠道权利的运用,保持对渠道调整和控制,使渠道能够适应市场的新变化,以保持渠道适应力和生命力。

(4) 协同原则

在选择、管理营销渠道时,不能只追求自身的效益最大化而忽略渠道成员的局部利益,应合理分配各个成员间的利益。要强调营销渠道各成员优势互补和资源共享,这样才能有效地引导渠道成员合作,减少冲突的发生,确保整体目标的实现。

(5) 发挥优势原则

在选择营销渠道时,为了争取在竞争中处于优势地位,要注意发挥自己的优势,将营销渠道的选择与企业的产品策略、价格策略和促销策略结合起来。

(6) 有效性原则

营销渠道的有效性原则体现在对目标市场进行有效细分的前提下。要进一步对可能的营销渠道的分销效能、服务能力、维护成本等方面进行综合分析,从而明确各渠道的优势和劣势,再整体考虑和合理规划,从结构上保证所构建渠道的有效性,实现对区域市场的有效覆盖。

(7) 服务性原则和客户满意原则

通信产品是传递信息的服务。因此,渠道形式的选择应以客户需求为导向,确保客户能在方便的地点、时间和合理价格,获得满意的产品、业务和享受到满意的服务。

> **特别关注**

分销渠道管理由效率管理向关系管理的演进

营销渠道理论研究的重点经历了渠道结构、渠道行为和渠道关系研究 3 个阶段，这与渠道管理实践中的由效率管理向关系管理的演进相一致。

1. 渠道结构研究

渠道结构的研究从 20 世纪初到 70 年代，研究的核心问题是通过渠道结构的合理设计，提高渠道绩效。

(1) 渠道职能与效率

韦尔德(1916 年)的研究表明，职能专业化产生经济效益，专业化的中间商所从事的分部营销是合理有效的。巴特尔(1923 年)强调中间商为生产者和消费者创造基本效用、形式效用、地点效用和时间效用。康弗斯和胡基(1940 年)研究了营销纵向一体化可以实现营销费用的降低和原材料或商品销路的确定性的优势，但也会带来相应的管理和协调问题。

(2) 渠道的设计和选择

1954—1973 年，营销学者利用经济学理论分析营销渠道产生、结构演变、渠道设计等问题，强调通过渠道结构的合理设计，实现渠道效益。如麦克马蒙(1965 年)认为，营销过程日益复杂，协调营销体系的潜在经济效益日益明显，可以用公司型、管理型和契约型 3 种方式，有效地协调营销渠道体系。

2. 渠道行为理论研究

20 世纪 70—90 年代，渠道理论研究的重心是对渠道行为的研究。学者们认为渠道是渠道成员间既合作又有竞争的联合体，因此，广泛研究了权力、冲突、合作和谈判等问题。

(1) 权力的来源、使用和衡量

斯特恩(1969 年)认为，如果某个成员对其他成员的依赖性较大，那么后者将更有权力；如果一个成员对渠道的承诺减少，那么渠道的其他成员影响它的能力将降低。依存和承诺是理解渠道中权力关系的关键。

(2) 权力与冲突

使用一定权力来源将产生多重影响，非强制性权力来源能降低渠道内冲突，而强制性权力来源会强化渠道内冲突。布朗和戴(1981 年)认为分销渠道中冲突是一个动态过程，在这个过程中，冲突从不和谐的潜在状态向可察觉的冲突、再向感觉到的冲突、到最后显著冲突行为阶段不断发展。衡量显著冲突最有效的方法是观察争议频率和冲突强度。

(3) 组织间的合作和谈判

为实现组织间和组织内部的目标，渠道成员的共同行为需要资源，合作是对资源对等交换的一种期待。德瓦耶和沃奥克(1981 年)发现，与权力较平衡的环境相比，不对称市场的谈判过程更"有效率"。葛雷玛(1987 年)认为权力关系和谈判者特征(文化/国籍、人际导向、聆听技巧)影响谈判过程(问题的使用、最初要求、程序和主题控制)，而谈判过程影响谈判结果(经济报酬、满意和人际吸引力)。

3. 渠道关系理论研究

20世纪90年代以后,随着关系营销理论影响的扩大,渠道关系理论研究成为重心。渠道关系理论以关系和联盟为重心的研究,认为由于利益之争,组织间合作常以失败而告终,为此渠道战略联盟等关系形式应运而生。渠道关系经过知晓、探索、拓展、忠诚和衰退及解散等生命周期不同阶段的发展,可能进入一个相互忠诚的阶段。联盟是渠道关系中最高、最理想的形式。这一阶段的理论成果主要集中在渠道联盟的实质、目的和绩效,连续性、忠诚、双向沟通及日常互动行为与渠道联盟,合作者选择和环境,渠道关系的生命周期等方面。

12.2.3 通信分销渠道选择策略

通信分销渠道选择策略是一种综合性的决策,包括选择渠道类型、确定渠道模式等内容。决策重点有以下方面。

1. 直接销售与间接销售的选择

其指通信企业的渠道建设是通过自己的力量建设自有渠道,还是通过利用中间商,动员社会力量来形成分销体系的决策。

直接销售具有销售及时、中间费用少、便于控制价格、及时了解市场、有利于提供服务等优点,但直接渠道企业需要花费较多的投资、场地和人力,市场覆盖面也受到限制。间接销售由于有中间商加入,企业可以利用中间商的知识、经验和关系,从而起到简化交易,缩短买卖时间,集中人力、财力和物力用于发展生产,以增强业务的销售能力等作用。

一般说来,在以下情况下适合采取直接销售的策略。

① 市场集中,销售范围小。

② 技术性高或者制造成本和售价差异大的产品,以及易变质或者易破损的商品、定制品等。

③ 企业自身具备市场营销技术,管理能力较强,经验丰富,财力雄厚,或者需要高度控制商品的营销情况。

反之,在以下情况下适合采取间接销售的策略。

① 市场分散,销售范围广。

② 非技术性或者制造成本和售价差异小的商品,以及不易变质及非易碎商品,日用品、标准品等。

③ 企业自身缺乏市场营销的技术和经验,管理能力较差,财力薄弱,对其商品和市场营销的控制要求不高。

2. 长渠道与短渠道的选择

企业决定采用间接销售的策略后,就面临着选择渠道的长度,即经过的流通环节或层次的多少。从节省流通费用,加速社会再生产过程的要求出发,应当尽量减少中间环节,选择短渠道。但有些情况下,批发商的作用是生产者或服务提供商和零售商无法替代的。因此,采用长渠道策略还是短渠道策略,必须综合考虑业务的特点、市场的特点、企业本身的条件以及策略实施的效果等。

一般来讲在以下情况下适合采取短渠道策略。
① 从业务特点看,售后服务要求高而且技术性强。
② 零售市场相对集中,需求数量大。
③ 企业的销售能力强,推销人员素质好,资历雄厚,或者增加的收益能够补偿花费的销售费用。

反之,在以下情况下适合采取长渠道策略。
① 从业务特点看,选择性不强,技术要求不高。
② 零售市场较为分散,各市场需求量较小。
③ 企业的销售能力弱,推销人员素质较差,缺乏资金,或者增加的收入不能够补偿多花费的销售费用。

3. 宽渠道与窄渠道的选择

企业在确定了渠道的长度后,还面临着渠道宽度的选择。分销渠道的宽度则取决于渠道的各个层次中使用同种类型中间商数目的多少。

(1) 密集分销。通信企业为了能使业务得到广泛的推销,可以采取密集分销方式,尽可能使用多数中间商来销售其业务,尽可能加宽分销渠道,以便购买者能随时随地买到服务。密集分销适用于运营商销售数量大而市场面广的卡类业务的销售。采用这种策略,通信企业需要投入较多的广告费和促销费,以利于调动中间商的积极性。

(2) 选择性分销。通信企业在同一地区仅通过几个经过精心挑选的、比较合适的中间商来推销其产品。采用这种策略,由于中间商数目较少,有利于与提供商之间紧密协作,同时,也能够使通信企业降低销售费用和提高控制能力。

(3) 独家分销。独家分销指通信企业通过在某一时期内,在特定市场区域中,只选择一家中间商来销售其产品,该中间商也不能再经销其他竞争性的产品。采用该策略,有利于调动中间商更积极地推销商品,同时,提供商对中间商的售价、宣传推广、信贷和服务等工作可以加强控制,更好地配合协作,从而有助于提高厂商的声誉和商品的形象,提高经济效益。

4. 中间商的选择决策

中间商的选择涉及两个方面问题:一是确定中间商的类型,即是选择代理商、批发商,还是选择零售商;二是选择哪一家中间商。因而,决定中间商选择的因素有以下 4 种。

(1) 市场范围和购买特点。
(2) 中间商是否具备经销通信产品和业务的必需设备。
(3) 中间商是否具有经销通信产品必要的专门经验、市场知识、营销技术和专业人才。
(4) 预期合作程度。通信企业希望中间商能够提供更多的销售产品的条件;而中间商则希望通信企业进行更多的促进销售的活动,以保证产品的销售不断扩大。因此,预期合作程度是选择具体的中间商的一个重要考量指标。

12.3　通信分销渠道体系

全业务竞争时代,电信运营商之间的竞争从技术和价格转向了服务与营销渠道的竞争,渠道能力成为通信企业核心竞争力的重要组成部分,通信企业的渠道选择和渠道建设成为企业重点发展战略之一。

12.3.1 通信分销渠道的类型

通信营销渠道是指通信产品或服务从运营商向用户转移时,取得通信产品所有权和帮助转移其所有权的所有企业和个人。

如果从产权关系角度划分,通信运营商的渠道体系包括两个类型:一是自有渠道,由运营商直接组建、管理,渠道员工由运营商雇用,产品从运营商转移到客户不经过任何中间环节,运营商对渠道成员的行为与活动拥有绝对控制权,包括实体渠道、电子渠道和直销渠道3类。二是社会分销渠道,指利用社会资源拓展的销售型渠道,包括社会代理商的合作营业厅、合作品牌店、加盟店、授权销售点、标准卡类直供零售点等。

通信营销渠道经过近十几年来的发展,已经由传统的自有营业渠道一种模式,演变扩展为形式多样、规模不一、功能丰富的自有渠道和社会代理渠道的混合体系。

1. 自有实体渠道

自有实体渠道是指通信运营商自己投资建设的、以实体网点形式向用户提供业务与服务的场所,主要构成为自有营业厅。营业厅硬件设施及装修统一规划配置,代表运营商的自身形象,并作为企业的市场基础渠道,具有营销、销售、服务的职能。按网点定位、规模和地域,自有渠道分为旗舰店、品牌店、市级营业厅、县级营业厅、乡镇营业厅等。自有渠道全部采用"形象统一、服务统一、管理统一"模式建设、运营与管理。目前通信市场上已经形成了较为完善的自有实体渠道体系,在营销宣传、业务发展、服务受理、品牌传播、客户维系、提升形象、掌控市场等各方面发挥了重要作用。

2. 电子渠道

电子渠道是指以互动式电子技术方式向用户提供非面对面产品和服务的手段和措施,主要有网上营业厅、客服呼叫中心、短信营业厅、自助服务终端、手机营业厅、应用程序商店等。与实体渠道相比,电子渠道优势体现在以下方面。

(1) 电子渠道运营不受时间和空间的限制,可以24小时不间断地向用户提供服务,大大提高了用户使用的便捷性。

(2) 电子渠道在增强运营商对渠道掌控能力的同时,降低了建设、运营和管理等在内的综合成本。

(3) 电子渠道对获取用户信息和细分用户市场、增强业务宣传推广能力和用户体验营销能力、提高用户满意度和忠诚度等具有重要作用。

(4) 电子渠道对增值业务提供了良好的体验式操作环境,有效地解决了用户在使用部分增值业务时的问题,有利于培养用户使用习惯,增加用户黏性。

(5) 电子渠道有效地辅助了原有的实体渠道,增强了企业品牌的认知度,树立了企业形象。

但电子渠道在服务体验、物流方面存在不足。

3. 人员直销渠道

人员直销渠道指面对面、一对一向特定用户直接提供服务的人员队伍，包括集团直销和个人直销。在通信市场中人员直销渠道主要包括大客户/社区经理和维护人员两大类。一是客户/社区经理，他们以面对面、"一对一"方式向政企客户、家庭客户提供差异化、个性化服务，其职能是针对集团客户和个人大客户提供交叉/向上销售以及客户维系。二是维护人员，在做好上门维护工作的同时，聚焦客户需求，为客户设计相关配套产品方案，提高客户价值，包括做好客户关怀和提高客户价值。

4. 社会渠道

社会渠道由社会力量组建、管理，通过合作、代理、经销等方式，协助运营商实现产品销售，获取相应报酬，运营商不直接面对客户，而是经过渠道成员向客户销售产品，运营商对其不具备绝对控制权，具体包括代理商、卖场、专营店、普通零售商等。采用社会渠道，能够发挥中间商广泛提供产品和高效进入目标市场的作用。社会渠道利用中间商的销售网络、业务经验、专业化和规模经济优势，通常会使运营商获得高于自营销售所能获得的利润。此外，利用中间商能减少交易次数，达到节约、经济的目的。当然，间接渠道的不足表现在运营商和客户之间有中间商介入，从而把两者隔离开来，使他们难以直接沟通信息，使运营商不易准确地把握客户的需求，客户也不易了解运营商产品的供应情况和性能及特点等。

社会渠道也包括合作伙伴渠道，或称增值合作渠道，包括增值代理商和虚拟运营商等。这类渠道是向通信企业购买线路资源，然后做一定的投资，为特定客户提供增值服务。

12.3.2 通信集团客户服务营销渠道

不同电信运营商服务营销渠道的建设有差异，一般以"实体渠道＋社会渠道＋特色渠道＋VIP客户经理＋电子渠道"服务个人客户群，以"社区体验站（信息机）＋社区经理＋电子渠道"服务家庭客户群，以"客户经理＋方案经理＋代理渠道＋电子渠道"服务集团客户群。而对于运营商来说，集团客户服务营销渠道的内容和方式更具特点。

1. 集团客户服务营销渠道类型

在高附加值且客户稳定的集团客户市场，服务营销渠道建设被作为重要的发展战略越来越受到通信企业的重视。通信集团客户的服务营销渠道的类型与公众客户的渠道类型差别不大，主要是实体渠道、直销渠道、电子渠道和合作渠道，但每个类型渠道在集团客户市场的工作内容、服务方式以及重要程度与公众渠道有很大差别。

（1）直销渠道

集团客户的直销渠道由客户经理、电话经理等人员组成，主要针对集团关键客户进行个性化业务咨询、业务办理和投诉受理及集团属性内业务需求办理。通过一对一、个性化、差异化的"精确"服务，提升对集团客户的服务质量，加大行业应用推广力度，提高营销和服务的针对性、精确性，从而提升重要集团客户的满意度、忠诚度，提高集团客户的黏性和收入。

集团营销及服务的主要渠道是客户经理，客户经理针对集团客户提供营销服务，推介信息化解决方案。客户经理的服务对象常常集中在集团客户关键人物上，集团关键人物指领导、办公室主任、科技信息科室负责人、联络员等。

电话经理是客户经理工作的有益补充和标准化、被动性客户服务的有效分流。

直销渠道最扁平、最直接面向客户,而且是面对面的人际传播,宣传针对性强,营销针对性强,服务针对性强,能很好地适应匹配集团客户需求,是集团信息化整体解决方案和行业应用解决方案营销的最主要渠道,具有个性化、差异化、交互良好、客户需求响应快速灵活的特征。

(2) 实体渠道

针对集团客户的实体渠道主要有营业厅集团客户专席、集团驻点服务渠道、集团客户体验厅等。

营业厅集团客户专席是在营业厅里设有针对集团客户服务的专席,营业厅相对网点多,通过营业厅集团客户专席,集团客户能够获得方便、快捷的服务。专席主要支撑集团客户市场的服务与营销,进行部分集团业务受理。

集团驻点服务渠道是针对集团客户的上门服务,为提高客户经理的集团客户服务能力,提高集团客户服务满意度,通信企业定时组建集团驻点服务团队,配合客户经理,对集团客户提供上门营销服务,提供品牌套餐互转、增值业务的受理、话费咨询等服务。

集团客户体验厅是宣传、展示集团产品和集团业务并为集团客户提供集团产品和业务的体验场所,其功能是宣传推广行业信息化应用,激发客户潜在需求。

(3) 电子渠道

集团客户电子渠道有服务热线集团客户专席、集团服务热线、短信营业厅、网上营业厅等。

为分流客户经理工作压力,提高效率,集中支撑集团客户共性需求标准化业务,服务热线中设立集团客户专席,提供集团客户咨询服务,为集团客户提供大众化、标准化业务的服务。

通信企业还专设集团服务热线,为集团客户提供 7×24 全天候服务,服务内容是基于集团大众化、标准化产品和业务咨询、办理和投诉受理,以及个人属性的标准化增值数据业务,是客户经理有效的分流拓展服务界面之一,负责集团客户全员服务,主要针对集团内普通成员客户。

短信营业厅是大众化属性业务信息查询与办理,简单业务定制、变更和取消等,集团客户也可以借助短信营业厅获得快捷服务。

网上营业厅具有低成本、全天候、无缝式自助服务的特点,能实现标准化的集团客户服务有效分流。服务内容有话费账单、详单的查询,问卷调查功能,集团业务广告宣传,增值数据业务宣传与推广,信息浏览和查询,集团客户系统管理,业务申请,集团客户投诉建议受理,集团客户工作情况考核,实现集团客户业务客户端软件的自助下载、功能升级等。

2. 集团客户服务营销渠道体系实例

(1) 中国电信

中国电信集团公司以品牌统领、整合优化渠道,通过直销渠道覆盖政企客户的营销服务,并对普通聚类客户以多种方式开展营销,多渠道协同。中国电信政企客户渠道结构及与其他渠道的关系如图 12-2 所示。营销实践中,中国电信政企客户营销渠道更多地依赖于客户经理的直销渠道。

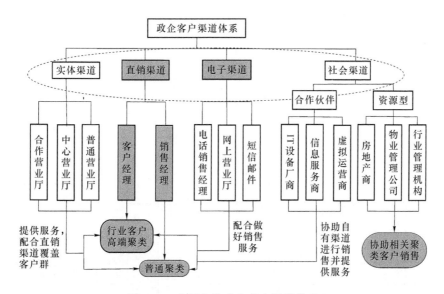

图 12-2 中国电信政企客户渠道体系

(2) 中国移动

中国移动集团客户营销服务渠道包括：第一，直销渠道，包括集团客户经理（含首席客户代表和客户专员）；第二，实体渠道，包括营业厅集团客户专区/柜、集团客户体验店；第三，电子渠道，包括1860集团客户专席、网上集团客户专区、集团短信平台；第四，合作渠道，包括销售型合作伙伴、增值型合作伙伴。在直销渠道中，目前，中国移动客户经理配备原则是集团客户每50户配备1名客户经理。中国移动集团客户服务渠道如图12-3所示。实践中，中国移动集团客户营销渠道主要依赖于客户经理的直销渠道，辅以其他服务渠道。

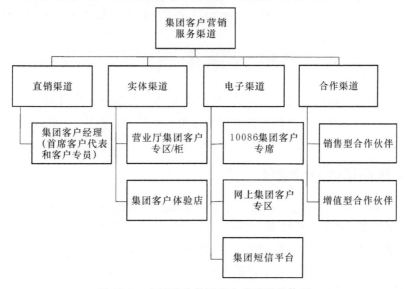

图 12-3 中国移动集团客户营销服务体系

（3）中国联通

中国联通集团客户的营销渠道体系如图12-4所示。中国联通渠道模式是多业态混合型渠道模式，其中直销渠道、实体渠道、电子渠道和合作渠道构成了中国联通集团客户渠道体系。

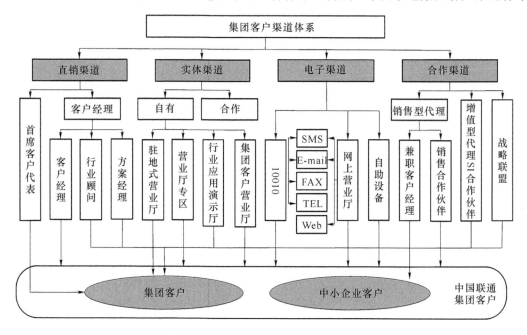

图12-4 中国联通集团客户渠道体系

对比国内三大电信运营商集团客户服务渠道体系可知，直销渠道与合作伙伴渠道是高端客户服务的重要渠道，电子渠道和实体渠道作为辅助渠道需要覆盖到所有的集团客户。处于集团客户服务渠道体系前台的客户经理需要来自于后台的有效的技术支撑和业务支撑。

12.4 通信分销渠道的管理重点

近年来随着通信市场格局的变化，运营商渠道竞争日益激烈。通过对渠道的大规模扩张来实现运营收入的提升及用户规模的扩大成为通信企业的不二选择。但这种做法给渠道的管理带来了挑战。

12.4.1 实体渠道的分级管理

面对不同的渠道成员，首先要考虑的问题就是如何合理地分配渠道资源。渠道成员的实力参差不齐，如果将整体渠道资源平均分配给每个成员，不能实现资源利用效率的最大化。这就促使渠道管理者对渠道进行分级管理：根据实力大小划分一定级别，对不同等级的渠道用以不同程度的营销资源和采取不同的管理措施，实现渠道的差异化管理，使资源投入和政策制定有更好的依据，提升渠道成员的忠诚度。

1. 自有实体渠道分级管理

自有实体渠道分级管理主要针对自营营业厅,分级标准依据营业厅的地理位置、功能和规模。根据分级标准将营业厅划分为:一级营业厅(当地卖场旗舰店),一般设立在各本地网分公司中心城区;二级营业厅(品牌店),一般设立在本地网中心城区主干道及发达乡镇;三级营业厅(一般网点)一般设立在本地网城市次干道及乡镇。

分级管理一般遵循以下原则:① 公平公开原则,确保分级方案对所有网点标准一致,测算过程与结果透明;② 能上能下原则,网点级别根据市场表现进行调整;③ 业绩为主原则,主要依据市场业绩确定级别;④ 资源挂钩原则,不同级别的网点在酬金、资源等方面享有不同的待遇。

分级的方法一般从销售绩效、客户服务提供和客户服务质量、硬件资源、经营管理4个方面建立分级标准,同时建立相应的考核体系,根据考核结果实现动态升降级。

2. 社会渠道分级管理

对社会渠道进行分级的目的是要通过分级,识别出不同层级的经销商,以加强对紧密型经销商的控制力度,应对未来的市场挑战。

社会渠道分级原则是:① 能上能下原则,经销商层级可以根据情况进行调整;② 业绩与潜力并重原则,层级划分时除了关注业绩外,还重点关注具备较大发展潜力的经销商;③ 关怀激励原则,针对不同层级的经销商一般以情感维系、信息掌握、提升服务为主要方式;④ 总体控制原则,在制定政策时应避免引发渠道网点的自发连锁行为,避免渠道管控风险。

分级的标准从销售业绩、客户服务提供和客户服务质量、门店规模等方面建立。社会渠道分级后,应从销售指标下达、管理考核、酬金标准、培训支撑等多方面实行差异化管理,实现管理的精细化。针对不同层级的细分渠道制定差异化的业绩指标和酬金标准,引入升降级机制,以形成差异化的渠道激励,提升社会渠道积极性。

12.4.2 直销渠道的服务提升

直销渠道服务管理的主要任务是如何建立一支高素质的客户经理队伍,为客户提供优良的直销渠道。通过提高客户经理与客户互动沟通的能力、丰富业务知识,再加上优质的网络和个性化的服务去吸引客户。

直销渠道的服务管理可从如下方面完善。

(1) 完善公司客户经理制度,提高渠道营销人员的业务水平。客户经理的主要功能在于开发和维护集团客户和公众大客户,客户经理对外代表企业,为客户提供咨询和服务;对内可代表集团客户,随时为集团客户及时解决任何通信和业务问题。客户经理定时为集团客户代理、代办各类公司的通信业务,方便客户随时享受到公司提供的高质量服务。所以客户经理业务水平直接决定直销渠道效益的高低。

要提高客户经理的业务水平,一方面需要渠道营销人员不断地自我提高,另一方面就是公司针对其提供包括业务熟练程度和沟通技巧在内的渠道营销培训。

(2) 建立集团客户信息系统。一个准确完整的集团客户基础资料系统是进行客户开发和维护必不可少的工具。一方面它能使客户经理在集团客户业务开拓上具有针对性,另一方面能使客户经理的集团客户经营分析规范化。

（3）制定具有个性化、针对性的大客户营销策略。大部分客户经理面对的是一个个需求不同的大客户，因此在细分的通信市场中，企业为其提供具有个性化、针对性的大客户营销策略必不可少。一方面，制定个性化的营销服务策略，需要区别于竞争对手、区别于大众化产品和服务。另一方面，应根据需要对集团客户策略及时改进，重视客户关系管理，引入新型的大客户服务机制，并随时关注借鉴其他企业的影响模式，不断改进营销服务方式。

12.4.3 电子渠道的服务优化

从目前电子渠道的发展情况来看，存在问题主要体现在功能建设、运营管理和宣传推广3个方面。功能建设方面存在的问题表现在操作的简易性不够和功能的不完善。运营问题主要是运营商内部组织结构和业务流程对电子渠道的运营支撑不够。电子渠道的运营涉及市场推广、渠道管理、业务支撑、电子支付的财务处理、佣金结算、客户服务等多个方面，都需要各相关部门进一步优化相应的支撑流程和支撑方式进而提升电子渠道的有效运营。在宣传推广中面临着怎样针对有效用户进行宣传的问题。通过分析不同电子平台的用户接受度，在不同的用户中推广相应的电子平台。通过对细分市场的差异化营销，促进电子渠道在用户中逐步普及。

运营商电子渠道的服务优化可从以下方面入手。

（1）完善网上营业厅

虽然电子渠道的种类很多，但网上营业厅不仅是用户最容易接受和使用的电子渠道，而且是运营商最可能提供丰富功能和服务的电子渠道，具有其他渠道无可比拟的功能扩展优势，同时，随着宽带用户越来越普及，其用户数量的迅速增长也为电子渠道的发展提供了广阔空间。因此，网上营业厅会成为最主要的电子渠道形式，完善网上营业厅是电子渠道建设重点。

（2）从客户角度规划完善电子渠道功能

不管何种渠道提供怎样的功能，客户永远关心的是如何以简单的方式享受优质服务。电子渠道建设的任务是让客户找到自己喜欢的方式，便捷地办理业务。理想状态下的电子渠道应以其便捷、高效的特点为客户所认可和欢迎。可以从以下几方面进行优化。

① 优化电子渠道功能界面。使电子渠道的功能界面更友好、更时尚、更能够吸引客户来体验和享受服务。

② 优化业务办理流程。不断优化和完善业务办理流程，使得电子渠道的操作更加简洁和人性化。

③ 强化系统支撑。随着电子渠道客户群的增多，电子渠道系统的容量、稳定性、安全性、业务办理时限等都会影响到客户使用电子渠道的感受和体验。因此，不断强化系统支撑，适时站在用户角度评估系统支撑能力是非常必要的。

④ 提供个性化消费环境。对用户来讲，希望自己使用的电子渠道是属于自己掌控的，电子渠道提供的一切都是为自己量身定做的。这就需要依靠强大的数据库挖掘、存储、记忆能力为保障，个性化的服务才能使顾客产生真正的归属感。

⑤ 提供客户互动渠道。要提高客户的体验和认同，电子渠道需要提供从用户到渠道的反

馈功能,用户可以进行意见反馈、投诉。运营商可以通过网上营业厅、短信等方式从客户那里获得渠道建设不断改进的方向。

(3) 提供安全、方便的电子支付手段

账单支付或预缴费充值是电子渠道上最常见的业务,也是对运营商最有价值的业务。为实现这些功能,电子渠道需要提供便捷、安全的支付手段,以满足网上交易者各种收付款需要。总之,电子渠道建设应以互联网为基础,向用户提供全面、便捷、安全可靠的渠道功能。

案例分析

苹果公司 App Store(在线应用商店)经营模式

在线应用商店是服务提供商通过整合产业链合作伙伴资源,以无线互联网、互联网等通路形式搭建的手机增值业务交易平台。通过此平台,为客户购买手机应用产品、手机在线应用服务、运营商业务、增值业务等各种手机数字产品及服务提供一站式的交易服务。

苹果公司的 App Store(在线应用商店)是行业内首创,它是基于 iPhone 的软件应用商店,向 iPhone 用户提供第三方的应用软件服务,是苹果开创的一个让网络与手机相融合的新型经营模式。自 2008 年 7 月 10 日正式上线后,苹果公司的 App Store 创造了 5 个月时间 3 亿次下载量、单月销售收入高达几千万美元的辉煌业绩。到 2011 年 1 月,两年半的时间 iOS 设备(包括 iPhone、iPod Touch 和 iPad)用户全球下载量突破 100 亿元。全球共有 1.6 亿名 iOS 设备用户,每名用户平均下载量为 62 款应用。按照目前的速度,应用商店的下载平均速度为每秒 206 次,每分钟 12 360 次,每小时 74.16 万次,每天 1 780 万次。

1. 苹果 App Store 商业模式

在 App Store 模式出现之前,让一款手机软件流行的途径是通过说服运营商在手机中预装软件。苹果应用程序商店的创立为业界创新了"终端+内容"的新商业模式,把 App Store 作为一个服务发布的渠道平台,供全世界有想法的程序员和公司在此平台上自由地卖出他们的产品,苹果公司成为平台提供商。

App Store 产业链包括 3 个主体,即苹果公司、开发者、用户。App Store 建立了用户、开发者、苹果公司三方共赢的商业模式,苹果公司具有 App Store 的开发与管理权,是平台的主控者。

针对软件开发者,苹果公司提供如下服务。

(1) 提供平台和开发工具包。

(2) 负责应用软件的营销工作。苹果为第三方软件的开发者提供了方便高效的软件销售平台以及软件的营销服务。

(3) 负责收费,并按月结算给开发者。苹果公司与开发者以 30∶70 的比例进行利润分成,分成比例不因应用价格的变动而改变。

(4) 指导。苹果公司经常会公开一些数据分析资料,帮助开发者了解用户最近的需求点,并提供指导性的意见,指导开发者进行应用程序定价、调价或是免费。

由于在 App Store 模式之中不存在复杂的商业关系和产权纠纷,并且还能为第三方软件的提供者提供诱人的销售分成比例,因此吸引了无数的第三方软件的提供者参与其中。

针对用户,苹果公司提供如下服务。

(1) 保证用户获得应用渠道的唯一性——App Store + iTune,并辅以相应的配套设施——上网和支付的便捷性。

(2) 对应用程序合理定价,产品和服务免费和收费相组合,提高了用户对交易平台的黏性,从而促成用户更多的消费。绝大部分应用的定价在 10 美元以下,主要集中在 2.65~2.67 美元。据统计,App Store 上 72% 的应用是付费的,28% 是免费应用。而与之对比,谷歌的 Android Market 有 64% 的应用是免费。

(3) 由于第三方软件提供者参与积极性高,开发应用软件多种多样,满足了手机用户们对个性化软件的需求。苹果 App Store 成功地为用户提供了更多的实用程序、良好的用户体验及方便的购买流程,及其对客户需求的持续关注和尽力满足。App Store 平台通过众多的应用及服务让手机终端变成了一个娱乐终端、移动办公终端。

2. App Store 的营销模式

App Store 的营销模式是一种基于平台自身的自营销体系。以平台为中心,既帮助开发者推介应用到用户端,又帮助用户找到需要的产品或服务。主要营销推广手段包括以下 3 种。

(1) 搜索引擎:帮助用户根据关键词搜索找到想要的应用。

(2) 排行榜:按照用户的喜好,基于 24 小时的真实下载数据,推出各种排行榜。排行榜一般显示 8~10 个应用程序。

(3) 广告位:为大型应用程序开发商提供广告位。

除了按照下载量排名之外,还有时间排序的"NEW"(最新应用)排行榜、推荐给用户的"Staff Favourites"(推荐应用)等排行榜。单击进入到相应的排行榜列表中,还可以按照名称、特征、发布日期排列所选择类别的软件。排行榜上的每一个应用程序都有唯一精致的量身定做的 LOGO。在应用介绍中,将应用买点、价格、评论等在显著的位置展现。尤其是配置画面漂亮的截图,达到对目标用户的有效吸引。

3. 苹果 App Store 对产业链参与者的影响

(1) 对终端厂商的影响

一直以来,手机软件均采用终端内置的销售模式,终端厂商每增加一款预装软件都需要增加成本,但 App Store 出现后,将此模式转变为自由销售,终端厂商只需要安装基础软件,其他个性化的软件由用户自购买安装。App Store 的成功使终端厂商看到"终端+应用"的发展前景,各大终端厂商纷纷仿效苹果"终端+应用"的模式,进入在线应用商店领域。终端厂商发展在线应用商店的目的有两点:一是增加终端溢价,围绕终端为用户提供多样化的产品或服务,提升终端对用户的吸引力;二是瞄准内容和应用市场,抢占移动互联网的市场份额,增加营收。

(2) 对运营商的影响

App Store 为客户端应用下载提供了一条有效的解决途径,使得很多通过客户端实现的应用可以绕过运营商的高门槛,直接加载到手机上,在整个过程中,没有任何环节是通过运营商审批的,加速了运营商"通道化"趋势,对运营商构成了一定的威胁。通信运营商为避免沦为通道,需要建立属于自己的平台,通信运营商进入在线应用领域的目的有两点:一是增强其在移动互联网产业链中的影响力,通过构建平台,既为其他增值业务的发展奠定基础,避免其沦为纯粹的通道提供商,又增加对内容和应用提供商的掌控力度,保证话语权;二是拟通过平台化发展,增加业务收入。

(3) 对产业链其他参与者的影响

苹果 App Store 对系统提供商如微软、谷歌等厂商产生了深远的影响。作为系统提供商进入在线应用领域,其根本的目的不是增加营收,而是企图通过建立开放的软件开发及售卖平台,掌握手机操作系统的控制权,从而实现对手机应用走向的控制,在移动互联网领域具有绝对的话语权。主要系统提供商为了抵御直接竞争对手在此领域的扩张均加速进入在线应用商店领域。

之前,第三方软件制造商只能面向中间商兜售产品或应用,厂商根据成本管控和偏好等原因,预装软件的数量有限,极大地限制了手机软件行业的发展。App Store 模式出现,降低了第三方软件制造商的门槛和成本,并为其提供直接面向最终用户的销售机会,带动第三方软件业的快速发展。

分析点评

App Store 作为一种新型的营销渠道,之所以会受到业内诸多厂商的跟踪与追捧,是因为它满足了用户便利性、体验性和互动性的需求。而苹果公司成功的原因首先是它对 App Store 平台的绝对控制权,想在 App Store 上架的软件必须经过审核。用户不用担心会装到漏洞百出导致系统崩溃的软件,也不用担心下载的软件里含有病毒木马或会恶意扣费,保证了向客户传递信息的精准性,维护了品牌形象和服务质量的稳定性。其次,它能充分满足客户新的业务和个性化的需要,立体化的渠道形式使得客户在第一时间接收到全面的业务信息。但是苹果的封闭态度会不会影响它的进一步发展,值得关注。

在竞争日趋激烈的通信市场,基于在线应用商店的营销渠道模式会拥有极为广阔的前景,它像"通信沃尔玛",聚集了无数供应者进场,依靠千姿百态的应用吸引着更大量的用户。在线应用商店必定为移动通信行业的营销注入新的活力。

思 考 题

1. 什么是营销渠道?营销渠道的功能有哪些?
2. 营销渠道由哪些成员构成?
3. 营销渠道管理的主要内容有哪些?
4. 通信营销渠道类型有哪些?
5. 通信营销渠道的选择需要考虑哪些因素?

第 13 章　通信促销策略

本章导读

13.1　促销与通信促销组合
13.2　人员促销
13.3　广告
13.4　通信公共关系决策
13.5　通信营业推广决策
案例分析：中国移动 MM 的推广

促销策略是指企业如何通过人员促销、广告、公共关系和营业推广等各种促销方式，向消费者或用户传递产品信息，引起他们的注意和兴趣，激发他们的购买欲望和购买行为，以达到扩大销售的目的。好的促销策略往往能起到多方面作用，如提供信息情况，及时引导采购；激发购买欲望，扩大产品需求；突出产品特点，建立产品形象；维持市场份额，巩固市场地位等。本章重点讨论通信企业的促销策略。

13.1　促销与通信促销组合

企业将合适的产品在适当的地点、以适当的价格出售的信息传递到目标市场一般是通过两种方式：一种是人员促销，即促销人员和顾客面对面地进行销售活动；另一种是非人员促销，即通过大众传播媒介在同一时间向大量顾客传递信息，主要包括广告、公共关系和营业推广等多种方式。这两种促销方式各有利弊，起着相互补充的作用。此外，目录、通告、赠品、店标、陈列、示范、展销等也都属于促销策略范围。

13.1.1　促销的概念及作用

1. 促销的概念

促销是企业运用各种沟通方式，向渠道或消费者传递产品（或服务）与企业信息，实现双向沟通，使渠道成员或者消费者对企业及其产品（或服务）产生兴趣、好感与信任，进而作出购买决策的活动。因此，促销是通过信息沟通、促进销售的活动。促销过程中，交易双方信息双向沟通过程如图 13-1 所示。

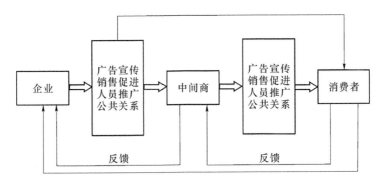

图 13-1 交易双方信息双向沟通

2. 促销的作用

企业进行产品销售,最终目的是使消费者购买和使用产品,从而创造出企业的利润收入。因此,促销仅仅推出产品还远远不够,企业必须通过灵活的促销活动,与产品的购买者(渠道成员、消费者等)进行有效的沟通,使他们认识到产品能给他们带来的实际利益,从而实现产品的销售目的。

促销的作用主要有以下 4 个方面。

(1) 向消费者传递产品信息及特点,强化竞争力

企业通过适当的促销手段,向消费者和渠道传递有关企业及产品的信息,以引起注意。同类产品差异细微,消费者难以选择。企业通过适当的促销活动,可以突出宣传本企业产品区别于同类竞争产品的特点,使消费者加深对本企业产品的了解和信任,感受到购买并使用其产品在满足需求的同时能够带来特殊利益,以此抢占市场先机,强化自身的行业竞争力。

(2) 激发消费者需求,扩大产品的销售

大部分针对消费者的促销活动都为消费者提供一定的优惠,不仅能够创造需求,吸引未使用过该产品的潜在顾客初次使用,还能刺激老顾客的再次购买,起到培养消费习惯的作用。例如,运营商在推出新的业务时,会采用短信的方式邀请潜在用户及一些有需求的老用户参与活动,并提供一定优惠,这种促销模式可以促使持观望态度的用户迅速作出购买决策,也能大大促进老用户的购买行为。

(3) 引导渠道成员经营行为,挖掘人员销售能力

通过促销活动向渠道成员提供利益刺激,如特殊的折扣。当这样的利益刺激得到渠道热情配合和响应的时候,会直接影响到产品的销量。同时,借助促销活动,激励销售人员的士气和成就感,提高他们销售产品的积极性,充分挖掘销售人员的销售能力,扩大营业收入。对通信企业来说,借助促销活动,还可以增强与社会渠道的良好互动关系,帮助通信企业维护客户关系。

(4) 稳定市场份额,协助实现企业整体营销战略

促销作为一种市场营销工具,其主要作用是协助实现促销主体的整体营销战略。有效的促销活动能帮助企业建立良好的企业和产品形象,从而促进购买,扩大销售,稳定企业市场占有率,有效加快新产品进入市场的速度,抵御和击败竞争对手,进而达到协助企业实现其整体营销战略的目的。

13.1.2 促销信息的传递

作为信息的传递者,通信企业必须在以下几个方面作出决定。

1. 确定目标受众

信息的传递者在传递信息之前首先要确定信息的接收者是谁,是哪个群体,这个群体的影响者是谁。这决定了信息的传递者应该表达什么,怎么表达,什么时间、什么地点表达,由谁来表达(即信息源的选择)等问题。中国移动旗下的品牌"动感地带"以年轻人为目标市场,因此,"动感地带"选择进入校园开展促销宣传活动,并请周杰伦做形象代言人。一方面吸引新客户的加入,另一方面提升已有客户的用户黏性,全方位巩固自己在市场中的竞争地位。

2. 确定促销活动所期望的反应

企业通过和目标消费者之间的信息沟通,希望达到扩大销售的结果,使信息接收者都成为本企业的现实消费者。但消费者的购买决策需要一个过程,通常消费者接受并购买一项产品要经过图13-2所示的过程。

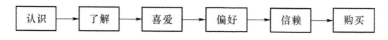

图13-2 消费者购买过程

在每一个环节中,消费者选择接收信息的侧重点是不同的,企业应根据处于不同阶段的消费者的特点,组织信息传递方式和内容。

3. 选择确定要传递的信息

明确了信息接收者的反应后,企业应着手搜集、整理、加工信息,目的是使所传达的信息能引起接收者的注意,引发兴趣,激发其购买欲望并最终采取购买行为,这也是一个理想的信息所应具备的条件。企业必须在信息内容、传递方式、信息源选择等方面围绕上述目的进行。

4. 选择确定传递信息的媒介

信息传递可通过人员促销、广告、公共关系及营业推广等多种手段进行,企业应根据产品及服务的特点选择使用。

5. 选择信息源

选择信息源即确定信息由谁发送给信息接收者。一个理想的信息源可以使所传递的信息具有较强的注意力和记忆力,能产生较好的促销效果。

6. 收集反馈信息

发出信息后,企业应进行信息效果的评价,了解信息对目标市场行为的影响程度。主要有以下指标:信息的接收率、信息的记忆程度、信息的理解程度、信息播出前后知晓率、销售情况的对比等,这些数据的获取主要依靠多种调查手段实现。

13.1.3 通信促销组合

1. 通信促销的方式

通信促销是指通信企业通过向客户传递通信产品信息,帮助客户认识通信产品,尤其是通信新产品的存在,引起客户的注意,提高其兴趣并产生好感,激发其购买欲望,以促使最后的购买。通信促销组合是根据通信产品特点和企业经营目标的要求,有计划地综合运用各种有效的促销方式所形成的一种整体的促销措施。通信促销主要有4种方式。

(1) 人员促销

人员促销是通过促销人员与客户的口头交谈来传递信息,最终说服客户购买的促销方式。

(2) 广告

广告是通信企业付费给广告承办单位,由广告承办单位进行产品及业务信息传播,最终促进产品及业务销售。

(3) 公共关系

公共关系是通信企业利用各种公共媒体来传播企业及产品的有关信息,以此树立企业的良好形象,最终达到促进产品及业务销售目的。

(4) 营业推广

营业推广是在短期内采取一些刺激性的手段(如充话费送礼品)来鼓励客户购买的促销方式。

4种通信促销方式的优缺点如表13-1所示。

表13-1 4种主要通信促销方式优缺点的比较

促销方式	优　点	缺　点
人员促销	直接面对用户,有利于了解用户的个性化需求,互动性强,有利于与用户建立长期关系	人员需求大,促销力量不易改变,费用高
广告	宣传面广,传递信息快,节省人力,形象生动	只能与用户进行单向信息传递,效果不能立即体现,有些媒体的收费较高
公共关系	对用户来说真实、可信,容易接受,有利于树立企业形象	活动牵涉面广,企业不可控因素较多
营业推广	容易吸引用户注意力,作用快速,刺激性强	效果通常是短期的,只适用于短期促销行为

2. 通信促销组合策略的类型

通信促销组合策略有两种,即推动策略和拉引策略。

(1) 推动策略

通信企业将通信产品或服务"推"到社会渠道或最终用户手中,以达到促进销售的目的。该策略多以社会渠道为主要促销对象,通常使用的促销方式为人员促销。

(2) 拉引策略

通信企业大量运用广告和其他宣传措施激发用户对通信产品或服务发生兴趣,最终产生购买行为。该策略多以最终用户为促销对象。如中国移动请来了葛优作为神州行的代言人,宣传神州行是大家都在用的品牌,抓住大众的从众心理,从而取得了良好的宣传效果,使得神州行成为中国移动旗下客户规模最大、覆盖面最广的品牌。

3. 影响通信促销组合策略的因素

（1）产品和市场状况

对个人用户市场和企业、政府等集团客户市场促销所采用的促销方式是不同的。一般来讲,对于个人用户市场,通信企业一般采取广告和营业推广的方式较多;而对于集团客户市场,则采用人员促销较多。

（2）产品所处生命周期阶段

在投入期,广告和公共关系能够建立公众良好的认知,营业推广则能有效刺激用户的购买欲望,对用户尝试性的购买非常有效。

在成长期,通信企业应继续加大广告宣传的力度,但内容应有所改变,要以树立企业及产品形象、树立名牌为主,进一步加强人员促销对中间环节的作用。因为用户对产品和服务有了一定的认知,营业推广在这一阶段可适当减少。

在成熟期,广告的作用仅仅是提醒用户不至于遗忘通信企业及其产品和服务,因此广告播出的次数可减少,周期延长。营业推广应继续发挥其强大的刺激作用,以激发市场人气,扩大销售。

在衰退期,广告的作用仍然是用于保持用户的记忆,公共关系的作用降低,人员促销效益性下降,营业推广仍能继续发挥作用。

（3）用户购买准备过程的阶段

如前所述,用户的购买过程一般要经过6个阶段。

在认识阶段,广告和公共关系的作用较大;在了解和喜爱阶段,广告的作用较大,人员促销次之;在偏好和信赖阶段,人员促销的作用较大,广告的作用要小于人员促销;在购买阶段,则主要是人员促销在发挥作用。

（4）促销预算

促销预算费用较为充裕,且需要达到短期目标时,采用人员促销和广告相结合的方式作用较大,一方面利用媒体达到大范围宣传的目的,另一方面利用促销人员与用户直接沟通,引导用户的购买行为。

当通信企业的促销目标属于长期目标时,可采用建立公共关系的方式,使企业和产品信息深入人心,建立长期的品牌形象;当促销费用较为紧张时,可采用营业推广的方式,通过短期刺激,达到促销目的。

特别关注

体验营销

体验营销是指企业通过战略管理和运营管理,创造、提供和出售体验,让客户在消费过程中有所感受,留下印象,并使客户的精神需求得到最大程度满足的一种营销模式,其最终的目的是把客户满意转化为企业价值。

由于消费者需求和行为的重大变化,体验营销作为一种全新的营销模式具有鲜明的特征,其与传统营销思想之间存在巨大的差异,主要表现在4个方面,如图13-3所示。

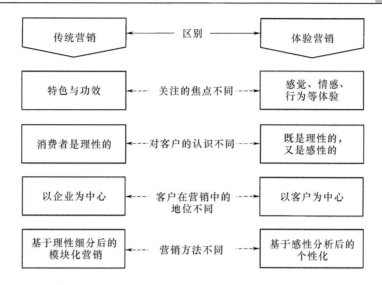

图 13-3　传统营销与体验营销的区别

体验营销不仅能更好地适应体验经济的发展潮流,同时,体验营销迎合了消费者的购买心理,达到消费者、经销商和厂商都满意的三赢结果。具体表现在以下 4 个方面。

(1) 创造需求,带动产品销售。体验营销以创造体验吸引消费者,通过体验触动其内在的情感和情绪,从而唤起消费者潜在的需要和更多的渴求,刺激消费者的购买。

(2) 提升品牌认知度和品牌魅力。体验营销通常是围绕一个主题展开活动,给顾客深刻的心灵震撼,满足顾客的心理需要,从而赋予品牌独特的体验内涵,能更好地提高企业的品牌认知度。

(3) 提高企业获利能力。体验营销利用其个性化、服务、质量、功能及技术等作为竞争手段,吸引消费者的积极参与,提高产品和服务的附加价值,增加了企业的利润。

(4) 提高客户对企业的忠诚度。体验营销能更好地、全面地满足客户需要,从而给客户留下美好的体验回忆,使客户渴望获得更多的体验,从而成为企业的忠诚客户。

13.2　人员促销

13.2.1　人员促销的概念

人员促销是指促销人员在市场环境中,运用各种技术和手段,说服目标群体接受本企业的产品,最终满足该群体的需要,同时也达到自身特定目的的活动过程。该定义强调了 3 个要点。

(1) 任何人员促销活动包括 3 个必不可少的要素,即促销主体——从事促销工作的相关人员,促销对象——促销人员所面对的群体,促销客体——向促销对象促销的产品。

在通信市场环境中,促销主体是指向客户主动开展促销活动的销售人员。促销对象则是促销人员开展促销活动指向的对象,一般为集团或个人用户。通信促销对象不一定是最终用户,有可能是对购买促销产品有决策权或说服力的人。通信促销客体是被通信促销人员所促销,同时又被促销对象所接受的产品、业务或服务。

(2) 人员促销的核心是说服。说服力的强弱是衡量促销人员水平高低的一个标准,说服工作既是一门艺术,又要掌握一定的原则,只有充分发挥说服的作用,才能促使客户采取购买行动。

(3) 促销活动要受到市场环境的影响和制约。

13.2.2 人员促销的功能

1. 传递促销产品信息

促销人员在促销活动中,向消费者传达了企业和产品的真实信息。就通信企业而言,向用户传递的信息包括以下 3 方面。

(1) 促销产品的一般信息,如业务的功能、资费等。

(2) 产品的发展信息,如向用户介绍通信网络的发展趋势,引导用户接受 3G 业务,鼓励用户从 2G 向 3G 网络迁移。

(3) 产品的市场信息,如业务的用户使用情况、用户规模等。

2. 销售产品

这是人员促销的核心功能。销售是企业实现经营目标的唯一手段,也是产品实现其价值的唯一形式,只有把产品销售出去,促销人员的目的才能达到,才能为企业创造利润。

3. 为消费者提供多种服务

企业需要为消费者提供多种服务,包括售前、售中和售后服务。人员促销是销售人员和客户面对面交流,促销过程中,促销人员便于向客户提供多种多样的服务。特别是在以服务水平为核心竞争力的通信行业,服务质量关系到促销工作的成败。促销人员在与客户接触时,应尽可能觉察并了解客户的真实需要,满足客户的潜在需求,赢得客户对本企业的信赖。

4. 反馈市场信息

促销人员是企业通往市场的桥梁和纽带,是企业获取消费者市场情报的重要来源。他们直接与消费者市场接触,能及时、准确地收集消费者市场信息,以帮助企业作出正确的营销决策。

13.2.3 人员促销的基本原则

成功的通信人员促销需遵循如下原则。

1. 互惠互利原则

所谓互惠互利原则,就是促销人员要保证产品交易能为双方带来收益,并且这种收益大于各自付出的成本,要以"双赢"为交易的目的,这是交易达成的基础。如果促销人员给客户很多承诺,而实际兑现却有很大出入,这种做法对企业和消费者都是一种损害。促销人员应本着诚信的态度,消除消费者的顾虑,达成交易。

2. 建立和谐人际关系原则

和谐的人际关系不仅能够消除双方的沟通障碍,使信息沟通更畅通,更有利于促销活动的发展,也是促销人员的有力武器。因此促销人员应该善于建立真诚和谐的人际关系,严于律己,宽以待人,真实坦率,使自己成为一个受欢迎的人。

在通信企业面对集团和行业等大客户的促销活动中,和谐的人际关系能够拉近促销人员和客户的距离,增强双方的信任和理解,这是非常重要的人员促销原则。

3. 尊重消费者原则

尊重消费者表现为在促销活动中要敬重消费者的人格,重视消费者的利益。当消费者在促销人员那里获得了被尊重的感觉后,疑虑和不信任感会顿时消失,由此缩短双方的心理距离,形成良好的人际关系,使交易气氛融洽,相应地,也会换来消费者对促销人员的尊重,良好的关系更有利于交易的达成。

13.2.4 通信企业人员促销过程

人员促销活动是一个过程,特别是通信这种服务类产品,更注重为用户提供良好体验。因此促销人员不能企图一蹴而就,要有充分的耐心,认真对待促销过程的每一个环节,踏踏实实地做好每一步工作,那么促销工作的成功便水到渠成。

一般来讲,通信企业人员促销要经过以下步骤。

1. 寻找客户

促销过程的第一步是寻找潜在客户,这是一项非常具有挑战性的工作。社会是由无数的人和组织构成的,在这些庞大的个人和组织中,并不是每个人或组织都会成为通信企业的客户,只有首先找到潜在客户是谁,才能使促销活动有目标,提高促销人员的工作效率。

(1) 客户的选择

并非所有的潜在客户都会成为企业的目标,需要促销人员认真加以甄别和审查,从中选择出通信企业的目标客户。目标客户应具备以下条件。

第一,目标客户必须对通信企业推出的产品有真实需要。在了解客户目前的通信服务使用情况的基础上(如是否使用通信服务、月资费、套餐使用情况等),利用一些购买需要分析方法来全面挖掘用户的需求。例如,需求层次分析法,主要审查所促销的业务、服务等的品位、层次(档次)是否与用户相符;需求差异分析法,主要审查所促销的业务、服务等的特点是否与用户需求相符。

第二,目标客户必须具备对促销产品的支付能力。这一特征要求促销人员对潜在客户进行购买能力审查。潜在的购买需要只有具备支付能力,才能成为现实的需要。如果促销人员不进行深入的用户调查,不掌握各类用户的支付能力,促销人员就会付出许多无效的劳动,降低促销效率。一般来说,对个人用户或家庭用户,主要调查其收入水平;对企业、政府等集团客户,可调查其经营状况,也可求助银行的资信调查。促销人员对没有支付能力的对象做促销工作,即为无效促销。

第三,目标客户必须具有购买决策权。当通信用户以家庭为单位时,购买决策者往往是家庭成员中的一位,而其他家庭成员在这个购买决策中,也起着各自不同的作用。促销人员应根据家庭成员的构成、家庭经济状况、家庭成员受教育程度、个性特征等来判断谁是购买决策者;促销对象是集团客户时,影响集团客户购买决策的因素很多,如环境因素、组织因素、人际因素和个人因素等,都对集团客户的购买决策产生影响。促销人员应了解用户的组织机构和人事关系,主要决策者在企业中的地位、职权、说服力及它们之间的关系,参与决策的每个人的年龄、收入、教育程度、职位、性格及对风险的态度等因素,以作出正确的判断。

（2）寻找客户的方法

寻找客户的方法很多,需要促销人员灵活运用。

第一,利用现有客户介绍。现有客户不仅持续使用通信企业提供的服务,保证通信企业的营业收入,还能通过口碑效应,为企业带来更多的用户。特别是在针对家庭用户和集团客户的促销活动中,通过现有用户的推荐和介绍,促销人员很容易找到有需求、有支付能力的客户。

第二,广泛联系,建立关系网。促销人员良好的人际关系对促销工作具有非常重要的作用。比如,促销人员可以通过银行经理及工作人员、其他促销人员等得到自己需要的信息。

第三,眼观六路,耳听八方。促销人员应时刻关注周围环境,对一切环境因素的变化要敏感,不能无动于衷。如在火车上,出差的商务人士在使用通信服务的过程中会透露出自己的需求和不满等信息,促销人员应从中收集对自己有用的信息。

第四,利用各种资料。其包括通信企业内部的往来账目、服务部门的相关资料,通信企业外部的资料,如工商企业名录、统计部门的各种报表、工商部门的各种企业公告、报纸电视新闻等,有心的促销人员都能从中发现机会。

第五,建立情报网。促销人员有时要扮演侦探的角色,在针对集团客户的促销过程中,客户内部人员如打字员、接线生甚至维修人员等都可能会给促销人员带来好消息。

第六,市场调查。促销人员可通过参加各种会议、潜在客户所属的组织、在产品展览会设展台、短信广告、有奖调查等手段取得客户名单。

2. 促销接近前的准备

促销人员在接近客户前,必须做好认真准备,制订周密的计划,预测可能出现的各种情况,并拟订出应变方案,只有这样,才能顺利进入面谈。这些准备包括以下 4 个方面。

（1）了解目标客户的情况,如一般情况（姓名、年龄、文化程度、工作单位、居住地、家庭情况等）、需求情况,企业、政府等集团客户的一般情况、组织情况、经营情况、决策者情况等。

（2）拟订促销接近的方案,确定见面的时间和地点,对促销过程中可能出现的意外情况作出预测。

（3）准备好接近客户时必须的资料、工具等。

（4）与客户进行事先约见,用电话、信函等形式向拟访客户通报访问的时间、地点。

3. 促销接近

促销接近是正式接近客户阶段,也是进入下一阶段的基础,没有促销接近,就不可能有促销面谈,促销的成败也就无从谈起。这一阶段非常短暂,可能只有几分钟,在这短短的时间里,要求促销人员根据所掌握的客户材料,灵活运用各种技巧,以达到顺利接近客户的目的,为下一阶段的顺利进行打下良好的基础。促销接近的技巧主要有商品接近法、利益接近法、介绍接近法、问题接近法、馈赠接近法、赞美接近法等。

4. 促销面谈

促销面谈是指促销人员向客户传递促销产品信息并进行双向沟通的过程,是促销人员运用各种方式、方法和手段去说服客户采取购买行动的过程。促销面谈的目的在于沟通促销信息，诱发客户的购买动机，激发客户的购买欲望，说服客户采取购买行动。这一阶段是促销过程的关键阶段，面谈的结果直接影响促销的成败。

5. 处理异议

促销人员在促销过程中，会遇到各种各样的阻力，即客户的反对意见，表现为客户异议。客户异议包括客户对产品、价格、需求、时间等方面的异议，客户异议在促销过程中非常普遍，因此，促销人员应该正确对待客户异议。俗话说"嫌货人才是买货人"，有一定道理，促销人员要千方百计弄清客户异议的真实意图，克服和排除障碍，化阻力为机会，自然会说服客户，促成交易。

(1) 正确处理产品异议，包括强化实用性、动手示范等策略。

(2) 正确处理价格异议，包括先谈价值后说价格、恰当让利、运用心理等策略。

(3) 正确处理需求异议，可采用渐进式促销、公关式促销、诱导需求等方式，力争将需求异议化解于无形。

(4) 正确处理时间异议，可采用时机激励法、产品利益得失法、竞争诱导法等方法，解决与客户的时间异议。

6. 成交签约

成交是促销面谈的一种结果，也是促销人员所希望的结果，是整个促销工作的最终目标。客户的成交意向通常会通过各种方式流露出来，如通过语言、行为、表情等信号表露出来。一个优秀的促销人员应该善于捕捉这些信号，以防错过成交的机会。成交前也存在一定的障碍，促销人员要善于应用成交技巧来消除成交障碍。成交障碍主要来自两个方面。

(1) 客户异议

这也是促销活动中的主要障碍，促销人员应利用各种促销技巧和方法妥善解决，以消除障碍。

(2) 成交心理障碍

这也属于促销人员方面的成交障碍，主要是指各种不利于成交的促销心理状态。通常表现为成交恐惧症，促销人员由于害怕成交失败，或由于自卑心理等原因，不敢提出成交要求，导致促销失败。

成交签约并不意味着交易的结束，还需要促销人员继续与客户交往，并完成相关的一系列工作，从而更好地实现促销目标。这些工作包括回收合约款、售后服务、征求意见以及和客户建立并保持良好的关系。

13.3 广　　告

13.3.1 广告的概念及作用

1. 广告的概念

美国市场营销协会（AMA）把广告定义为"由明确的发起者以公开支付费用的做法，以非人员的任何形式,对产品、劳务或某项行动的意见和想法等的介绍和推广"。可见,广告是由组织或个人以付费的方式,通过非人员媒介传播产品及自身的有关信息,以扩大影响,提高知名度,树立自身形象,最终达到促进销售目的的一种沟通形式。

2. 广告的类型

(1) 按广告所使用的媒体分

按广告所使用的媒体不同,广告可分为电视广告、广播广告、杂志广告、报刊广告、互联网广告、POP广告、邮寄广告、交通广告、户外广告(如广告牌、车身、霓虹灯等户外载体)、自办宣传品广告(如招贴、手册、音像材料等)等。

其中,互联网广告又可分为网幅广告、图标或按钮式广告、文本链接式广告、关键字广告、插播式或自动弹出式广告、电子邮件广告、赞助式广告等。

(2) 按产品周期分

按产品周期不同,广告可分为引入期广告、选择期广告、记忆期广告。

(3) 按广告策略分

按广告策略不同,广告可分为战略性广告和战术性广告。

(4) 按广告诉求方式分

按广告诉求方式不同,广告可分为理智性广告和情感性广告。

(5) 按广告覆盖面分

按广告覆盖面不同,广告可分为国际性广告(洲际广告、地区广告)、全国性广告、区域性广告和地方性广告。

(6) 按广告战略目的分

按广告战略目的不同,广告可分为产品广告、企业广告(公关广告)、公益广告、政治广告。

3. 广告对企业的作用

(1) 引起消费者注意,激发购买欲望

这是广告对企业最基本的作用。一个成功的广告就在于能够说服消费者,企业的产品和业务正适合他的需要。

(2) 指导消费者消费,扩大产品销售

成功的广告活动可以针对不同消费者,着重介绍企业各种产品的信息,指导消费者正确判断和选择。通过广告增进消费者对企业及其产品的了解,诱发消费者的购买欲望,促使消费者产生购买行动,因此,广告可以扩大企业的销售。

(3) 加强与消费者间的沟通,指导产品开发

通过广告及时地介绍、报道产品信息,促进了企业和消费者之间的沟通,促使企业按照消费者需求提供产品。

(4) 树立企业形象,利于行业竞争

企业通过广告使消费者了解企业及其产品的特点、优势,有利于在消费者心目中树立良好的企业形象,从而增强自己的竞争力。

13.3.2 通信广告决策

在制定广告决策时,通信企业应在总体营销目标下,通过 5 个步骤来进行,如图 13-4 所示。

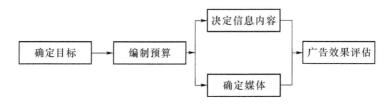

图 13-4 通信企业广告决策的主要步骤

1. 广告目标

制定广告决策首先要确定目标,广告目标应该以目标市场、市场定位和营销组合的有关信息为基础确定。市场定位和营销组合策略决定了广告在整个营销计划中所扮演的角色。

广告目标是指企业广告活动所要达到的目的。广告目标可以分为 3 种:告知、劝导和提醒。通信企业需要相应类型的广告来支撑不同的广告目标。

(1) 告知性广告

一种新产品或新业务、新服务刚上市时,或者为了构建基本的需求市场时,常常使用告知性广告。以告知为目标的广告主要内容有两种。

第一,介绍新的产品和新的服务项目。

第二,宣传企业及产品或服务的市场形象。例如,中国联通 3G 宣传广告"3G 的精彩,精彩在 WO(沃)",采用了代表惊喜的口语"WO",代表着想象力释放带来的无限惊喜,强化了人们对 3G 和"WO(沃)"的认知,达到了宣传新产品和服务的目的。另外,中国联通的标志是一个中国结的形象,本身就充满了亲和力,回顾联通的诞生和成长,对于推动中国通信行业的发展作出了巨大贡献。它们一次次向竞争对手发起挑战,以优质的服务和低廉的价格在竞争中逐渐发展壮大,联通把自己的标志和品牌名称自然地融入到广告语中,"情系中国结,联通四海心",中国联通做到了从外表到精神的和谐统一,反映了企业的精神理念,树立了良好的市场形象。

(2) 劝导性广告

当竞争激化而通信企业又想培植专门性的需要时,适用于劝导性广告。有些劝导性广告主要使用对比手法,把一种品牌直接或间接地与另一种品牌进行对比(一般采用间接对比),来说明本企业产品、业务物有所值。例如,2009 年,移动、联通、电信的 3G 网络纷纷开启正式运营之路,联通为了提升 3G 个人业务的认知度,达到对商务人群有效渗透的目的,借助耳熟能详的三国故事,结合国内 3G 运营商三家争霸的局面,将策略定位为"3G 演义",配合体验式传播,使受众更易于接受和理解联通 WCDMA 的优势所在。为了使传播内容更具趣味性,在内容安排上运用了多种表现形式:图文、漫画、视频……其中仅原创漫画一项就收到了非常好的传播效果。

(3) 提醒性广告

提醒性广告对于通信企业成熟期的产品和业务十分重要，它旨在能够不断地唤起用户的回忆，而不是通知或说服用户。例如，中国移动的神州行5元卡广告很大程度上就是为了唤起用户对神州行的记忆。

不管通信企业的广告目标为何，要想达到好的营销效果，关键还是产品及业务本身能够给用户带来满意，否则，即便企业实施再有效的广告策略也是徒劳。

2. 广告预算

广告预算主要包括市场调研费、广告设计费、广告制作费、广告媒体租金、广告机构办公费及人员工资、广告公司代理佣金等。

(1) 影响广告预算的因素

第一，产品及业务所处生命周期阶段。新产品通常需要大量的广告预算来唤起用户的注意并促成最终购买；而成熟期的产品的广告预算通常只占销售额的很小的比例。

第二，竞争与干扰。在竞争激烈的通信市场上，一家企业及其产品若想脱颖而出，就必须加大广告预算，增加广告的数量及播出频率，扩大影响。

第三，市场份额。市场份额高的品牌广告支出通常要比市场份额低的品牌广告支出要高。新开拓一个市场或从竞争对手那里夺取市场份额要比保持现有市场份额要支出更多的广告费。

第四，市场范围。通常产品销售范围较大的通信企业要支出较多的广告费用。

除了以上几点外，广告播出频率、产品业务差异情况、企业利润率、国家政策法规等都对通信企业的广告预算有很大的影响。

(2) 常用的制定广告预算的方法

第一，销售百分比法。根据过去的经验，按计划销售额的一定百分比确定广告费用。优点是简便易行，缺点是实际操作中过于呆板，不能适应市场变化。

第二，目标任务法。明确广告目标后，选定广告媒体，再计算出为实现这一广告目标应支出的广告费用。这种方法在实际操作中难度较大，因为广告目标很难以数字来精确计算。

第三，竞争对抗法。根据竞争对手的广告宣传情况，来决定自己的广告费用支出的一种方法。

第四，倾力投掷法。企业在不能测定广告目标和广告效果的情况下，常常采用有多少费用就做多少广告的办法，缺点是风险比较大。

3. 广告信息决策

大量的广告预算并不能保证广告必定成功。有创意的广告设计可能比广告支出的多少更为重要。衡量广告优劣的标准不是广告预算的多少，而是广告良好的沟通效果。可见，广告信息的设计非常关键，一般应在以下几个方面把好关。

(1) 确定信息内容

为使广告受众产生预期的认识、情感和行为反应，信息内容至关重要，即广告向受众传达的信息内容，也称广告主题或广告诉求。一般来说，信息内容有理性诉求、情感诉求和道德诉求,不管哪一种诉求,都应该有一个核心。广告大师罗瑟·瑞夫斯认为,每一则广告都应该有一个"独特的销售主张"(Unique Selling Proposition)——即著名的 USP 理论,他认为,每一种产品都应该发展一个自己的独特的销售主张或主题,并不断重复传递给受众。USP 理论有 3 个要点,即产品的销售主题应包括一个产品的具体好处和效用;所强调的主张必须是独一无二的,没有被其他竞争者宣传过,甚至是其他品牌做不到或无法提供的;所强调的这一独特主张必须是强有力的,能使目标受众感兴趣的。

(2) 设计表达结构

设计表达结构要解决 3 个问题。

第一,结论形式。它是指广告是向受众提供一个明确的结论,还是让受众自己得出结论。提出明确结论适用于较为复杂或专用的产品。有些情况下,过分明确的结论反而会阻碍人们对产品的接受。

第二,论证方式。它是指广告是一味地赞誉某一产品,还是在赞誉的同时指出它的某些不足。前者称为单向论证,当受众对产品已经先有偏好时,单向论证能取得较好的效果;后者称为双向论证,适用于受教育程度较高的消费者。

第三,表达次序。它是指广告是先提出最强有力的论点,还是将其最后提出。在单向论证时,首先提出强有力的论点有助于立即引起受众的注意和兴趣,这对以报刊为媒体的广告尤为重要。而在作双向论证时,还有一个先提正面论点还是先提反面论点的问题,如果广告受众对产品已经先有否定倾向,则从反面论点开始论证是明智的,这样有助于先使受众解除疑虑,进而接受正面论点。

(3) 设计表达形式

设计表达形式就是选择最有效的信息符号来表达信息内容和信息结构。广告信息的表达形式往往受到媒体特性的制约。不同媒体所能传播的信息符号有所不同,例如,平面媒体不能传递声音,广播媒体不能传播文字及图像;另外,广告媒体制约着信息表达的时间与空间。

(4) 选择信息发送者

广告的说服力还受信息发送者的影响。广告受众对信息发送者越信任,广告的说服力就越强。信息发送者的可信性来源于专业知识、可靠性等方面,如中央电视台的可信性众所周知。

4. 广告媒体选择策略

广告媒体选择策略要确定 3 个问题:选择媒体工具、确定播出频率及确定媒体的利用时间。

(1) 选择媒体工具

广告媒体工具很多,但都有其适应性和局限性,要正确选择广告媒体,首先要清楚各种广告媒体的特点。广告媒体优缺点的比较如表 13-2 所示。

表 13-2　广告媒体优缺点的比较

广告媒体	优　点	缺　点
电视	直观、真实、生动,能激发兴趣,覆盖面广,传递信息及时,地域选择性强	制作费用高、有难度,驻留时间短,干扰大,受众选择性差
广播	传播最及时、灵活,费用低,覆盖面广,地域、人口可选性强,在低介入状态下,同样能使收听者注意	缺乏视觉冲击,表现力差
杂志	受众的人口类别选择性、针对性强,印刷精美,表现力强,有利于长期保存	广告周期长,版面受限
报纸	可信度高,选择性强,本地市场覆盖面大,费用低,易携带	表现力差,不易保存,不易被记忆
户外广告	醒目,保存时间长,生动灵活	传播信息有限,宣传范围窄
直邮广告	针对性强,灵活多样,不受时空限制	费用高,范围窄,费时费力,使用不当,会使收件人反感
POP 广告	对冲动型顾客效果好,将产品和广告紧密联系,形式不受限制,成本伸缩性大	适用范围小
新传播媒体(互联网、激光视盘等)	传递信息迅速、准确,信息量大,反应灵活,某些工具可打破时空限制,互动性强,信息反馈及时	设备要求高,基础投入高,缺乏监管,安全性差

(2) 影响媒体选择的因素

第一,产品特点及广告内容。不同特点、内容的产品应选择不同的广告媒体。例如,通信企业推出适合城市用户使用的新业务时,选择户外广告媒体(如广告牌),在公交站台和地铁通道内进行展示能达到较好的宣传效果。

第二,用户的习惯。不同的用户对广告媒体的喜好不同,接触程度不同,如动感地带、联通新势力等适合年轻人的品牌,选择互联网媒体较好。

第三,媒体的传播范围和影响力。不同媒体传播范围和影响力不同,在选择时既要考虑其传播信息的广度,又要考虑其影响的深度,要使通信企业的目标市场与广告的传播范围和影响力所达到的程度相一致。

第四,媒体成本。不同媒体所需广告费用是不同的,除了要考虑广告效果外,还要考虑通信企业的促销预算尤其是用于广告部分的多少。

在选择广告媒体时,以上因素应综合考虑,权衡利弊,具体情况具体分析,选择最适合企业需要的广告媒体。

(3) 广告时机选择

广告最佳时机的选择则可以使企业的广告支出取得最大的效果。产品和业务一般有淡季、旺季之分,如何保证旺季有充足的广告投入,而淡季产品及业务又不会淡出用户的记忆,是广告时机决策的重要内容。

5. 广告效果的评价

评估广告效果的目的在于了解用户对广告理解和接受的程度,以及广告对产品销售所起的作用。因此,评估广告效果主要包括沟通效果评估和销售效果评估。

(1) 沟通效果评估

沟通效果评估可分为事前测量和事后测量。

事前测量就是在广告正式传播前预测广告传播后的效果。其目的在于发现广告方案中存在的问题,以便及时改进广告策略,提高广告的效果。具体方法如下。

第一,直接评估法。邀请顾客代表及有关专家对广告方案作出评价。

第二,组群试验法。让顾客代表和专家浏览预播广告后,请其回忆广告的大概内容,以此判断广告的传播能力。

第三,室内试验法。首先试播广告,然后用各种技术测量手段来检查被测者的心率、血压、瞳孔等的变化情况,以此判断广告的感染力。

事后测量的内容主要有对广告的注意程度、记忆程度和理解程度。具体方法如下。

第一,回忆测试。考察广告的记忆率,从而测定广告的实际影响力。

第二,读者率调查。通过市场调查,测出对广告有印象者、能回忆主要内容者和记忆犹新者,并估算出三类人在被测总人数中的比重,以考察广告的读者率和传递效果。

(2) 销售效果评估

销售效果评估又称为广告效果率。把广告费用与销售额联系起来,求出二者间的比值。把广告传递出去前后销售额的增加幅度与广告费用的增加幅度相比,以考察广告费支出的效果。公式为

$$E = \frac{\Delta S/S}{\Delta A/A}$$

式中,ΔS 为增加广告费后销售的增加额;S 为销售额;ΔA 为增加的广告费支出;A 为广告费原支出。

$E > 0$,E 值越大表示销售效果越好。

13.4 通信公共关系决策

13.4.1 公共关系的概念及特点

菲利浦·科特勒认为,作为促销手段的公共关系是指这样一些活动:争取对企业有利的宣传报道,协助企业与有关的各界公众建立和保持良好关系,建立和保持良好的企业形象,以及消除和处理对企业不利的谣言传说和事件。可以说,公关在保持企业形象方面起着非常重要的作用。

公共关系的主要内容不仅局限于企业与顾客之间的关系,还包括企业其他的外部公众,如供应商、竞争者、新闻媒介、金融机构、政府等的关系。公共关系更不仅仅限于买卖关系,而是

一种以长期目标为主的间接促销手段,对任何规模的企业来说都是最经济有效的促销手段。

公共关系与其他促销手段相比具有如下特征。

1. 从公共关系目标看,其特征是塑造组织机构形象,注重长期效应。

公共关系的目标是为企业树立良好的社会形象,创造良好的社会关系环境。实现这一目标,需要企业长期不懈的努力。企业通过各种公共关系策略的运用,树立良好的企业形象及产品形象,从而有利于企业长期目标的实现。

2. 从公共关系对象看,公共关系注重双向沟通。

公共关系的对象是各种社会公众,包括企业内部和企业外部两大方面。企业内部公共关系包括企业与员工、工会关系等;企业外部公共关系包括企业与合作伙伴、媒体、政府等的关系。企业要与这些社会公众建立良好的关系,既要了解这些社会公众,又要让公众认识企业,强调双向沟通。

3. 从公共关系手段看,它注重间接促销。

公共关系的手段是有效的信息传播,而这种信息传播并不是直接介绍和促销商品,而是通过参与各种社会活动,宣传企业营销宗旨,联络感情,扩大知名度,从而加深社会各界对企业的了解和信任,达到促进销售的目的。

13.4.2 公共关系的基本功能

1. 守望功能

守望功能是公共关系最基本的功能。在经济飞速发展的今天,社会环境的变化越来越快,因此掌握环境变化的动向及信息对企业更显得至关重要,公共关系部门就承担着这个重要的任务,收集信息,监察环境的变化,使企业的发展始终顺应环境的变化,真正起到公共关系的守望作用。

2. 协调功能

公共关系主要通过传播沟通、影响舆论、咨询建议、参与决策和协调咨询、争取谅解等方法实现其与各方面相互协调的目的,如企业的危机公关即是如此。企业在经营过程中常常会出现意料不到的情况发生,处理不当,会对企业形象造成很大影响,利用公共关系的协调功能,正确处理突发事件,可能会使危机变为机会。如 2009 年,中国移动陷入了手机涉黄事件,受到了用户、媒体及各方的指责。中国移动立即以实际行动对事件作出回应,对外公布了手机色情网站核查结果与整治情况,同时呼吁建立社会各方联动机制,彻底断开手机色情网站服务器的链接,从源头封杀手机淫秽色情内容,从而缓解了这场危机。

3. 教育功能

各种公关活动中都能体现出其教育的功能,因此企业应充分利用这一功能去达到企业的目标,另外,要把好传播关,更好地发挥其教育功能。

4. 娱乐功能

现实中大量的公关活动都体现了娱乐功能,在轻松愉悦的活动中,公关人员把企业的理念与信息寓于其中,在潜移默化中即完成了公关目标。

5. 效益功能

公共关系最终的目的即提高企业经济效益和社会效益。公共关系的一切策略和方法都应围绕着这个中心来进行。

13.4.3 通信企业建立公共关系的方式

1. 发现和创造新闻

新闻公关是指利用或策划有吸引力的新闻事件,吸引媒体报道以扩大企业影响。由于新闻界是站在企业和消费者之外的第三者的立场上,能客观地提供信息,可信度高。通信企业应积极主动地、经常地与新闻界保持联系,了解新闻报道的重点及新闻动向,并经常及时地向新闻界提供具有新闻价值的企业消息。同时,公关人员要善于发现和创造对企业及其产品、业务有利的新闻,以吸引新闻界和公众的注意,增加新闻正面报道的频率,从而扩大通信企业及其产品、业务的影响和知名度。

2. 介绍情况、回答问题和发表演讲

通信企业营销人员要利用各种场合、各种机会,灵活地运用公共关系的语言艺术,及时地介绍企业及其产品、业务情况,回答公众关心的问题,或者在有关业务会议上发表演讲。这也是提高企业知名度的一种有效的形式。

3. 参与社会活动

通信企业积极参与社会活动和支持公益事业,能够树立企业关心社会公益事业,承担一定社会责任和社会义务的良好形象,有利于提高企业的影响力,有利于取得社会公众的好感和信任。

4. 策划专门性公关活动

通信企业根据营销活动的需要,可以安排一些特殊的事件来吸引公众对企业的注意,如召开新闻发布会、研讨会和展览会,举行某种庆典活动等,这是通信企业与社会公众沟通信息的好机会,是企业信息迅速广泛传播的有效途径。

例如,中国移动推出的移动梦网系列活动在高校举办讲座,并设立移动奖学金,不仅树立了中国移动关心大学生成长,丰富大学生校园生活的良好形象,还通过这些活动达到了与公众进行良好沟通的效果。

5. 导入企业形象识别系统

导入企业形象识别系统(Corporate Identity System,CIS)就是综合运用现代设计和企业管理的理论和方法,将企业的经营理念、行为方式及个性特征等信息加以系统化、规范化和视觉化,以塑造具体的可感受的企业形象。通信企业可以通过一定的媒体来传播这种视觉化的形象,更具体、详细、直观地表达企业形象,它的传播也容易被大众接受,使公众对组织形成一个比较完整的、系统的印象。

6. 散发宣传材料

通信企业可以制作各种宣传材料广为散发和传播,向公众传递有关企业及产品的信息。宣传材料可以是印刷材料、音像资料等。

13.5 通信营业推广决策

13.5.1 营业推广的概念及特点

1. 营业推广的概念

营业推广又称销售促进(Sales Promotion,SP),是指企业在特定时间、在一定的预算内,对某一目标市场所采取的能够迅速刺激购买欲望以达成交易的短期性促销措施。与广告、公共关系和人员促销不同的是,营业推广限定时间和地点,给予购买者一定奖励,促进其购买。

由于营业推广主要是短期的促销行为,它能够在现场激发消费者的购买欲望,促使消费者试用产品,诱导促销对象多次购买,增加消费,不仅可以对抗竞争,还可以促进企业其他连带产品的销售,因此,常为大多数企业所喜爱。

2. 营业推广的特点

(1) 针对性强,促销效果明显

营业推广是一种以激励消费者购买和渠道经营为主要目标的辅助性、短期性的促销方式。营业推广直接针对消费者、促销人员和渠道,一般都是通过提供某些优惠条件调动促销对象的积极性,因此,营业推广见效快,对促销对象有一定吸引力。

(2) 非规则性和非经常性

营业推广是一种非经常性的和非规则性的推广方式,是对人员促销和广告这种连续的、常规的促销形式的一种辅助。

(3) 促销效果易于察觉

由于营业推广这种形式的使用限定了一定的时间和地点,它的促销效果短期内即可觉察,短期效果非常明显。一旦消费者对企业产品产生偏好,这种好的促销效果还会延续。

13.5.2 通信企业营业推广的方式

营业推广方式多种多样,通信企业应根据不同方式的特点及不同的促销对象来选择。通信企业常用的营业推广方式如下。

1. 面向用户的推广

(1) 产品促销活动。以较低的价格销售或免费提供业务试用,以刺激用户订购业务。

(2) 赠送优惠券或代金券。用户可以在赠券指定的商店享受购物折扣,有时还可获得抽奖机会,但应注意避免赠券的滥用,否则,会失去赠券本身的竞争优势。中国移动实战营销活动中,每月向其 139 邮箱用户赠送优惠电影票购买代码,用户使用代码,只需半价即可购买指定影院的电影票,由此促进了 139 邮箱的推广。

(3) 用户酬谢。给予用户一定形式的酬报。例如,中国移动推出的 M 值积分活动,用户每月的通信费用都会以 M 值形式成为积分,并能够兑换相应业务及礼品。

2. 面向社会渠道的推广

(1) 促销津贴。通信企业为社会渠道提供一定比例的广告费等形式的补贴,同社会渠道联合制作并发布广告,目的是激励社会渠道更好地推广本企业的产品。

(2) 参与展览会。在一些展览会上优惠展销其优势产品。

3. 面向促销人员的推广

(1) 红利。为了鼓励促销人员的积极性,企业可按销售额提成。采用这个方法的前提是产品必须有稳定的市场。

(2) 促销竞赛。为刺激促销人员努力促销,通信企业确定一些促销奖励的办法,对成绩优良者给予奖励。

13.5.3 通信企业营业推广的决策过程

通信企业营业推广决策主要应围绕以下问题进行。

1. 确定营业推广目标

通信企业首先要明确营业推广的目标,而且这一目标要与企业的整体营销目标相一致。营业推广所要达到的目标会因不同市场状况、不同的促销对象、不同的产品而有所不同。如针对用户的营业推广可能是为了谋求短期内销售额的增加,也可能是为了培育长期的市场份额。因此,营业推广的目标应是引诱用户尝试新产品、争取竞争对手客户或维系老用户。

2. 选择营业推广方式

要充分考虑营业推广的目标、市场状况、竞争状况和各推广方式的特点及成本情况,再作选择。

3. 制定营业推广方案

通信企业制定营业推广方案需要把握好如下内容。

(1) 营业推广的规模与强度。营业推广的规模与强度越大,影响面就越大,所需预算相对也越高,但有时营业推广强度高,反而会引起用户的反感和抵触。

(2) 营业推广的对象。即确定推广对象是用户、社会渠道还是促销人员。如果是受众范围较大的营业推广,需要确定以哪一种对象为主,哪些对象为辅。

(3) 营业推广的途径。即如何贯彻执行营业推广方案,选择哪种营业推广方案合适。如对同一种产品,营业推广活动是采取赠优惠券的形式还是采用返话费的形式,需要通信企业确定哪种效果更好,更合适。

(4) 营业推广的时间。营业推广的时间过短,刺激作用有限,对用户吸引力不大,促销效果不明显;营业推广时间过长,不能引起用户现场购买的兴趣,起不到应有的作用,形同虚设。另外,营业推广的时机也很重要,比如,通信漫游包月业务的营业推广时机在春节、暑假等假期会收到较好的效果。

(5) 营业推广的预算。营业推广预算可以通过两种方式来实现,一是根据营业推广方式、推广时间和强度来估计推广成本;二是确定营业推广预算占整个营销预算的百分比。

4. 营业推广的实施与控制

推广方案的实施主要有以下内容。

(1) 营业推广方案测试。如果情况允许,应该对营业推广方案进行测试,以确定推广方式是否合适,激励程度是否符合通信企业的目标。在测试中,对营业推广方案存在的问题及时加以改进,在营业推广方案逐渐完善时再加以实施,营业推广方案的测试通常在一个小的范围内进行。

(2) 营业推广方案的实施。营业推广方案在经过测试并逐步完善后即进入实施阶段,把方案化为具体的行动。

(3) 营业推广控制。营业推广方案在实施过程中,往往会出现这样或那样的问题,通信企业应及时发现问题,以避免大的纰漏发生。为保证推广方案按计划正常实施,在方案的实施过程中,实行必要的控制是非常有意义的。

案例分析

中国移动 MM 的推广

中国移动 MM 是全球范围内首个由运营商发起的应用商店,面向各类内容提供商、服务提供商、终端厂商、手机软件开发商和个人开发者的软件销售商店,为中国移动用户提供各类手机应用和数字内容等各种综合服务。

MM 从 2009 年 8 月 17 日上线以来,营业推广主要围绕短信群发、社会渠道、全员代理和网盟合作推广等几种模式开展。从 2009 年 11 月开始,加大广东地区的推广力度,加上小百合的升级,积极引导用户加入 MM 阵型等方式借势,MM 用户得到规模性的增长,MM 也升级为 MM 融合版,从以前的主打软件应用,转变为打造一个集资讯、视频、动漫、音乐、阅读和软件应用于一体,应用软件服务和数字内容服务于一身,满足不同用户需求的综合性大型移动商城。

随着 2009 年 11 月和 12 月 MM 大范围的圣诞寻宝和推荐有奖活动的开展,在以送话费手机为激励手段的促销活动的拉动下,MM 平台下载量达到阶段高峰 4.1 万次。12 月的岁末六重奏和配合电影首发而推出的"阿凡达"手机游戏双管齐下,大大刺激用户付费下载。

然而,所有营销活动结束后,日下载量骤然下降到 1.5 万次左右。活动期间达到的良好促销效果没有得到延续,中国移动 MM 的大规模推广受阻。

分析点评

MM 现在正处于品牌建设期阶段,用户认知度普遍存在不足,中国移动除了进一步强化 MM 功能、提升用户体验外,还必须加大推广力度,形成广泛的社会认知。因此,MM 在推出初期采用圣诞寻宝、推荐有奖、送话费手机以及推出电影相关手机游戏等营业推广方式,是有利于促进 MM 认知度的提升的。但是,在营业推广的过程中,却忽略了以下问题。

(1) 目标客户群体定位不明晰,产品是否适合用户还不清晰。寻找用户首先需要了解用户的真实需求,了解推出的产品能满足用户的什么需求。MM 在举办各种营业推广活动前,显然是忽略了用户需求的挖掘,参与活动的用户主要是冲着奖品去下载应用,而真实用户下载量偏低,新用户再次访问意向也不强。

(2) 营销推广方式单一,缺乏更多精准营销推广方式。MM 当时主要依靠线上活动拉动,营业厅等自有渠道宣传力度相对不足,地面营销活动、人员促销、媒体广告投放等相对缺乏,造成客户普遍认知度不高,影响力与渗透力较薄弱,新客户无法从更多的途径去了解 MM 并体验 MM。

因此,如何选择促销组合来帮助中国移动 MM 实现整体的营销战略,形成广泛的传播,培养用户良好的使用习惯,强化用户感知,打造品牌美誉度和知名度,是中国移动 MM 未来需要解决的问题。

思 考 题

1. 什么是促销?影响通信促销组合决策的因素有哪些?
2. 人员促销有哪些功能?通信企业人员促销的过程是什么?
3. 什么是广告?广告有何作用?
4. 论述公共关系的基本功能及方式。
5. 什么是营业推广?通信企业营业推广的决策过程是什么?

第 14 章 通信服务营销策略

> **本章导读**
>
> 14.1 通信服务营销策略概述
> 14.2 通信服务人员策略
> 14.3 通信服务有形展示策略
> 14.4 通信服务过程策略
> **案例分析**：中国移动的服务营销策略

通信企业产品的本质是服务，做好服务营销工作的基础是制定有效的服务营销策略。本章着重分析服务营销策略中的人员策略、有形展示策略以及服务过程策略，结合前几章的策略研究，以期展示完整的通信服务营销策略。

14.1 通信服务营销策略概述

从 20 世纪 80 年代后期开始，营销学者在服务营销组合上达成了较为一致的意见，即在传统的 4P 基础上，增加了"人员"(People)、"有形展示"(Physical Evidence)、"服务过程"(Process)3 个变量，形成了服务营销的 7P 组合。随着 7P 的提出和广泛认同，服务营销理论的研究开始扩展到内部市场营销、服务企业文化、员工满意、顾客满意和顾客忠诚、全面质量管理、服务企业核心能力等领域。这些领域研究代表了服务市场营销理论发展的新趋势。

14.1.1 通信服务营销的特征

第 1 章详细解释了服务营销以及通信市场服务营销的含义与特点。通信服务营销包含了两个方面的内容：其一，就通信企业性质来说，服务本身就是产品，服务营销是对其产品和业务的营销；其二，作为一种营销方式，服务是通信企业的营销手段，始终贯穿于企业为顾客服务的全过程。

通信服务的主要特点是，通信业务（产品）和服务的提供与消费同时发生，具有无形性、不可分割性、不可储存性、质量难以控制性、二次消费性等。因此，对电信运营商而言，服务不是辅助和补充的角色，而是市场竞争的主角。通信服务的二次消费性表明，通信消费不是"一次性"完成的消费行为，而需伴有更多的后续服务，这些服务成为通信产品不可分割的一部分，也成为消费者购买通信产品时重要的衡量标准。用户选择哪个运营商,选择该运营商的哪个商品(品牌、通信套餐),都与该运营商能提供的服务密切相关。

无论是服务产品营销,还是顾客服务营销,服务营销的核心目标都是顾客满意和顾客忠诚,通过取得顾客的满意和忠诚来促进相互有利的交换,最终实现营销绩效的改进和企业的长期成长。

14.1.2 通信服务营销策略7P组合

服务营销的7P营销策略组合如图14-1所示。通信服务作为一种典型的普遍服务类型,通信服务营销也是7P营销策略的组合。

图14-1 通信服务7P营销策略组合

关于服务营销7P组合的具体内容参见本书第1章"表1-3 服务营销组合"中所列内容。就通信服务营销而言,7P组合有如下特点。

(1)产品。通信企业的营销重点在于,不断跟进通信信息新技术的发展,跟进消费者行为的变化,开发出受客户欢迎的通信新业务;打造鲜明的通信业务品牌、客户品牌、服务品牌、企业品牌。

(2)价格。通信企业根据产品和业务的定位,制定不同的资费策略;加强成本管理,使资费策略体现企业成本的花费、市场竞争需要和客户透明消费的需要。

(3)分销。通信企业要建立完善的企业渠道和社会代理渠道相结合的分销渠道体系,实现便捷、高效产品和服务的递送。

(4)促销。通信企业需要注重销售行为的变化来刺激消费者,以短期行为促成消费增长,吸引其他电信品牌消费者或引致提前消费来促进销售增长。

(5)人员。通信企业需要通过对内部的员工培训、组织机构优化,与外部的顾客教育和沟通,形成良好的服务营销人员基础。

(6)有形展示。通信企业要提供良好的使服务供给得以顺利传送的服务环境,用有形产品或设备承载和表达服务的能力,满足消费者的无形消费体验,以及向潜在顾客传递能够为顾客带来消费满足感的能力。

(7)服务过程。通信企业要通过一定的程序、机制以及活动以实现通信服务,并结合消费者服务感知,建立消费导向的服务过程管理。

14.2 通信服务人员策略

在服务营销的7P组合中,人员的要素比较特殊。对于通信服务企业来说,人的要素包括两个方面的内容,即通信服务人员和顾客。顾客沟通常常体现在促销过程的服务展示、知识营销和服务支撑中的客户关怀等方面。因此,通信服务人员的有效管理、教育和培训成为通信企业人员策略的着力点。电信服务专业技术强,通信服务人员不仅要掌握多项现代通信技术以及众多主流设备厂商的设备维护技术,还要积累丰富的电信网络技术服务经验。因此通信企业必须聚集大量资深技术人才和高素质的管理人才,才能为企业发展奠定坚实的基础。

通信企业需要通过服务人员提供通信服务,而在服务的过程中,企业无法直接控制员工的行为。公司、员工、消费者之间的链式关系说明了员工在营销中的地位和作用。

顾客满意和顾客忠诚取决于企业为顾客创造的价值,而企业为顾客创造的价值能否让顾客满意常取决于员工的满意与忠诚。只有满意和忠诚的员工才可能提高服务效率和服务质量。因此,人员管理是服务营销的一个基本手段。

通信企业人员管理的关键是不断改善内部服务,提高内部服务质量,重点包括优化组织机构、提升营销人员能力、突出员工利润价值及制订员工营销管理方案等手段,如图14-2所示。

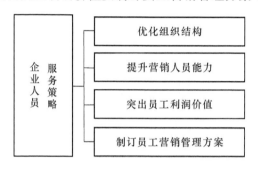

图 14-2 通信企业人员策略图

14.2.1 优化组织结构

公司战略的变化引导组织结构的变化。战略一经确立具有相对的稳定性,通信企业需要通过战略来明确目标、配置资源、统一步调和凝聚人心。由于外部环境处于不断变化之中,通信企业需要随着顾客需求、市场条件、竞争方式、社会环境等的改变而不断进行战略调整。当企业进行战略调整时,企业的组织构架也必须随之调整和优化,使之具有一定的适应性。可以说,创建与新战略相匹配的组织结构是战略顺利实施的重要保障。

14.2.2 提升营销人员能力

通信企业要想提升整体营销水平和服务营销能力,首先就是要提升营销人员的能力,重点提升营销策划能力、营销公关能力、网络优化保障能力等。

从事通信服务的营销人员需要具有如下素质及能力:热爱通信服务工作,强烈的事业心;善于沟通,热情的服务态度;及时了解且准确把握服务对象心理活动和行为规律的能力;丰富的通信服务专业知识,为消费者提供优质的服务;良好的身体素质。

企业提升营销人员能力的方法如下。

1. 强化营销人员专业知识和营销技能

营销人员的专业知识包括通信信息行业的业务技术知识、通信信息行业的相关法律法规知识、营销管理的专业知识。强化营销人员专业知识和营销技能的主要渠道是企业的员工培训。通信企业对在岗人员和新上岗人员进行外培、内培等方式的全面培训,如自办培训班或送营销人员去高等院校学习,补充短缺的知识和更新知识。企业培训工作需根据业务发展情况常态化持续进行。

营销人员需要广泛了解通信信息行业的业务技术知识,尤其是熟悉企业产品及相关服务的特征与卖点,如 3G、WiFi 等不同的网络接入方式间的区别,这样才能给消费者提供更专业的服务。通信企业要加强内部技术和行业发展培训和交流,使营销组织和人员更好地了解技术发展趋势、适应市场环境变化。

营销人员需要熟悉和全面了解通信行业相关的政策法规和顾客服务的相关规定,如《中国电信业发展指导》、《电信条例》、《消费者权益保障法》、顾客隐私权保护等。

营销人员需要精通营销管理的专业知识和具备营销工作的实战能力,熟悉通信产品的经营管理原则、方法,深入理解掌握企业的经营管理理念和先进的管理方法,掌握一定的企业财务知识,掌握一般公共关系学、心理学、行为科学知识,能够在服务过程中通过客户的语言、行为以及洞悉的客户心理来发现客户需要,及时回应。具备较强的沟通表达能力,通过客户沟通,了解客户需求,为客户提供通信解决方案,引导客户对企业通信业务的使用和依赖。能独立地进行商务谈判,签订合同契约等。

2. 优化营销人力资源结构

通信企业要建立高素质的营销队伍,还要注重优化人力资源结构,合理配置人力资源。坚持人岗匹配原则,选择具备营销能力和理想的营销人员充实到营销队伍中,将不合适营销岗位的人员调整出去。只有愿意从事营销工作的营销人员才有可能在岗位中发挥全部的能力与热情,团队的融合才有最大的产能。

3. 建立营销文化

通信企业需要注重建立良好的营销文化,注重营销人员职业道德的培养,使营销人员具有良好的文化素养、较高的精神风貌、言谈举止、服务态度和着装仪表等方面总体素养。另外,我国三家通信运营商组织机构庞大,容易出现政策上下分离的现象,就更加需要加强组织末端的营销团队建设,营造良好的文化氛围,提升企业凝聚力。

如果组织内部的行为规范和价值观与员工们在与消费者交往中的外部行为规范和价值观不一致,就会导致服务质量降低,对消费者满意度产生负面影响。因此,关心员工的工作和成长、帮助员工解决难题、尊重员工、给予员工一定的决定权、支持员工工作等成为营销文化建设中不可或缺的方面。只有如此,员工才能树立组织整体观念、增强责任感和认同感。

14.2.3 突出员工利润价值

员工是企业的首要价值。员工是企业财富的创造者,只有不断提高员工满意度,才能使其为公司创造更大的利润。通信行业的营销过程实际是员工与客户互动的过程,只有满意的员工,才有满意的客户,因此,通信企业必须不断提升内部服务意识,提高内部服务质量。

1. 提高员工满意度

在通信企业服务利润链中,顾客满意和顾客忠诚取决于企业为消费者创造的价值,而通信企业为消费者创造的价值能否让消费者满意,它又取决于员工的满意与忠诚。只有满意和忠诚的员工才可能提高服务效率和服务质量。服务人员与消费者间在服务递送过程中的互动关系，直接影响着消费者对服务过程质量的感知，所以通信企业首先要提高员工满意度。员工价值充分体现出来，才能进一步提高公司获利能力。

2. 提高内部服务质量

通信企业需要把人员管理作为服务营销的一个基本工具，以提高员工满意与忠诚。也即需要在人员管理方面不断改善内部服务，首先提高企业对员工的服务质量。企业对员工的服务质量包括两方面：一是有形的服务质量，如对员工的薪酬、住宿条件等；二是无形的服务质量，包括对员工的关怀、尊重、培训和激励等。

从有形服务质量看，主要是完善薪酬体系、福利体系和工作环境。员工在企业所取得收入多少，体现了企业对员工个人价值的评判，是员工实现自我满足感的重要途径，因此，通信企业要建立合理的薪酬体系和"以人为本"的管理制度。员工为企业工作不仅为了获得报酬，企业是他们的另一个家，员工希望自己工作的环境安全、舒适、现代化。舒适的工作环境对提高员工的工作效率，树立企业的形象，激发员工的自豪感都有非常重要的作用。工作环境包括工作安全性、工作条件、工作时间制度、工作设施等方面。

通信企业提高对员工的无形服务质量，是提升员工满意度的根本途径。员工满意不仅包括员工对自己所从事通信工作本身的态度，还包括他们对同事关系、领导关系、企业与员工关系的感受。企业必须做好良好的内部营销工作，对员工给予充分的关注、培训及激励，创造良好的工作环境，才能在使员工满意的同时达到消费者满意，企业、员工、顾客都能受益。

3. 构建服务利润价值链

通信企业服务利润价值链如图14-3所示，通信企业获利能力的强弱主要是由顾客忠诚度决定的，顾客忠诚是由顾客满意度决定的，顾客满意度由服务的结果（过程质量）和价格（顾客成本）等因素决定。而通信服务顾客价值的形成源头是员工。因为员工的工作效率、忠诚度、工作满意度、员工能力直接决定员工的服务工作质量，从而影响着顾客价值输出。因此，通信企业需要不断提高获利能力，合理分配利润，为员工提供更好的薪酬和福利，提供更好的职业发展空间，以形成企业服务利润价值链的良性循环。

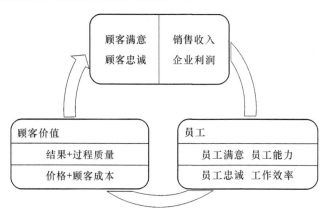

图14-3 通信企业服务利润价值链

14.2.4 制订员工营销管理方案

1. 内部营销管理体系

内部营销是把员工作为企业内部"顾客"看待,把企业的工作作为企业内部的"产品",力争用内部"产品"来满足内部"顾客"的需要,并同时通过内部"顾客"的良好表现实现组织的目标。就管理理念层面看,内部营销的目标是争取获得主动自发又具有顾客意识的员工。从策略层面看,内部营销的目标是创造一种内部环境,促使员工维持顾客意识和销售关心度。从战术层面看,内部营销的目标是向员工推销服务、支援服务、宣传并激励营销工作。

通信企业的内部营销是一个连续的管理过程,它包括态度管理和沟通管理两方面内容。企业往往容易重视沟通管理,尤其是关注沟通管理中自上而下的单向信息沟通,而忽略态度管理。这种情形之下的内部营销是以活动或行动的方式出现,如向员工发行内部手册,在员工会议上口头或书面地向员工通告有关信息。虽然员工获得了大量信息,但由于缺乏激励,信息对其难以产生重要影响,而其态度转变也相当迟缓。态度不积极反过来又使其对相关信息不感兴趣,形成恶性循环。因此,态度管理和沟通管理两方面要结合起来,双管齐下。态度管理是一个持续不断的过程,而沟通管理有间断,每人活动相对独立。只有二者相辅相成,才能使内部营销达到目标。

2. 人力资源制度体系

通信企业完善人力资源制度体系是制定员工营销管理方案的重要内容。人力资源制度完善需从对员工的入职招聘、前期培训、中期授权以及最终绩效管理的整个线性流程入手,辅以子方案增加系统的持续性,形成符合自身发展需要的人力资源制度体系和制度规范流程等。

招聘员工,选择雇佣符合企业理念的营销人员,聘用优秀人员来实施服务是服务营销管理的关键。

前期培训,通信企业的内部培训计划要包括技能培训、态度培训和沟通培训等方面。

中期授权,传统的"金字塔"式组织结构严重制约了授权措施的实施,组织结构扁平化,减少职权的等级层次,让"被授权"的员工对顾客需求直接作出反应,能够很好地提高通信企业服务营销绩效。

绩效管理,公开、公平、公正的绩效评估和奖励制度是内部营销成功的关键。目前通信企业的绩效评估的注意力仍集中在产出上,对行为过程评估不足,忽视了功能质量,对顾客满意度评估不足。根据评估的结果进行奖励时要注意物质奖励与精神奖励相结合、个人奖励与集体奖励相结合。个人奖励提供晋升渠道,物质与精神激励相匹配。集体奖励有利于提升营销团队的工作主动性和积极性。

3. 员工绩效管理体系

电信企业作为技术比较密集、服务最为重要的企业类型,员工的流失会带来很大损失,无论是前台的营销人员还是后台的技术保障人员都非常关键。企业需要制定员工职业规划、建立良好的晋升机制,为员工提供职业晋升通道。如根据工作岗位性质、工作强度等设计不同的岗位晋升通道,打通正式员工与劳务用工的双向通道,对符合条件、表现优秀的劳务用工给予延长合同期限等正向激励;设定清楚明确的目标,为每个特定的工作职位设定标准,明确评判工作优劣的准则。同时让员工参与整个设定标准的过程,这样员工看得到晋升希望,才会努力工作,自觉地提升自我能力,以达到一步步晋升的目的。人员稳定,企业为员工所做的职业规划才能在一段较长时间得以有效推进实施。

通信企业需要建立对服务营销人员恰当的考核机制,以支撑公司整体服务营销目标。这些考核目标可以包括基本的服务销售额、回款考核、投入产出比等,同时应对一些重点市场目标进行考核,如维保设备覆盖率、新服务增长率、非电信服务销售增长率等。要对服务交付人员进行服务交付质量考核,确保对服务业务提供及时有效的优质服务。将服务销售额纳入产品销售人员的销售业绩,使产品销售人员更多关注服务业务,促进产品销售人员的中高层客户关系共享,推动服务业务在客户中高层的推广,推动更多的运营商协作项目,提升项目的运作效率和成功率。

14.3 通信服务有形展示策略

实体产品营销强调创造抽象的联系,升华顾客对产品的认知。而服务营销则要注重通过多种有形展示来强调和区分事实。由于通信服务的无形性特点,顾客很难感知和判断服务质量和效果,顾客更多地根据服务设施和环境等有形线索来进行判断。因此,有形展示成了通信服务营销的一个重要工具。

服务的有形展示策略同样是以服务营销理念为指导,贯彻以消费者为导向的服务意识。通信服务业在有形展示方面的管理重点在于营业大厅的环境管理和服务人员的形象管理。通过有形展示,连接非实物性服务和有形物体,让消费者易于辨认服务。良好的服务有形展示管理能够实现顾客见到某服务的实物表征,即能唤起顾客联想到该服务的利益的效果。

14.3.1 有形展示的重要性

服务有形化对于消费者和服务企业具有以下重要意义。

(1) 帮助消费者认识和了解服务。服务缺乏搜寻特性,消费者不易认识、了解和识别服务,从而存在购买惰性。但服务场所、设施、人员、价目表等却是有形的,消费者依据这些有形线索可以搜寻服务企业和了解其所提供的服务,进而初步形成购买意图。

(2) 帮助企业建立区别和推广服务。服务具有一般性,同类服务之间的差异很难被描述和感知,从而影响服务企业推广和顾客选择服务。但有形设施、人员仪表、服务标准和流程等是有差别的,服务企业可据此建立服务区别和构筑竞争优势,进而吸引合适的消费者购买服务。

(3) 帮助消费者树立购买信心。服务消费属于体验消费和过程消费,服务质量难以评估,服务价值难以衡量,致使消费者购买风险较大,由此会限制消费者购买服务。而有形线索如服务场所、配套设施、人员仪表、服务标准和流程、收费标准高低等能够在一定程度上反应企业的服务质量,消费者依据有形线索选择服务企业或其服务类别能够在一定程度上降低购买风险,进而树立购买信心。

(4) 提升消费者感知服务质量和价值。北欧服务营销专家格罗鲁斯认为,服务质量就是"顾客感知服务的质量",它取决于顾客对服务质量的预期同其实际感知的服务水平之间的对比。如果顾客对服务的感知水平符合或高于其预期水平,就认为企业具有较高的服务质量;反之,则认为企业的服务质量较低。顾客感知服务质量不仅决定于"结果质量"(顾客得到了何种服务)和"过程质量"(顾客是如何接受或得到服务的),而且包括"有形环境质量",即与服务有关的每一个有形要素如服务场所、服务设施、人员仪表等,都会影响顾客感觉中的服务质量。因此,服务企业必须精心打造消费者通过眼、耳、鼻、舌、身等感觉器官所能接触到的每一个有形环境,以提升顾客感知服务质量和价值。

14.3.2 有形展示的要素

通信企业可以利用的有形展示的要素主要有 3 种。

(1) 环境要素。环境要素包括工作区的布置、空气的清新度、噪声、气氛、整洁度等。环境要素较好时通常不会引起消费者立即注意,也不会使消费者感到格外的兴奋和惊喜,但如果通信企业忽视这些因素,而使环境达不到消费者的期望和要求,则会引起消费者的失望,降低消费者对服务质量的感知和评价。通信企业内部应建设较好的硬件设备,并在各个营业厅提供消费者等待座位,提供纯净水等设施,使客户感觉到环境的舒适。

(2) 设计要素。这类要素是顾客最易察觉的刺激因素,包括美学因素(建筑物风格、色彩等)和功能因素(陈设、舒适、标识等),通过设计要素改善服务产品的包装,使服务的功能和效用能够更为明显和突出,以建立有形的赏心悦目的服务产品形象。

(3) 社交要素。社交要素是指通信企业参与服务过程的所有人员(包括服务人员和消费者)的态度和行为都会影响消费者对服务质量的期望和评价。对于通信企业来说,员工的精神面貌代表了公司的精神面貌,服务人员着装统一,服务礼仪到位,亲切和蔼地解答消费者的问询等,服务人员良好的精神面貌能让客户对企业产生良好的印象和信任感。

14.3.3 通信服务的有形展示策略

服务的有形展示包括服务的环境、企业与顾客接触的场所以及任何与服务过程有关的沟通等诸多要素。服务有形程度的提升能够加强客户对服务的认知和感触。通信企业提高服务有形程度的方法如图 14-4 所示。

1. 服务内容明确化

通信企业可将服务信息及内容细化,以条目形式梳理,如分列出提供的服务类型、价格等,将服务内容以较明确的数据呈现。服务内容如能以数据形式表现出来,最容易提高服务的有形程度。如将服务的价格和数量、员工人数、已服务过的顾客人数、服务所需的时间和费用、服务历史、可量化的消费者满意度等内容进行量化表示,不仅可以降低顾客对服务内容的风险知觉,使顾客建立一套较为明确的期望、决策分析和评估模式,而且有利于顾客根据服务价值和有形设备数量或其他相关的数值对服务品质作出评估。

图14-4 通信企业服务有形展示策略

2. 服务内容比较化

通信企业可以将服务内容和竞争对手作客观对比后进行排位。由于服务的无形性,服务性企业难以将企业的服务和竞争对手区别开来。而通过将服务内容数据化,可以在一定程度上区别于竞争对手,可以让顾客感知到通信服务产品的特色,与竞争对手在一定程度上进行区分。

3. 公司形象实物化

用有形的实物将通信企业的形象具体化。通信企业应向消费者提供看得见、摸得着的有形实物,生动具体地展示服务内容,宣传企业形象。提高服务的有形程度,降低消费者知觉风险。

通信企业可用语言文字、图形、音像、实景或操作使用示范等方式展示服务内容。展示服务内容可使移动消费者在购买服务之前对服务内容获得较为客观、具体的印象,有利于消费者对服务品质作出评估,顾客也容易对企业产生更具体的印象。

企业可以通过营业厅形象的确立、品牌联盟等方式让客户改变、提升对企业的简单印象,促使消费者更形象深入地了解公司所提供的服务。例如,中国移动公司针对不同客户开发的"全球通"、"神州行"和"动感地带"等移动业务品牌将服务和客户较好地进行了区隔,从而方便消费者识别和选择。中国移动品牌LOGO如图14-5所示。

图14-5 中国移动品牌LOGO

另外，通信企业还应该展示服务过程和开辟体验空间。服务属于非制成品，服务本身无法展示，但服务过程可以展示，即服务企业可以开放服务空间以让消费者亲眼目睹服务过程，进而消除消费者的疑虑和增加其对服务企业的信任。例如，在营业厅提供顾客等待的休息室，配备电视机播放一些网络功能演示方面的内容，让客户亲身体验本企业服务的先进、功能的强大。

4．利用多种媒体展示

利用各种媒体展示服务企业或品牌。消费者在实际接触服务企业之前，会通过多种途径寻找和了解服务企业或品牌。为此，服务企业必须善于利用各种媒体传播和展示自己，尤其在传媒业迅速发展的今天更是如此。由于服务具有无形性，服务广告应提供生动信息、使用交互形象、展示有形设施、突出服务员工、介绍满意顾客等，以提升宣传效果。

电信服务的无形性使通信企业在宣传上存在很多的局限，这种局限只能靠有限的有形展示来弥补。通信公司提供的服务主要是有关信息、网络等的无形物质，无法在提供服务之前就给消费者提供现实的展示，企业可以把完成的产品或项目制作成宣传材料，例如将企业所取得的资质、所获得的荣誉以及典型的成功案例等做成手册、单页进行宣传，让顾客间接地看到服务的效果，达到有形展示的目的。

5．利用客户口碑宣传

企业要充分利用消费者的口头宣传，以一传百，扩大影响。消费者在购买服务之前，往往倾向于从亲友或专家的口中了解服务的信息。因此可以向消费者介绍专家鉴定意见、请知名人士介绍他们在本企业的服务经历、宣传满意的消费者对该企业服务的评价等，以提高服务产品质量的可信度。相关群体的意见会对客户的消费行为产生较大的影响。

6．高效传递信息

通信企业要尽量在单位时间内增加向消费者传递的信息量，无形的服务比有形的产品需要更多的信息量。

首先，在购买服务过程中，消费者的知觉风险较高，对于信息的收集、组织和评估的时间较长、较为谨慎。所以，通信企业需要持续地给客户传递信息，以保持信息的效果。例如将企业的网络运行质量、核心服务等各项指标进行量化，定期公布给客户，让客户感知到联通每天都在提高和完善服务质量与水平，增加顾客的公司忠诚度。

其次，消费者购买服务有其独特的心理模式，对服务先入为主的认识较易产生知觉防卫和知觉平衡，通信企业要使顾客改变认知，需向消费者传递更多的信息。

最后，消费者不太愿意转换服务品牌并不等于顾客的品牌忠诚度高，可能是知觉风险高带来的惯性。因此想要吸引顾客转换服务品牌，需要足够信息引起顾客注意。所以，通信企业需要加强本公司品牌对顾客的冲击力，帮助顾客形成转换品牌的信心，选择本公司的服务。

14.3.4 员工的有形展示

员工形象代表公司形象，消费者直观接触的第一人就是营销人员，所以他们的精神状态是公司形象展示很重要的一部分。通信企业可以从以下方面强化规范管理，实现最佳的员工有形展示。

(1) 服务规范。为了统一服务标准,企业需要建立服务规范以便区别于其他企业,展现公司的形象与特色。实行大堂经理负责制,规范营业前台的现场管理;规范服务的同时还要在工作中体现精细化、人性化,例如,可以在旗舰店设置 VIP 客户接待区,提供导购迎宾服务;在重要客户密集的营业厅,设置"大客户服务中心",确保实现"无停留"的办理效率。

(2) 行为规范。企业需制定服务人员的行为规范,对服务人员的着装、仪表、行为、服务等进行严格规定。通过培训,指导服务人员行为达到要求。这样消费者才会感知企业管理规范,形象良好。

(3) 语言规范。语言规范主要包括电话咨询服务礼貌用语、日常礼貌用语、电话回访礼貌用语、上门回访礼貌用语、上门服务礼貌用语、消费者接待用语等。通信服务是一项具体而又需要细心面对顾客的服务,消费者对服务的要求通常较高,需要服务人员服务能力强、服务态度好。例如,客服人员对客户要用"您"、"您好"、"请"、"谢谢"等礼貌用语,杜绝以下情况发生:①给客户否定的答复,"不行"、"我不知道"、"不清楚"、"您自己去问吧";②接待用户不抬头;③回答用户模棱两可,"可能……"、"这个问题不太要紧"、"那种现象很正常";④推卸责任,"这是某某的事"、"您打电话找某某吧",或"这是您的问题,不属于我们的事"、"网络偶尔不畅的情况是存在的"、"我们现在太忙,过两天处理吧";⑤遇到问题不积极解决,"有什么问题,找我们领导好了";⑥与顾客对立,"你投诉好了"等。

(4) 热线服务规范。接听各类服务电话是通信企业客户服务的重要内容。接听的电话一般分为普通咨询电话、应答电话、投诉电话、查询电话、报单电话、维修电话等。不同的电话需有不同的应答标准和技巧,例如接到投诉电话时,应首先向消费者致歉,同时记录事情经过,告诉消费者处理的大概程序和时间,并安慰消费者。打电话时要礼貌,说话的语气要轻松和蔼,企业需具备一整套相关的电话应答规范和流程。

14.4 通信服务过程策略

消费者对通信服务质量的感知包括两部分:服务结果质量(消费者得到了什么)和服务过程质量(消费者是如何得到的)。除服务结果外,服务传递给消费者的方式在消费者对服务质量的感知中也起重要作用。如工作人员的态度、业务熟练程度、言行方式等,都会对服务质量产生影响。在企业长久的发展过程中,在服务结果质量同质化的竞争中,优异的服务过程质量是创造差异和持久竞争优势的决定性因素。

14.4.1 服务过程概要

1. 服务过程的含义

服务过程(Process)指与服务生产、交易和消费有关的程序、操作方针、组织机制、人员处置权的使用规则、对顾客参与的规定、对顾客的指导、活动的流程等,简言之,就是服务的生产工艺、交易手续和消费规程的总和。

服务产生和交付给顾客的过程是服务营销组合中的一个重要因素,这是因为顾客通常把服务交付系统感知为服务本身的一个部分。服务企业的顾客所获得的利益不仅来自服务本身,同时也来自服务的传送过程。

2. 服务过程的分类

按过程形态可以将服务过程分为 3 大类。

(1) 线性作业(Line Operations)。所谓线性作业,是指各项作业或活动按一定顺序进行,服务是依据这个顺序而产出的。在服务业,自助式餐厅就是这种作业顺序的标准形态。在自助式餐厅,顾客依顺序做阶段式地移动。线性作业的各种不同构成要素之间的相互关系往往使整体作业会受到连接不足的限制,甚至因此造成停顿现象,比如自助餐厅的结账员动作迟缓,但这也是一种具有弹性的过程,过程中的工作项目可经由专门化、例行化而加快绩效速率。线性作业过程适合用于较标准化性质的服务业,有大量的持续性的需求。

(2) 订单生产(Production Order)。订单生产过程是利用活动的不同组合及顺序提供各式各样的服务。这种类型的服务可以为顾客特别设计定制,以符合不同顾客的需要,并提供预定服务。比如,餐馆的生产过程即属于订单生产过程。这种过程形态具有弹性的优势,但仍然存在时间不易安排、资本密集不易取代、劳动密集、系统产能不易估算等问题。

(3) 间歇性作业(Intermittent Operations)。间歇性作业指做一件算一件,各服务项目独立计算,也可以称为经常性重复的服务。比如,各种新服务设施的建造、一次促销宣传活动、一台计算机的系统装置或一部大型影片的制作等。

通信服务过程根据不同业务情况和客户需求情况而不同,3 种类型的服务过程都存在。例如,宽带服务过程属于线性作业过程,该过程包括客户购买服务、设计安装、开通、持续维护等环节;集团客户的通信解决方案的特别定制过程属于订单生产过程;而手机终端系统安装服务属于间歇性作业过程。

3. 服务过程控制的重要性

首先,服务具有不可分性,服务交易与服务生产、服务消费之间是融为一体的,服务营销不可能脱离这个整体过程。相反,服务营销只有依赖这个整体过程才能完成。

其次,服务具有易变性,服务营销只有设计和把握好过程才能把握好服务的易变性。

再次,服务的不可储存性也要求服务营销重视对过程的策划。服务营销只有对过程精心策划,才能有效利用服务时间和调节服务的供求,从而把握好服务的不可储存性。

最后,过程还关系到服务消费者的参与感和责任感,设计良好的过程有助于增强顾客对服务的参与感和责任感,从而满足服务消费者特殊的行为要求。

14.4.2 通信服务提供过程

根据客户接触程度不同,可以把电信服务过程分为前台和后台两部分,前台是企业与顾客接触、对外展示的部分,后台是企业内部,不与顾客接触、客户看不到的部分。电信服务过程提供模型如图 14-6 所示。视野分界线把服务的两部分开。

(1) 前台相互接触的部分。外部顾客通过相互接触部分接受服务。在相互接触过程中,能够产生和影响服务质量的资源包括介入过程的顾客、企业一线员工、企业服务规章制度、企业的物质资源和生产设备。

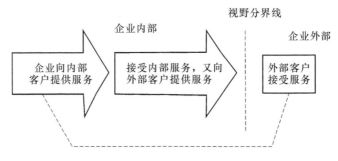

图 14-6　电信服务提供过程模型

电信运营商的服务界面包括实体营业厅、客户经理、网上营业厅、短信营业厅、服务热线、自助服务终端、官方微博等。对于企业与客户接触的部分,服务过程需要有一定的灵活性,以适应客户个性化和参与的需求,服务人员服务能力强、服务主动性强,能够灵活处理服务过程中出现的具体情况,能够给客户带来良好的直观感受。

(2) 后台不可见部分。后台不可见部分需要采用生产线设计思路,实现服务的规范化、标准化,达到较高的服务效率。后台客户不可见部分又分两部分:一部分是直接为顾客提供服务的一线人员接受企业后勤支撑人员的服务;另一部分是企业后勤支撑人员向内部客户提供的服务。

通信企业的服务过程需要前台后台协调、密切配合,才能实现优质服务。尤其是作为技术密集型的服务企业,后台工作至关重要。优质的通信网络系统、合理的运作流程设计、服务过程的无缝连接是电信企业提供优质服务的前提。电信客户不仅需要通信企业提供良好的"窗口"服务,更需要优质的"后台"服务。

14.4.3　通信企业服务过程策略体系

从开始发现消费者需要到最终满足消费者需求,通信企业需要对服务的全过程进行系统管理和监控,建立合理的服务过程流程,提高服务过程质量。通信企业服务过程策略体系包括 5 方面内容,如图 14-7 所示。

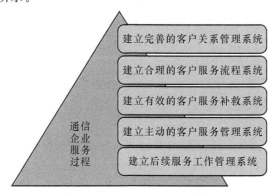

图 14-7　通信企业过程控制图

1. 建立完善的客户关系管理系统

通信企业建立完善的客户关系管理系统,对客户档案进行全面化的管理,是企业为客户提供有效服务的基础。

通信企业客户关系管理的具体内容见本书第 4 章中的相关论述。客户关系管理一个特征是带有指向性,帮助企业识别客户不同阶段的需求,合理分配有限的资源,优化过程服务。

2. 建立合理的客户服务流程系统

为了提高服务营销的效率,通信企业要建立制度化的、合理的客户服务流程系统。信息技术的迅速发展,新业务层出不穷,通信企业需要结合自身服务特点,针对细分市场设计合理的客户服务流程解决方案。通过对客户投诉资料和数据进行统计分析,总结服务流程中的问题,发掘潜在隐患,不断改善服务流程。

3. 建立有效的客户服务补救系统

服务补救不仅仅是对服务失败的纠正,还是企业的一项管理过程。该过程包括发现服务失败,分析服务失败原因,对服务失败进行评估,采取恰当措施解决问题。服务补救是一个持续的质量改进过程,是通过对一次服务失败的分析,找出问题根源,对服务过程的相关方面进行重新改善和设计。

通信企业建立有效的服务补救系统,包括以下方面的内容。

(1) 确立服务补救规程。通过对服务补救实践的总结,通信企业可以建立自身的服务补救程序。服务补救程序一般包括以下环节:①发现服务失败,确认客户的不满意;②了解服务失败原因;③企业及时响应,尽快解决问题;④深入分析研究服务失败原因,对其进行分类整理,分送相关部门和人员;⑤总结服务补救信息和提出改进建议。

(2) 建立服务补救的预警机制。即建立事先的预警系统,对可能发生的服务失败进行预测,有针对性地采取预防措施。服务补救的预警机制包括如下环节:①对可能发生的服务失败进行识别和分类。服务失败包括 3 类:服务传递过程所造成的失败、顾客与员工互动造成的失败、员工造成的失败。②对各类服务失败造成的客户影响进行判断。③采取积极有效的预防措施。例如,借助故障树分析查找潜在的服务失败原因,通过服务设计消除服务失败根源,通过内部服务补救将服务失败消灭于造成顾客损失前等。

(3) 建立服务补救信息系统。服务补救信息系统包括如下内容:①服务补救的信息搜集,包括服务失败的信息、顾客抱怨的信息、服务补救的信息以及其他相关的信息,如服务补救后顾客的反馈、其他竞争对手服务补救信息等。②服务失败信息和顾客抱怨信息的分析评估。通过差距模型和差距量化工具,分析研究服务失败根源,运用不同的质量管理工具,如绘制帕累托图或控制图等,得出量化分析结果。③服务补救的分析结果的反馈。企业应建立服务补救信息传递流程,将服务补救信息传送给需要的部门和人员,包括信息提供者、顾客、员工等,补救结果的反馈将赢得信誉,提高了服务补救的效益。

4. 建立主动的客户服务管理系统

通信企业建立客户服务管理系统,包括客户服务过程的管理、客户服务人员的管理、客户服务流程的管理、客户服务结果的监管等内容。

5. 建立后续服务工作管理系统

通信企业要完善服务质量监督机制，加强全过程服务管控。完善服务质量监督管控体系，对全业务、全过程、全渠道服务质量实施管控。坚持服务质量周通报、月考核、季分析制度，对售前、售中、售后、产品退出4个阶段服务质量关键点进行管控。

> **特别关注**

服务蓝图

20世纪80年代美国学者Shostack和Jane Kingmam Brundage等人将工业设计、决策学、后勤学和计算机图形学等学科的有关技术应用到服务设计方面，为服务蓝图法的发展做了开创性的工作。另两位学者Valarie和Bitner在1995年出版的《服务营销》一书中，则将服务蓝图法作了综合性陈述。

1. 服务蓝图的含义

服务蓝图是一种准确地描述服务体系的工具，它借助于流程图，通过持续地描述服务提供过程、服务遭遇、员工和顾客的角色以及服务的有形要素来直观地展示服务。服务蓝图提供了一种把服务合理分块的方法，再逐一描述过程的步骤或任务、执行任务的方法和顾客能够感受到的有形展示。同时，服务蓝图中被清晰地识别了顾客同服务人员的接触点，从而达到通过这些接触点来控制和改进服务质量的目的。

2. 服务蓝图的组成

服务蓝图的主要组成部分如图14-8所示，蓝图被3条线分成4个部分，自上而下分别是顾客行为、前台接触员工行为、后台接触员工行为以及支持过程。蓝图中所有的特殊符号、分界线的数量以及每一组成部分的名称都可以因不同企业的内容和复杂程度而有所不同。

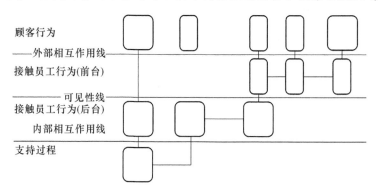

图14-8 服务蓝图构成图

顾客行为部分包括顾客在购买、消费和评价服务过程中的步骤、选择、行动和互动。

接触员工行为的前后员工行为是企业与顾客接触人员的行为和步骤中顾客看得见的部分，是前台员工行为，这部分围绕前台员工与顾客的相互关系展开。

后台员工行为是发生在幕后、支持前台行为的员工行为,它围绕支持前台员工的活动展开。

蓝图中的支持过程包括内部服务和支持服务人员履行的服务步骤和互动行为。这一部分覆盖了在传递服务过程中所发生的支持接触员工的各种内部服务、步骤和各种相互作用。

以上4个主要的行为部分由3条分界线分开。

第1条是外部相互作用线,表示顾客与组织间的直接互动。如有一条垂直线穿过互动分界线,即表明顾客与组织间直接发生接触或一个服务接触产生。

第2条是可见性线,这条线把顾客能看到的服务行为与看不到的分开。看蓝图时,从分析多少服务在可视线以上发生、多少在以下发生入手,可以了解顾客是否被提供了很多可视服务。这条线还把服务人员在前台与后台所做的工作分开。比如,在医疗诊断时,医生既进行诊断和回答病人问题的可视或前台工作,也进行事先阅读病历、事后记录病情的不可视或后台工作。

第3条线是内部相互作用线,用以区分服务人员的工作和其他支持服务的工作和工作人员。垂直线穿过内部互动线代表发生内部服务接触。

3. 服务蓝图的作用

① 通过建立服务蓝图,促使企业从顾客的角度更全面、更深入、更准确地了解所提供的服务,使企业更好地满足顾客的需要,有针对性地安排服务和服务提供过程,提高顾客满意度。

② 通过建立服务蓝图,研究可见性线上下区域内的那些前、后台接触员工行为,掌握各类员工为顾客提供的各种接触信息。这有助于企业建立完善的服务操作程序,有助于明确职责、明确培训工作的重点、有针对性地提高员工服务技能。

③ 服务蓝图揭示了组成服务的各要素和提供服务的步骤,有助于理解内部支持过程和非接触员工在服务提供过程中的角色和作用,激发其工作积极性,从而为前台接触员工提供高质量服务创造条件。

④ 蓝图中的外部相互作用线指出了顾客的角色,以及在哪些地方顾客能感受到质量,有利于企业有效地引导顾客参与服务过程并发挥积极作用,而且有利于企业通过设置有利的服务环境与氛围来影响顾客满意度。可见性线促使公司谨慎确定哪些员工和顾客接触,是谁向顾客提供服务证据,哪些可以成为服务证据,从而促进合理的服务设计,明确质量控制活动的重点。

⑤ 服务蓝图有助于质量改进。从服务蓝图中,可以判断过程是否合理、充分、有效率,还有哪些方面需要调整和改变,所进行的这些改变将如何影响顾客或接触员工以及其他的过程,这些考虑有助于识别失败点和服务活动链的薄弱环节,从而为质量改进指明方向。

⑥ 服务蓝图为内外部营销工作建立基础。例如,服务蓝图为营销部门和广告部门有针对性地选择必要的交流信息、寻找顾客特别感兴趣的卖点提供了方便。

4. 服务蓝图的绘制步骤

服务蓝图绘制的6个步骤如下。

第一步,识别需要制定蓝图的服务过程。蓝图可以在不同水平上进行开发,这需要在出发点上就达成共识。可以是基本概念意义上的服务蓝图,也可以是具体的基于某细分市场的变量或特殊服务的蓝图。

第二步,识别顾客(细分顾客)对服务的经历。服务过程因细分市场不同而变化,为某位特定的顾客或某类细分顾客开发蓝图,需要识别对特定细分市场顾客接受服务的经历。

第二步,从顾客角度描绘服务过程。描绘特定顾客在购物、消费和评价服务中执行或经历的选择和行为。如果描绘的过程是内部服务,那么顾客就是参与服务的雇员。从顾客的角度识别服务可以避免把注意力集中在对顾客没有影响的过程和步骤上。

有时,从顾客角度看到的服务起始点并不容易被意识到。如医疗服务中,病人把开车去诊所、停车、寻找诊所视为服务经历,医院认为服务的开始点是病人挂号。在开发蓝图时,从顾客的视角把服务录制或拍摄下来将大有益处。通常,经理和不在一线工作的人并不确切了解顾客在经历什么,以及顾客看到的是什么。

第四步,描绘前台与后台服务雇员的行为。首先画上互动线和可视线,然后从顾客和服务人员的观点出发绘制过程、辨别出前台服务和后台服务。对于现有服务的描绘,可以向一线服务人员询问其行为,以及哪些行为顾客可以看到,哪些行为在幕后发生。

第五步,把顾客行为、服务人员行为与支持功能相连。下面可以画出内部互动线,随后即可识别出服务人员行为与内部支持职能部门的联系。在这一过程中,内部行为对顾客的直接或间接影响方才显现出来。

第六步,在每个顾客行为步骤加上有形展示。最后在蓝图上添加有形展示,说明顾客看到的东西以及顾客经历中每个步骤所得到的有形物质。服务过程的照片、幻灯片或录像在内的形象蓝图在该阶段也非常有用,它能够帮助分析有形物质的影响及其整体战略及服务定位的一致性。

案例分析

中国移动的服务营销策略

1. 发挥员工主动性

中国移动集团公司曾对员工满意度进行研究,发现员工满意度低于客户满意度,而且差值比较明显,一方面说明员工满意度现状有待进一步改善;另一方面说明通过员工满意度的改善,客户满意度的提升还存在一定的空间。数据显示,中国移动劳务派遣员工数量大大高于劳动合同员工的数量,而劳务派遣工绝大部分处于市场营销、客户服务、运行维护的生产第一线,劳务派遣工升职的机会少、发展空间有限,影响了员工的工作积极性和主动性,也会影响服务质量,进而引发客户的不满,增加客户的投诉量;相同岗位不同身份的员工、相同身份岗位不同的员工存在着或多或少的利益、权利差异、甚至矛盾,由此带来了一定的负面影响,影响了员工的工作热情,损伤了部分员工的自信心,使部分员工的感情需要得不到很好地满足。为解决此问题,中国移动提出关爱员工,做好内部服务工作,提升满意度的管理策略。

首先,转变观念,以人为本,营造和谐、健康发展的企业文化,将人看成具有积极性、创造性、进取性的主体。管理者将工作重点由"管理型"变为"开发型",管理的真正本质不是约束和限制,而是创造。一方面创造价值、创造产品;另一方面创造人才、创造思想。

其次,完善员工意见和情绪反馈渠道,鼓励员工沟通,建立有效的沟通机制。加强与员工的感情沟通,尊重员工,创造良好的工作环境,使职工保持良好的工作热情,是一种精神激励的有效方式。员工可以通过各种正式的和非正式的渠道交流看法,交换信息。例如,通过经理信箱、短信平台、文化长廊、内部网站等途径给员工抒发情感、发泄情绪,通过沟通调整心态,培养健康乐观的生活态度。

第三,为员工量身定制职业发展规划,给员工一种自我实现感。职业生涯设计要根据个人条件、背景、由员工和人力资源经理共同协商,为每个员工量身定做适合其自身特点的职业生涯发展道路,使每一个员工自身的发展目标与企业的发展目标有机地结合起来,减少冲突,增加一致性。例如,对于具有管理才能的员工,通过公开竞聘,使他们能够在一定的管理岗位上(如班长、主管)发挥作用;对于具备一定专业特长的员工,通过公开选拔,可以到各种专席、数据分析、内训师等岗位发挥所长;对于安心工作于客户一线的客户代表,通过计件工资、劳动竞赛,取得相应较高的报酬和周能手、月冠军、年度先进等荣誉。

第四,承办多种多样的集体活动,增强员工的集体荣誉感,丰富员工的文化生活。根据员工的爱好,建立各种兴趣小组或俱乐部,如书画小组、棋牌小组、体育小组、文艺团队等,以丰富员工的业余文化生活。

最后,依靠技术进步和生产模式的调整,减轻员工劳动强度,为快乐工作创造条件。例如,通过知识库的完善,减少员工对业务知识的背记量;通过电子流的优化,减小客户投诉的处理难度;通过在线考试系统的建设,使员工学习业务知识变得轻松;通过电子渠道的大力推广,减少实体渠道的办理量等。

2. 丰富营业厅有形展示途径

中国移动的服务有形化通过3个方面来实现。

第一,服务产品的"有形化",即通过服务设施等硬件技术,如自动缴费和查询话费等技术来实现服务自动化和规范化。

第二,服务硬件环境的"有形化",通过导入CIS,用有形的服务环境来体现无形的服务质量,如不同品牌店的标识,中国移动还通过在营业场内放置宣传折、布置宣传窗、摆放宣传架等来构成可感知的服务。

强调通过服务的细节展示服务品质,如在每一个营业厅播放轻松、欢快的音乐,放置纯净水和杯子,设置客户休息室,设立解说员,为老人、残疾人办理业务。从根本上说,细节服务深层次的含义在于充分研究用户需求,不断完善服务系统、服务规范,使每一项服务都能让用户感觉到方便,让用户真切感到企业在为他着想。任何服务工作都或多或少需要一些有形产品做辅助,在服务过程中使用的各种服务工具和设备都会在一定程度上影响感觉中的服务质量。

另一些有形展示也与服务过程有关,如在服务大厅悬挂的服务流程示意图等,为顾客提供免费指导。通过细节能提高服务的档次,拉近与顾客的关系,让顾客在享受服务的同时产生优质感和超值感,从而增加其对产品的满意度。

第三，服务人员的有形展示。中国移动公司实行统一着装，服装颜色为浅蓝色，给人以沉静利索的感觉，增强客户的舒适感和信任感；服务人员态度和蔼真诚，善于表达，服务能力强；通过宣传小册子、广告传单等服务工具向客户介绍业务，给顾客留下主动热情服务的良好认知。

分析点评

员工满意创造顾客满意，只有对企业满意和忠诚的员工才可能具有较高的服务效率和服务质量。企业人员管理的关键是不断改善内部服务，提高内部服务质量。中国移动的员工队伍年轻、知识层次高、人力资源供给充足，但是也存在一些问题：员工多元化造成的文化认同差异；业务结构变化需要加大人才培养力度；企业文化对员工的凝聚作用需要发掘；中国移动的知识型员工管理方法需要不断进行探索。因此，公司不断调整人员管理的策略以提高员工满意度，例如，重视企业文化对员工的凝聚作用和心理关怀作用，加强知识型员工人力资源开发，强化风险意识教育，扩大人才来源渠道等。

服务企业通过服务的有形展示可以很好地说明服务、推广服务。中国移动通过产品有形化、环境有形化和人员3方面的有形展示，较好地帮助顾客识别企业、认可企业形象和服务。

思 考 题

1. 什么是服务营销7P策略组合？
2. 什么是服务利润价值链？
3. 有形展示有哪些要素？每一个要素都包括哪些内容？
4. 什么是服务过程？服务营销中的过程控制有何重要意义？
5. 请任意挑选一家通信类企业，绘制出该企业的服务蓝图。

第 15 章　通信市场营销计划、实施与控制

> **本章导读**
>
> 15.1　通信市场营销计划
> 15.2　通信市场营销组织与执行
> 15.3　通信市场营销控制
> **案例分析：**2010—2014 年中国联通发展战略

本章讨论通信市场营销管理的具体落实问题，通信市场营销管理的落实包括营销计划的制订、组织执行与营销控制 3 个环节，3 个环节的关系如图 15-1 所示。计划包括公司计划、部门计划、业务计划、产品计划等，实施包括营销组织的构建和执行，营销控制是对计划执行情况的衡量、诊断和修正。

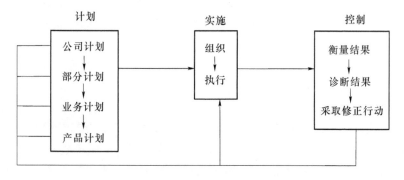

图 15-1　营销计划、实施和控制的过程

15.1　通信市场营销计划

营销计划是指导和协调市场营销活动的工具。在现代企业组织中，市场营销计划不是营销部门独立完成，而是各个重要部门集体参与并由跨职能团队共同制订的。因为营销工作是企业整体经营活动的核心，它是在企业整体战略计划指导下进行的，营销计划要服从企业整体战略计划。

对于大型企业而言，企业战略计划分为 4 个层次：公司层、部门层、业务层和产品层。公司总部负责设计制订公司的战略计划，指导公司的运作，给部门分配资源，提出发展目标；每个部

门制订部门计划,把公司赋予的资源分配到各业务单位;业务单位制订业务单位计划,确保业务单位有效经营;各业务单位下的产品层面要制订具体的产品营销计划,以便在特定的产品市场上实现预定的目标。公司层和部门层的计划常常称为公司战略,业务层和产品层的计划即为营销计划。为展示通信企业战略计划的全貌,本书将分公司战略和营销计划两部分来论述通信企业营销计划。

15.1.1 公司和部门战略计划

公司和部门战略计划的内容包括4个方面:确定公司使命;建立战略业务单位;为每个战略业务单位分配资源;评估增长机会。

1. 确定公司使命

确定公司的使命就是明确企业存在的目标,要完成什么任务。

彼得·德鲁克的5个经典问题能够为公司确定使命提供思考方向,这5个问题是:本公司是做什么的?顾客是谁?本公司对顾客的价值是什么?本公司的业务将是什么?本公司的业务应该是什么?

公司使命声明(Mission Statement)是对公司使命的描述,清晰有效的使命声明能够使公司的管理人员、员工和顾客清晰地认识公司。

公司使命声明常常界定公司的以下问题:①公司所属行业范围;②公司业务和服务的应用范围;③公司的核心能力领域和竞争范围;④市场细分范围,即公司业务和服务的市场类型和顾客类型;⑤垂直范围,公司在从原材料到最终产品到分销这个全部产业链中所涉及的业务范围;⑥公司业务和服务的地理范围。

中国移动公司的愿景是"成为卓越品质的创造者",企业使命是"创无限通信世界,做信息社会栋梁",企业核心价值观是"正德后生,臻于至善"。

2. 建立战略业务单位

战略业务单位(Strategic Business Unit,SBU)是指公司值得为其专门制定一种经营战略的最小战略单位。大型公司经营许多不同业务,需要为不同业务制定战略。

企业需要根据顾客需求来界定业务,而不是根据现有产品来界定业务。在界定业务单位时,要能够透视产品背后的顾客需求,才能为企业找到潜在的成长机会。因为为满足顾客的同类需求,可以创新多种产品。

一般而言,可以从3个维度来界定一个业务领域:顾客群、顾客需要和技术。这3个维度的任何一个要素的改变都可以是一项新业务的诞生。如短信业务和飞信业务都是满足顾客即时通信需求的,但应用的技术不同,就可以是两个不同的业务。

不同企业的战略业务单位的划分依据是企业经营管理的需要,一个战略业务单位可以是企业中的一个部门,或一个部门中的某类产品,或几个部门、几类产品。在通信企业中,语音业务、数据业务、移动互联网业务、电子商务业务等都可以看成是一个战略业务单位。

战略业务单位具有如下特点。

(1) 它是一项独立业务。在公司计划工作中,能够与其他业务分开编制计划。

(2) 它有自己的竞争对手。

(3) 有专门的经理人员负责战略规划,谋取利润,并控制着大多数影响利润的因素。

3. 为每个战略业务单位配置资源

经营多项业务的企业要根据每项业务不同的增长机会,对有限的资金进行合理配置,即制订不同的投资组合计划。

常见的业务组合计划模型有以下几种。

(1) 波士顿咨询集团方格

根据市场增长率和相对市场份额两个指标将所有的业务划分为问题类、明星类、现金牛类和瘦狗类4类业务,如图15-2所示。

图15-2 波士顿咨询集团方格

问题类业务高市场增长率、低相对市场份额,需要较多资源投入;明星类业务高市场增长率、高相对市场份额,需要大量资源投入,保证跟上市场发展,并战胜竞争者;现金牛类业务低市场增长率、高相对市场份额,不需资源投入,是可以带来高利润的业务;瘦狗类业务低市场增长率、高相对市场份额,是应该削减的业务单位。

(2) 通用电气公司多因素投资组合模型

根据竞争优势和行业吸引力来区分每个战略业务单位,针对不同的业务类型,管理人员作出是进一步投资促进成长、进行收获或维持等投资决策。通用电气公司投资组合模型如图15-3所示。

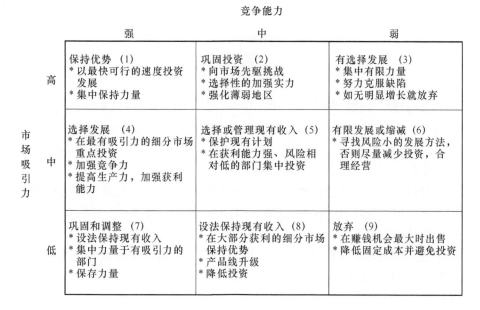

图15-3 通用电气公司投资组合模型

方格(1)、(2)、(4)表示强大的战略业务单位,公司应向其投资,促使其增长。方格(3)、(5)、(7)表示中度吸引力的战略业务单位,应采取有选择地发展的策略。方格(6)、(8)、(9)表示吸引力低的战略业务单位,应收缩或放弃。

(3) 股东价值分析

股东价值分析就是判断公司拥有或放弃某个战略业务单位对公司市场价值的影响如何,是增加公司价值还是减少公司价值,如果是增加价值就保留和发展该业务,如果是减少价值就出售或剥离该业务。

4. 评估成长机会

投资组合战略决定了哪些业务要发展,哪些业务要收割、放弃。企业需要发展新业务,以代替被淘汰的业务。通信企业的业务和服务尤其需要随技术进步不断调整,需要不断捕捉市场机会,发展新业务。

一般来说,企业成长,规划新业务,首先是在现有的业务领域内寻找进一步发展的机会;其次发展与目前业务相关联的新业务;最后也可能开发与目前业务无关的新业务。这就形成了企业成长的3种战略或3个类型的成长机会。

(1) 密集性成长战略

通信企业在现有的产品和市场框架内寻找成长的机会。它是在一个特定市场的全部需求购买潜力尚未达到极限时所采用的增长战略。如图15-4所示,安索夫方格描述了密集性成长战略。

	现有产品	新产品
现有市场	市场渗透战略	产品开发战略
新市场	市场开发战略	多样化战略

图 15-4 安索夫方格

密集性成长战略可通过4种途径实现:第一,市场渗透战略,即设法在现有市场扩大现有产品的市场份额。第二,市场开发战略,即为现有产品开发新市场。第三,产品开发战略,即通过为现有市场开发新产品实现业务增长。第四,多样化战略,即为新市场开发新产品。

(2) 一体化增长战略

通信企业将自己的业务经营扩展到产、供、销不同环节,以寻求更多的市场机会,如运营商提供内容服务。一体化成长有3种形式:第一,后向一体化。公司向后控制供应系统,通过自办、契约、联营或兼并等形式,实现对其供应来源取得控制权。第二,前向一体化。通过一定形式对其产品的加工或销售单位取得控制权。第三,横向一体化。通过收买或兼并同类企业,以扩大生产规模,或同类企业实行合资经营。

(3) 多样化成长战略

通信企业跨行业经营。三网融合背景下,通信企业可以将业务扩展到电视业,如手机电视业务。该战略也有3种形式：第一，同心多样化。以现有产品为核心向外扩展业务范围，充分利用企业现有的技术和营销人员，发展与现有产品相关的产品，吸引顾客，扩大市场。第二，横向多样化。针对现有市场的其他需求增加新产品，扩大营业范围，实现增长。第三，综合多样化。企业发展与现有的产品和市场无关的新产品，把业务经营范围扩大到本行业以外的具有发展前途的部门和领域。

15.1.2 业务单位和产品营销计划

战略业务单位计划和产品计划都属于市场营销计划层面的内容。一个战略业务单位之下可能会聚合多种产品，因此，战略业务单位计划是更综合的营销计划，产品计划是直接针对单一产品营销推广的计划。两者方法和步骤有相互一致的方面。

通信市场营销计划是将一定时期为实现营销任务、目标、增长战略而采取的市场营销策略予以安排和部署，是指导、协调通信市场营销工作的主要工具。由于每个通信企业都经营许多不同的业务，不同业务市场对通信产品和服务的需求不同，因此，需要根据具体的通信产品和业务制订相应的市场营销计划。

1. 战略业务单位计划

战略业务单位计划过程如图15-5所示，主要有7个步骤。

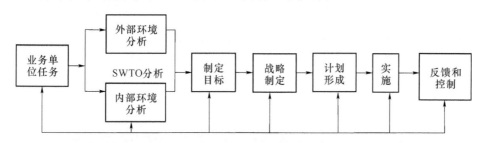

图15-5 战略业务单位计划过程

（1）确定业务单位的任务。在公司总任务范围内，明确该业务单位的任务，内容涉及产品、使用、耐用性、市场细分、定位等方面。

（2）环境。对公司发展该业务单位的内部优势、劣势、外部机会和威胁进行的全面评估。

（3）制定目标。业务目标指企业未来一定时期内所要达到的一系列关于该业务的具体目标，包括产品销售额和销售增长率、产品销售地区、市场占有率、利润和投资收益率、产品质量与成本水准、劳动生产率、产品创新、企业形象等。

（4）战略制定。为达到目标拟采取什么样的竞争战略。

（5）计划形成。制订执行预定战略的支持计划，包括研究与开发、信息搜集、生产、广告宣传、培训销售员等方面。

（6）实施。通过组织和人员来具体实施计划。

（7）反馈和控制。追踪结果和监测内外环境中的新变化，当环境发生变化时，公司将回顾和修订它的执行、计划、战略，甚至目标。

2. 产品营销计划

通信企业必须针对每一个产品层次(产品线、品牌)制订营销计划,以实现具体产品的发展目标。

通信产品营销计划书的内容有以下方面。

(1) 执行概要和目录表。提供所建议计划的简略概要,是通信市场营销计划的精华,能够使阅读的人迅速掌握计划要点。

(2) 当前营销状况。提供市场、产品、竞争和宏观环境有关的背景数据,集中说明通信企业现在处的环境和前进的方向。

(3) 机会和问题分析。概述主要产品的机会和威胁、优势和劣势以及在计划中必须处理的产品所面临的问题,使通信企业管理人员能够了解那些将影响企业兴衰的重大事态的发展变化,以便采取相应的营销手段和策略。

(4) 目标。确定计划中想要达到的通信业务量目标和通信市场营销目标,如该业务发展及其增幅、市场份额和实现的利润等量化的指标。

(5) 市场营销策略。描述通信企业为实现产品和业务计划目标而采用的主要营销方法,包括通信产品的目标市场策略、营销组合策略以及执行该营销策略的费用开支水平。

(6) 行动方案。产品营销的行动方案围绕以下问题来制定,即要完成什么任务?什么时候完成?由谁负责执行?完成这些任务需要多少花费?

(7) 预算。保证营销计划实施的预算,预期的财务收益情况。

(8) 控制。说明将如何监控计划的有效执行。对执行计划的表现和结果进行监控,这些结果包括销售收入、成本、利润、消费者态度、偏好和行为等。将结果与预期目标相比较,发现问题,及时改进。

15.2 通信市场营销组织与执行

市场营销计划依赖于组织和人员来执行,因此,研究通信市场营销组织,实际就是研究通信企业通过什么样的组织架构来组织人员执行营销计划的。

15.2.1 通信市场营销组织及其职能的演变

随着通信市场的发展,竞争的加剧,通信企业营销组织机构经历了从简单到复杂的过程,同时,通信企业营销组织的职能也经历了从简单的销售向综合性的市场营销职能演变的过程,通信企业营销组织及其职能的演变分以下阶段。

1. 单纯的销售部门

生产观念时代,营销组织是单纯的销售部门。一般的企业在建立之初都建立了财务、生产、销售、人事4个基本的职能机构。销售部门的任务是销售产品,销售经理主要管理销售人员的销售工作,兼管若干市场调研和广告工作。该阶段营销组织结构如图 15-6 所示。

在中国计划经济体制下,通信行业政企不分,营业活动在邮电行政部门领导下进行,尚未建立市场和营销的观念。邮电局的营业活动围绕生产进行,其职责主要是做好窗口的邮电通信营业服务工作。计划经济下通信服务组织结构如图15-7所示,由基层局长直接管理窗口营业人员和生产工作。

图15-6　单纯的销售部门　　　　　　图15-7　计划经济下通信服务组织

2. 带有营销职能的销售部门

随着生产发展,产品供应增加,市场竞争日益激烈,如何推销产品是企业的重点工作,为了做好推销工作,企业要进行经常性的销售研究、市场调查、广告宣传、推销训练、促销等工作,这些工作逐渐演变为专门的职能,企业在销售部门下设专门的营销经理来管理这些工作。该阶段营销组织结构如图15-8所示。

从通信行业看,随着中国通信改革的深入进行,邮电分营,政企分开,电信分拆与重组,通信服务市场开始由买方市场向卖方市场转变,通信企业的营销方式也发生变化,营业厅也进行一些小规模的广告宣传,或将销售任务分解到营业员,达到推销业务的目的。通信改革初期通信企业营销组织如图15-9所示。

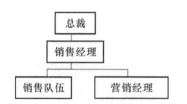 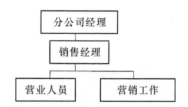

图15-8　带有营销职能的销售部门　　　　图15-9　改革初通信企业营销组织

3. 独立的市场营销部门

随着市场竞争的加剧,买方市场全面形成,原来作为辅助性工作的营销调研、新产品开发、广告促销、客户服务等营销职能的重要性提升,于是营销部门成为一个相对独立的职能部门,与销售部门平起平坐,销售部门和营销部门是相互独立但联系非常紧密的部门,该阶段营销组织结构如图15-10所示。

通信企业营销组织经历同样的演变。随着电信新业务、新服务的不断出现,市场竞争加剧,通信企业的营销活动内涵不断开展,开始重视市场调查与预测、新业务开发、广告、客户服务、信息搜集等,由销售部门进行的简单的营销活动不再适应新的市场竞争环境,营销部门独立开来。该阶段通信企业营销组织如图15-11所示。

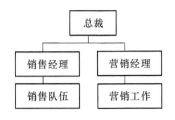
图 15-10 独立的市场营销部门

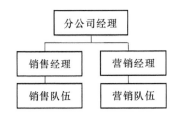
图 15-11 通信企业独立的营销部门

4. 综合职能的市场营销部门

销售经理和营销经理虽然目标一致,但工作重点不同,销售经理致力于短期完成销售任务,营销经理考虑公司的长期行为和顾客的长期需要。为使两者工作协调,由营销副总裁全面负责,管理销售部门和营销部门。现代营销组织如图 15-12 所示。

通信企业改革重组,竞争日益激烈,顾客至上、用心服务、千方百计满足顾客需要的现代市场营销观念逐渐在各大运营商中形成。各大运营商除设立专门的市场营销职能部门外,还设立公众客户部、集团客户部、客户服务部、产品

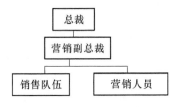
图 15-12 现代营销部门

部、电子渠道部等各种形式的营销机构。新理念下构建的市场营销组织已经不是一个独立的、只有一定职能、完成一定任务的部门,而是形成了一个组织体系,企业的各部门都是这个体系的一部分,营销不是一个部门的名称,而是贯穿企业运营始终的核心,企业各部门围绕这个核心协调工作,形成现代营销组织体系,如图 15-13 所示。

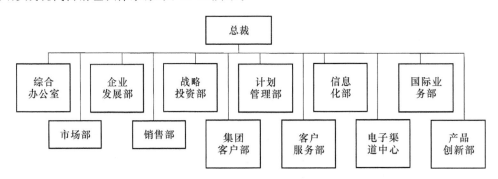
图 15-13 通信企业现代营销组织体系(以某电信公司为例)

中国联通"2012 年市场经营工作会议"发布,联通将改革市场营销体系,其中包括在体制上,将取消北方 10 省"电信局",改为区域营销中心;在市场营销体系中设立 6 个中心,分别为全业务融合营销中心、3G/2G 业务营销中心、终端与渠道服务中心、增值业务营销中心、县乡市场经营中心、存量客户经营中心。在城区范围内逐步取消区局设置,实施人员向区域营销中心迁移,探索建立"市公司—区域营销中心—网格"的末梢市场营销组织体系。联通地市分公司市场销售部的业务范围将扩大,对市场、销售、终端、增值业务均要负责。

15.2.2 通信营销组织模式

现代企业营销部门的组织形式多种多样,不同企业根据经营管理的需要设置不同的营销组织执行机构。但基本的市场营销部门的组织模式有 6 种:职能型组织、地区型组织、产品型组织、市场型组织、产品—市场型组织、事业部组织。通信行业中,企业营销部门的组织模式与此相对应也存在这 6 种形式。通信行业公司众多,除电信运营公司、邮政公司这样的大型企业外,还有各种各样的电信服务公司,其规模、市场范围等各不相同,营销组织的建制也有差异。

1. 职能型组织

营销部门的各类专家直接向营销副总裁报告,营销副总裁协调他们的活动。职能型组织结构如图 15-14 所示。

图 15-14 职能型组织

职能型组织的优点是管理层次少,协调方便,简便易行。但随产品增多和市场扩大,这种组织形式的效能会下降,没有专人对某产品或某市场负责,有的产品或市场可能被忽略,部门之间争预算、争地位的矛盾也难以协调。

2. 地区型组织

企业将销售人员按照地域划分,从管理层级上分为全国销售经理、区域销售经理、地区销售经理、小区销售经理、销售人员等,组织结构如图 15-15 所示。

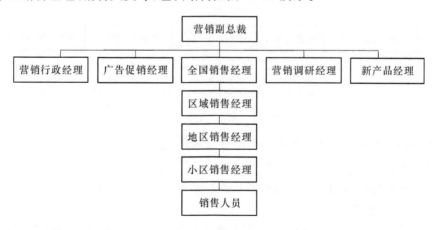

图 15-15 地区型组织

地区型营销组织形式有利于通信企业营销部门全面掌握区域的市场情况,根据市场环境的变化,统筹制定各项业务发展规划和经营策略。

3. 产品或品牌管理型组织

对于提供多种产品和拥有多个品牌的公司,常常建立产品(或品牌)管理组织。产品总经理负责管理几个产品线经理,产品线经理之下再设具体产品经理和品牌经理。如果公司所生产的各种产品差异很大,或产品品种数量太多,使得职能型营销组织无法处理,则建立产品管理组织是适宜的。产品或品牌管理型组织结构如图15-16所示。

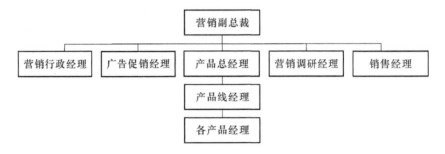

图 15-16　产品型组织

通信企业按照业务或品牌划分市场营销组织,有利于企业针对不同业务进行市场研究,编制营销计划,制订营销战略,尤其对于新业务推广有推进作用。

4. 客户(市场)型组织

当客户可以按不同购买行为或产品偏好分为不同的用户群时,可设立客户(市场)管理组织。一名市场主管经理管理几名市场经理。市场经理开展工作时需要职能性服务,一些职能部门的专家甚至要向重要市场的市场经理汇报工作。客户(市场)型组织如图15-17所示。

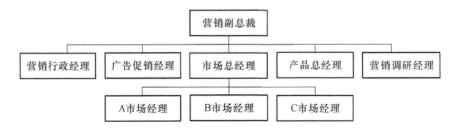

图 15-17　客户(市场)型组织

通信企业根据客户对通信产品和业务需求的不同,按目标市场细分的原则,对不同层次的客户建立不同的营销组织和使用不同的营销方法,以开发多层次市场,如运营商设立的集团客户服务部就是客户型的营销组织。该类型营销组织对于开发特定客户群市场十分有效。

5. 产品—市场型组织

生产多种产品面向多个市场的公司可以采取产品—市场型组织,也称为矩阵型组织,如图15-18所示,产品经理负责产品销售利润和计划,为产品寻找更广阔的用途;市场经理负责开发现有和潜在的市场,着眼市场的长期需要,而不只是推销眼前某产品。该组织形式优点是以业务过程为中心,削减水平职能交叉。缺点是费用大、易产生冲突、权力责任问题不明确。

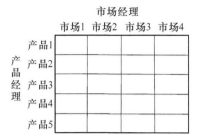

图 15-18 产品—市场型组织

6. 公司事业部组织

随着多产品、多市场公司经营规模的扩大,公司常把各大产品或市场部门升级为独立的事业部,事业部具有相对独立性,独立核算,对总公司负有利润责任,事业部下再设自己的服务和职能部门。

近年通信企业产品类型不断增加,规模不断扩大,一些业务也采取事业部形式,以推动各事业部独立运作,提高竞争力。中国移动的集团客户部就采取事业部制,加强集团客户部的权责,给予集团客户部以更大的发展空间。

15.2.3 通信营销执行

营销执行是一个将营销计划转变为具体任务,并确保按计划要求实现目标的过程。通信企业的营销组织构建后,营销执行就是不同的执行单位按照组织职能完成相应的任务。

如果执行不力,再出色的战略营销计划都毫无价值。在营销活动中,战略解决的是"是什么"和"为什么"的问题,执行解决的是"谁"、"何地"、"何时"、"如何做"的问题。

营销执行的核心问题是高效和节省。营销工作需要更好地设计营销流程模式,更好地管理营销资产,更好地分配营销资源。一些营销流程管理的软件系统可以帮助改进营销执行,这些软件系统如营销资源管理(MRM)、营销投资管理(MIM)、企业营销管理(EMM)、营销自动化系统(MAS)等。

15.3 通信市场营销控制

通信市场营销控制是指通信企业的管理者检查监督市场营销计划完成情况的过程。审查计划与实际工作是否一致,如不一致,要寻找原因,采取修正行动,以保证市场营销计划的完成。

市场营销控制的内容主要有4方面:年度计划控制、赢利能力控制、效率控制、战略控制。

15.3.1 年度计划控制

通信企业的年度计划控制是管理者对年度计划执行情况进行的监督检查,目的是确保企业能够完成年度计划,实现销售、利润和其他目标。目前,各大运营商都通过要求各分公司提交"月度经营分析报告"、"季度经营分析报告"等方式,实时了解年度计划的执行情况。

年度计划控制意义有:①连续不断地推动年度计划的执行;②控制的结果是年终绩效评估的依据;③发现问题,及时解决;④帮助高层管理者有效监督各部门工作。

年度计划控制系统分4个步骤:第一,设定本年度各月度和季度目标;第二,绩效测量;第三,因果分析,如有偏差,寻找原因;第四,采取纠偏措施,努力使成果与计划一致。

通信企业管理者可运用5种绩效工具来检验绩效表现是否符合计划,即销售额分析、市场占有率分析、市场营销费用与销售比率分析、财务分析、顾客态度追踪。

1. 销售额分析

测量和评估实际销售额和目标之间的关系。通信企业一般以销售收入(即销售额)作为主要分析指标,为更深入了解收入变化情况,也会使用用户数、业务量等指标进行分析。通信企业的销售收入分析如图15-19所示。

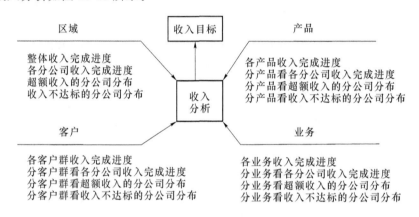

图15-19 通信企业销售额分析

通信企业使用以下两种特定工具进行销售额分析。

(1) 销售变化分析

测量分析不同因素对销售变化的相对贡献。假设第一季度销售收入超过了计划收入,是什么原因呢?是业务量增长超过了计划数,还是调整资费套餐引起的?如果是业务量增加超过了计划数,那么是用户数量增加超计划,还是平均每户每月通话时间(Minutes of Usage, MOU)或每个用户每月平均消费额(ARPU)提高超计划导致的?

(2) 销售细目分析

对没有达到销售目标的特定产品、特定地区、特定客户群进行分析。假如第二季度收入情况没有达到预期目标,可以从区域来分解,看看是哪个分公司的收入未完成而影响了整体进度;或从产品角度分析哪个产品,或从客户角度分析是哪个客户群收入未完成而影响了整体进度。

在进行销售细目分析时,可以进行层层递进分析。如整体收入没有达到计划,首先以区域作为第1维度分析,发现是A分公司收入下降引起整体收入没有达标;然后以客户作为第2维度,对A分公司的收入进行分解,发现客户群1收入下降是引起分公司A收入下降的主要原因;最后,以业务作为第3维度,对分公司A的客户群1的收入进行分解,发现业务甲是引起客户群1收入下降的主要原因。通过层层递进分析,可以准确地发现收入变化的主要原因。

2. 市场占有率分析

市场占有率或市场份额有总体市场份额和相对市场份额之分。总体市场份额是某企业的销售收入占行业总销售收入的比率。相对市场份额是指和行业最大的竞争对手的市场份额对相比的市场份额,某公司的相对市场份额超过100%意味着该公司是市场领导者,正好是100%意味着该公司并列领先,相对市场份额提高意味着公司正逼近主要竞争对手。

通信企业销售额的分析不能反映公司在行业中的位置,某公司销售额增加,可能是整个经济环境发展、行业总体销售额增加,也可能是该公司的业绩改善。而通信企业的市场占有率提高意味着在行业中的地位上升。目前,中国的电信运营商三足鼎立,位次分明,市场占有率是否达到计划目标是年度计划控制中重点考量的指标。

3. 销售费用比率分析

销售费用的比率指市场营销费用占销售额的比率。通信企业的年度计划控制要检查销售费用比率是否在计划范围内,确保公司没有为了完成销售目标而超支。

销售费用比率可以细分为5个部分:销售团队费用率、广告费用率、促销费用率、市场研究费用率、销售管理费用率。

4. 财务分析

营销人员在整体财务分析的框架下分析销售费用比率和其他的比率,尤其是利用财务分析来判别影响通信企业资本净值收益率的各种因素,以决定通信企业在何处、如何开展营销活动,获得赢利。

5. 顾客态度追踪

作为服务企业,通信企业需要对客户态度进行追踪,以了解本企业的顾客服务质量情况,以及客户对本企业的产品和业务态度的变化情况。如果发现顾客态度有不良变化,需及早采取行动,争取主动。通信企业可以采取以下方法来追踪顾客态度的变化。

(1)建立客户投诉系统。对客户的投诉以及投诉的解决情况进行记录、分析,对反映普遍的问题及时重点解决。目前,一些通信企业通过《客户服务维系月报》的方式对客户服务及客户反馈等方面问题进行总结汇报和控制。

(2)固定顾客样本的定期调查。通信企业可以建立有代表性的客户组成的固定顾客样本,定期地通过电话访问或问卷调查,以了解顾客态度。该方法能够反映顾客态度的动态变化。

(3)标准化的顾客调查。通信企业可以定期随机选择顾客来回答标准化问卷,征询服务态度、服务质量、顾客满意度、顾客忠诚度等相关主题的问题,通过问卷分析,发现顾客态度的变化。

特别关注

营销计量工具

这些工具是用来测量营销计划的实现情况的,分5类计量。

1. 销售计量
   * 销售额增长率
   * 市场份额
   * 新产品销售额比例
2. 顾客准备购买计量
   * 意识
   * 偏好
   * 购买意愿
   * 试用率
   * 重购率
3. 顾客计量
   * 顾客抱怨
   * 顾客满意
   * 正面促进者和贬低者数量比
   * 顾客获取成本
   * 新顾客收益
   * 顾客损失
   * 顾客流失
   * 保留率
   * 顾客终身价值
   * 顾客资产
   * 顾客赢利能力
   * 顾客回报
4. 分销计量
   * 销售网点数量
   * 商店铺货份额
   * 加权分销率
   * 分销收益
   * 平均库存量(价值)
   * 库存覆盖天数
   * 缺货频率
   * 货架份额
   * 每个销售点的平均销售额
5. 传播计量
   * 自发的(未提示的)品牌意识
   * 品牌第一提及率

* 激起的(提示的)品牌意识
* 自发的(未提示的)广告意识
* 激起的(提示的)广告意识
* 有效到达率
* 有效频次
* 毛评点(GRP)
* 反映率

15.3.2　赢利能力控制

通信企业通过赢利能力控制来测定不同产品、不同区域、不同客户群、不同渠道的赢利能力。通过赢利能力控制获得的信息有助于管理人员决定各种产品或市场营销活动是扩展、减少还是取消。

赢利能力的控制主要涉及营销成本的确定和赢利指标的考量。

1. 营销成本

赢利能力的分析把握以下等式：

$$销售收入-销售成本=毛利$$

$$毛利-费用=净利润$$

赢利能力的控制就是对销售收入和销售成本、费用的控制。而上面等式中的费用即为营销成本，一般来说，营销成本由以下项目构成。

(1) 直接推销费用，包括人员工资、奖金、差旅费、培训费、交际费、店铺租金等。

(2) 促销费用，包括广告成本、印刷成本、赠奖费用、展览会费用、促销人员工资等。

(3) 交通费用，包括运输工具折旧费、维护费、燃料费、牌照费、保险费、司机工资等。

(4) 其他营销费用，如营销管理人员工资、办公费用等。

2. 赢利能力指标

通信企业的赢利能力指标主要有以下内容。

(1) 销售利润率，指利润与销售额的比率，即

$$销售利润率=本期利润/销售额\times 100\%$$

(2) 资产收益率，指通信企业所创造的总利润与全部资产的比率，即

$$资产收益率=本期利润/资产平均总额\times 100\%$$

(3) 净资产收益率，指税后利润与净资产所得的比率。净资产是总资产减去负债总额后的净值。

$$净资产收益率=税后利润/净资产平均余额\times 100\%$$

15.3.3　效率控制

效率控制解决的问题是是否可以通过改善市场营销实体的工作效率来使营销计划的执行更接近目标。

1. 销售人员效率控制

通信企业对客户经理的效率考核指标包括每个销售人员每天平均的销售访问次数、每次会晤的平均访问时间、每次销售访问的平均收益、每次销售访问的平均成本、每百次销售访问的订购次数、考核期新客户数、考核期流失的客户数、销售成本对总销售额的百分比等。

2. 广告效率控制

用来控制广告效率的指标如下：接触每千名购买者花费的广告成本；顾客对每媒体工具注意、联想和阅读的百分比；顾客对广告内容和效果的意见；信息的保留率；对产品和服务态度的变化；广告所带来的询问等。

3. 销售促进效率控制

销售促进效率控制的观察指标如下：按优惠方法售出的销售额百分比；每单位销售额的陈列成本；赠券回收的百分比；促销演示所引起的咨询次数等。

通信企业近年来为获得竞争优势，不断出台促销活动，如预存话费送手机、买100送30等活动，企业需要对这些活动进行效果检测和效率控制，以改善企业的赢利状况。

15.3.4 战略控制

战略控制是全面的营销审计，主要是通过营销审计重新评估企业的市场战略。营销审计是指对公司业务单元的营销环境、目标、战略和活动进行全面的、系统的、独立的、周期性的检测，旨在确定公司的问题和机遇，并据此推行一系列行动方案来提高公司的营销绩效。

近年通信行业发展迅速，通信企业面对的市场营销环境变化频繁，企业原有的战略和目标很快会因环境的变化而不再适应，因此，尤其需要建立营销审计制度，定期对通信企业发展方向性问题作评价和判断，及时发现问题和机会，为管理决策作参考。

1. 营销审计的特点

上述营销审计的定义中，已经概要说明了营销审计具有如下4方面的特征。

（1）全面性。营销审计覆盖公司的所有主要的营销活动，而不仅仅是失误点。一次全面的营销审计通常能够有效地找到问题的源头。

（2）系统性。营销审计是对企业宏观和微观营销环境、营销目标和战略、营销体系和特定活动的一种有序检测，指出企业最需要改进的地方，以期改进。因此，营销审计遵循一种系统的、合乎逻辑的秩序来展开。

（3）独立性。可以通过多种方式进行营销审计，包括自我审计、横向审计、自上而下的纵向审计、公司审计办公室审计、公司任务小组审计、外部审计。营销审计需要对企业的营销状况作出严肃而公正的评价，因此，外部审计能够保证专业性、客观性和公正性。

（4）周期性。周期性的营销审计工作能够帮助企业预见和避免问题，不能等到公司有问题时才进行营销审计。

2. 营销审计的内容

营销审计的内容包括以下6个方面。

（1）营销环境审计。通信企业的市场营销战略是在环境分析的基础上制定的，而环境是不断变化的,因此,需要通过营销环境的审计来判断环境的哪些变化影响了原有的战略执行,需要对战略进行修正。环境审计包括宏观环境的审计(即对人口、经济、自然生态、技术、政策、文化等方面变化的审计)和微观环境的审计(即对市场、顾客、竞争对手、分销和经销、供应商、服务商和营销机构、公众等方面变化的审计)。

(2) 市场营销战略审计。通信企业对企业使命、企业的营销目标、企业的战略进行审计。具体说来,就是审计企业使命是否以市场为导向进行了清晰的界定;企业的营销目标是否清晰恰当;是否考虑公司的竞争地位、资源和机遇,是否为实现目标制定了清晰的营销战略,是否制定了与产品生命周期、竞争者战略相适应的营销战略,是否能进行科学的市场细分并选择最佳的目标市场,是否能合理配置市场营销资源并确定合适的市场营销组合,通信企业在市场定位、企业形象、公共关系等方面的战略是否有成效等。

(3) 市场营销组织审计。它是评价通信企业的市场营销组织在执行市场营销战略方面的组织保证程度和对环境的应变能力,主要包括组织结构、职能效率和界面效率 3 方面内容。即通信企业的营销主管是否对开展顾客满意的公司活动具有足够的权利和责任,是否能够按照产品、客户、区域等有效地组织各项市场营销活动,是否有一支训练有素的销售队伍,对销售队伍是否有健全的激励、监督和评价体系,营销部门与销售部门是否有良好的沟通和紧密的合作,营销部门与采购部门、研发部门、技术支撑部门、财务部门等在沟通上有什么需要关注的问题等。

(4) 营销系统审计。通信企业的营销系统审计包括对市场营销信息系统、市场营销计划系统、市场营销控制系统和新产品开发系统的审计。

对市场营销信息系统审计的内容有:营销情报系统是否能够准确、充足、及时地获取有关顾客、前景、分销和经销商、竞争者、供应商和各种公众群体的市场发展信息,公司决策者是否搜寻了足够的营销研究,是否运用了研究结果,是否采用了最佳的市场测量和销售预测的方法。

市场营销计划系统审计的内容有:通信企业是否有周密的市场营销计划,计划的可行性、有效性和执行情况如何,营销人员是否有可获得的决策支持系统,是否有长期的市场占有率增长计划,是否有销售定额计划及完成情况如何等。

市场营销控制系统审计的内容有:通信企业的控制流程是否足够保证实现年度计划目标,管理层是否定期分析产品、市场、区域、分销渠道的利润,是否定期检测营销的投入产出。

新产品开发审计的内容有:通信企业新产品开发系统是否健全,公司是否在投资新方案前进行了足够的概念研究和业务分析,是否在新产品发布前进行了足够的产品和市场测试。

(5) 营销利润审计。通信企业的不同产品、市场、区域、分销渠道的赢利能力如何,是否该进入、扩大、缩小、退出某业务细分市场;营销活动的成本投入情况如何,有无削减成本的措施等。

(6) 市场营销职能审计。它是对通信企业的市场营销组合因素,即产品、价格、分销、营销沟通、销售队伍的审计。它包括审计产品和业务市场目标是否恰当,产品的质量、功能、特色、品牌的顾客欢迎程度,产品和品牌战略还需哪些改进;企业定价目标、政策、战略和实施步骤是否有效;分销的目标和战略是什么,市场覆盖率、分销效率如何,是否需要修改分销渠道;企业的广告目标是否恰当,广告主题和创意是否有效,广告预算、媒体选择、广告效果如何,促销策略运用情况,公共关系部门工作效率和创造性如何;销售队伍的规模、素质以及能动性情况等。

案例分析

2010—2014 年中国联通发展战略[①]

2010 年 7 月,随着 3G 业务的推进,中国联通制定了 2010—2014 年发展战略,即 3G 领先与一体化创新战略,重新规划了联通近期的发展战略。

战略愿景:信息生活的创新服务领导者。"信息生活"是联通公司经营的核心领域,包括人们的工作、生活、社交、娱乐、商务等全方位信息服务需求。其核心内涵是要为社会提供高品质的信息服务,即最便捷和优质的网络接入服务;最安全和高效的应用创新服务;最好的内容融合服务。"引领创新",创新是联通公司长期健康发展的源动力和形成差异化竞争优势的必然要求,其核心内涵是打造一流的创新能力,即以优秀的创新机制打造企业差异化核心竞争力,以一流的创新绩效跻身国际领先的电信运营商行列。"卓越服务",服务是联通公司作为信息服务商的立足之本和实现增长的必由之路。其核心内涵是始终追求为客户提供卓越的服务感知,即"卓越客户体验为目标",达到世界一流客户服务水平,成为客户信赖和满意的信息合作伙伴。"领导者"是联通公司始终追求的目标,其核心内涵是树立一流的信息服务品牌,在核心业务上成为具有重大影响力的领导者,即实现中国联通核心业务品牌"客户第一提及率",和满意度领先,成为国内 3G 领导者和国际领先者,强化宽带市场主导。

战略目标:聚焦增长,提升效率。具体目标:①行业地位提升。收入三分天下,主要业绩指标达到国际一流水平。②核心业务领先。国内 3G 市场的领导者、国内宽带市场的主导。③运营效率提高。一站式营销服务领先,领先的全业务 IT 支撑。④客户体验卓越。3G 无线宽带体验与客户服务领先。⑤创新能力突破,以高速数据体验和内容应用创新带动非话业务快速发展。

战略举措:发展 5 大重点业务和建设 7 个关键能力。5 个重点业务是:实现 3G 领先,扭转移动市场地位;强化宽带主导地位,提升固网价值;以满足 E3 需求为目标,创新内容与应用;以促进核心业务为导向,选择推进 FMC;聚焦重点客户,发展以网络为中心的 ICT 服务。7 个关键能力是:建立一体化市场经营体系;提升企业品牌价值;打造卓越服务能力;培育高效创新能力;增强网络和信息化支撑能力;创新管理模式;实施卓越人才工程。

分析点评

企业愿景是企业期望达到的中长期战略目标与实现的发展蓝图,当企业进入新的发展阶段,则需要设定新的愿景,以新的目标来引领企业向新的成功迈进。2008 年的电信重组和 3G

[①] 参见中国联通企业发展部《中国联通 2010—2014 年发展战略——3G 领先与一体化创新战略》文献。

牌照发放,联通公司获得技术和商务都相对成熟的 WCDMA 技术标准的运营牌照,和北方资源优势、大企业客户优势和首都优势。新形势下,联通公司以 3G 领先为战略突破口,推行一体化创新战略,是抓住机遇、发挥优势的优良战略选择。

思 考 题

1. 通信市场营销管理的实施包括哪些环节?
2. 公司和部门战略计划的内容有哪些?
3. 通信产品营销计划书的内容是什么?
4. 通信营销组织模式有哪几种类型?请画出每个类型的组织结构图。
5. 通信市场营销控制的内容是什么?

参 考 文 献

[1] 杨瑞桢,杨艳,王颂.通信企业市场营销[M].北京:人民邮电出版社,2009.

[2] 菲利普·科特勒,凯文·莱恩·凯勒.营销管理[M].14版.上海:上海人民出版社,2012.

[3] 瓦拉瑞尔·A·泽丝曼尔,玛丽·乔·比特勒,德韦恩·D·格兰姆勒.服务营销[M].北京:机械工业出版社,2009.

[4] 吴建安,郭国庆,钟育赣.市场营销学[M].4版.北京:清华大学出版社,2010.

[5] 王晓萍,陈月艳,刘洋.市场营销学[M].北京:科学出版社,2008.

[6] 程艳霞,马慧敏.市场营销学[M].武汉:武汉理工大学出版社,2008.

[7] 王绮云.浅析移动通信企业的市场环境[J].现代营销(学苑版),2011(4):113.

[8] 杨建明.关于市场营销环境定量化分析方法的探究[J].现代商业,2007(10):104-105.

[9] 蒋坤鹏.中国移动全业务运营SWOT分析及应对策略[J].现代电信科技,2009(6):63-67.

[10] 杨斌.在家庭信息化蓝海中扬帆起航——探讨全业务时代家庭市场的开发之道[N].人民邮电报,2008-11-12.

[11] 许萍.通信行业集团客户营销策略分析[J].科技传播,2011(6):43-48.

[12] 张旭波.移动通信市场营销环境研究[J].科技与管理,2005(6):115-119.

[13] 李永前.如何将市场机会转变为企业机会[J].全国商情(经济理论研究),2007(5):30-31.

[14] 闫宏权.中国电信企业外部环境的初探[J].科技信息,2007(4):101-112.

[15] 胡金洲.市场营销环境及其测度初探[J].科技创业,2010(7):68-69.

[16] 利连,等.营销工程与应用[M].北京:中国人民大学出版社,2005.

[17] 陈力.通信企业客户服务管理[M].北京:人民邮电出版社,2008.

[18] 李小东,陈珊珊,骆志群.基于数据挖掘的移动通信运营业决策支持系统设计[J].科技进步与对策,2003(14):137-139.

[19] 李静.数据仓库在电信企业的应用[J].电脑知识与技术,2010(25):6922-6925.

[20] 赵欣艳,朱艳华.电信企业市场调研方法及实例分析[J].北京邮电大学学报:社会科学版,2002(2):23-27.

[21] 王林林.电信服务于服务营销[M].天津:天津大学出版社,2008.

[22] 金涛,胡志改.移动通信客户价值研究[J].移动通信,2004(5):101-103.

[23] 张立章,张欣瑞.移动通信企业服务质量与顾客价值形成分析[J].商业时代,2007:102-128.

[24] 程霖,刘曜. 通信运营企业客户价值评定[J]. 价值工程,2006(8):49-51.
[25] 汤俊. 移动通信顾客满意度影响因素的探索性研究[J]. 市场研究,2010(5):35-38.
[26] 薛君,李琪,梁斌. 我国通信业客户忠诚驱动因素实证研究[J]. 经济管理,2005(10):34-43.
[27] 孟祥兰. 移动通信行业提高客户忠诚度的对策研究[J]. 湖北工业大学学报,2006(12):85-88.
[28] 迈克尔·所罗门. 消费者行为学[M]. 8版. 北京:中国人民大学出版社,2009.
[29] 陈慧,王德宠. 全业务时代电信消费者心理学[M]. 北京:人民邮电出版社,2010.
[30] 韩小红. 网络消费者行为[M]. 西安:西安交通大学出版社,2008.
[31] 舒华英,齐佳音. 电信客户全生命周期管理[M]. 北京:北京邮电大学出版社,2004.
[32] 孟领. 群决策视角下的城镇居民家庭消费决策研究——以通信消费为例[J]. 经济与管理研究,2011(4):38-42.
[33] 范玉兰,侯蕊芳. 网络消费心理及营销策略选择[J]. 经营管理者,2010(22):180.
[34] 王林林. 移动通信消费者消费行为分析[J]. 移动通信,2004,28(1):175-177.
[35] 黄永攀. 3G时代集团客户消费特性及营销策略分析[J]. 通信管理与技术,2008(1):5-8.
[36] 王峰. 电信业重组后吉林移动公司大客户营销策略研究[D]. 长春:吉林大学,2009.
[37] 厉慧华. 上海移动的"集团客户"市场分析与发展策略研究[D]. 上海:复旦大学,2009.
[38] 刘炜. 宁夏移动集团客户营销策略研究[D]. 北京:北京邮电大学,2009.
[39] 陶伟强. 全业务时代如何管理集团客户[J]. 通信企业管理,2011(2):28-29.
[40] 王大为. 移动运营商集团客户营销策略研究[D]. 北京:北京邮电大学,2006.
[41] 纪良勇. 邮政同城速递剑指市场高端[J]. 中国邮政,2007(12):16.
[42] 张随. 中国移动集团客户市场营销战略研究[D]. 济南:山东大学,2007.
[43] 王如. 中国移动集团客户营销体系对中国电信的启示[J]. 现代通信,2006(6):30-33.
[44] 赵宏波. 电信企业客户关系管理[M]. 北京:人民邮电出版社,2003.
[45] 周颖. 市场营销学[M]. 北京:北京师范大学出版社,2008.
[46] 赵有生,李鹰. 市场营销学[M]. 北京:经济科学出版社,2008.
[47] 吕未林. 市场营销学[M]. 上海:上海财经大学出版社,2007.
[48] 李晨耘. 市场营销学实用教程[M]. 北京:北京大学出版社,中国农业大学出版社,2010.
[49] 苗月新. 市场营销学[M]. 北京:清华大学出版社,2004.
[50] 刘英姿,何伟. 基于不同视角的客户细分方法研究综述[J]. 商场现代化,2007

(1):271.

[51] 张学贵.基于定位机理的STP战略逆向解读[J].商业文化,2010(7):353-354.
[52] 胡达.基于客户行为的3G客户细分研究[D].广州:华南理工大学,2010.
[53] 孙诚.市场细分——电信营销成功的核心[J].江苏通信技术,2002(10):46-48.
[54] 宋杰.电信行业竞争分析方法与实践[M].北京:人民邮电出版社,2009.
[55] 沈拓.决胜3G[M].北京:人民邮电出版社,2010.
[56] 刘君.中国移动通信行业的竞争结构分析——基于波特模型的分析[J].经济师,2008(7):53-54.
[57] 幸昆仑,文守逊,黄克.中国移动通信业市场特征、竞争特点分析与竞争策略研究[J].生产力研究,2008(13):119-121.
[58] 胥学跃.电信营销管理[M].北京:北京邮电大学出版社,2005.
[59] 谢林.基于生命周期的电信产品分析[D].北京:北京邮电大学,2005.
[60] 舒华英.电信运营管理[M].北京:北京邮电大学出版社,2008.
[61] 刘立.电信市场营销[M].北京:人民邮电出版社,2003.
[62] 张琳秀.对通信运营商品牌建设与品牌资产积累的思考[J].通信管理与技术,2005(4):3-5.
[63] 余留洋.电信服务品牌资产驱动因素研究[D].北京:北京邮电大学,2011.
[64] 朱利安·柯明斯.促销[M].北京:北京大学出版社,2003.
[65] 林有宏,黄宇芳.电信行业精确营销方法与案例[M].2版.北京:人民邮电出版社,2009.
[66] 姜新.市场营销中对广告和公共关系作用的重新审视[J].现代商业,2007(33):198-199.
[67] 全国通信专业技术人员职业水平考试办公室组.通信专业实务·终端与业务[M].北京:人民邮电出版社,2008.
[68] 张帆,齐斐.市场营销[M].西安:西北工业大学出版社,2008.
[69] 杨瑞桢,黄传武.电信市场营销基本理论与实务[M].北京:北京邮电大学出版社,2003.
[70] 张鑫,陈思明,赵青.现代营销学[M].上海:同济大学出版社,2005.
[71] 张再谦,苏巧娜.市场营销学[M].北京:中国商业出版社,2007.
[71] 侯广吉.电信资费形成机制的研究[M].北京:北京邮电大学出版社,2010.
[72] 张鑫.市场营销学教程[M].北京:清华大学出版社,2008.
[73] 马慧,朱治国.浅析我国电信业务定价[J].通信世界,2005(29):19-20.
[74] 成召科,罗建军.价格歧视在通信产品定价中的应用[J].科技资讯,2006(5):230-231.
[75] 胡春.营销渠道管理[M].2版.北京:北京交通大学出版社,2012.
[76] 科兰.营销渠道[M].7版.北京:中国人民大学出版社,2008.

[77] 詹姆斯·菲茨西蒙斯,莫纳·菲茨西蒙斯.服务管理:运作、战略和信息技术[M].5版.北京:机械工业出版社,2008.
[78] 格鲁诺斯.服务市场营销管理[M].上海:复旦大学出版社,1998.
[79] 张永江,涂雯.电信服务与服务营销[M].北京:人民邮电出版社,2008.
[80] 黄宇芳.香港移动通信CSL品牌体验营销案例[J].通信企业管理,2007(4):50-51.
[81] 李雁晨.服务营销组合因素对服务失误归因的影响[J].软科学,2010(6):40-44.
[82] 王明哲.中国移动的服务营销组合[J].商场现代化,2007(11):114-115.
[83] 张永珍.服务营销的质量管理[J].经营管理者,2010(13):205.
[84] 王德章,周游,周文,等.市场营销学[M].北京:高等教育出版社,2005.
[85] 国家邮政局快递职业教材编写委员会,唐守廉,胡春.快递服务科学[M].北京:北京邮电大学出版社,2011.
[86] 联合国国际贸易中心.世界贸易体系商务指南[M].2版.上海:上海财经大学出版社,2001.
[87] 中国电信大客户事业部.中国电信初试灾备外包业务[N].计算机世界报,2006-7-31.
[88] 漆晨曦,柯晓燕,曾宪伟,等.电信市场经营分析方法与案例[M].北京:人民邮电出版社,2007.
[89] 朱振中,吕廷杰.双边市场理论研究综述[J].商学院,2008(2):82-86.
[90] Hank Brigman,康路.让你的营销100℃[J].商学院,2008(2):86-87.
[91] 陈育平.解读中国通信市场环境[J].通信管理与技术,2004(4):3-5.
[92] 胡金洲.市场营销环境及其测度初探[J].科技创业月刊,2010(7):68-69.
[93] 蒋坤鹏.中国移动全业务运营SWOT分析及应对策略[J].现代电信科技,2009(6):63-67.
[94] 李宽.解读《重要信息系统灾难恢复指南》[J].农村金融研究,2006(7):47-48.
[95] 张学贵.基于定位机理的STP战略逆向解读[J].商业文化,2010(7):353-354.
[96] 成召科,罗建军.价格歧视在通信产品定价中的应用[J].科技资讯,2006(5):230-231.
[97] 丛玲.通信企业客服热线的主动营销分析[J].辽宁师专学报:自然科学版,2008(4):100-102.
[98] 唐守廉.电信服务质量与服务营销[M].北京:北京邮电大学出版社,2000.